NEW+ 경찰학개론 I

POLICE SCIENCE INTRODUCTION

NEW+ 경찰학개론 I

POLICE SCIENCE INTRODUCTION

황규욱 지음

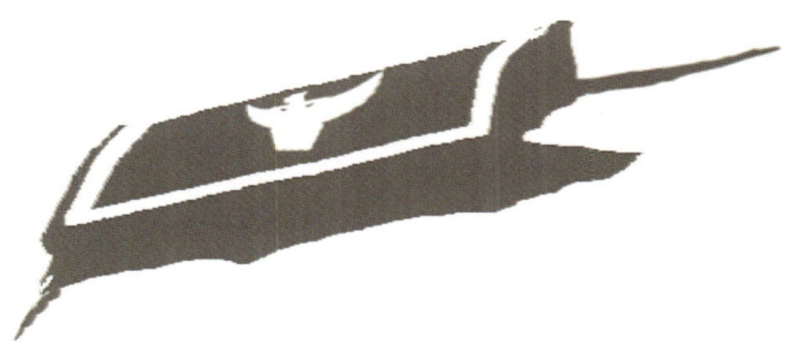

KSI 한국학술정보[주]

책을 펴내며

아무것도 남기고 싶지 않았다. 공직자는 아무 말도 하지 않고 떠나는 것을 도리로 알고 있었기 때문이다. 부모님 살아생전, 항상 "너는 나라에 바친 몸이다. 아랫사람을 상사처럼 모셔라"라고 말씀하셨다. 아버님은 또 필자에게 어린 시절부터 "남에게 폐 끼치지 마라", "왜놈(일본)을 잊지 말고, 로스케(러시아)를 경계해야 하며, 뙤놈(중국)을 믿지 말라"고 당부하셨다. 지정학적으로 우리나라가 처한 현실을 누구보다 뼈저리게 느끼셨나 보다. 부모님은 공직에 근무하는 자식을 나라에 바친 것으로 아시고, 돌아가실 때까지 공직생활을 하는 필자에게 전화 한 번 주신 적이 없었다. 그렇게 그분들은 가셨다.

유신시대인 1979년 당시 인천시 북구 부평동에 자리한 구 경찰대학(1972년 설립)에 입교하여 고 박정희 대통령 시해사건을 겪으면서 격동기 풍랑에 조그만 조각배가 되어 오늘에 이르게 되었다. 그저 지나간 선배님들이 남겨 준 자료들과 가르침들 그리고 경감, 경정 승진시험 때문에 만들어 놓은 누렇게 변한 노트들을 깊숙이 간직한 채 아무 말 하지 않고 떠나고 싶었다.

오래전부터 어느 대학교 경찰행정학과에서 강의요청을 받고 더 이상 거절할 수 없어 당시 경찰대학 손창완 학장과 중앙경찰학교 박웅규 교장에게 경찰학 책자를 만들겠다고 협조를 구해 받아든 경찰교재와 시중에 나와 있는 책들, 경찰청 각종 예규들을 살피면서 적지 않은 오류를 보고 후배들을 위해 바로잡아 주어야겠다고 결심하고 집필한 지 꼭 1년이 지났다. 이 시기에 주말도 없이 매일 자정 가까운 시간까지 많은 자료들과 씨름을 하면서 시력도 많이 나빠졌다.

컴퓨터 워딩 작업을 하며 주마등처럼 스치는 지난 세월들이 책에 무엇을 담아야 하는

지를 가리키는 것만 같았다. 때마침 오늘 아침 출근길에 FM라디오에서 들려오는 이택림의 '내 마지막 연인에게'라는 노래가 내 마음에 다가오는 것은 유리창에 떨어지는 빗방울과 어우러져서일까. 다시 이정하 시인의 '돌아가고 싶은 날들의 풍경'이 내 가슴에 와 닿는다.

1980년 첫 보직인 경기도 안양경찰서 석수파출소장을 맡아, "부러지면 부러졌지, 결코 휘어지지 않겠다"고 부임 첫날 일성을 하였다. 이는 필자 자신에게 부정과 불의와 타협하지 않겠다고 다짐한 것이었다. 이러한 강직한 성격은 지난 1974년 동아일보 광고탄압 시절, 광고 없이 발행하던 동아일보 광화문 본사에 찾아가 성금을 냈던 일, 1979년 경찰대학 면접시험 때 당시 교무과장 이강년 총경의 "유신헌법에 대해 견해를 말하라"는 질문에 유신헌법을 비판하고 집에 돌아와 부모님께 경찰면접에서 떨어졌다고 한 일 등으로 나타난다. 당시 유신헌법을 비판하면 '긴급조치9호' 위반으로 엄하게 처벌받던 시절이었기 때문이다.

필자는 두 차례 경찰대학생을 지도하였다. 그들은 매우 총명하고 훌륭한 학생들이었다. 그러면 경찰대학은 어떻게 해서 만들어졌을까?

유신독재시대에 추진되었던 경찰대학 설립 배경으로 알려진 바에 의하면 그때의 치안본부는 대외적으로 경찰의 자질 향상을 내걸었으나, 그 시절 유신시대의 경찰에게는 인권이라는 것이 존재하지 않아 자질 향상은 명분이었을 뿐 실제로는 유신통치에 필요한 사관학교와 같은 간부 양성을 위해 추진되었다고 한다. 그해 박정희 대통령 시해로 혼란기였던 1979년 12월 28일「경찰대학설치법」이 국회를 통과하였다. 그 시기에 아시아에는 두 우익독재 국가가 있었다. 유신시대의 종신대통령제(?)의 한국과 종신총통제(장개석과 장경국의 부자 세습) 대만이 그들이다. 그 후 경찰대학은 우리나라의 사관학교와 대만의 경찰학교를 벤치마킹한 것으로 나타난다. 한국은 1981년 첫 대학생 모집을 하였으며, 대만은 1982년 첫 단기 경찰대학생을 모집하여 서로 간에 교환학생 등 교류가 시작되었다.

서울의 이후락 중앙정보부장이 1972년 5월 2일부터 5월 5일까지 평양을 방문하여 평양의 김영주(김일성 동생) 조직지도부장과 회담을 진행하였으며, 박성철 제2부수상이 김영주 부장을 대신하여 1972년 5월 29일부터 6월 1일까지 서울을 방문하여 이후락 부장과 회담을 진행하였다.

이는 공교롭게도 1972년 10월 유신시대의 시작과 함께, 북한에서는 같은 해 12월 영구집권의 국가주석직을 신설한 소위 사회주의신헌법 개정과 맥을 같이하게 된 것들이 모두 우연이었을까?

지난날 대외적으로 표명하였던 경찰의 자질 향상은 오늘날 전국의 100여 개 대학에서 경찰학을 공부하는 학생들과 경찰직을 희망하는 수험생들이 매년 5만 명 이상 있는 것을 볼 때 이루어졌다고 본다. 즉, 자질 향상이 목적이라는 경찰대학 설립 당시의 주장을 받아들여도 자질을 갖춘 현재의 경찰관들과 입직을 목표로 공부하는 전국의 수험생들을 보면, 국민의 세금으로 운영되는 경찰대학은 오늘날 국민에게 보답하여야 하는 변화를 요구받게 된다.

경찰대학은 인재 양성의 요람으로 유지・발전해야 한다. 그러나 사관학교가 모델이 되어서 탄생한 4년제 경찰대학은 분명 모순을 안고 있다고 할 수 있다. 졸업과 동시에 경찰공무원 임용은 병역을 필하거나 면제받는 경우에만 공무원에 임용되는 현행법에서 예외적으로 허용되었다 하더라도「대한민국헌법」제10조의 행복추구권, 제11조의 평등권, 제15조의 직업선택의 자유와 제25조의 공무담임권을 명시한 헌법이념에 합치된다고 보기 어렵다고 생각한다. 현행 제도는 전국의 대학생들과 일반 수험생의 경찰간부취임을 가로막기 때문이다(경찰공무원법 제8조 제2항은 모든 계급에서 공개경쟁시험을 거치도록 하면서도, 경찰대학졸업생만 예외로 두었다). 다시 말해서 국민의 세금으로 운영되는 국민의 대학이 일반 국민의 경찰간부 진출을 막는 이 현상을 어떻게 이해해야 할까? (헌재 1990.10.8. 89헌마89 위헌결정 참조)

경찰대학 설립당시의 경찰수준과 확연히 달라진 지금, 경찰대학 졸업생의 현행 경위자동임용제도를 폐지하고 일반 4년제 대학졸업생 수준의 출제를 하여 일반인들과 똑같은 조건하에서 모든 희망자들에게 예측가능하고 공평하게 경찰간부 임용기회를 주는 전국적 경쟁제도로 개선되어야 한다고 본다. 더 나아가 비록 순경이나 경장 등 하위직으로 입직하였다 하더라도 그들에게도 일정한 수준의 검증을 거쳐 경위임용이 가능하도록 제도 개선이 바람직하다. 기득권의 폐지가 모두 개혁이라고 할 수 없으나, 이러한 시도들이 사회갈등을 해소하고 더 나은 공정사회를 보장한다고 확신하기 때문이다.

공직생활 중 아직까지 바로 되었다고 볼 수 없는 것이 '권한과 책임의 불일치'와 '공직사유관(公職私有觀)'이다. 또 경찰의 제도개혁이라는 것은 어떻게 하면 경찰조직을 효과적으로 통제할 수 있을까에 두었지, 진정 국민을 위한 제도개혁이라고 말하기에는 부족하지 않았나 하고 반성해 본다. 국민을 위한 제도개혁의 시작은 분권화된 절충형 경찰제도이다. 이는 자치경찰제의 시행에서 시작된다고 생각한다. 경찰과 검찰의 수사권 조정은 자치경찰제 시행과 함께 이루어져야지 현재와 같은 모든 권한이 한 사람에게 집중된 국가경찰인 독임제 경찰제도하에서의 수사권 독립은 선진국에서도 시행하고 있지 않다는 것을 여러 사람들이 지적하고 있다.

경찰법 개정으로 경찰서장은 경무관, 총경, 경정으로 보할 수 있다. 과거 경찰은 지금의 11계급이 아니고, 치안정감, 경정, 경장이 없었다. 현행 독임제 집권형에서는 조직관리 수단으로 계급을 신설하여 왔으나, 계급보다도 직급 상향으로 실질적인 급여증가 등이 이루어져 직무와 직책에 맞는 처우개선이 마련되어야 할 것이다. 계급상향조정은 오히려 경찰관들이 앉아서 강등 당한다는 사기저하의 요인이나 자칫 냉소주의로 흐르지 않을까 우려하지 않을 수 없다.

풀뿌리 민주주의에서 바라는 경찰행정은 주민밀착형, 즉 주민들은 순경, 경장, 경사 등 실무자들을 요구하고 있으며, 선진국에서처럼 그들에게 실질적인 권한과 책임이 주어줘야 중앙의 눈치를 보지 않고 내실 있는 지역사회 경찰활동을 수행할 수 있을 것이다. 이렇게 하려면 먼저 권위주의 시대의 유물인 현행 경찰청 제도보다 중앙경찰기관은 인사, 보수, 제복과 훈련에 대한 통일적 기준 마련과 국가적 범죄에 대한 수사권과 정보수집권을 보장하며, 유사시 자치경찰에 대한 지휘권한 내지 조정권한을 가진 절충형 경찰제도로의 전환이 지금보다 정치적 중립성을 확립하고 국민이 진정으로 원하는 경찰상을 정립할 수 있다고 확신한다.

마지막으로, 경찰직을 희망하는 수험생들에게 당부하고자 한다. 공직생활은 어항 속에 비춰진 물고기처럼 투명한 생활을 하게 된다. 근검절약하고 절제된 생활을 하지 않으면 공직생활은 영위하기 어렵다. 또 어느 조직에도 있겠지만, 사회에 걸림돌이 되는 사람이 되어서는 아니 된다. 조직에서 뒤처졌다고 또는 능력상 부족하다고 다른 사람을 모함하거나 발목을 잡아서는 안 된다. 역사에서 우리들에게 가르치는 교훈은 '권선징악(勸善懲惡)'이다. 나쁜 짓을 하면 업보(業報)를 받게 되는 것은 하늘의 이치이다. 경계해야 할 것이다.

말없이 떠나기로 한 사람이 말이 길어졌다.

경찰학개론 두 권을 집필하는 데 도움을 주신 경찰대학 서정범 교수님, 경찰대학 도서관 사서계장 이은희 님, 치안정책연구소 유동열 박사님, 이상수 박사님, 백병성 박사님, 권태형 박사님과 경기지방경찰청 국제범죄수사대 이영수 대장님과 정보통신과 박찬호 님, 가평경찰서 김형수 계장님, 강래우 님, 그 밖에 경찰청과 서울지방경찰청 그리고 경기지방경찰청과 제2청의 동지들, 국사를 가르쳐준 사랑하는 아내와 대학과 대학원에서 적법절차의 준수를 깨우쳐 주신 차용석 스승님께 무한한 감사를 드리며, 출간해 주신 한국정보학술(주) 관계자분들에게도 고마움을 전한다.

2012년 임진년 법화산에서

황규욱

일러두기

이 책은 국내 각 대학에서 경찰학을 공부하는 학생들이 경찰업무에 대해 폭넓게 이해하여 경찰관으로 입직하였을 경우에 바로 실무에 활용할 수 있도록 목표를 두었으며, 특히 공채시험과 특채시험, 간부후보생시험 그리고 각 계급별 승진시험을 준비하는 수험생들과 법학전문대학원에서 공부하는 예비법조인들이 경찰업무에 대해서 도움이 되도록 정리하였다.

1. 이 책은 지난 2003년도부터 2011년도까지 출제된 경찰간부, 공채, 특채, 승진시험문제를 모두 반영하여 출제 경향과 경찰청의 인재 선발 목표에 맞추어 집필하였다. 특히 필자가 승진시험 출제 경험과 승진공부를 하면서 정리하여 둔 내용들을 반영함으로써 각종 시험에 도움이 되도록 하였다.

2. 이 책은 2012년도부터 시행되는 법률과 제도에 맞추어 만들어졌다. 법률과 제도는 항상 여건의 변화에 따라 달라질 수 있기에 책을 읽다가 의문이 나는 경우에는 인터넷으로 국가법령정보센터, 국회법률지식정보시스템, 경찰청 홈페이지, 대법원종합법률정보, 헌법재판소 홈페이지 등을 찾아서 확인하는 것을 권한다.

3. 필자가 평소 책들을 대하면서 불편을 느낀 것은 '왜 각주를 밑에다 두어 독자의 집중력을 저하시키는가' 하는 것이었다. 또한 각주에 있는 각종 근거법이나 판례 등을 다시 법전이나 판례집을 찾아서 읽느라 너무 시간이 소요되고 역시 집중력이 떨어지게 되었다. 그래서 이 책은 각주를 없애고 필요한 보충자료는 본문으로 싣고, 법조항과 판례 역시 본문에 넣음으로써 독자들이 법전을 다시 찾아보는 불편을 없애는 한편, 각종 법률과 판례의 친화력을 높여 학습효과를 높일 수 있도록 집필하였다.

4. 이 책에서 사람이나 지명에 대한 발음표기는 가급적 현지 발음으로 하였다. 그러나 영어권으로의 이민자나 또는 발음이 분명하지 않은 경우에는 영어식 발음으로 표기하였다.

5. 원서를 번역함에 있어서 학자의 정의는 직역 위주로 하였고, 그 밖의 내용은 필자가 실무에 가깝도록 의역하였다. 정확한 번역이 안 된 부분은 필자가 아직 부족하기 때문인 것으로 독자의 양해를 구한다. 본문 중 또는 참고에서 원문을 그대로 기재한 부분은 책자를 구하지 못하여 인터넷상에서 인용한 것으로 참고로만 보아 주길 바란다.

6. 책을 읽으면서 어렵다고 느낄 수 있는 용어들이나 논리에 대해서는 별도 참고 형식으로 독자들의 이해를 돕고자 하였다. 난해하다고 여기는 독자들에게 도움이 되길 바란다.

2013년도 새 정부가 들어서서 정부조직을 개편하게 되면 소관 부처가 달라질 수 있으니, 착오 없기 바란다.

차례

01

통일 경찰론

제1절 | 서 설

우리나라는 지정학적으로 북으로는 러시아, 서로는 중국, 동으로는 일본과 태평양을 넘어 미국 등 열강으로 둘러싸여 한반도에 국가가 형성된 이래 외국의 침략을 끊임없이 받아 왔다.

설상가상으로 1950년 6월 25일 새벽 4시, 구 소련군 소좌 출신인 김일성(본명 김성주)의 북한공산군 침략으로 3년여의 전쟁 끝에 한국은 민간인 사망 373,599명, 부상 229,652명, 실종 387,744명과 한국군 전사 227,748명, 부상 717,083명, 실종 43,572명의 인명피해와 미군을 비롯한 유엔군 전사 36,813명, 부상 114,816명, 실종 6,178명의 인명피해를 낸 채 1953년 7월 27일 휴전협정에 의하여 북한지역은 위도상으로 37도~43도, 경도상으로 124도~130도로 나누어졌으며, 면적은 우리나라 전체면적 222.784㎢의 55%인 123.138㎢을 점유하고 있다.

북한은 1994년 7월 8일 김일성 사망 이후 김정일이 뒤를 이어 권력을 장악하였으며 2011년 12월 17일 심근경색으로 사망한 김정일은 지난 2009년 1월 셋째 아들인 김정은을 후계자로 내정하고 다음 해인 2010년 9월 28일 노동당대표자회에서 노동당중앙군사위부위원장, 노동당중앙위원회 위원, 북한인민군대장으로서 공식석상에 나타나 사상 유례없는 3대 세습을 감행하고 있다.

북한의 인구는 2009년을 기준으로 약 2,462만 명이며, 행정구역은 1945년 해방 당시 6도, 9시, 89군, 810읍·면이었으나, 2009년 2월 현재 2직할시, 9도, 25시, 33구역, 147군, 2구, 2지구, 147읍, 3,230리, 1,137동, 267노동지구의 행정구역으로 되어 있다(통일연구원, 2009).

한편 김일성, 김정일 가계우상화와 관련하여 지명이 바뀌거나 특이한 지명을 쓰는 곳이 많다.

1982년 양강도 신파군이 김일성 전처의 이름을 딴 김정숙군으로, 1988년 자강도 후창

군이 김일성 아버지의 이름을 딴 김형직군으로, 1990년에 양강도 풍산군이 김일성 삼촌의 이름을 딴 김형권군으로 바뀌고, 은덕군, 새별군, 선봉군, 영관군, 낙원군 등도 김부자의 우상화와 관련된 지명이다(배기찬, 1994).

종래의 행정구역 개편이 중앙집권체제를 강화하면서 김부자 및 가계우상화를 위한 지명개칭과 한국의 행정구역 수를 의식한 구역 수의 확대를 염두에 둔 것으로 본다면 나선시, 흥남시, 신의주특별행정구, 남포시 등 최근의 행정구역 개편은 경제적 측면을 고려했다고 볼 수 있다.

한편, 북한은 2011년 초 경제개발 10년 계획을 발표하면서 도로, 항만, 철도, 공항, 전력, 에너지, 철강, 농업 등에 1,200만~1,500만 달러를 투자할 계획이라고 발표했다. 경제계획을 적극적이고 구체화했다는 데 의미가 있으나, 북한의 예측불허의 정책변동으로 중국을 제외한 투자할 나라가 없기에 성공 여부는 매우 불확실하다고 하겠다(KOTRA, 2011).

북한은 그동안 핵개발로 인한 국제적 고립으로 어려워진 경제난을 타개하기 위하여 중국에 황금평도와 위화도 50㎢, 중국과의 경제합작의 대가로 중국의 동북 3성(지린성, 헤이룽장성, 랴오닝성)의 동해 진출을 위한 나선항을 50년간 빌려 주기로 하는 등 김일성－김정일－김정은 세습체제의 명분인 소위 김일성 주체사상과는 거리가 먼, 북한의 자원과 자본시설 등이 중국으로의 종속화가 심화되고 있어 안타까움을 더 해 주고 있다.

참고▶ 구역과 노동지구

1. '구역'은 대도시(평양, 함흥, 청진)에, '구지구'는 도(평안남도, 함경남도)에 소속된 행정구역으로 시·군의 기능을 수행하는 행정단위이다.
2. '노동지구'는 광산, 임·수산 업소, 공장, 기업소 등에 인구가 집중되어 일종의 취락형태를 갖추게 되면서 별도로 설치된 행정구역으로 1952년 12월 행정구역 개편 시 신설되었다.

제2절 | 북한체제와 통치이념

1. 북한체제의 특징

북한은 2012년 4월 11일 제4차 당대표자회에서 김정일을 '영원한 총비서'에 추대하고 김정은을 당 제1비서로 추대했으며, 당 규약에서 '조선로동당은 김일성 · 김정일의 당'이라고 규정하여 김일성 일가의 사당임을 선언하였다.

북한은 그 이전인 1997년 10월 10일 노동신문 기념사설을 통해 '조선로동당은 김일성 당이다'라고 하던 것을 '김정일의 당'으로 바꾸어 지칭하였다. 이는 김정일 권력세습작업의 일환으로 이루어진 것이었으며, 2011년 12월 17일 김정일 사망으로 권력의 전면에 등장한 김정은의 권력세습이 조기에 이루어진 것으로 보인다.

북한체제의 특징은 구소련의 집단지도체제 개념과는 달리 정치적으로 주체사상을 통치이념으로 한 수령 독재체제이며, 김일성 일가에 의해 지배되고 권력 세습 체제를 갖추고 있다.

북한은 조선노동당의 기본노선이 당내 유일사상체계의 확립에 있다고 하면서 "유일사상체계의 확신을 위해서는 무엇보다 수령의 유일적 영도를 철저히 실현하는 것이 중요하다"고 하여 유일지배체제를 제도화하고 있다.

이와 같은 수령 중심의 체제논리는 1982년 김정일이 발표한 논문에서도 다음과 같이 강조되고 있다.

"수령의 사상과 령도를 떠나서 령도적 정치조직으로서의 당에 대하여 생각할 수 없으며 대중과 결합되지 않고는 혁명과 건설을 승리에로 이끌어 나갈 수 없다. …당의 유일사상체계는 수령의 사상체계이며 수령의 령도 체계이다. …유일사상체계를 세우는 것은 당을 수령의 당으로 건설하기 위한 기본방도이다. …로동계급의 당은 전당이 수령의 사상으로 일색화되고 수령의 유일적 령도 밑에 하나와 같이 움직이는 사상적 순결체로, 조직적 전일체로 되어야 한다."

2. 통치이념

가. 주체사상(主體思想)

북한사회를 이해하기 위해서는 먼저 '주체사상'을 알아야 한다. 주체사상은 자연적 결과의 현상이 아니라 정치적 필요에 의해 출현했다고 볼 수 있는데 북한의 통치 엘리트들이 국내정치 및 대외관계의 상황에 대처하기 위해 '주체'를 제기했기 때문이다.

조선노동당은 2010년 9월 28일을 제3차 당대표자회를 개최하여 지난 1980년 10월 6차 당대회 이후 31년 만에 당 규약을 개정하였으며, 규약 전문에 "조선로동당은 오직 위대한 수령 김정일 동지의 주체사상, 혁명사상에 의해 지도된다"고 규정하고 있으며, 2009년 개정 사회주의헌법 제3조에서는 주체사상을 선군사상과 더불어 "사람중심의 세계관이며 인민대중의 자주성을 실현하기 위한 자기 활동의 지도적 지침으로 삼는다"라고 명기하고 있다.

북한의 주체사상은 마르크스의 유물론적 시각을 수정하여 상부구조의 주요 구성체인 인간의식의 주체적인 사고와 행위에 의해 경제구조와 사회와 역사가 변화한다는 논리를 제시한다. 그러나 주체사상의 본질을 분석해 노면 여전히 전통적 마르크스-레닌주의의 영향이 반영되어 있고, 한국사회를 지배해 온 전통적인 유교적 사상도 포함되어 있다. 아울러 제국주의의 사상과 문화의 침투에 대한 민족주의적 특성도 가지고 있다.

북한 주체사상은 1960년대 이후 북한은 김일성 개인 우상화에 치중하며 주체사상의 '김일성주의'로의 이론적 변환작업을 시도하였다. 혁명과 건설을 추진하는 주체인 인민대중의 정점에 수령이 존재하며, 수령은 인민대중을 인도하는 지적 영도자의 역할을 담당한다는 이른바 '수령론'은 김일성 개인우상화의 극치라고 할 수 있다.

나. 선군정치(先軍政治)

선군정치는 김일성 사후 북한이 당면해야 했던 전례 없는 위기 속에서 출현했다. 1996년 1월 1일 노동당 기관지인 <노동신문> 등 공동 신년사설에서 "모자라는 식량을 함께 나눠 먹으며 …(중략)… 고난의 행군정신으로 어려움을 헤쳐 나가자"라고 하여 약 300만

명의 아사자(餓死者)를 희생시키고, 2000년 1월 1일 <노동신문>은 공동 신년사설을 통해 "우리 인민의 투쟁으로 여러 해째 계속된 어려운 행군이 마침내 구보(驅步)행군단계에 접어들었다"고 선언하였다. 이러한 위기를 극복하기 위해 김정일은 군사선행의 원칙을 앞세우며 혁명과 건설에서 나오는 모든 문제를 해결하고 군대를 혁명의 기둥으로 내세워 사회주의 위업 전반을 밀고 나가는 영도방식으로 인민군대를 핵심으로 하여 혁명대오를 튼튼히 꾸리고 혁명적 군인정신을 무기로 하여 사회주의건설을 밀고 나가는 것으로 '군사선행, 군 중시' 정치라고 할 수 있다.

선군정치가 제기된 가장 직접적인 배경은 김일성 사후 지속되는 경제난 속에서 김정일 정권이 생존을 위해 권력의 근간을 당보다는 군에 의존하게 된 대내적 환경이다. 북한의 극심한 경제난은 당이 인민에게 기본적 삶의 조건을 제공하고 인민은 정권에 대한 지지 및 정통성을 부여해 왔던 사회주의적 후원주의 체제를 와해시켰다. 선군정치는 군이 가진 자원과 역량을 활용함으로써 인민경제의 회복을 꾀하는 한편, 당의 저하된 사회통제 기능을 군 조직을 통해 보완하려는 시도라고 할 수 있다.

선군정치의 또 다른 배경은 외교적 그립으로부터 초래되는 대외적 안보위협에 대한 북한의 불안이다. 동구 사회주의권과 소련의 붕괴 이후 북한의 외교적 고립은 가속화되어 왔고, 2001년 부시(George W. Bush 미국 43대 대통령) 행정부 이래 첨예화된 미국과 북한 간의 대결적 구도는 북한에게 자위적 근사력에 대한 불안감을 제고시켜 왔다. 오랜 기간 축적된 거대한 군 조직의 존재는 선군정치의 발현을 후원하는 내적 요인들이다. 이미 주도권을 상실하고 있는 우리와의 체제 경쟁에서 그나마 경쟁력을 보존한 군사부문에 대한 자부심과 집착 또한 북한이 선군정치를 지향하게 된 배경 요인 중의 하나이다.

그러나 2010년 9월 28일 개정된 당 규약에 군의 급격한 신장을 우려한 김정일의 뜻에 따라 군에 대한 당 우위 조항을 포함시켜 군을 견제하려는 포석이 엿보이고 있다. 즉 당 규약 46조에 "당의 영도하에 모든 정치활동을 진행한다", 또 50조에 "각 부대에 파견된 정치위원들은 당의 대표로서 부대의 전탄 사업을 책임지며 장악·지도한다"라고 규정하여 군에 대한 당의 통제 강화를 시도하였다.

제3절 | 권력기관

1. 당 대회 및 당 대표자회

당 대회는 당의 최고지도기관이다(14조). 당 대회는 당의 최고기관이다(21조). 북한은 지난 2010년 개정 당 규약을 통하여 당 대회를 최고기관으로 규정하면서도 과거 5년마다 개최하기로 하였던 당 대회 개최 규정을 삭제하여 개최시기에 대한 부담을 줄이는 한편, 김정일 사후에 대비하는 모습을 보여 주었다. 또한 임시 당 대회 성격인 당 대표자회에도 당중앙위원회가 소집하여 당 대표자회를 통하여 당의 노선과 정책, 전략·전술의 중요한 문제들을 토의 결정하도록 하면서, 당 대표자회는 당 최고지도기관을 선거하거나 당 규약을 수정할 수 있도록 하였다(30조).

2. 당중앙위원회 및 당중앙군사위원회

당의 최고지도기관은 당 대회이며, 당 대회와 당 대회 사이에는 당 대회가 선거한 당중앙위원회(14조)라고 하고, 당중앙위원회가 당 대회(21조)와 당 대표자회를 소집(30조)하도록 하여 북한의 실질적인 최고지도기관임을 규정하였다. 당 총비서는 당의 수반으로서 당중앙군사위원회 위원장이 된다(22조)고 하여 중앙군사위원회 위원장이 총비서가 되도록 하였다. 이는 지난 2010년 9월 28일 당 대표자회에서 중앙군사위원회 부위원장의 직책을 맡은 김정은의 권력세습을 위하여 마련된 규정으로 앞으로 중앙군사위원회가 국방위원회를 대신하여 군부장악에 나설 것으로 예측되었다. 김정은은 이후 2012년 4월 11일 제4차 당대표자회에서 신설된 제1서기와 함께 당중앙군사위원회위원장, 당중앙위원회 정치국 위원, 당중앙위원회 정치국 상무위원회위원으로 추대되었다.

3. 최고인민회의

최고인민회의는 헌법상 국가의 최고주권기관으로서 행정부·사법부 등 모든 국가기관을 조직하는 권한을 갖고 있고 국가기관들은 최고인민회의에 대해 책임을 지게 되어 있다. 최고인민회의 대의원의 임기는 5년이며, 1년에 한두 차례의 정기회의와 최고인민회의 상임위원회가 필요하다고 인정할 때 또는 대의원 전원의 3분의 1 이상의 요청이 있을 때에 소집한다.

최고인민회의의 권한은 헌법과 법령을 제정 또는 수정·보충하며, 대내외 정책의 기본원칙을 세우고, 국방위원장과 위원, 최고인민회의 상임위원장과 위원, 내각총리, 중앙재판소장 등을 선출하고 소환하며 중앙검찰소장을 임명 또는 해임한다. 조약의 비준·폐기에 대한 결정권도 최고인민회의의 권한이다.

4. 국방위원회 위원장

김정일 생존 시 국방위원장은 북한의 최고영도자였으며 전반적 무력의 최고사령관으로 국가의 일체무력을 지휘·통솔하며 국가사업 전반을 지도하였다. 또한 국방부문의 중요 간부를 임명 또는 해임하며, 외국과의 중요 조약의 비준 및 폐기를 결정하고 특사권을 행사하며 나라의 비상사태와 전시상태, 동원령을 선포한다. 그러나 김정일 사후에 대비하여 개정 당 규약에서 군사분야의 최고지도기관을 당중앙군사위원회로 명시하여 국방위원회와 더불어 위상변화에 관찰이 필요하겠다.

5. 국방위원회

1992년의 개정 헌법에 의해 중앙인민위원회의 부문별 위원회에서 독립하여 확대 개편된 국방위원회는 1998년 헌법 개정에서 '국가주권의 최고군사지도기관이며 전반적 국방관리기관'으로, 그리고 2009년 헌법 개정에 이르러 '국가주권의 최고국방지도기관'으로 격상되었다. 국방위원회는 위원장, 제1부위원장, 부위원장 및 위원들로 구성되며 이들의 임기는 5년이다.

국방위원회는 선군혁명노선을 관철하기 위한 국가의 중요 정책 수립, 전반적 무력과 국방건설 사업을 지도하고 국방위원장의 명령 및 국방위원회의 결정·지시·집행을 감독하고 대책을 세우며, 국방위원장의 명령과 국방위원회의 결정·지시에 어긋나는 국가기관의 결정·지시를 폐지한다. 국방부문의 중앙기관 신설 및 폐지 등의 임무와 권한을 가지고 있다.

6. 최고인민회의 상임위원회

최고인민회의 상임위원회는 최고인민회의의 상설조직으로 위원장, 부위원장, 서기장, 위원으로 구성되어 있고 소수의 명예부위원장을 둘 수 있다.

최고인민회의 상임위원회의 임기는 5년이며, 최고인민회의를 소집하고, 국가기관들의 법준수 집행을 감독하고 대책을 세우며 일반 조약의 비준과 폐기, 외교대표의 임명·소환 결정, 대사권 행사 등 일반적 대외업무를 담당하는 역할을 하고 최고인민회의 상임위원회 위원장은 상임위원회 사업을 조직·지도하고 국가를 대표하며 다른 나라 외교사절의 신임장과 소환장을 접수한다.

7. 내 각

내각은 최고 주권의 행정적 집행기관이며 전반적 국가관리기관으로서 총리, 부총리, 위원장, 상(相)과 그 밖의 필요한 성원들로 구성되며 이들의 임기는 5년이다. 내각의 임무와 권한은 국가의 정책을 집행하기 위한 대책 수립, 내각의 위원회, 성(省), 내각직속기관, 지방인민위원회의 사업 지도, 국가의 인민경제발전계획 작성과 그 실행대책 수립, 국가예산을 편성하며 그 실행대책을 수립하는 등 국방 분야를 제외한 대부분의 행정 및 경제 관련 사업을 주도하고 관할한다.

8. 사법기관(검찰소와 재판소)

북한의 사법기관은 검찰소와 재판소이다. 헌법에 검찰기관의 구성, 임무 및 내부관계 등에 관한 자세한 규정을 두고 있다. 북한 헌법이 검찰에 관하여 이와 같이 명문화된 규정을 두는 것은 사회주의국가에서 검찰기관이 갖는 특수한 기능 때문이다. 북한의 검찰은 사회주의적 준법성 확립을 위한 사법 감시와 더불어 체제수호를 담당하는 통치기구의 중요한 축이라고 할 수 있다.

북한의 검찰기관은 중앙검찰소를 정점으로 그 밑에 도(직할시)·시(구역)·군 검찰소 및 특별검찰소를 두고 있다. 중앙검찰소장의 임명과 해임은 최고인민회의가 담당하고, 검사는 중앙검찰소가 임명 또는 해임한다.

제4절 | 북한의 대남전략 · 전술

1. 북한공산주의 전략 · 전술

전략 · 전술은 공산주의 이론의 핵심이다. 전략 · 전술 개념의 태동은 공산주의를 창시한 마르크스와 엥겔스에 의해서이며, 레닌에 의해 전략 · 전술의 개념이 본격적으로 개발되었고 스탈린 시대에 이르러 완성, 정식화되었다. 스탈린은 '레닌주의의 기초'(1924)라는 공산혁명지침서에서 "전략 · 전술이란 프롤레타리아(공산당세력)의 혁명적 계급투쟁을 지도하는 과학"이라고 강조한 바 있다.

전략이란 "혁명의 당해단계에서 프롤레타리아(공산당세력)의 주요 공격방향(주적)을 결정하고, 혁명역량(주력군 및 예비군)을 적절히 배치하여 혁명단계 전 기간에 걸쳐 그 계획을 실천해 나가는 투쟁"이라고 정의한다. 즉 전략은 혁명단계에서 ① 타도할 대상을 결정하고 ② 혁명동력을 편성하여 이를 일관되게 실천하는 기본적인 투쟁지침이다.

반면 전술이란 "혁명운동의 간조와 만조, 혁명의 앙양과 침체 등 비교적 짧은 기간에 있어서 프롤레타리아트(공산당세력)의 행동노선, 즉 투쟁형태, 조직형태, 표어(선동슬로건)배합 등을 결정하여 이를 실천해 나가는 투쟁"이라고 정의하고 있다. 즉 전술은 혁명과정에서 주어진 상황변화에 따라 공산당세력의 행동노선(조직노선, 투쟁노선, 표어노선)을 결정하여 투쟁하는 세부적인 투쟁지침이다.

따라서 전략은 혁명이 성사될 때까지 거시적이며 장기간에 걸쳐 지속적으로 진행되는(목표달성 시까지 불변) 반면, 전술은 미시적이며 단기간의 행동노선으로 상황에 따라 변화무쌍하다는 점에서 서로 비교된다(유동열, 통일교육원, 2010, pp.6~7).

참고▶ 구역과 노동지구북한의 전략(戰略)과 전술(戰術) 비교

분류	전략(Strategy)	전술(Tactics)
기본 정의	혁명의 기본계획 및 실천지침	혁명의 세부계획 및 실천지침
기간/범위	장기적, 거시적	단기적, 미시적
변화유무	불변(不變)	변화무쌍
주요 내용	타도대상과 혁명역량 (주력군, 예비군) 편성	주력군의 행동양식 결정 (조직형태, 투쟁형태, 선동구호 배합)

2. 북한 대남전략노선과 민족해방인민민주주의혁명(NLPDR)

북한은 1950년대 초까지만 해도 대남전략(남조선혁명전략)을 사회주의 민주기지노선에 입각한 '무력해방노선'으로 규정했었다. 그러나 6·25 남침에 실패한 후 1955년 4월 당중앙위 전원회의에서 남조선혁명을 '반제반봉건인민민주주의혁명'으로 규정하게 된다. 이어 1961년 9월 제4차 당 대회 시에는 "남조선혁명은 제국주의를 반대하는 민족해방혁명이며 봉건세력을 반대하는 민주주의혁명"이라고 밝혀, 종전의 반제반봉건민주주의혁명과 민족해방민주주의혁명을 혼용해 왔다.

이후 1970년 11월 제5차 당 대회에서는 김일성 교시를 통해 남조선혁명을 '민족해방인민민주주의혁명(NLPDR: National Liberation People's Democracy Revolution)'이라고 규정하고, 이를 공식 채택하여 당 규약 전문에 수정, 명시하였다. 북한은 제5차 당 대회 이후 현재까지 일관되게 이 노선을 견지하고 있다.

북한 대남전략의 목표와 성격은 조선노동당규약 전문에 직접 명시되어 있다. 북한은 1980년 10월 제6차 당 대회 시 수정한 조선노동당 규약을 견지하다 44년 만에 개최된 당 대표자회(3차, 2010.9.28)에서 아래와 같이 수정하며 '공산주의 실현' 부분을 삭제한 바 있다.

참고▶ 조선노동당 규약(朝鮮勞動黨 規約)의 수정

1980.10.10. 제6차대회 수정	조선로동당의 당면 목적은 공화국 북반부에서 사회주의의 완전한 승리를 이룩하여 전국적 범위에서 민족해방과 인민민주주의 혁명과업을 완수하는 데 있으며 최종목적은 온 사회의 주체사상화와 공산주의 사회를 건설하는 데 있다(당 규약 서문 중).
2010.9.28. 당대표자회 수정	조선로동당의 당면 목적은 공화국 북반부에서 사회주의의 강성대국을 건설하며, 전국적 범위에서 민족해방과 인민민주주의 혁명과업을 수행하는 데 있으며 최종목적은 온 사회를 주체사상화하여 인민대중의 자주성을 완전히 실현하는 데 있다(당 규약 서문 중).

북한의 전 조선혁명 과정은 조선노동당규약 전문에서 보듯이, 1단계(당면목표), 민족해방인민민주주의혁명 단계와 2단계(최종목표), 남북합작을 통한 사회주의혁명 단계로 구분된다.

여기에서 1단계인 민족해방인민민주주의혁명 전략은 통상 '남조선혁명전략'이라 칭한다. 북한은 1단계 예비혁명을 완수한 다음, 2단계로 목적혁명인 사회주의혁명을 수행하여 궁극적으로 전 한반도를 주체사상화하고 공산주의를 실현한다는 것이다. 따라서 북한이 대남전략을 전개하는 궁극적 목표는 사회주의혁명을 통한 공산주의사회의 실현으로 집약되는 것이다.

민족해방인민민주주의혁명 전략은 북한의 남한사회에 대한 성격평가에서 비롯된다. 북한은 남한사회를 미국에 정치・경제・사회・문화 및 군사적으로 종속되어 있는 식민지사회로 인식하고 남한정부를 미제의 식민지 대리통치정권(또는 친미 파쇼정권) 등으로 매도하고 있다. 따라서 '인민민주주의혁명'이란 미제의 대리통치정권이며 독재정권인 남한정권을 남한인민의 힘으로 타도하고 민족자주정권인 인민정권을 수립하자는 것이다. 이어 북한은 2단계로 남북합작에 의한 사회주의혁명을 완성시킨다는 전략을 갖고 있다.

3. 대남투쟁 3대 과제 – 자주・민주・통일

북한은 1970년 11월 제5차 당 대회 이래 남조선혁명(민족해방인민민주주의혁명)을 달성하기 위한 대남투쟁과제로 '자주・민주・통일'을 설정하고 있다. 이는 소위 남조선혁명의 방향과 지침을 함축적으로 표현하고 있는 것인데, 1985년 7월 27일 반제민전(구 한민전)의 3대 투쟁강령으로 구체화된다.

여기의 자주란 한국사회가 자주독립국가가 아니라 미제의 식민지사회이므로, 남조선혁명을 위해선 먼저 미제를 축출하고 민족자주권을 확립해야 한다는 것으로, 반미자주화투쟁을 의미한다. 민주란 한국사회가 민주주의체제가 아니라 독재파쇼체제이므로 남한인민이 현 정권을 타도하고 인민정권을 수립해야 한다는 것으로, 반파쇼민주화투쟁을 의미한다. 통일이란 우리가 염원하는 자유민주주의로의 통일이 아니라, 북한식 연방제 적화통일을 지향하는 것으로 이른바 조국통일투쟁을 의미한다. 언뜻 보기에는 '자주・민주・통일'은 아주 평범한 용어같이 보이나 실은 반미자주화투쟁, 반파쇼민주화투쟁, 조국통일투쟁이라는 대남투쟁 3대 당면 목표를 지칭하는 북한의 적화혁명용어인 것이다.

4. 북한의 대남전술

북한의 대남혁명전술은 대남전략의 하위체계로 대남혁명과정에 있어서 전략적인 목표를 달성하기 위한 구체적인 행동지침을 밝히는 것이다. 즉, 남조선혁명단계에 있어서 전개되는 상황변화에 따라 비교적 짧은 기간에 있어서 혁명 주력군(노동자, 농민, 청년학생, 진보적 인텔리 및 전위당)의 행동노선을 결정하는 것으로 '조직형태, 투쟁형태, 선동슬로건의 배합'을 실천해 나가는 투쟁을 말한다. 전술은 그 특성상 상황에 따라 수시로 변화하는데, 하나의 전략단계에 있어서도 여러 가지 다양한 전술의 변화가 일어난다.

참고▶ 북한의 대남혁명 형태

구분	내용
조직형태	1) 지하당 구축전술 2) 통일전선전술 3) 프락치(Fraktsiya)전술
투쟁형태	1) 합법, 비합법, 반(半)합법 투쟁전술 2) 경제투쟁, 정치투쟁 전술 3) 폭력, 비폭력투쟁 4) 테러전술, 게릴라전술, 무장봉기전술, 인민전쟁전술 5) 대화(협상)전술, 평화공존전술, 선거투쟁전술 6) 국군와해전취(戰取)전술 7) 기타
표어형태	1) 선동슬로건의 배합전술 2) 폭로전술 3) 기타

제5절 | 북한의 경찰

1. 북한의 경찰기구 변천

가. 1948년 9월 9일 북한정권(조선민주주의인민공화국) 수립과 함께 경찰기능을 행사했던 북조선인민위원회 '내무국'은 내각 소속인 '내무성'(內務省, 상(相): 박일우)으로 흡수되었다. 바로 '내무성'이 최초의 공식적인 북한 경찰조직이라 할 수 있다.

나. 북한은 전쟁 중인 1951년 3월 '내무성' 편제 중 정치보위국 및 기타 부문조직을 통합하여 '사회안전성'(社會安全省, 상(相): 방학세, 대장)으로 독립시켰다. '사회안전성'의 신설은 전쟁 시 이른바 반동분자 등 반체제저항세력들에 대한 효율적 통제 등 특수 공안업무와 과거 '내무성' 정치보위국에 대한 악명을 일소시켜 전시 치안업무를 효율화하기 위한 것으로 평가된다.

다. '내무성'에서 분리, 독립된 '사회안전성'은 1년 7개월 만인 1952년 10월 9일 '내무성'으로 흡수, 통합되었다. 이에 따라 종래 '사회안전성'의 기능은 '내무성' 정치보위국으로 이관되었다. '사회안전성'이 '내무성'으로 통합된 이유는 '사회안전성'의 업무가 이전보다 복잡하여 능률성 제고가 이루어지지 않았고, '내무성'과의 양립으로 치안업무의 혼란을 초래했기 때문이다. 그러나 그 배경에는 방학세 '사회안전성'의 내무상 보임이 내정된 상태에서 자기가 관할하고 있던 '사회안전성' 조직을 '내무성'으로 통합시켜 자기의 영향력하에 두려고 했던 것으로 평가된다.

라. 1962년 10월 23일 제3차 내각 개편 시, 북한은 '내무성'의 중추적인 기능인 경찰업무를 '사회안전성'(社會安全省, 상(相): 석산)을 신설하여 이관하였다. 사회안전성은 1972년 12월 27일 북한 사회주의 신헌법 채택과 함께 내각이 정무원(政務院)으로 개편되면서 '사회안전부'(社會安全部 상(相): 김병하)로 개칭되었다. 1973년 5월 김일성의 사회안전업

무와 정치보위 업무를 분리하라는 지시에 의해 '사회안전부' 소속 정치보위국이 분리되어, '국가정치보위부'(國家政治保衛部, 상(相): 김병하)로 독립하였다. 1998년 9월 5일 북한헌법의 수정, 보충에 따라 정무원이 내각으로 개편되었고 '사회안전부'가 '사회안전성'(社會安全省, 상(相): 백학림)으로 다시 개칭되었다.

마. 2000년 4월 6일 최고인민회의 제10기 3차회의 3일차 회의에서 '사회안전성'을 '인민보안성'(人民保安省 상(相): 백학림, 2003.8. 최용수, 2004.7.부터 주상성)으로 명칭을 변경하여 오다가, 북한은 2010년 4월 초 '인민보안성'의 명칭을 '인민보안부'(部長: 주상성 조선인민군 대장)로 바꾸었다. 북한의 '인민보안부(人民保安部)'는 그동안 대외적으로 내각소속으로 발표하였으나, 실제로는 내각과는 아무런 연관이 없고 당과 국방위원회에서 관할해 왔다. 현재 국방위원회 직속으로 '인민무력부'와 '국가안전보위부'가 소속되어 있는데, 명칭을 '인민보안부'로 변경한 것은 선군정치하에서 북한경찰도 국방위원회 관할로 소속된 것으로 판단된다.

2. 북한경찰의 기능

북한경찰의 기능, 즉 임무는 우리 경찰과는 달리 매우 광범위한 것이 특징이다. 이를 기본기능, 주요기능, 특수기능으로 나누어 소개한다.

가. 북한경찰의 기본기능

북한경찰의 기본기능은 ① 혁명의 수뇌부의 수반이라는 수령 옹호보위, ② 조선로동당과 북한정권의 보안사업 옹호보위, ③ 인민의 생명과 재산 보호, ④ 사회질서 유지라고 할 수 있다.

북한경찰은 보편적인 경찰업무인 국민의 생명과 재산보호 및 치안질서의 유지기능보다 앞서, 북한체제의 특수성으로 인해 수령과 당(정권포함)을 옹호보위하는 것을 제1차적 임무로 하고 있는 것이 특징이다. 1999년 9월 30일과 10월 1일 평양 봉화예술극장에서 진행된 '전국분주소장회의'에서 국방위원회 제1부위원장이며 조선인민군 총정치국장인 조명록 차수가 전달한 축하문에서 '조선로동당 중앙위원회'는 그동안 사회안전원들이 수령에 대한 절대적 숭배심을 지니고 혁명의 수뇌부의 안전을 믿음직하게 지킨 데 대한 공로를 치하하며 수령결사옹위정신, 총폭탄정신, 자폭정신으로 무장할 것을 최우선적으로 강조한 바 있다.

나. 북한경찰의 주요 기능

(1) 수령(혁명수뇌부)의 옹호보위사업

수령 옹호보위사업은 북한경찰의 가장 핵심적 임무이며 절대 과업으로 이는 바로 국가수반인 김정일을 옹호・보위하여 북한 정권을 수호하는 것이다. 이를 위해 북한경찰은 반국가・반혁명행위 감시, 적발, 호위(경호)업무 수행, 수령 우상화사업 등을 수행한다.

(2) 당과 국가의 보안사업 총괄

북한경찰은 조선노동당과 조선민주주의인민공화국의 노선을 옹호관철하기 위해 이른바 국가보안사업을 총괄하고 이를 수행하고 있다. 국가보안사업이란 국가기관의 기밀문서 보관관리 및 운반(문서수발) 업무, 국가 주요 시설 경비 및 간부호위, 전시・평시 주민소개(반항공훈련 등), 화폐 및 주요 상표인쇄 발행, 공장, 기업소 등 경제정책 업무수행 감독, 해외 주재 북한인 및 북한거주 외국인 감시 등을 말한다.

(3) 치안질서 유지

북한경찰은 경찰의 기본 기능인 치안질서 유지의 업무를 총괄하고 있는데, 1990년대 들어서 북한의 극심한 경제난 및 외부사조의 유입 등으로 각종 범죄 등 사회일탈행위가 증대하고 있어 이에 대한 수요가 확대되고 있는 것으로 알려진다. 이는 일반 범죄예방 및 수사활동, 비사회주의적 요소 적발, 교통질서 유지 및 운전면허 관리업무, 폭발물관리 등이다.

(4) 주민의 사상동향 감시

북한경찰은 체제 및 정권수호를 위해 주민들의 사상동향을 감시하는 업무에 주력하고 있다. 이는 치안질서 유지와도 직접 연관이 되어 있기 때문에 북한주민을 효율적으로 통제하기 위해 주민성분 분류, 주민등록사업 관리, 공민증 발급, 주민들의 거주이전, 이동을 직접 통제・관리하는 업무를 수행하고 있다.

다. 북한경찰의 특수기능

북한경찰은 위의 임무 외에도 일반 경찰의 업무라고 볼 수 없는 소방사업, 지진관리, 철도・지하철 운영관리, 교화사업, 자체 외화벌이사업 등 업무를 수행하고 있다.

(1) 정치사업

북한경찰은 사회주의 경찰의 특성인 '정치사업(政治事業)'을 수행한다. 정치사업이란 공산혁명의 목적과 의의, 그 수행방법과 전망에 대해 당원과 군중들에게 인식시켜 이른바 혁명과업을 원만히 수행할 수 있도록 조직, 동원하는 것을 말한다.

(2) 주민요해사업

북한경찰의 주민요해사업(住民了解事業)이란 북한주민의 계급적 토대, 출생, 학력, 사회활동사항, 친인척 관계 등을 파악하여 관리하는 업무를 말한다. 이는 인민보안부 주민등록국에서 지도・감독・관할하며, 직할시・도의 경우 해당 보안국 주민등록처, 시・군 보안부의 경우 주민등록과에서 담당한다.

(3) 소방사업

북한경찰은 한국경찰과는 달리 소방업무도 수행하고 있는데, 이는 인민보안부 호안국(護安局)에서 관할하며, 직할시・도의 경우 보안국 직속의 소방대, 시・군 보안서의 경우 소방대(消防隊)에서 담당한다.

(4) 교화사업

북한경찰은 우리 경찰과는 달리 범죄자를 수용, 관리하는 교화(敎化)사업도 담당하고 있다. 북한에서는 범죄자를 수용・관리하는 교화업무가 국가안전보위부와 인민보안부로 이원화되어 있다.

(5) 국토관리사업

북한경찰은 국토관리, 보존이라는 업무도 수행하고 있는데, 이와 관련된 업무는 인민보안부직속 독립기관인 국토총국(國土總局)에서 관할하며, 직할시・도의 경우 해당 보안국 국토관리처에서, 시·군 보안서의 경우 국토과(國土科)에서 담당한다. 주요 업무는 고속도로 및 국가도로 관리, 강·하천 관리, 단속(해상단속), 산림자원 보호, 수자원 보호, 지진관측 등이다.

(6) 공병 업무

북한경찰은 인민보안부 직속 독립부대인 7총국(공병총국)과 8총국(도로총국)을 운영하며, 국가의 주요 시설물과 도로를 직접 건설하며 관리하는 공병업무를 수행하고 있다.

(7) 화폐 발행사업

북한경찰은 북한 중앙은행 발행의 공용화폐를 인쇄, 제작하는 임무도 수행하고 있다. 평안남도 평성시 배산동에 위치하고 있는 인민보안부 직속의 '62호 공장'(화폐공장)에서 지폐(1원, 5원, 10원, 50원, 100원) 5종, 동전(1전, 5전, 10전, 50전, 1원) 5종 및 외화바꾼돈표(지폐) 9종을 직접 제작한다.

(8) 철도 및 지하철 관리

북한경찰은 인민보안부 직속으로 철도안전국과 지하철도관리국을 설치하여, 북한 전역에서 운행되는 여객열차의 안전 및 여행 질서를 단속하는 업무와 평양시 지하철의 안전운행 등 지하철도 관리업무를 수행하고 있다.

(9) 외화벌이사업

북한경찰은 인민보안부 자체 재원조달을 위해 직속으로 금강관리국(일명 무역국)을 설치하여 직할시와 도 보안국 단위까지 외화벌이사업소를 운영하고 있다.

(10) 2부 업무

북한경찰은 북한주민의 거주지이동을 통제하기 위한 업무를 수행하는데 이를 '2부 업무'라고 한다. 북한은 1966년부터 17세 이상의 북한 주민이 타 지역을 방문하고자 할 때는 의무적으로 시·군 구역 보안서 2부에서 여행증명서를 발급받아야만 한다. 2부는 시·군·구역 보안서 소속이나, 업무 편의상 해당 군 사무소(인민위원회)에 독립 사무실을 설치하고 업무를 수행하고 있다.

참고▸ 북한경찰의 계급구조

원수	장령	군관		하전사		
				하사관		병·전사
차수	대장	대좌	대위	특무상사	초기특무상사	상급병사
	상장	상좌	상위	상사	초기상사	중급병사
	중장	중좌	중위	중사	초기중사	초급병사
	소장	소좌	소위	하사	초기하사	전사

제6절 | 통일의 기본이해와 남북한 통일방안

1. 통일의 기본이해

남과 북은 분단 상황에서 지난 시기 각기 이질적인 정치・경제・사회・문화체제를 형성, 발전시켜 왔다.

때문에 우리에게 통일은 단순한 영토의 통일(통합)에 그칠 수가 없다. 통일은 각기 독자적으로 발전해 온 남북한의 사회 및 체제를 하나의 통합된 상태로 만들어 새로운 단일국가를 형성하는 것을 가리킨다. 다시 말하면 통일은 한반도에 서로 다른 두 체제가 존재한다는 '현실'을 '인정'하고, 이를 전제로 두 체제를 연결시키고 통합하는 하나의 민족공동체 형성을 의미한다. 민족공동체 형성을 통해 실현되는 통일국가는 포괄적인 생활단위로서 국제사회에서 주권적이며 독립적인 행동단위로 기능하는 단일정부를 구성함과 아울러, 단일국민, 단일영토, 단일법체제 및 단일정치체계를 갖춘 조직체로 나타나게 된다.

통일은 남북한 주민 모두에게 보다 질 높은 삶을 영위하게 하는 조건이 될 수 있다. 하지만 모든 통일이 이러한 삶의 조건을 보장해 주는 것은 아니다. 어디까지나 우리가 희구하고 추진해야 할 통일은 민족구성원 모두에게 자유와 인권이 보장되고 안전한 복지를 보장하는 것이어야 한다. 여기서 통일은 단순히 민족이라는 감성적 차원이나 당위성 차원에서만 논의할 수 있는 것이 아님을 알 수 있다. '모든 통일은 선'이라는 생각은 지난 60여 년의 민족분단사를 돌이켜 보면, 비현실적인 허구라고 할 것이다.

따라서 통일의 요체는 방법이나 절차에 있는 것이 아니라 그 내용 혹은 미래상에 있다. 즉 '어떠한' 내용의 통일이냐 하는 것이다. 가령 인간 존엄성을 중시하는 자유민주주의에 기초한 것인가 아니면 집단을 중시하는 사회주의, 특히 주체사상을 내세우는 '북한식 사회주의'냐 하는 것이다. 그러기에 통일의 핵심 혹은 본질은 바로 '체제선택' 혹은 가치의 선택에 있다고 할 수 있다.

첫째, 우리가 추구하는 통일은 마땅히 자유민주주의에 기초한 통일이어야 한다. 이는 대한민국 헌법이 명령하는 것이기도 하다. 이러한 자유민주의 통일이야말로 민족에게 재난을 가져다주기보다는 민족 성원 전체의 보다 나은 삶, 보다 많은 자유와 행복을 실현하는 길이라고 할 수 있다.

둘째, 통일은 평화적으로 이루어져야 한다. 무력통일은 결국 민족의 분열을 더욱 심화시키고 남북화해와 통합을 무산시키는 또 다른 재난의 시작이 될 것이기 때문이다. 평화적 통일을 위해서는 대화, 교류, 협력을 꾸준히 실천해야 한다. 하지만 남북대화, 교류협력은 그 자체 목표가 아니며, 민족공동체 형성과 남북통일로 가기 위한 수단이라는 점에 유의해야 한다. 그러기에 대화는 대화 그 자체에 의미를 두는 대화, 일방에게 희생만 강요하는 대화가 아니라 호혜적이고 생산적인 것이어야 한다. 남북관계 개선을 위한 수단으로서 합의문의 채택은 권장할 만한 일이지만, 합의문 생산에 의미를 두기보다는 합의문이 합의한 대로 제때에 실천하는 것이 더욱 중요하다.

셋째, 통일은 점진적이고 단계적으로 추진하는 것이 현실적이다. 남북한이 상극적인 이념을 유지하면서, 서로 대립하고 대결하고 있는 점을 고려할 때, 일시에 남북한을 한 울타리 속에 집어넣는다는 것은 불가능에 가깝다. 남과 북이 점진적으로 체제유사성을 확보하며 이를 제고해 가는 것이 중요하다. 그것은 곧 북한의 개방과 변화, 인권 개선과 민주화를 통해 자유민주주의와 시장경제로의 체제수렴과 접근을 향해서 남북한이 함께 힘을 모을 때 통일이 더욱 가까워질 것이다. 다른 한편 주변 4국이 모두 한반도의 현상유지를 원하고 있다는 점에 비추어 통일은 주변국의 협력과 뒷받침이 있을 때 순조롭게 진행될 수 있다는 현실적 제약을 간과해서는 안 된다. 요컨대, 남북한의 성급한 통일 추진 혹은 무리한 물리적 결합 시도는 예상치 않은 주변국의 반발을 불러올 수도 있다. 우리로서는 차분하고 질서 있게 남북화해·협력과 평화적 통일을 추진하면서도, 동시에 주변국들이 여기에 반대하지 않도록 만드는 주도면밀한 통일외교가 요청된다고 하겠다.

2. 남북한 통일방안 비교

대한민국의 '민족공동체통일방안'과 북한의 '고려민주연방공화국창립방안'은 기본적으로 다음과 같은 점에서 차이를 보이고 있다.

첫째, 통일의 기본철학과 관련, '민족공동체통일방안'은 자유민주주의를 제시하고 있는데 비해, '고려민주연방공화국창립방안'은 주체사상을 기초로 하고 있다. 자유민주주의는 개인의 인격과 가치를 존중하는 기초 위에서 각자의 자유와 창의, 인간존엄의 발현을 최고의 덕목으로 간주하는 이념이라 할 수 있다. 따라서 자유민주주의는 인간 중심적인 이념이며 본질상 반전체주의적 성향을 지니고 있다.

둘째, 통일이념에 있어서 '민족공동체통일방안'은 자유민주주의와 국제주의와 조화될 수 있는 '열린 민족주의'를 표명하고 있으나, 북한의 '고려민주연방공화국창립방안'은 주체사상에 입각한 '조선민족 제일주의', 즉 반외세적·배타적·저항적 성격의 민족주의를 전제로 하고 있다.

셋째, 통일정책의 접근시각과 관련, '민족공동체통일방안' 남북한의 상호 실체 인정을 전제로 한 민족공동체 형성 및 점진적·단계적 통일을 제의하고 있으나, 북한의 '고려민주연방공화국창립방안'은 남한의 실체부인의 논리, 즉 '하나의 조선' 논리에 입각한 남조선 혁명과 즉각적인 국가체제의 조립을 통일방식으로 상정하고 있다.

넷째, 남북한은 통일정책의 패러다임으로서 각기 공동체와 연방제를 설정하고 있다. 남한은 인간 중심의 자유민주주의에 기초하여 우리 민족이 어떻게 함께 살아가느냐, 즉 어떻게 하면 평화적인 민족공동체를 건설하고 있는가에 관심을 가지고 있는 반면, 북한은 계급·집단 중심의 주체사상에 입각하여 어떻게 권력을 배분하느냐, 즉 국가체제의 조립에 관심을 가지고 있다.

다섯째, 통일 주체로 '민족공동체통일방안'은 민족구성원 전체를, 그에 비해 '고려민주연방공화국창립방안'에서는 '조선민족'을 설정하고 있다. 그런데 북한 통일방안에서 상정하는 통일 주체에 있어서는 계급적 관점이 내포되어 있다.

여섯째, 통일원칙과 관련하여 '민족공동체통일방안'은 '자주·평화·민주'의 3원칙을 제시하고 있는 데 반해, 북한은 그들이 자의적으로 해석하고 있는 '7·4 남북공동성명'의 '자주·평화통일·민족대단결'이라는 통일 3원칙을 고수하고 있다.

일곱째, '민족공동체통일방안'은 통일을 과정으로 이해하고 있다. 특히 통일과정과 관련하여 '민족공동체통일방안'은 현재의 냉전구조와 대결의식을 극복하기 위해서는 점진적·평화적인 단계를 거친다는 단계적 통일과정의 필요불가결함을 강조하고 있다. 특히 '화해와 협력의 단계'를 설정하여 '기본합의서' 및 '부속합의서'가 발효된 남북관계의 현실 상황을 충분히 반영하고 있고, '남북연합'이라는 과도체제의 설정을 예정하고 있다.

이에 비해 '고려민주연방공화국창립방안'은 중간단계(잠정체제)를 생략한 연방제 통일을 지향함으로써 통일과정을 도외시하고 있다. 다만, 1991년 김일성의 신년사 발표 후부터 북한의 연방제안이 과도적 성격의 연방제로 변모하는 양상을 보여 주고 있다.

여덟째, '민족공동체통일방안' 자체에서는 과도기구, 통일국가 수립절차를 공식 표명하지 않고 있다. 그러나 이미 '한민족공공체통일방안'이 이에 관해 구체적으로 명시하고 있고, 여기에서 설정되어 있는 내용을 견지하고 있는 점에 비추어 통일국가 수립절차는 비교적 합리적이고 분명하다고 할 수 있다. 그러나 북한의 '고려민주연방공화국창립방안'은 통일과정을 무시함으로써 통일에 이르는 과도 기구를 제시하지 않고, 다만 통일국가의 기구로서 최고민족연방회의, 연방상설우원회를 언급하고 있을 뿐이다.

아홉째, 통일국가의 형태와 관련하여 '민족공동체통일방안'은 '1민족 1국가 1체제 1정부'의 단일민주공화국 수립을 궁극적인 통일로 규정하고 있는 데 비해, 북한은 '1민족 1국가 2제도 2정부'의 연방국가를 통일국가 형태로 규정하고 제도통일은 후대에 일임한다는 입장을 취하고 있다. 곧, 북한이 제의하는 연방제는 불완전한 통일을 상정하고 있다고 할 것이다.

열째, '민족공동체통일방안'은 통일국가의 미래상으로 민족구성원 모두에게 자유・복지・인간 존엄성이 보장되는 통일민주국가 및 '열린 민족주의'의 가치를 제시하는 등 자유민주주의・복지주의・인간존중주의・국제평화주의를 지향하고 있다. 이에 반해 북한의 '고려민주연방공화국창립방안'은 이에 관해 아무런 언급도 하고 있지 않고, 통일국가의 성격 내지 정책추진방향으로 '자주・평화・비동맹 중립노선의 국가'를 제시하고 있을 뿐이다.

열한째, 북한의 '고려민주연방공화국창립방안'은 주한미군 철수・국가보안법 철폐 등 한국이 수용할 수 없는 선결조건을 제시하고 있다. 이 점에서 우리의 '민족공동체통일방안'과 기본적인 차이를 보이고 있다. 한편 북한이 제의한 '고려민주연방공화국' 창립이 완전한 통일국가의 건설을 의미하는 것으로 보기 어렵다. '고려민주연방공화국창립방안'은 '민족공동체통일방안'과는 달리 평화적 통일의 방법과 절차로서 없어서는 아니 될 전국적인 '총선거'나 '국민투표' 등에 관해 아무런 언급도 하고 있지 않기 때문이다. 이러한 북한의 연방제안은 통일국가 건설 이전의 잠정적 체제(단결, 합작)로부터 통일국가 실현까지를 모두 포함하고 있는 특징을 보이고 있다. 이처럼 '고려민주연방공화국'은 통일국가 건설 이전의 잠정적 체제의 성격을 아울러 지니고 있기 때문에 국제법상의 일반적・보편적 개념의 연방과는 다른 의미를 갖는다고 할 것이다.

참고▶ 한민족공동체통일방안

1989년 9월 11일 노태우 대통령은 국회연설을 통해 한민족공동체통일방안을 발표했다. 한민족공동체통일방안은 1982년 발표된 민족화합민족민주통일방안을 보강하고, 1988년·민족자존과 통일번영을 위한 특별선언(7·7선언)을 계승하는 정책으로 주요내용은 다음과 같다.

첫째, 통일의 원칙으로 자유·평화·민주를 제시하고 통일국가의 미래상으로는 자유·인권·행복이 보장되는 민주국가를 제시하고 있다.

둘째, 통일국가의 수립절차는 남북대화의 추진으로 신뢰회복을 거쳐 남북정상회담을 통해 민족공동체헌장을 채택한다. 그리고 남북의 공존공영과 민족사회의 동질화, 민족공동생활권의 형성 등을 추구하는 과도적 통일체제인 남북연합을 건설한다.

마지막으로 통일헌법이 정하는 바에 따라 총선거를 실시하여 통일국회와 통일정부를 구성함으로써 완전한 통일국가인 통일민주공화국을 수립하는 것으로 되어 있다. 그리고 남북연합단계에서는 민족공동체헌장에서 합의하는 데 따라 남북정상회의, 남북각료회의, 평의회, 남북공동사무처 등을 두기로 규정되어 있다.

02

경찰과 경찰학

제1절 | 경찰의 개념

1. 개 설

'경찰이란 무엇인가'라는 문제는 당시의 시대와 문화, 역사와 함께 지리적으로 고려하여 국가마다 고유의 전통과 사상을 반영하는 것으로서 일률적 정의가 곤란한 다의적 개념이다. 오늘날 경찰에 대하여 연구하는 목적과 이유에서 과연 경찰은 어떤 조직이며 무엇을 하고 또 무엇을 위하여 존재하는지에 대해 접근하면서 경찰의 개념에 대해 자세히 알아볼 필요가 있다. 경찰의 개념은 전통적인 학문적 구분에 의하여 행정법의 특별작용법으로서의 경찰행정법과 행정학 분야 중 경찰활동의 다양한 기능에서 파악한 경찰행정학의 경찰이라는 개념이 서로 다르다는 점에서 출발한다. 먼저 '경찰법'은 '경찰'에 관한 법이다. 따라서 '경찰법'을 올바르게 이해하기 위하여서는 무엇보다도 그의 대상인 경찰의 개념을 바르게 이해하고 있어야 한다. 경찰법은 법집행기능 면에서 경찰권의 행사와 그 제한을 목적으로 만들어진 것으로 경찰개념을 실질적 의미와 형식적 의미로 나누어 볼 수 있다. 실질적 의미의 경찰개념은 경찰권 행사의 목적이나 성질을 기준으로 개념을 설명할 수 있으며, 형식적 의미의 경찰개념은 경찰권의 행사가 어떤 경찰행정청에 의해 수행되는지에 따라 결정하기 때문에 제도적으로 만들어진 경찰행정청에서 수행하는 모든 작용이 기준이 되는 것이다. 또 경찰행정학은 17~18세기 독일 봉건제후들의 재정과 행정을 위하여 발달한 관방학에서 비롯되어 세금징수와 집행, 전매권, 기업활동 등과 관련하여 공공의 질서를 확립하고 국민 개개인의 생명과 재산을 보호하는 한편, 다양한 공공서비스 활동에서 경찰개념을 찾아볼 수 있다.

2. 경찰개념의 형성과 변천

경찰은 어떠한 과정을 거쳐 탄생했는가 또 그 시대 속에서 경찰은 어떠한 존재로 어떻게 역할을 하였는가 고찰해 봄으로써 앞으로 나아갈 경찰의 성격과 방향을 설정하여 학문과 실무적 관점에서 경찰개념을 정립하고자 한다.

가. 대륙법계 국가의 경찰개념

(1) 고 대

고대의 경찰이라는 용어는 라틴어의 Politia에서 유래되었으며, 이는 도시국가 Polis에 관한 일체의 정치를 의미하였는데, 특히 헌법적 의미를 가리키는 말이었다.

(2) 중 세

(가) 14세기 말 프랑스의 경찰개념은 국가목적을 위한 모든 국가작용과 평온한 질서상태를 의미한다.

(나) 15세기 말 프랑스의 개념이 독일에 계수되어 봉건제후의 재판권, 입법권, 과세권 등 영주고권(領主高權)에 통치권으로서의 경찰권이 포함되어 인정되었다.

(다) 16세기 초 독일제국경찰법은 교회의 제후가 가지고 있던 교회행정권을 제외한 모든 국가활동을 경찰이라 하여, 경찰권은 절대주의 국가권력의 기초가 되었으며 일반적인 통치권으로서 국가질서를 유지하는 기틀이 되었다. 경찰의 개념은 처음에는 공동체의 질서 있는 상태(Zustand guter Ordnung des Gemeinwesens)를 의미했었다. 그러다가 신민(臣民, Untertanen)들은 거의 모든 생활영역에서 더 좋은 경찰(질서)상태를 실현하고 유지하기 위한 포괄적 내용들, 예를 들어 상공업에 관한 규정, 상속법, 계약법과 부동산법, 종교적 행사와 일반적인 예절에 관한 규정, 복장에 관한 규정 등을 담은 1530년, 1548년 그리고 1577년의 제국경찰법(帝國警察法) 및 각 란트(Land)의 경찰법들은 이러한 경찰개념에 근거하고 있었다. 즉, 경찰권은 국왕이 갖는 절대적 국가권력을 총칭하는 개념이 되었다(서정범 등, 2009, pp.4~5).

(3) 경찰국가시대

(가) 17세기에 들어 국가활동의 확대와 복잡화로 국가작용의 분화현상이 나타나 외교·

군사・재정업무를 수행하는 별도의 관청이 설치되고, 사법도 국가의 특별 작용으로서 다른 국가작용과 분리되어 유지되었으며, 경찰은 이러한 분야를 제외한 국가작용인 사회공공의 질서유지와 복리증진에 직접적으로 관계되는 내무행정 전반을 의미하였다.

(나) 이 시대에는 국왕의 절대적인 통치권력에 복종하는 경찰국가적 행정이 전개되고 있어 국민에게 포괄적인 권력을 행사하는 지배적인 체제가 갖추어진 시기이며, 이때의 내무행정 전반이라 함은 소극적 치안유지뿐만 아니라, 적극적인 공공복리의 증진을 위해서도 강제력을 행사하는 것을 말한다.

(4) 법치국가 시대

(가) 독 일

① 18세기 자유주의적이고 개인주의적인 성향을 가진 계몽주의 등장으로 광범위한 국왕의 경찰권에 대하여 반론을 제기하면서 광의의 실질적 의미의 경찰개념에 대해 비판하는 한편, 권력분립사상이 도입되고 법치주의 시대가 도래하면서 1770년 괴팅겐(Goettingen)의 국법학자 요한 퓌터(Johann Stephan Pütter 1725~1807)는 “경찰의 직무는 급박한 위험의 방지이다. 공공의 복리증진은 경찰의 본래의 직무가 아니다”라고 천명하여 경찰개념에서 적극적인 복리행정 분야가 제외되고, 소극적인 위험 방지분야에 한정하게 되었다.

② 1794년 프로이센 「일반란트법」(제10조 제2항 제17호 Allgemeines Landrecht für die preussischen staaten)에서 경찰관청은 공공의 평온・안녕 및 질서를 유지하고 또한 공중(公衆) 및 그의 개개 구성원들에 대한 절박한 위험을 방지하기 위하여 필요한 조치를 취하는 것이 경찰의 사무라고 규정하였다.

이 규정은 공공복리 증진을 위한 국가의 강제력 행사는 법률의 근거 없이는 행사될 수 없다는 것을 분명히 하려는 것을 목적으로 한 것이었다. 그러나 프로이센 「일반란트법」이 경찰권한을 축소하려던 노력들은 수포로 돌아갔고 왕권을 비호하는 세력들에 의해 다시 경찰의 권한은 새로이 확대되기에 이르렀고 그에 따라 국가의 강제권한도 강화되었다. 이러한 경찰권한을 축소시키는 근본적 변화를 가져온 것은 1882.6.14. 프로이센 고등행정법원의 판결이다.

③ 1882년 프로이센 고등행정법원은 크로이츠베르크(Kreuzberg) 판결을 통해 경찰관청이 일반 수권규정에 근거하여 법규명령을 발할 수 있는 분야는 위험방지 분야에 한정된다고 판시하였다.

※ Kreuzberg 판결은 1882년 독일의 프로이센 고등행정법원이 베를린의 크로이츠베르크 언덕에 있는 전승기념비 조망을 확보하기 위하여 주변토지에 대한 건축물의 높이를 제한하는 베를린 경찰청장의 명령에 대하여, 그러한 명령은 심미적 이유로 내려진 것으로 복지의 증진을 목적으로 하는 것이므로 무효라고 함으로써 경찰의 임무는 위험방지에 한정된다는 사상이 법해석상 확정되는 계기를 만든 판결이다.

④ 1931년 프로이센 「경찰행정법」 제4조 제1항은, 경찰관청은 일반 또는 개인에 대한 공공의 안녕과 질서를 위협하는 위험을 방지하기 위하여 현행법의 범위 내에서 의무에 합당한 재량에 따라 필요한 조치를 취해야 한다고 하여 경찰의 직무범위를 소극목적에 국한한다고 하였다.

⑤ 1939년 제2차 세계대전이 발발하여 나치스의 국가사회주의에서 비밀경찰(Gestapo)은 법률의 지배를 받지 않고 정치적 목적을 실현하기 위한 정치도구로서의 지위를 점하고 있던 것을 종전(終戰) 이후 연합국은 경찰의 비정치화, 민주화 및 지방분권화를 추진하여 나치시절 국가경찰화된 것을 다시 주(州) 경찰로 회복하였고, 협의의 행정경찰사무(영업・건축・보건 등의 경찰사무)를 다른 관청의 분장사무로 이관하는 등 비경찰화(非警察化)를 이루었다.

(나) 프랑스

① 프랑스에서는 영국의 철학자 죤 로크(John Locke 1632~1704)의 사상에 영향을 받은 몽테스키외(Charles De Montesquieu, 1689~1755)가 절대군주제를 강렬히 비판하면서 입헌군주제와 법의 정신에 나타난 3권분립을 주장한 사조(思潮)에 기초하여 「죄와 형벌법전」과 「지방자치법전」을 두었다.

② 1795년 「죄와 형벌법전」(Code des déelits et des peines) 제16조에서 경찰은 공공질서를 유지하고 개인의 자유와 재산 및 안전을 유지하기 위한 기관이라고 규정하였다. 또 동법전 제18조에서 경찰은 행정경찰과 사법경찰로 나뉜다고 규정하면서 경찰기능을 구분하여 왔다.

행정경찰의 본래적인 목적은 예방에 있으며, 공공의 질서유지를 위한 법규준수를 지키도록 하는 것이었다. 따라서 행정경찰은 행정질서와 관련되어 행정재판에 귀속되어 왔던 것이었다.

반면에 사법경찰의 목적은 공공질서유지를 파괴하는 행위에 대한 진압·퇴치를 목적으로 하는 경찰활동이라고 할 수 있다. 파괴행위를 한 당사자를 색출하고 형사재판에 기소하여 처벌을 받도록 하는 것이 사법경찰의 분야라고 인식되어 왔다.

③ 프랑스는 1870년 제2제정(帝政) 당시 나폴레옹 3세가 이끈 보불전쟁(普佛戰爭, 1870~1871)에서 패배하고 프로이센에게 알자스-로렌지방을 빼앗긴 채 굴욕적인 평화조약을 맺고 1871년 제3공화국(Troisième République française)이 탄생한다. 1884년 프랑스 제3공화국 「자치법」에 따르면 지방사무는 지방자치단체에 관계되는 모든 분야에 관여할 수 있는 자치단체의 법률적 능력을 부여하여 독자적으로 자치에 필요한 인사, 재정, 사법 등 법인격을 가진 개념으로 자리 잡고 있었다. 동법 제97조에서 "자치체경찰은 공공의 질서·안전 및 위생을 확보함을 목적으로 한다"고 규정하는 등 경찰의 직무를 소극 목적에 한정하고 있으나, 위생사무 등 협의의 행정경찰사무가 포함되어 있음을 알 수 있다.

그러나 1884년 4월 5일 이 법에 대한 투표에서 자치체경찰을 국립화하려는 정부의 움직임을 자치체장들은 자유와 민주라는 이념으로 자치체경찰의 국립경찰화를 반대했다. 그러나 프랑스 정부는 보불전쟁에서 패배한 후 국가의 관심을 영국과 더불어 식민지 개척으로 펼쳐 나가는 과정에서 경찰은 국가의 업무이고 지역선거분쟁과 지역재정문제로부터 벗어나야 한다는 정부의 강력한 주장 속에 경찰은 제3공화국하에서 대도시 자치경찰들은 국립경찰화 되어갔다.

나. 영미법계 국가의 경찰개념

(1) 대륙법계와의 구별

대륙법계 국가의 경찰개념이 경찰권이라는 통치권적 개념을 전제로 경찰활동의 범위와 성질을 기준으로 형성된 것이라면, 영미법계의 경찰개념은 경찰을 시민과 대립관계로 보지 않고 오히려 주권자인 시민으로부터 자치권한을 위임받은 조직체로서의 경찰이 시민을 위해서 수행하는 기능과 역할을 중심으로 형성되었다고 볼 수 있다.

(2) 주민자치사상에 기초

대륙법계 국가의 경찰개념은 일반통치권에 의거한 국가목적적 활동으로부터 경찰개념이 확립되어 왔으나, 영미법계 국가의 경찰개념은 주권자인 시민으로부터 자치권한을 위임받은 조직체로서의 경찰이 시민을 위해 수행하는 주민자치사상에 기초한 자치체적 개념이다.

(3) 경찰이란 무엇을 하는 것인가라는 역할과 기능 강조

대륙법계 국가의 경찰개념은 '경찰은 무엇인가,' 즉 경찰활동의 범위와 성질을 바탕으로 파악하고 있으나, 영미법계 국가의 경찰개념은 '경찰은 무엇을 하는 것인가' 또는 '경찰활동이란 무엇인가'라는 문제로 시작하여 경찰은 시민을 위하여 법을 집행하고 서비스하는 기능 또는 역할을 수행하는 조직체로 본다.

다. 우리나라의 경찰개념

프랑스법의 '경찰권(Pouvoir de Police)'의 관념은 독일의 '경찰(Polizei)'이라는 관념의 형성에 영향을 끼쳤으며 유럽의 경찰제도를 둘러본 일본의 시찰단으로부터 보고 들어 만들어진 일본 제국주의 경찰을 모방한 우리나라 경찰개념은 대륙법계 국가, 그중 독일로부터 영향을 많이 받았다.

일본은 프랑스 「죄와 형벌법전」(1795)을 받아들여 1875년 일본의 「행정경찰규칙」의 모범으로 하였고 패전 이후 미군정하인 1948년(昭和 23年 7月 12日) 「경찰관직무집행법」을 제정한다.

우리나라는 1894년 갑오개혁을 맞아 「행정경찰장정」(行政警察章程)을 만들었는데 제1절 제1조에서 "행정경찰의 임무는 국민을 재해로부터 예방하고 평온함을 유지하는 것이다"라고 규정하여 그 개념을 처음으로 밝혔으며, 해방 후 1953년 비로소 「경찰관직무집행법」을 제정하게 되었다.

새로 제정된 「경찰관직무집행법」은 과거 1945년 일본의 패전 이후 종래의 식민지경찰로서의 국민을 감시하는 치안유지 중심인 대륙법계에서, 국민의 생명 · 신체 및 재산의 보

호가 경찰의 임무로 규정됨으로써 영미법계의 민주주의 이념에 따른 경찰개념이 강조되어, 대륙법계와 영미법계의 개념이 모두 반영되어 있다.

이러한 변화는 제2차 세계대전이 종전된 후 미국·영국을 중심으로 한 점령군의 영향으로 일본제국주의가 우리나라에 이식하였던 경찰제도 즉 과거 협의의 행정경찰 사무에 포함시켰던 위생경찰, 건축경찰 등을 다른 행정관청으로 이관함으로써 비경찰화(非警察化) 작업에 따른 것이다.

3. 경찰개념의 구분

가. 형식적 의미의 경찰

형식적 의미의 경찰이란 국회가 제정한 법률에 의하여 경찰의 직무로 규정되어 있는 것으로, 제도적으로는 경찰이 행하는 모든 행정작용을 의미한다. 다시 말하면 보통경찰기관에서 직무상 하는 모든 행정작용을 의미하며, 그 작용의 성질 여하는 따지지 않는다. 따라서 형식적 의미의 경찰의 활동범위를 어떻게 규정할 것인지의 문제는 모두 그 나라의 입법정책에 속하는 문제라고 할 수 있다.

우리나라의 경우 「경찰관직무집행법」(2011.8.4. 개정) 제2조에서 직무의 범위를 ① 국민의 생명·신체 및 재산의 보호, ② 범죄의 예방·진압 및 수사, ③ 경비·요인경호 및 대간첩작전수행, ④ 치안정보의 수집·작성 및 배포, ⑤ 교통의 단속과 위해의 방지, ⑥ 기타 공공의 안녕과 질서유지로 규정하고 있는바, 이것이 우리나라에서의 형식적 의미의 경찰개념에 해당한다.

나. 실질적 의미의 경찰

국가의 다른 행정작용과 구분되는 의디로써의 실질적 의미의 경찰은 그 작용을 담당하는 행정기관 여하를 떠나 행정작용의 성질 즉 행정작용의 목적이나 내용을 표준으로 하여 학문적으로 정립된 개념으로, 종래의 실질적 의미의 경찰이란 직접 사회공공의 안녕과 질서를 유지하기 위하여 일반통치권에 의하여 국민에게 명령・강제하여 그 자연적 자유를 제한하는 활동으로 정의되어 왔다. 그러나 이러한 개념은 종래 경찰의 활동형식을 위주로 한 것이며, 활동내용으로 그 기능과 임무면에서 보면 경찰은 개인의 자유와 재산에 대한 위해를 방지하고 보호하는 역할을 수행하고 있다고 본다(김남진 등, 2008, pp.246-247).

오늘날에는 이러한 실질적 의미의 경찰개념과 관련하여서는 특별법에 의하여 경찰의 직무가 위험방지의 영역을 넘어서 확대되는 측면과 위험방지업무의 일부(위생이나 건축 등 산업부문)가 경찰이 아닌 다른 행정청에 이양하면서 경찰권한의 축소를 가져오는 변화과정에서 경찰의 개념이 법적으로, 제도적으로 형식화되는 모양을 갖추고 있는 것을 볼 수 있다.

한편, 경찰은 소극목적을 직접목적으로 하며, 개인 상호 간의 법률관계를 규율하는 민사작용과 구별되고, 장래를 향하여 사회공공의 안녕과 질서유지를 직접목적으로 하는 점에서 과거의 범죄에 대한 제재로써의 형벌을 과하는 형사작용과도 구별된다.

다. 경찰의 분류

(1) 행정경찰과 사법경찰

「행정법」과 「형법」, 「형사소송법」, 「민법」 등 공법학자와 사법학자들의 법적 영역 구분에 따라 '경찰' 개념을 구분하면서 강학적(講學的)으로 표현될 뿐, 현장에서 사용하는 경찰활동에서 구별은 쉽지 않으며 우리나라에서도 조직법상으로 행정경찰과 사법경찰로 구분하고 있지 않으며, 보통경찰기관이 두 가지 사무를 모두 담당한다.

그러나 성질과 형식에 비추어 보면 행정경찰은 공공질서 유지 및 범죄예방을 목적으로 하고, 사법경찰은 범죄의 수사와 체포를 목적으로 한다.

우리나라 경찰은 2011.6.30. 국회에서 통과된 개정 「형사소송법」 제196조 제2항에 "사법경찰관은 범죄의 혐의가 있다고 인식하는 때에는 범인, 범죄사실과 증거에 관하여 수사를 개시・진행하여야 한다"라고 규정하고 제3항에는 "사법경찰관리는 검사의 지휘가 있는 때에는 이에 따라야 한다. 검사의 지휘에 관한 구체적 사항은 대통령령으로 정한다"라고 하여 경찰의 수사주체성을 천명하고 수사의 개시・진행에 대해 방해를 받지 않고 독자적으로 수사를 할 수 있도록 하였다. 다음에서 다시 거론하기로 한다.

(2) 예방경찰과 진압경찰

경찰권 발동의 시점을 기준으로 한 분류로서, 예방경찰이란 경찰상의 위해의 발생을 방지하기 위한 권력적 또는 비권력적 작용을 말한다. 여기에는 「경찰관직무집행법」에 규정된 경찰상 즉시강제에 의한 권력적 작용드 있지만 오히려 위해의 발생을 사전에 예방하기 위한 활동으로서 방범순찰・행정지도 및 정신착란자의 보호 등 비권력적 작용이 우선시된다.

또한 진압경찰이란 이미 발생된 범죄의 수사를 위한 권력적 작용으로 사법경찰의 활동과 발생된 사태를 진정시키기 위하여 위력으로서 집단행동에 의한 다중범죄를 격리・차단하는 진압활동 등을 말한다.

(3) 보안경찰과 협의의 행정경찰

보안경찰과 협의의 행정경찰은 업무의 독자성을 기준으로 분류한 것으로, 경찰청의 분장 사무와 같이 사회공공의 안녕과 질서를 유지하기 위하여 다른 행정작용을 동반하지 아니하고 오로지 경찰작용만으로 행정의 일부분을 구성하는 경우로써 교통경찰이나 풍속경찰 등을 보안경찰이라고 한다.

협의의 행정경찰이란 다른 행정작용과 결합하여 특별한 사회적 이익의 보호를 목적으로 하면서 그 부수적으로 사회공공의 안녕과 질서를 유지하기 위한 경찰작용을 말하며 그 예로서 환경경찰・위생경찰・건축경찰 등이 있다.

(4) 국가경찰과 자치체경찰

이것은 권한과 책임의 소재에 따른 분류로서, 국가가 설치・운영을 책임지고 있는 경찰이 국가경찰이고, 지방자치단체가 설치・운영하는 경찰이 자치체경찰이다. 「경찰법」 제2조(국가경찰의 조직)와 동법 제3조(국가경찰의 임무)에서 우리나라 경찰은 국가경찰임을 명시하고 있다. 다만, 2006.7.1. 제주특별자치도에 우리나라 최초의 자치체경찰이 창설됨으로써 그 활동과 성과가 앞으로 추진할 전국적인 자치경찰제도 시행에 큰 영향을 줄 것으로 그 귀추가 주목되고 있다.

(5) 평시경찰과 비상경찰

공공의 안녕과 질서에 대한 위해의 정도와 그러한 위해의 제거를 위해 담당할 기관에 따른 성질상의 분류로서, 일반적인 치안상태의 유지를 위하여 보통경찰기관이 행하는 경찰작용을 평시경찰이라고 하며, 전국 또는 국지적으로 국가안위가 위협을 받거나 정상적으로는 치안을 유지할 수 없다고 판단할 경우 「계엄법」에 따라 군대가 병력으로 공공의 안녕과 질서를 유지하기 위하여 행정사무의 일환으로 경찰사무를 관장하는 경우를 비상경찰이라고 한다.

계엄은 「계엄법」 제2조(계엄의 종류와 선포 등) 제1항에 비상계엄과 경비계엄으로 나누며, 제2항에 "비상계엄은 대통령이 전시 · 사변 또는 이에 준하는 국가비상사태 시 적과 교전상태에 있거나 사회질서가 극도로 교란되어 행정 및 사법기능의 수행이 현저히 곤란한 경우에 군사상 필요에 따르거나 공공의 안녕질서를 유지하기 위하여 선포한다"고 하고, 제3항에서 "경비계엄은 대통령이 전시 · 사변 또는 이에 준하는 국가비상사태 시 사회질서가 교란되어 일반 행정기관만으로는 치안을 확보할 수 없는 경우에 공공의 안녕질서를 유지하기 위하여 선포한다"라고 하여 비상계엄은 행정업무와 사법업무를 계엄사령부가 관장하여 수행하며, 경비계엄은 일반 행정기관만으로는 치안을 확보할 수 없는 경우에 공공의 안녕질서를 유지하기 위하여 시행한다.

(6) 질서경찰과 봉사경찰

형식적 의미의 경찰 중에서 경찰활동의 질과 내용을 기준으로 한 분류로서, 질서경찰은 보통경찰 조직의 직무범위 중에서 강제력을 수단으로 사회공공의 안녕과 질서유지를 위한 법 집행을 주로 하는 경찰활동을 말하며, 봉사경찰은 강제력이 아닌 서비스의 제공, 홍보와 지도 등을 통하여 경찰의 목적을 달성하는 경찰활동을 말한다. 전자의 예로는 범죄수사 · 진압, 각종 경찰강제와 단속활동 등이 있으며, 후자에는 방범순찰, 청소년 선도와 교통정보의 제공 등이 있다.

참고▶ 경찰의 분류

구 분	분 류	내 용
성질과 형식	행정경찰	공공질서 유지 및 범죄예방 (개별 행정법규 적용)
	사법경찰	형사사법권의 보조적 작용 (형사소송법 적용)
경찰권 발동 시점	예방경찰	위해의 발생을 방지하기 위한 비권력적 또는 권력적 작용(주로 비권력적)
	진압경찰	발생된 범죄수사를 위한 권력적 작용
업무의 독자성	보안경찰	다른 행정영역과 무관한 독립적 경찰작용
	협의의 행정경찰	다른 행정영역과 관련하여 행하여지는 경찰작용
권한과 책임의 소재	국가경찰	국가가 설립하고 관리하는 경찰
	자치체경찰	자치단체가 설립하고 관리하는 경찰
치안상태	평시경찰	평온한 상태에서 일반경찰 법규에 의하여 보통경찰기관이 행하는 경찰작용
	비상경찰	국가비상시에 군대가 일반 치안을 담당
강제력 여부	질서경찰	강제력을 수단으로 법집행을 하는 경찰
	봉사경찰	비권력적 수단으로 직무를 수행하는 경찰

제2절 | 경찰의 기본적 임무 및 수단

1. 경찰의 기본적 임무

가. 개 설

경찰의 임무는 행정조직법상의 경찰기관임을 전제로 한 개념으로 공공의 안녕과 질서에 대한 위험의 방지가 그 목적으로서 「경찰법」 제3조에 "경찰은 국민의 생명·신체 및 재산을 보호하고, 공공의 안녕과 질서유지를 그 임무로 정한다"라고 규정하였다. 국민의 생명·신체 및 재산의 보호는 「대한민국헌법」 제1조 제2항 주권재민원칙, 제10조 기본권과 행복추구권 등에 의한 헌법상의 권리로 공공의 안녕 속에 들어간다고 하겠다.

그러나 이러한 규정들은 매우 추상적으로 경찰의 임무에 대하여 선언적 의미로밖에 볼 수 없으며, 경찰의 임무수행을 위한 경찰력 행사의 시기와 방법·수단에 대해서는 경찰의 재량적 판단에 맡기고 있다.

나. 위험의 방지

(1) 공공의 안녕

공공의 안녕이라 함은 개인의 생명·신체·명예·자유와 재산과 같은 개인적 법익과 법질서, 국가적·사회적 공동체의 영위와 국가 등 경찰 주체의 정당한 공권력 행사의 보장과 같은 국가적 법익이 아무런 장해도 받지 않고 정상적으로 활동하는 상태를 의미한다.

(가) 법질서의 불가침성

① 공공의 안녕, 즉 공공의 이익이 보호를 받는다는 것으로부터 법질서 전체도 보호를 받는다는 것은 매우 중요하다. 이 같은 원칙론적인 고려 없이는 국가와 제도의 존속과 기능은 보장받을 수 없으며, 결국 공법규범(公法規範)에 대한 위반은 일반적으로 공공의 안

념에 대한 위험으로 간주된다.

② 사법규범(私法規範)과 관련하여서는 개인적 법익의 보호라는 관점에서 행해진다. 즉 사법상의 문제는 법적 보호가 제때에 이루어지지 않고, 경찰의 도움 없이는 법을 실현시키는 것이 무효화되거나 사실상 어려워진 경우에만 경찰이 보충적으로 개입한다.

③ 오늘날 복지국가에서는 각 개인에게 부여된 생명・건강・자유・명예・재산 등의 개인적 법익보호를 위하여 경찰권의 발동을 요구할 수 있는 권리가 있는가 하는 문제와 관련하여 '경찰재량의 0으로의 수축'과 '반사적 이익의 보호이익화'가 논의의 대상이 되면서 개인에게 경찰의 개입을 청구할 수 있는 권리 즉 경찰개입청구권을 인정하는 경향이 있다.

※ 1960년 독일의 띠톱판결(Bandsä, geurteil, BVerw GE 11.95)

경찰법규의 목적은 공익의 변천뿐만 아니라 국민 개개인의 사익도 보호하려는 재량권의 영으로 수축되고 이때 개인은 경찰당국에 대해 조치를 취해 줄 것을 청구할 수 있는 권리를 가진다고 판시하였다.

※ 1963.8.31. 대판 63누101 반사적 이익에 관한 판례

공중목욕장업 경영허가는 사업경영의 권리를 설정하는 형성적 행위가 아니라 경찰금지를 해제하는 명령적 행위로 인한 영업자유의 회복에 불과하므로 원고가 본건 허가 행정처분에 의하여 사실상 목욕장업에 의한 이익이 감소된다 하여도 원고의 이 영업상 이익은 단순한 사실상의 반사적 이익에 불과하고 법률에 의하여 보호되는 이익이라 할 수 없다.

(나) 국가의 존립과 기능성

① 국가의 존립이란 영토의 불가침성과 국가의 정치적 독립성을 의미한다. 경찰은 국가의 존립을 보호할 임무가 있다. 군이 적국과의 관계에서 국가의 존립을 보호할 의무가 있는 데 비하여, 경찰은 사회공공과 관련하여 국가의 존립을 보호할 임무가 있다는 점에서 다르다.

② 경찰은 헌법적 질서를 보호하여야 한다. 이러한 헌법적 질서에는 권력분립의 원리, 법치행정의 원리, 자유・민주적 질서 등이 있으며, 구체적으로 국회・정부・법원・자치단체 등 국가기관의 정상적인 기능성도 함께 보호하여야 하는 것을 말한다. 「형법」은 이

를 위해서 공무원의 직무에 관한 죄, 공무방해에 관한 죄 등의 조문을 통하여 국가적 법익을 보호하고 있다.

③ 경찰활동은 형법상 가벌성의 범위에 국한되지 않고, 그 범위에 이르지 않더라도 국민의 자유와 권리를 침해하지 않는 범위 내에서 수사나 정보·보안·외사활동 등을 통하여 국가기관의 기능이 정상적으로 운용될 수 있도록 할 수 있다. 그렇다 하더라도 지나친 경찰활동은 위법소지의 논란을 불러올 수 있는 만큼 법률의 유보와 조리상의 제 원칙을 지켜 가며 국가가 본래의 기능을 다 할 수 있도록 하여야 한다.

(다) 개인의 권리와 법익의 불가침성

① 경찰은 인간의 존엄성, 명예, 생명, 건강, 자유의 개인적 법익뿐만 아니라 사유 재산적 가치 또는 무형의 권리도 보호한다. 그러나 이 경우 개인적 법익의 보호는 두 가지 관점에서 제한을 받는다. 우선 개인적 법익이 사권(私權)의 형태로 나타나 있는 한 그 권리의 행사는 민사법원의 관할에 속한다.

② 그럼에도 불구하고 구체적인 경우에 있어서 법원에 의한 개인적 법익의 효과적 보호가 불가능하고 경찰의 개입이 그 개인의 의사와 일치하는 경우에는 상황에 따라 보충성의 원칙이 고려됨이 없이 경찰이 개입할 수 있다고 본다. 물론 이 경우 경찰은 원칙적으로 단지 시급을 다투는 권리의 보전을 위한 잠정적 조치만이 고려된다.

③ 사법적(私法的)으로 보호되는 개인적 법익에 대한 위험이 동시에 「형법」 등 공법규범(公法規範)에 위반되는 경우라면 보충성의 원칙 때문에 경찰작용이 행해질 수 없는 것은 아니라는 것이다. 예를 들어 가족 간의 부양의무 위반의 경우 또는 가옥의 불법 점거에 따른 거주 자유의 침해 등의 경우에는 원칙적으로 경찰의 개입이 허용된다고 하겠다. 지난해 영국정부에서는 그동안 민사관계로 보았던 가옥의 불법 점거를 형사법을 적용하여 강력히 대처하겠다는 의사를 밝힌 것도 이와 관련된다.

(2) 공공질서

(가) 행위 시의 지배적 윤리와 가치관을 기준으로 판단할 때, 공공질서를 준수하는 것이 시민으로서 원만한 공동생활을 영위하기 위한 불가결적 전제조건이 되는 각 개인의 행동에 대한 규율관계로서 나타나는 시대에 따라 변하는 상대적·유동적 개념이다. 여기서 규율(Regelung)은 공공의 안녕이란 관점에서 당연히 보장되는 법규범을 의미하는 것이 아니라, 그 속에 공동체의 가치관이 담겨 있는 풍속(Sitte)과 도덕(Moral)을 의미한다. 그러나 이것도 공공의 질서 보호를 위하여 경찰이 개입할 수도 있다고 본다(서정범, 2008, p.36).

(나) 공공질서는 앞서 말했듯이 시간적·공간적으로 상당한 변화를 겪게 마련이다. 오늘날 다원화된 국가에서 지배적인 윤리관과 가치관의 다양성을 고려할 때 국가는 그 같은 규율을 의미 있는 것으로 간주하는 경우 종종 법률로 규정하며, 경찰의 개입은 법적 근거를 갖게 된다(서정범, p.37). 그러나 그러한 법적 마련이 되어 있지 않은 경우 개별적 사안을 사회상규와 사정을 합리적으로 판단하여 경찰의 재량적 결정에 맡기나 그 경우에 있어서의 경찰의 재량은 의무에 합당한 재량행위이어야 한다. 오늘날 모든 생활영역에 대한 법적 규범화 추세에 따라 공공질서 개념의 사용 가능 분야는 점점 줄어들고 있다.

(3) 위 험

(가) 손해의 가능성으로서의 위험

① 경찰의 작용은 공공의 안녕 또는 질서에 대한 위험이 가까운 장래에 손해가 발생할 수 있는 가능성이 개개의 경우에 충분히 존재하는 상태에 비로소 허용된다. 이 경우 손해란 외부적 영향 혹은 공공의 질서의 개념에 속하는 불문의 사회규범에의 위반에 의한 현존하는 법익의 객관적 피해 또는 침해된 법익을 의미한다.

② 법익에 대한 침해가 외부적 영향에 의해 초래되어야 한다는 것은 손해의 개념과 그와 관련된 위험의 개념에 있어서 깊은 관련성을 갖고 있다. 법익에 대한 침해가 자신의 사정에 기인하거나 일반적인 자연현상에 의하여 초래되는 경우에는 그 법익에 대한 위험

이 되지 못한다(예: 상품의 부패). 그러나 이것이 그에 의해 다른 법익이 침해되고 그 한도에서 위험이 존재할 수 있다는 것을 배제하는 것은 아니다. 즉 예시한 부패된 상품이 팔려서 그로 인해 타인의 건강에 위협을 주는 경우가 그러하다(서정범, p.44).

(나) 위험의 분류

① 구체적 위험과 추상적 위험

경찰작용은 공공의 안녕·질서에 대한 구체적 위험이 존재하는 경우에만 원칙적으로 허용된다. 구체적 위험이란 구체적 개개의 사안에 있어 가까운 장래에 충분히 발생 가능한 위험이 존재하는 경우이고, 추상적 위험이란 특정한 행위 또는 상태를 일반적·추상적으로 살펴보았을 때 손해가 발생할 충분한 개연성이 있다는 결론에 도달하는 경우에 존재한다. 추상적 위험은 구체적 위험의 예상가능성을 포함한다. 경찰의 개입은 구체적 위험은 물론 추상적 위험까지도 가능하다.

② 일반적 위험과 위험예방조치

경찰의 위험방지활동은 구체적 위험의 존재를 요하지 아니한다. 범죄의 예방분야나 장래의 위험방지를 위한 준비행위는 구체적 위험이나 추상적 위험의 구성요소에 의해서 제한받지 않으므로 경찰의 활동은 가능하다. 오히려 그러한 활동이 일반적으로 위험방지에 기여하는 것으로 나타나며, 구체적 위험 방지의 사전 단계로서 경찰이 범죄를 감시하는 활동을 하거나 범인검거를 위하여 위험을 예방하는 제반 활동 등이 이에 해당한다.

(다) 위험에 대한 인식

① 외관상 위험

경찰이 의무에 합당한 사려 깊은 상황판단을 하였음에도 위험을 잘못 긍정하는 경우, 다시 말해서 경찰이 개입하는 시점에서의 합리적인 판단에 의할 때 위험을 인정할 수 있는 객관적인 근거는 존재하지만, 사후에 위험이 실제로는 존재하지 않았다는 것이 밝혀질 때를 말한다.

예를 들어 심야에 순찰 중인 경찰관이 사람 살려 달라는 소리를 듣고 남의 집안으로 무단으로 들어갔는데, 실제로는 귀가 어두운 사람이 TV를 커다랗게 켜 놓아 밖으로까지

들린 경우이다.

② 위험혐의(危險嫌疑)

경찰이 주위 사정을 합리적으로 판단을 할 때 실제로 위험의 가능성은 예측되나 불확실한 경우, 다시 말해서 경찰이 상황을 일반인이나 또는 그 이상의 사려 깊은 판단을 하였을 때 위험을 인정하기 위한 근거가 존재하는 동시에 위험의 존재에 대한 가능성도 함께 있는 경우로써 위험의 존재 여부가 밝혀질 때까지 예비적으로 시급을 다투는 일부에 국한해서 행하는 위험조사 차원의 개입은 정당화된다.

③ 오상위험(誤想危險) 또는 추정적 위험(推定的 危險)

경찰이 이성적이고 객관적으로 판단할 때 위험의 외관 또는 혐의가 정당화되지 아니함에도 불구하고 그 위험의 존재를 잘못 추정한 경우, 즉 경찰이 어떤 상황을 주관적으로 위험하다고 판단하였으나, 그 상황판단 또는 장래 일어날 위험에 대한 예측에 잘못이 있어 그 상황판단 또는 장래의 예측에 상응하는 객관적인 위험은 존재하지 않는 경우를 말한다. 오상위험에 따라 경찰개입은 위법한 것으로 경찰은 손해전보의 책임이 지워진다.

④ 잠재적 위험(潛在的 危險)

개괄적 수권조항에 의하여 경찰이 개입하는 경우에는 구체적 위험이 존재할 것이 요구되지만, 시민의 주관적 권리를 침해하지 않고 경찰의 직무규범에 근거하여 행해지는 경찰의 위험방지활동은 구체적 위험의 존재를 요하지 않는다. 구체적 위험의 방지 전 단계로 행해지는 위험예방도 그 같은 활동에 속한다. 따라서 개괄적 수권조항에서 말하는 위험이 존재한다고 하기 위하여서는 가까운 장래에 손해가 발생할 개연성이 존재할 것이 요구된다.

이에 대해 훗날 어느 시점에 이르러야 비로소 손해가 발생할 개연성이 있는 것만으로는 개괄적 수권조항에서 말하는 위험이 존재한다고 할 수 없다. 예를 들어 주거지역과 멀리 떨어진 지역에 골프연습장 건설허가를 내주어 장래 인근지역에까지 도시화로 인한 주거시설이 들어올 것을 예상하여 주거생활에 소음이나 야간조명 등의 영향을 줄 수 있다는 가능성이 곧 위험이 존재하는 것은 아니기에 이 경우 잠재적 위험은 경찰이 개입할 위험이 존재한다고 볼 수 없다.

다. 범죄의 수사

(1) 범죄의 수사는 사법경찰작용으로 수사경찰의 주된 임무이다. 「형사소송법」 제196조(사법경찰관리) 제1항에서 "수사관, 경무관, 총경, 경정, 경감, 경위는 사법경찰관으로서 모든 수사에 관하여 검사의 지휘를 받는다"라고 하고, 동법 제2항에서 "사법경찰관은 범죄의 혐의가 있다고 인식하는 때에는 범인, 범죄사실과 증거에 관하여 수사를 개시・진행하여야 한다"고 규정하여, 2011년 최초로 「형사소송법」에 경찰의 수사 주체성을 천명함과 동시에 동법 제3항에서 "사법경찰관리는 검사의 지휘가 있는 때에는 이에 따라야 한다. 검사의 지휘에 관한 구체적 사항은 대통령령으로 정한다"고 하였다. 검사의 지휘범위에 대한 구체적 사항은 대통령령으로 규정하여 사실상 검사와 사법경찰관이 대등한 관계로 발전할 수 있는 첫걸음을 내디뎠다고 볼 수 있다.

(2) 「형사소송법」은 수사에 관한 일반법적 성질을 가지는 것으로 검사와 사법경찰관을 수사의 주체로 명시하고 일정사안에 대해서는 검사의 수사지휘를 받도록 하고 있다. 그러나 위와 같이 수사지휘범위에 대하여 검찰은 경찰과 협의 하에 규정할 수 있는 대통령령으로 정하였고, 이는 그동안 검사와 경찰과의 관계에서 독소조항으로 여겨졌던 「검찰청법」 제53조의 "사법경찰관리는 검사의 명령에 복종하여야 한다"는 상명하복관계조항을, 2011.6.30. 같은 날 국회에서 삭제된 「검찰청법」 일부개정법률안을 통과시켜 검사와 사법경찰관의 상호 협력관계를 지향한 것이라고 할 수 있다.

(3) 행정상의 경찰권 행사는 편의주의 원칙에 따라 "할 수 있다"라고 규정한 반면, 수사에 관해서는 형사법 각조가 "하여야 한다"라고 규정하여 법정주의 원칙을 천명하고 있다. 「형사소송법」 제196조 제2항에서 "사법경찰관은 범죄의 혐의가 있다고 인식하는 때에는 범인, 범죄사실과 증거에 관하여 수사를 개시・진행하여야 한다"라고 규정하여, 행정상의 개괄적 수권조항에 의한 경찰의 재량적 판단은 허용되지 아니하고 범죄혐의가 있으면 친고죄나 반의사불벌죄 등 특별히 규정되어 있는 경우를 제외하고는 수사를 하여야 할 의무가 발생한다.

(4) 위험방지와의 관계에서 경찰의 수사임무는 위험방지 임무와 별개가 아니며, 경찰

은 범죄의 예방과 제지를 위한 예방적인 위험방지 조치가 가능할 뿐만 아니라 위험이 현실화될 때 그 위험이 「형법」이나 행정법규에 위배되는 범죄의 구성요건을 충족시키는 경우에는 경찰의 수사대상이 되기 때문에 양자는 일련의 과정 속에서 상호 유기적 관계에 있다.

라. 대국민 서비스 활동

(1) 현대사회에서 경찰은 사회공동체의 구성원 및 국민 생활관계적 입장에서 문제의 해결을 위한 국민의 수임자로 간주되기 때문에 경찰이란 사회공공의 안녕과 질서를 유지하고 위해와 범죄로부터 국민 개개인의 생명과 재산을 보호하고 다양한 사회적 구원을 응원하는 공공서비스 또는 공공재(公共財)로 규정된다.

다시 말하면 질서유지, 생명과 재산의 보호 같은 소극적인 위험방지를 위한 명령・강제나 범인의 체포・수사와 같은 법집행적인 임무뿐만 아니라 공공서비스 차원에서 행하는 국가작용으로써의 경찰은 국민을 위한 서비스제공자 및 응원자의 입장에 놓이게 된다. 적극적인 서비스 활동을 통하여 국민어게 봉사하는 역할이 요구되고 있다.

(2) 따라서 현대경찰은 공동체적 질서를 유지하는 기능을 수행하는 것을 그 기본목적으로 하되, 이 목적달성의 수단과 실행방법 및 실천은 반드시 권력작용에 한정한 것이 아니라 계몽・지도・봉사・응원 차원의 비권력적 사실행위에 비중을 둔 공공서비스 제공자라고 본다.

최근 들어 사회적 약자에 관하여 관심이 높아지고 있는데, 빈곤・소외・실업 등으로 공정한 분배과정에 참여하기 어려운 사회・경제적인 약자들에게 범죄와 학교에서의 따돌림 그리고 자살에의 충동 등 국가가 적극적 복리정책으로도 분배하지 못하는 사회적 안전망에 대하여 경찰은 적극적으로 서비스 제공에 나서야 한다.

또한 집단 간의 갈등이나 마찰의 조정노력, 교통・지리정보의 제공이나 인명구조와 같은 각종 보호의 제공, 어린이・노인 등 노약자 교통안전교육과 서민생활보호구역 순찰 시 문열림 경보장치 부착이나 방범심방을 통한 범죄취약성과 예방책 설명 등 급부행정적 서비스 활동도 포함된다.

2. 경찰의 수단

경찰은 사회공공의 안녕과 질서를 유지하기 위하여 명령을 발할 수 있는데, 이는 경찰상의 법규명령을 말한다. 종래 경찰명령은 시간적 · 공간적으로 신축적인 법 적용의 필요에 의해 경찰행정청에 부여해 주었다는 점에서 의의가 있었으나, 오늘날 경찰명령으로 규율되는 사항들은 법률로써 규범화되고 있는 추세이다.

경찰명령은 법규범의 일종이므로 그것을 구체화하는 행정행위, 즉 경찰처분을 통해서 개인에 대해 구체적인 법적 효과를 발생함이 원칙이며, 예외적으로 경찰처분을 통하지 아니하고 직접 효력을 발생시키는 이른바 집행적 법규명령도 있다(청소년보호법시행령 제14조 · 제15조 청소년유해매체물에 대한 표시 및 포장의무, 동법 시행령 제19조의 2 업소의 청소년 출입금지 · 고용금지 표시의무). 경찰명령의 실효성은 경찰벌을 통해 확보됨이 보통이다.

또한 일반적 · 추상적 규율인 경찰명령에 대해서 개인은 직접 효력을 다툴 수가 없고, 그에 위반됨으로써 처벌되거나 또는 그를 집행하기 위한 경찰처분이 행하여지는 경우에는 형사소송 또는 항고소송에서 경찰명령의 위헌 · 위법을 주장할 수 있다. 즉 행정행위(쟁송법상 처분)가 아니므로 원칙적으로 항고쟁송(취소소송 등)의 대상이 되지 않는다. 다만, 경찰명령이 형식상으로는 법규명령이나, 실질적으로 개별적 · 구체적 규율로서 행정행위의 성질을 가지고 있는 경우, 그에 대한 항고쟁송의 제기는 가능하다고 본다.

일반적 · 추상적 규율로서의 경찰명령과는 달리 개별적 · 구체적 규율인 경찰처분도 경찰수단에 해당한다. 경찰처분은 공공의 안녕과 질서에 대하여 구체적인 위해가 있는 경우에 이를 방지 또는 제거하기 위하여 경찰행정청이 발하는 행정행위를 말한다. 대부분의 경찰권발동은 경찰처분의 성격을 갖는다.

경찰처분은 특정한 사건의 발생 시에 특정한 사람에 대하여 발하는 개별적 · 구체적 규율인 경우가 대부분이나 일반처분의 형식을 취하는 경우도 있다. 경찰처분의 대표적인 유형으로는 경찰하명과 경찰허가가 있다. 경찰상 목적을 달성하기 위하여 경찰은 권력적 수단을 이용하는 것이 보편적이었으나, 오늘날 경찰에게 주어진 다양한 임무와 이념적인 변화를 가져와 비권력적 수단을 강구하는 것이 요구되고 있다.

※ 대판 1954.8.19. 4286행상37 명령취소; 대판 1991.8.27. 91누1738

"법령의 효력을 가진 명령이라도 그 효력이 다른 행정행위를 기다릴 것 없이 직접적으로 또 현저히 그 자체로서 국민의 권리훼손 기타 이익침해의 효과를 발생케 되는 성질의 것이라면 행정소송법상 처분이라 보아야 할 것이요, 따라서 그에 관한 이해관계자는 그 구체적 관계사실과 이유를 주장하여 그 명령의 취소를 구할 수 있을 것이다." 당시 거제군민이 구 통영군과의 폐치분합에 따른 대통령령 제737호에 대해 입법권을 침해한 위법성을 지적 주장하였으나, 판결과 같이 당시에는 명령규칙 심사에 관한 특별법이 없어 심사청구로도 수리할 수 없다고 하면서 위와 같이 국민의 권리훼손 기타 이익침해의 성질이라면 처분으로 볼 수 있으나, 여기서는 원고인 거제군민의 청구 및 주장으로 보아 동 명령을 행정소송법상 처분으로 다루어 본건 심판의 대상으로 볼 수 없다고 하며 각하하였다.

가. 명령과 강제

(1) 경찰은 사회공공의 안녕과 질서를 유지하기 위하여 명령·금지나 강제와 같은 권력적 수단을 사용함을 특징으로 한다. 경찰권에 의한 명령·금지나 강제는 법령으로 직접 경찰의무를 발생시키는 경우를 제외하면 행정행위의 형식에 의한 경찰하명과 경찰허가 등 행정작용에 의한다.

경찰의 명령이 발해지면 개인에게는 경찰의무가 발생하게 되고, 경찰의무의 실현을 통해서 공공의 안녕과 질서에 대한 위험의 방지 또는 경찰위반의 상태를 방지하거나 제거하게 되는 것이다.

개인의 경찰의무는 '행위책임'과 '상태책임'이라는 두 가지 기본 형태로 나타나며, 일반적으로 행위와 상태에 책임 있는 사람에게 경찰위반의 책임이 귀속됨으로써 그 위험 또는 경찰위반의 상태에 대한 제거의 책임도 원칙적으로 경찰책임자에게 귀속된다.

(2) 경찰명령의 수단이란 종래의 이론에 의하면 법령 또는 경찰처분에 의하여 개인에게 일정한 작위(作爲)·부작위(不作爲)·수인(受忍)·급부(給付)의 의무를 요구하거나 또는 개인에게 부과된 의무를 특정한 경우에 해제하는 행위(경찰허가, 경찰면제)를 총칭하는 것으로 국가의 의사표시에 의하여 행하여지는 법률적 행정행위이다. 예를 들어 운전면허가 없는 사람은 자동차를 운전해서는 안 되는데, 이것은 경찰상의 금지에 해당되고 경찰명령(하명)에 속한다.

그리고 경찰은 경찰강제를 통하여 실력으로 경찰목적을 달성할 수 있는데, 「경찰관직무집행법」은 그중에서도 즉시강제의 기본법으로서의 역할을 한다. 또한 부수적인 것으로 경찰에게 법적으로 허용된 허가(운전면허)나 확인(운전면허시험의 합격, 불합격의 결정), 공증(면허증의 교부) 또는 그 철회를 통해서도 경찰은 경찰목적을 달성한다.

(3) 전통적 견해에 따르면, 경찰강제란 "경찰목적을 위하여 개인의 의사에 관계없이 그의 신체·재산·가택 등에 대하여 실력을 가하여 질서유지에 필요한 상태를 실현하는 권력적 사실행위이다"라고 정의하고, 여기서 다시 경찰상의 강제집행과 즉시강제로 나누는 것이 일반적이었다. 경찰상 강제집행(Polizeilich Zwangsvollzug)이란 경찰법상의 의무의 불이행에 대하여 경찰권의 주체가 장래에 향하여 그 의무를 이행시키거나 또는 이행이 있었던 것과 같은 상태를 실현하는 작용을 의미하며, 경찰상의 즉시강제(Polizeilich sofortiger Zwang)란 경찰법상의 의무의 이행을 강제하기 위한 것이 아니라, 경찰위반에 대처하여 목전의 긴박한 장해를 제거하기 위하여 또는 성질상 의무를 명해 가지고는 그 목적을 달성하기 어려운 경우에 직접 사람의 신체 또는 재산에 실력을 가함으로써 경찰상 필요한 상태를 실현하는 작용을 의미하고 있다.

(4) 경찰상의 행정행위가 적법한 것이 되기 위하여서는 형식적 적법성과 실질적 적법성이 요구된다. 개인의 권리와 자유를 제한하는 권력적 수단은 먼저 법적 근거로서 개별적 수권조항 또는 보충적으로 개괄적 수권조항을 고려한 후 다음과 같은 형식적 적법성과 실질적 적법성을 검토하여야 한다.

(가) 형식적 적법성

먼저, 토지·인적·사물 등 관할권이 적법하여야 한다. 다음에 나오는 경찰의 관할에서 설명하기로 한다.

다음으로, 행정행위가 관련 형식과 절차규정을 준수하여야 한다. 경찰책임자에게 행위능력이 있는지, 행정절차에 참여할 수 있는지, 법과 제도적으로 보장되어 있는 청문을 하였는지, 행정행위의 내용을 명확히 발했는지, 고지와 이유를 충분히 설명하였는지 등을 거쳐야 한다.

(나) 실질적 적법성

먼저, 개별적 또는 개괄적 수권조항 속에 근거가 있더라도 공공의 안녕 또는 질서와의 관련성이 있어야 하며, 그 관련된 구체적 위험이나 장해가 현존하여야 한다.

두 번째로는, 결정재량이 하자 없이 행사되었어야 한다. 앞서 위험을 참고하면 된다.

세 번째로는, 경찰상의 행정행위가 경찰책임자(행위책임자 또는 상태책임자)에게 발동되었어야 한다. 제3자에게도 경찰권이 발동될 수 있지만 이 경우 예외적으로만 허용된다.

네 번째로는, 행위의 방식에 관한 결정이 하자 없이 행해져야 한다. 다수의 경찰책임자가 존재하는 경우 특히 의미를 갖는다.

마지막으로, 기본권적인 권리를 침해하여서는 아니 되고, 조리상의 원칙도 함께 준수되어야 한다.

이러한 적법성 검토는 「경찰법」 제4조(권한남용의 금지)에서 "국가경찰은 그 직무를 수행할 때 헌법과 법률에 따라 국민의 자유와 권리를 존중하고, 국민 전체에 대한 봉사자로서 공정·중립을 지켜야 하며, 부여된 권한을 남용하여서는 아니 된다"라고 하였고 또 「경찰관직무집행법」 제1조 제2항에는 "이 법에 규정된 경찰관의 직권은 그 직무수행에 필요한 최소한도 내에서 행사되어야 하며 이를 남용하여서는 아니 된다"고 하여 그 중요성을 더하고 있다고 하겠다.

참고▶ 경찰책임(警察責任)의 원칙

구분	내용
의의	사회공공의 안녕·질서가 침해되거나 침해될 우려가 있는 경우, 경찰권은 그러한 상태의 발생에 책임 있는 자에게만 발동할 수 있다.
경찰책임자	자기의 생활범위 안에서 객관적으로 경찰위반상태가 발생한 경우, 그에 대한 고의·과실 여부와는 관계없이 경찰책임을 진다. 자연인과 법인 모두 해당되며, 자기 지배범위에 속하는 한 타인의 행위 또는 물건의 상태에 대해서도 책임을 진다.
경찰책임의 종류	–행위책임: 사람의 행위로 경찰위반상태가 발생한 경우 –상태책임: 물건·동물의 소유자·점유자 기타 관리자가 그 지배범위에 속하는 물건·동물로 인하여 경찰위반상태가 발생한 경우 –다수자(중복)책임: 다수인의 행위 또는 다수인이 지배하는 물건의 상태에 기인하거나 행위책임과 상태책임의 중복에 기인하여 경찰위반 상태가 발생한 경우
경찰책임의 예외 (경찰긴급권)	경찰책임자가 아닌 경우에 예외적으로 1) 긴급한 필요가 있는 경우에 2) 법령상의 근거가 있는 경우에 한하여 필요한 최소한도 내에서 경찰권을 행사할 수 있으며, 이 경우 제3자가 받은 손해에 대해서는 배상되어야 한다.

나. 비권력적 수단

종래 경찰은 권력적 수단에 의지하여 왔지만 증가하는 질서침해행위, 즉 범죄에 대한 대응책은 갈수록 시민들에게 불신만 증가시켜 왔다. 베일리(David H. Bayley: *Police for the Future*, 1994)는 "경찰이 범죄를 예방해야 한다는 생각은 모든 것 중에서 가장 큰 경찰에 대한 환상"이라고 주장하면서, "경찰 활동은 범죄의 양을 줄이기 위한 것으로 보여서는 안 되고 경찰은 진실을 공개하거나 아니면 입을 다물어야 한다"고 결론을 내렸다.

과거의 경찰활동은 경찰 스스로가 전문가 집단인 양 행사하면서 경찰정책방향으로 일방적인 의사소통(one way communication)만을 고집하였고, 경찰 스스로의 결과에 대한 환류(feedback)조차도 일방적이었다고 보인다. 따라서 경찰은 시민과의 합의(consensus)를 바탕으로 한 질서유지기능으로의 전환을 강구하게 되었고, 그 결과 지역사회 경찰활동(community policing) 또는 문제 중심 경찰활동(problem－oriented policing)으로 나타나게 되었다.

골드스타인(Herman Goldstein, Improving Policing: A Problem－Oriented Approach, *Journal of Crime and Delinquency*, April 1979)은, 순찰경찰은 상황을 바로잡지 못하고 반복해서 똑같은 일을 하고 있는 것이 표준 활동 절차라고 주장한다면서, 대신에 경찰은 사전적 행동에 입각해서 일해야 하고, 요청을 야기하는 끊임없는 문제 해결 쪽으로 경찰들의 노력을 돌려야 한다고 충고하였다.

오늘날 경찰은 문제 중심 경찰활동으로서의 지역사회 경찰활동을, 다시 말해서 문제를 사전에 해결하는 데 중점을 두고 많은 노력을 기울이고 있다. 요즈음 사회적 관심으로 떠오르는 사회적 약자에 대한 범죄 예방적 측면에서의 접근과 늘어나는 탈북자와 다문화 가정에 대한 사회·경제·문화적 차이에서 비롯된 잠재적 범죄에의 노출 등에 대한 경찰의 사전적 문제해결 접근방법은 한 예로서 이러한 사회공공의 안녕과 질서의 위험으로부터의 방지는 결코 경찰하명과 같은 전통적 수단만으로는 수행할 수 없게 되었고, 반대로 비권력적인 경찰수단의 필요성이 증대되고 있다.

또한, 경찰활동 중에 개인의 자유와 권리에 개입하지 않으면서 구체적 수권 없이 임무에 관한 일반조항만으로도 행할 수 있는 예방순찰, 교통정보·지리정보의 제공, 법률상담, 방범진단의 제공 등과 같은 새로운 치안서비스적인 광의의 위험방지 활동이 요구되고 있다.

다. 범죄수사를 위한 수단

「형사소송법」은 범죄수사와 관련하여 여러 가지 수단을 마련해 놓고 있는데, 동법 제199조(수사와 필요한 조사) 제1항에서 "수사에 관해서는 그 목적을 달성하기 위하여 필요한 조사를 할 수 있다. 다만, 강제처분은 이 법률에 특별한 규정이 있는 경우에 한하며, 필요한 최소한도의 범위 안에서만 하여야 한다"라고 규정하여, 수사목적의 달성과 인권보장의 조화를 위하여 임의수사를 원칙으로 하고 강제수사는 예외적으로 허용하고 있다.

강제수사의 수단으로는 체포·구속·압수·수색·검증·우편물의 검열과 전기통신의 감청(통신비밀보호법)·계좌추적(금융실명거래 및 비밀보장에 관한 법률) 등의 영장에 의한 수사와 2010년 제정된「디엔에이 신원확인 정보의 이용 및 보호에 관한 법률」제8조(디엔에이 감식시료채취영장)에 의한 동법 제5조(수형인 등으로부터의 디엔에이 감식시료채취) 제1항 제1호에서 제11호까지의 범죄에 대한 강제수사가 대표적이다. 임의수사로서는 임의제출물 등의 압수와 출석에 의한 조사, 상대방의 동의가 있는 거짓말탐지기의 사용, 동의에 의한 수색이나 검증이 임의성이 인정되는 한 임의수사로서 허용된다고 본다.

또 임의동행에 대해서는「경찰관직무집행법」제3조(불심검문) 제2항부터 제7항까지 동행요구의 요건에 관하여 상세한 규정을 두고 있으며, 이 요건을 갖추지 못한 임의동행은 강제수사에 해당하며 긴급체포(형사소송법 제200조의3)나 현행범체포(동법 제212조)에 의하여 적법성이 보장되지 않는 한 위법수사가 된다. 한편, 임의수사이든 강제수사이든 간에 피의자 또는 참고인 등 제3자의 인권을 존중해야 한다.

3. 경찰활동의 기초

경찰활동의 기초가 되는 경찰개념은 입법자에 의해 경찰의 직무로 규정되어 있는 것, 즉 제도적 의미의 경찰이 행하는 모든 행정작용을 형식적 의미의 경찰이라 하고, 실질적 의미의 경찰은 그 작용을 담당하는 행정기관 여하에 관계없이 행정작용의 성질을 표준으로 하여 정립된 개념으로 나누어진다.

양자 간 개념관계를 살펴보면 어떤 의미에서 넓고, 어떤 의미에서는 좁게 보인다. 다시 말해서 실질적 의미의 경찰은 공공의 안녕 또는 질서의 유지라는 보안경찰 외에 위생·환경·건축 등에 관한 질서유지작용(협의의 행정경찰)까지 포함하고 있는 것에 대해, 「경찰관직무집행법」에 다른 행정기관이 행하는 질서유지작용을 규정하지 않고 있어 그 결과 형식적 의미의 경찰에는 협의의 행정경찰이 포함되지 않게 되었다. 따라서 이러한 면에서 형식적 의미의 경찰개념은 실질적 의미의 경찰개념보다 좁다. 반면에 「경찰관직무집행법」에는 형식적 의미의 경찰에 범죄수사 등 사법작용(司法作用)이 포함하게 되어 이 경우의 형식적 의미의 경찰개념은 실질적 의미의 경찰개념보다 넓다고 하겠다.

가. 광의의 경찰권

대륙법계의 실질적 의미의 경찰개념에 따라, 사회공공의 안녕과 질서를 유지하기 위하여 일반통치권에 의하여 국민에게 명령·강제하는 권력적 작용이라고 정의되어 왔으며, 이러한 실질적 의미의 경찰이 사용하는 통치권적 권한을 일반적으로 경찰권이라고 불러왔다.

종래 경찰권은 실질적 의미의 경찰이 사용하는 통치권적 작용(협의의 경찰권)을 의미하였으나, 오늘날 경찰활동에는 비권력적 수단을 통해 임무수행을 하는 분야가 증가하고 있고, 영미법계의 영향을 받은 우리나라 「경찰관직무집행법」은 범죄수사를 법집행의 하나로 규정하고 있다.

따라서 광의의 경찰권은 협의의 경찰권과 수사권을 포괄하는 개념이다.

나. 협의의 경찰권

협의의 경찰권이라 함은 사회공공의 안녕과 질서를 유지하기 위하여 일반통치권에 의하여 국민에게 명령·강제하는 권한을 말하며, 경찰작용은 국가와 국민 사이의 일반통치관계를 전제로 한다.

그러므로 국회의장의 「국회법」에 의한 국회경호권이나 「법원조직법」에 의한 재판장의 법정경찰권과 같이 일반통치권을 전제로 하지 아니하고, 부분적으로 내부질서를 목적으로 하는 질서유지권은 경찰권에 속하지 아니한다.

또한 경찰권의 상대방으로서 경찰하명 또는 경찰강제의 대상은 법률에 특별한 규정이 없는 한 일반통치권에 복종하는 모든 자로서, 자연인이든 법인이든, 내국인・외국인 상관 없이 경찰권에 복종하여야 한다.

법인의 경우 양벌규정에서 보듯이 법인을 구성하는 자연인은 물론, 법인 자체에 의사능력・행위능력을 인정하여 경찰책임을 지우고 있다.

이와 관련하여 다른 행정기관이나 행정 주체가 경찰의무에 위반하는 경우 경찰권이 발동될 수 있는가의 문제이다. 일반적인 견해로는 행정기관이나 행정 주체가 통치권에 의하지 않는 사법적(私法的) 행위에 대해서는 경찰권 행사가 허용된다고 보는 것이 통설이다. 그러나 경찰권이 다른 행정기관의 공적 임무수행을 저해해서는 안 되므로 다른 행정기관에 대한 경찰권 발동은 신중한 고려가 요구된다고 하겠다.

다. 수사권

수사권이라 함은 국가 형벌권을 행사하기 위하여 「형사소송법」에 의거 경찰에게 부여된 권한으로서, 사건에 관한 공소제기 여부의 결정 또는 공소제기 및 이를 유지・수행하기 위한 준비로서 범죄사실을 조사하고 범인 및 증거물을 발견하고, 수집・보전하기 위한 경찰의 권한을 말한다(동법 제196조).

그러나 협의의 경찰권과 달리, 수사권의 경우 피의자나 참고인 등 「형사소송법」에서 엄격하게 규정된 관계자 이외에는 발동할 수 없다.

4. 경찰의 관할

가. 사물관할

「경찰법」 제3조(국가경찰의 임무)에 국가경찰은 국민의 생명・신체 및 재산의 보호와 범죄의 예방・진압 및 수사, 경비・요인경호 및 대간첩작전 수행, 치안정보의 수집, 교통의 단속, 그 밖에 공공의 안녕과 질서유지를 그 임무로 한다고 하여 경찰이 처리하는 임무에 대하여 명시하였다. 사물관할이란 경찰이 처리할 수 있고 또 처리해야 하는 사무내용의 범위를 말하는 것으로서, 넓은 의미의 경찰권이 발동될 수 있는 범위를 설정함으로써 그 범위를 넘는 분야에 대해서는 경찰이 개입할 수 없도록 한다는 점에서 법적 의미를 가진다. 다만, 앞서 논의했듯이 경찰활동은 개별적 수권조항 없이 경찰재량이 허용되는 경우 질서유지를 위하여 경찰이 처리할 수 있는 범위는 넓다고 하겠다.

우리나라는 작용법인 「경찰관직무집행법」 제2조(직무의 범위)에 조직법적인 임무규정이 포함되어 있는 특색이 있다. 일본의 경우에는 「경찰법」에만 책무규정을 두고 있을 뿐 「경찰관직무집행법」에는 사물관할은 정하고 있지 않다.

「경찰관직무집행법」에 규정된 범죄수사에 관한 임무는 영미법계의 영향을 받아 인정된 것이다.

나. 인적관할

「형사소송법」은 대한민국 영역 내에 있는 모든 사람에게 효력이 미친다. 즉 우리나라에 재판권이 있는 사람이라면 피의자의 국적・주거・범죄지와 관계없이 「형사소송법」이 적용된다. 다만 이 원칙에 대해서는 다음과 같은 예외가 인정된다.

(1) 국내법상의 관계

대통령은 「대한민국헌법」 제84조에 의하여 내란・외환의 죄를 범한 경우를 제외하고는 재직 중에 형사소추를 당하지 않으며, 국회의원은 「대한민국헌법」 제44조 제1항에 현행범인인 경우를 제외하고는 회기 중 국회의 동의 없이 체포 또는 구금되지 아니한다. 또 제2항에 "국회의원이 회기 전에 체포 또는 구금된 때에는 현행범인이 아닌 한 국회의 요구가 있으면 회기 중 석방된다"고 하고, 동법 제45조에서 "국회의원은 국회에서 직무상 행한 발언과 표결에 관해 국회 밖에서 책임을 지지 않는다"라고 하여 일정한 대상에 대해서는 수사권을 제한받는다.

(2) 국제법상의 관계

외국의 원수, 그 가족 및 대한민국 국민이 아닌 수행자, 신임받은 외국의 사절과 그 직원・가족 및 승인받고 대한민국 영역 내에 주둔하는 외국의 군인에 대해서도 「형사소송법」은 적용되지 아니한다.

다. 지역관할

「형사소송법」은 대한민국의 법원에서 심판되는 사건에 대해서만 적용된다. 따라서 경찰권이 발동될 수 있는 지역적 범위는 대한민국의 영역 외일지라도 영사재판권(領事裁判權)이 미치는 지역에서는 「형사소송법」이 적용된다. 피의자의 국적은 경찰권 적용에 있어서 따로 묻지 않는다. 다만, 다음과 같은 지역에는 경찰권 발동이 제한되는 경우가 있다.

(1) 해양경찰청과의 관할

「해양경찰청과 그 소속기관 직제」 제3조(직무)에 "해양경찰청은 해양에서의 경찰 및 오염방제에 관한 사무를 관장한다"라고 하여 일반경찰은 육상에서의 경찰사무를 관할함에 그친다. 1996.8.8. 「정부조직법」 개정에 따라 경찰청에 소속되어 있던 해양경찰청이 당시 해양수산부(현 국토해양부) 외청으로 독립되어 분리됨에 따라 일반경찰은 해양경찰과의 관할 범위에 대해 구분되었다.

(2) 철도청과의 관할

「국토해양부와 경찰청 간 수사업무 협조사항」(전문)에서 국토해양부(철도특별사법경찰대: 2009.12.31. 직명변경)는 철도시설 및 열차 안에서 발생하는 범죄의 효율적 예방과 단속을 위하여 아래와 같이 합의한다고 하고, 제1조(수사의 분담) 제2항 "살인・방화・변사 등 중요 사건을 경찰청에서 처리한다"라고 하면서, 제2조(철도사고) "1. 열차의 충돌・탈선사고, 2. 철도차량 또는 열차에서 화재가 발생하여 운행을 중지시킨 사고, 3. 철도차량 또는 열차의 운행과 관련하여 3인 이상의 사상자가 발생한 사고를 경찰청에서 처리할 수 있다"라고 규정하는 한편, 제4조(사건수배), 제6조(즉결심판청구)와 제7조(피의자입감의뢰)에 상호 협조할 수 있도록 하였다. 따라서 위 사항을 제외하고는 국토해양부 철도특별사법경찰대의 관할 사무이므로 역구내나 열차 안과 철도시설에서의 경찰권 발동은 양 기관의 협조사항에 따라야 할 한계를 가지고 있다.

(3) 국회 및 법정 내부

「국회법」 제144조 제2항 의장은 국회의 경호를 위하여 필요한 때에는 국회운영위원회의 동의를 얻어 일정한 기간을 정하여 정부에 대하여 필요한 국가경찰공무원의 파견(派遣)을 요구할 수 있다.

제3항 경위와 파견된 국가경찰공무원은 의장의 지휘를 받아 경위(警衛)는 회의장건물 안에서, 국가경찰공무원은 회의장건물 밖에서 경호(警護)한다.

「법원조직법」 제60조 제1항은 "재판장은 법정(法廷)에 있어서의 질서유지를 위하여 필요하다고 인정할 때에는 개정(開廷) 전후를 불문하고 관할경찰서장에게 국가경찰공무원의 파견(派遣)을 요구할 수 있다."고 하고, 제2항에서는 "제1항의 요구에 의하여 파견된 국가경찰공무원은 법정 내외의 질서유지에 관하여 재판장의 지휘를 받는다."고 하였다.

(4) 치외법권지역

외교공관과 외교관의 개인주택은 국제법상 치외법권 지역으로 외교사절의 승용차, 보트, 비행기 등도 해당된다. 따라서 외교사절의 요구나 동의가 없는 한 경찰은 직무수행을 위하여 치외법권이 미치는 지역으로 들어갈 수 없다. 다만, 화재나 전염병의 발생 등과 같이 공안을 유지하기 위하여 긴급을 요하는 경우에는 외교사절의 동의 없이도 공관에 들어갈 수 있는 것이 국제적 관습이다.

(5) 미군영 내

'주한미군지위협정'(SOFA, Status of Forces Agreement)은 군대 규율과 질서를 유지해야 하는 군대의 특수성을 감안하여 미군 당국이 부대 영내·외에서 경찰권을 행사함으로써 자체적으로 질서와 안전의 유지를 위하여 필요한 조치를 취하도록 하고 있다. 그러나 미군 당국이 동의한 경우와 중대한 범죄를 저지르고 도주하는 현행범인을 추적하는 때에는 우리나라 경찰도 미군시설 및 구역 내에서 범인을 체포할 수 있다.

한편, 우리나라 경찰이 체포하려는 자로서 SOFA 대상이 아닌 자가 미군시설 및 구역 내에 있을 때에 우리 경찰이 요청하는 경우 미군 당국은 그자를 체포하여 즉시 인도하여야 한다.

또한 우리나라 경찰은 미군 당국이 동의하는 경우가 아니면 미군이 사용하는 시설 또는 구역 내에서 사람이나 재산에 대해 또는 소재 여하를 불문하고 미국 재산에 관하여 압수·수색 또는 검증을 할 수 없다. 그러나 이에 관한 우리나라의 요청이 있을 때에는 미군 당국은 필요한 조치를 취하여야 한다.

5. 경찰활동의 유형과 법적 성질

가. 위험방지활동

경찰활동에는 경찰작용의 기본법인 「경찰관직무집행법」상 즉시강제를 통하여 위험방지활동을 하는 경우가 적지 않다. 이들 각 조문에 규정된 활동은 모두 질서에 대한 위험을 방지하고자 경찰에게 부여한 개별적 수권조항이다. 여기에는 불심검문(제3조), 정신착란자 등의 보호(제4조), 위험발생의 방지(제5조), 범죄의 예방과 제지(제6조), 위험방지를 위한 출입(제7조), 경찰장구의 사용(제10조의 2), 분사기 등의 사용(제10조의 3), 무기의 사용(제10조의 4) 등이 있다.

즉시강제의 법적 성질은 사실행위에 해당하기 때문에 현실적으로 취소소송 등 항고소송을 제기하기는 곤란하며 침해를 받은 개인은 소송법상 손해전보의 청구가 가능하다.

나. 범죄수사활동

경찰활동에는 범죄수사를 위한 활동이 포함된다. 「경찰법」 제3조(국가경찰의 임무)와 「경찰관직무집행법」 제2조(직무의 범위)에 범죄의 수사를 규정하고, 「형사소송법」 제196조 제2항에 사법경찰관은 범죄의 혐의가 있다고 인식하는 때에는 수사를 개시 · 진행하여야 한다고 하여, 「형사소송법」상 규정된 제 절차와 요건에 맞추어 수사활동을 하여야 한다.

범죄수사에는 행정편의주의가 적용되지 않고 엄격하게 적법절차의 준수(Due process of law)가 요구되는 만큼 경찰활동에 특히 유의해야 한다. 적법절차의 준수란 헌법정신을 구현한 공정한 법정절차에 의하여 형벌권이 실현되어야 한다는 원칙을 말한다.

「대한민국헌법」 제12조 제1항에서 "누구든지 법률에 의하지 않고는 체포 · 구속 · 압수 · 수색 또는 심문을 받지 아니하며, 법률과 적법한 절차에 의하지 아니하고는 처벌 · 보안처분 또는 강제노역을 받지 아니한다"라고 규정한 것은 적법절차의 원칙을 규정하고 있는 일반조항이라고 할 수 있다.

참고▶ 적법절차(Due process of law)의 원칙

적법절차는 1215년 영국의 Magna Charta(대헌장)에서 유래하여 Virginia 주 헌법을 통하여 미국 헌법 수정 제5조에 "누구든지 법의 적정절차에 의하지 않고는 생명・자유・재산을 침해받지 않는다"라고 규정된 것이며, 독일에서도 법치국가원리의 당연한 내용으로 인정되고 있다.

다. 행정처분

경찰활동에는 행정행위의 형식을 빌려 행정처분을 하고 있다. 범칙금 통고처분, 운전면허의 정지・취소 등 교통 관련 규제행정이 권력적 성질을 갖는 행정처분이다. 이러한 행정처분에 의하여 권리 또는 이익을 침해받은 개인은 쟁송법상 취소소송 등 항고소송을 제기할 수 있을 뿐만 아니라, 경찰공무원의 고의 또는 과실에 의한 위법행위로 손해를 입은 경우에는 손해배상의 청구도 가능하다. 그러나 단순한 교통경찰관의 지시・명령 등은 사실행위에 속하기 때문에 성질상 손해배상 청구로만 다툴 수 있다.

라. 급부행정

경찰활동에는 전통적인 규제행정 이외에 이른바 급부행정의 성질에 속하는 각종의 활동이 있다. 즉 금전의 제공, 서비스의 제공, 시설의 설치 등의 활동이 그 예이다. 금전의 제공에는 중요 범죄 신고 또는 검거자에 대한 포상금의 지급 등이 있으며, 서비스의 제공에는 교통정보, 각종 지리정보 등의 제공과 인명구조 및 보호활동의 제공 또 어린이 교통안전교육과 사이버교육 등 위탁이나 경찰행정청 스스로 교육서비스의 제공 등이 있다. 교통신호기와 각종 안전표지(도로교통법 시행규칙 제8조 "1. 주의표지: 도로상태가 위험하거나 도로 또는 그 부근에 위험물이 있는 경우에 필요한 안전조치를 할 수 있도록 이를 도로사용자에게 알리는 표지, 2. 규제표지: 도로교통의 안전을 위하여 각종 제한・금지 등의 규제를 하는 경우에 이를 도로사용자에게 알리는 표지, 3. 지시표지: 도로의 통행방법・통행구분 등 도로교통의 안전을 위하여 필요한 지시를 하는 경우에 도로사용자가 이에 따르도록 알리는 표지, 4. 보조표지: 주의표지・규제표지 또는 지시표지의 주 기능을 보충하여 도로사용자에게 알리는 표지, 5. 노면표지: 도로교통의 안전을 위하여 각종 주의 · 규제 · 지시" 등의 내용을 노면에 기호 · 문자 또는 선으로 도로사용자에게 알리는 표지)의 설치 등은 일반 행정기관과 함께 하며 이러한 활동은 비권력적 행정에 속한다.

마. 사유재산권 보호활동

경찰조직의 기본법인 「경찰법」 제3조에 국가경찰의 임무로서 국민의 생명 · 신체 및 재산의 보호를 명시함으로써 국민의 사유재산에 대하여 보호활동을 하도록 하였다.

여기에는 각종 범죄로부터의 국민의 재산을 보호하는 적극적 기능뿐만 아니라 「유실물법」 제1조(습득물의 조치) 제1항에 타인이 유실한 물건을 습득한 자는 이를 신속하게 유실자 또는 소유자, 그 밖에 물건회복의 청구권을 가진 자에게 반환하거나 경찰서(지구대 · 파출소 등 소속 경찰관서를 포함한다. 이하 같다) 또는 제주특별자치도의 자치경찰단 사무소(이하 '자치경찰단'이라 한다)에 제출하여야 한다. 다만, 법률에 따라 소유 또는 소지가 금지되거나 범행에 사용되었다고 인정되는 물건은 신속하게 경찰서 또는 자치경찰단에 제출하여야 한다고 하여 금제품 등을 제외하고는 개인의 과실에 의하여 유실한 것을 신속하게 유실자 또는 소유자에게 찾아 주도록 하는 소극적 기능도 함께 하고 있다.

바. 행정지도

행정지도는 일반적으로 "행정기관이 일정한 공적 목적을 달성하기 위하여 상대방의 일정한 행위(작위 · 부작위 등)를 기대하여 행해지는 비강제적 사실행위"이다. 일본에서 시작한 행정지도는 1996년 「행정절차법」의 제정을 통하여 우리나라에 알려져 왔는데 여기에는 일정한 원칙이 있다. 즉 동법 제48조(행정지도의 원칙)에 행정지도는 그 목적달성에 필요한 최소한도에 그쳐야 하며, 행정지도의 상대방의 의사에 반하여 부당하게 강요하여서는 아니 된다고 하고, 행정기관은 상대방이 행정지도에 따르지 아니하였다는 것을 이유로 불이익한 조치를 하여서는 아니 된다고 하여 조직법에 주어진 범위 내에서만 행정지도를 할 수 있다.

경찰은 공공의 안녕과 질서유지라는 최소한의 개괄적 수권조항과 개인의 주관적 권리의 침해가 없는 범위 내에서 비권력적 사실행위만 인정되어야 한다. 판례는 "행정지도는 상대방의 임의적 협력에 의하여 행정목적을 달성하려는 비구속적 작용이므로 상대방이 이에 따르지 않았다고 하여 불리한 조치를 할 수 없다"라는 취지의 판시를 일관적으로 하였다.

사. 정보수집활동

「경찰법」 제3조(국가경찰의 임무)에서 치안정보의 수집이 명시되어 있다. 이렇게 경찰활동에는 경비정보, 범죄정보, 보안정보, 외사정보 등 각종 치안정보의 수집활동이 포함되어 있다. 이러한 활동은 경찰 활동하는 데 각종 기초자료의 근거가 되며 생산된 정보의 판단자료에 따라 경찰활동의 방향이 이루어지는 경우가 많다. 그러나 정보수집활동은 사실행위로서 자칫 경찰활동의 현장에서 마찰을 빚는 사례가 있는 만큼 정보관을 비롯한 관련자들에게 많은 주의가 요구된다.

참고▶ 경찰활동의 유형

유형	내용	법적 성질	구제
위험방지활동 (危險防止活動)	경찰관직무집행법상의 불심검문(제3조) 정신착란자등의 보호(제4조), 위험발생의 방지(제5조), 범죄의 예방과 제지(제6조), 위험방지를 위한 출입(제7조), 경찰장구의 사용(제10조의 2), 분사기 등의 사용(제10조의 3), 무기의 사용(제10조의 4)등	권력적 사실행위	항고소송제기곤란 손해배상청구가능
범죄수사 (犯罪搜査)	–형사소송법상의 범죄수사 활동 –범죄수사에는 행정편의 주의가 적용되지 않고, 적법절차의 준수(Due process of law)가 강력히 요구된다.	기속행위	손해배상청구가능
행정처분 (行政處分)	–운전면허의 정지·취소 등 교통 관련 규제행정 –총포소지 허가 등	법률행위 권력행위 규제행위	항고소송 가능 손해배상청구 가능
급부행정 (給付行政)	–금전의 급부: 중요범죄 신고 또는 검거자에 대한 포상금 지급 –서비스의 제공: 교통·지리정보의 제공, 인명구조, 신변보호 등 각종 보호의 제공, 어린이·노인 등 노약자 맞춤형교육 제공, 순찰 시 방범진단, 창문열림경보기 설치, 교통시설물 설치 등 제공	비권력적 행위	손해배상청구만 가능
사유재산권 (私有財産權) 보호활동	–유실물 관리 –사인(私人)에 대한 보충적 권리보호가 경찰의 의무임을 명시(독일 경찰법 모범 초안 제1조 제2항)	보충적 적용	
행정지도 (行政指導)	–생활안전지도, 청소년 선도 등	비권력적 사실행위	손해배상만 가능
정보수집 (情報蒐集)	–경비·범죄·정보·외사·보안 등 각종 정보수집	비권력적 사실행위	손해배상청구만 가능

제3절 | 경찰의 기본이념

종래 경찰을 "공공의 안녕·질서를 유지하기 위하여 국민에 대하여 명령·강제하며, 그의 자연적 자유를 제한하는 권력작용"이라고 표현하여 왔다. 경찰은 그동안 실질적으로 다양한 활동을 전개하고 있고, 특히 경찰의 임무가 개인적·사회적 법익을 '보호'하는 것임에도 불구하고 개인적 자유를 '제한'하는 것에 초점을 맞춘 것은 앞으로의 경찰학에서 재정립해야 할 과제이다.

오늘날 경찰이념이란 경찰이 지향하고자 하는 방향·가치·규범 및 정신을 말하는 것이다. 이러한 이념은 경찰조직과 경찰관 개개인 모두에게 적용된다.

구체적인 이념의 내용과 관련해서는 민주주의·법치주의·인권존중주의·정치적 중립주의·경영주의를 내세울 수 있으며, 이러한 이념은 서로 독립적이 아니고 상호 유기적인 관계에 있다고 하겠다.

1. 민주주의

민주주의 국가의 근본규범으로서의 헌법은 모든 국민의 인간의 존엄성이라는 기본권을 보장하고, 이를 위하여 국가는 민주적으로 운영할 것을 요구한다. 「대한민국헌법」 제1조 제1항은 "대한민국은 민주공화국이다"라고 하고 제2항은 "대한민국의 주권은 국민에게 있고, 모든 권력은 국민으로부터 나온다"고 하여 대한민국의 국체와 정체를 천명하는 동시에 주권재민의 원칙을 강조하는 한편, 동법 제7조 제1항에서 "국민 전체에 대한 봉사자로서 책임을 진다"고 하고, 경찰관청의 설치와 직무범위에 대하여 법률주의를 채택(정부조직법 제2조, 경찰법 제1조)하는 등, 경찰행정의 민주성에 관한 규정을 두고 있다.

또한 「경찰법」 제5조의 경찰위원회 설치도 경찰활동에 대한 민주적 통제를 염두에 둔 것으로 민주주의를 반영하고 있다. 또한 「공공기관의 정보공개에 관한 법률」에 의한 행정정보공개제도와 「행정절차법」에 의한 사전적·사후적 절차에 따른 국민의 권리보장 장치들이 마련되어 있는 것 역시 민주주의를 따르고 있다고 하겠다.

한편, 조직 내부적으로도 권한배분이 적절히 이루어져야 한다. 1991년 경찰법 제정 당시 지방경찰청의 관청화가 되면서 경찰청은 종합적인 지침과 지방경찰청 간 업무조정만을 갖겠다고 하였으나, 그 후 명문화되지 않은 지금까지 집권화(centralization of command)가 심화되고 있어 주민과의 합의(consensus)를 바탕으로 지역사회 경찰활동을 지향하고 있는 오늘날의 현실과는 거리가 멀어 빠른 시일에 주민의 목소리가 반영되는 분권화로의 경찰제도 개선의 필요성이 높아가고 있다.

2. 법치주의

「대한민국헌법」 제37조 제2항에 "국민의 자유와 권리를 제한하고 의무를 과하는 모든 활동은 법률로써만 가능하다"고 하여 법률의 지배(rule of laws) 또는 법률의 유보(Vorbehalt des Gesetzes)의 원칙을 천명하였다. 경찰활동은 이러한 헌법이념에 따라 "국민의 자유와 권리를 존중하고, 국민 전체에 대한 봉사자로서 공정중립을 지켜야 하며, 부여된 권한을 남용하여서는 아니 된다"라고 「경찰법」 제4조에도 분명히 하였다. 또한 헌법정신에도 명기되어 있지만 법치주의 이념은 국가안전보장 · 질서유지 또는 공공복리를 위하여 제한하는 경우에도 자유와 권리의 기본적인 내용을 침해할 수 없다고 하여 경찰활동에 엄격함을 요구하고 있다. 이 밖에도 경찰권의 발동은 경찰권 발동 이외의 다른 수단이 없는 불가피한 경우에 한하여 행사되어야 하는 등의 경찰상 조리상의 원칙(경찰소극목적의 원칙, 경찰공공의 원칙, 경찰비례의 원칙, 경찰책임의 원칙)을 준수하여 국민의 자유와 권리의 제한을 최소화하여야 한다.

3. 인권존중주의

국가는 개개인이 가지는 불가침의 기본적 인권을 확인하고 이를 보장할 의무를 지며(헌법 제10조, 제37조), 경찰은 그 직무를 수행함에 있어서 헌법과 법률에 따라 국민의 자유와 권리를 존중해야 한다(경찰법 제4조).

국민의 자유와 권리를 침해할 수 있는 경우는 국가안전보장, 질서유지 또는 공공복리를 위하여 필요한 경우에 한하여 법률로써만 가능하며, 그 경우에도 자유와 권리의 본질적인 내용을 침해할 수 없다(헌법 제37조 제2항).

이와 같이 우리 경찰법과 경찰관직무집행법은 헌법의 정신을 받아들여 국민의 기본권이 존중되는 헌법의 이념을 경찰활동의 지도이념으로 삼고 있다. 이를 위하여 경찰은 법률의 근거에 의하여 그 권한을 수행함에 있어서도 직무수행에 필요한 최소한도의 범위 내에서 행사되어야 하며 이를 남용하여서는 아니 된다(경찰법 제4조, 경찰관직무집행법 제1조 제2항).

한편, 경찰은 경찰관 개개인도 국민의 한 사람으로서 자신의 인권보호에도 힘써야 한다. 법적으로 인정된 권리, 즉 기본권으로서의 존엄성과 행복추구권 등의 이념을 법집행이라는 특수한 업무수행과 관련시켜 소외받거나 기피하는 일이 없도록 스스로 노력하여야 하며, 각급 간부들도 경찰관들의 기본권이 침해받는 일이 없도록 제도적 장치를 마련해야 하며 피해가 발행하였을 때에는 피해구제를 위한 노력이 뒷받침되어야 할 것이다.

4. 정치적 중립주의

「대한민국헌법」 제7조는 제1항에서 "공무원은 국민 전체에 대한 봉사자이며, 국민에 대하여 책임을 진다"고 하고, 제2항에서는 "공무원의 신분과 정치적 중립성은 법률이 정하는 바에 의하여 보장된다"라고 규정함으로써 공무원의 정치적 중립성을 명시하고 있다. 헌법정신에 따라 「경찰법」 제4조에서도 경찰은 국민 전체에 대한 봉사자로서 성실하게 근무하여야 하며, 경찰조직 또한 정치적 중립성을 지켜야 한다고 규정하였다. 「국가공무원법」 제65조 역시 공무원의 정치적 운동금지를 명시하고 있으며, 또 「경찰법」 제6조에서 경찰위원의 자격을 제한하여 경찰의 정치적 중립성을 엄격히 요구하고 있다.

다시 말해서, 경찰공무원은 특정정당, 기타 정치단체의 이익이나 이념을 위해 활동해서는 안 되며, 오로지 주권자인 전체 국민과 국가의 이익을 위하여 활동하여야 한다.

5. 경영주의

일반적으로 공공행정은 시민을 위한 공공복리의 실현을 목적으로 하고 있는 데 대하여, 사기업경영은 사적 이익을 추구하는 데 목적을 두고 있다고 한다. 그러나 공공행정과 사기업경영은 모두 조직체를 가지고 그 구성원들의 협동적 행위로 이루어지고 있으며, 목적달성을 이루는 데 그 수단과 그 조직을 운용해 가는 기능적 측면과 관리에서 유사성을 찾아볼 수 있다. 또한 의사결정과정에 있어서 그 기준을 능률성과 합리성에 두고 있다는 점과 많은 대안 가운데서 최선의 것 하나를 선택하여 의사결정을 한다는 점에서 양자는 서로 접근하고 있는 경향을 보이고 있다.

이러한 환경변화에 맞추어 오늘날 경찰은 조직을 관리하고 운용해 나가야 함에 있어서 종래의 관료제적 즉 계층제적 능률성만 주장하는 한계를 벗어나 합리적 수단의 선택인 능률성과 결정한 목표에 도달하여 성과를 올리는 효과성을 강구하는 데 사기업의 경영기법을 벤치마킹(benchmarking)하고 있다. 경찰은 조직운영에 필요한 많은 인력과 장비의 운용, 시설의 구비 등을 갖추고 있어, 인적・물적 자원의 적절한 배분을 합리적으로 운용할 수 있는 경영이념이 요구되고 있기 때문이다.

이러한 환경변화에 따른 경찰의 경영요구에 대하여 구체적으로 살펴보면 다음과 같다.

첫 번째로, 경찰은 경찰활동에 대한 생산성 개념을 도입해야 할 필요가 있다. 즉 국가예산이나 관용장비의 운용에 있어서 나타났던 그동안의 비효율성을 개선하여 측정 가능한 제 요소를 적절히 활용하여 비용과 성과에 대한 분석을 확실히 하여야 한다.

두 번째로, 경찰의 조직 구조에 대한 문제이다. 관료제의 장점인 계층제로 상명하복의 집권화 구조가 과연 지역사회와의 합의 속에 해 나아가야 할 경찰활동이 얼마나 신축적이며 주민친화적일 수 있을지는 많은 연구가 있어야 할 것이다.

세 번째로, 조직구조와 연관되어 인력의 적정한 배치와 예산・장비 등의 지원은 적절하게 이루어지는지에 대해 정확하게 산출할 필요가 제기된다. 농어촌 지역의 도시화, 도로・철도의 개통으로 인한 관광여건의 개선, 산업화로 인한 외국인 노동자의 유입, 다문화 가정에 대한 법적·제도적 보호 등 환경의 변화에 따른 경찰의 정확한 대응이 필요하다고 본다.

네 번째로, 고객만족 수준의 경찰활동을 시민들은 강력하게 요구한다. 사건을 접한 시민들은 설령 범인이 검거되어 일부 만족감을 표시하는 경우도 있지만, 한번 사건으로 인하여 상처받은 마음은 쉽게 치유되지 아니한다. 따라서 과거 사후 대응책의 경찰활동으로서는 시민들에게 신뢰를 받을 수 없고 사전에 지역사회의 문제점이 무엇인지를 파악하고 문제해결식 지역사회 경찰활동이 요구되고 있다.

근래 들어 우리나라 경찰은 이러한 고객만족 지향의 경찰활동의 일환으로서 사회적 약자인 서민들의 범죄로부터의 안전을 확보하기 위한 서민보호구역을 설정하여 집중 방범순찰 활동을 하고 있으며, 학교 주변 어린이 대상 성범죄가 발생하지 않도록 학부모로 구성되어 있는 어머니폴리스나 교육청과 함께하는 학교보안관제도와 아동지킴이 등을 운영하고 있다.

또 경찰이 시행하고 있는 112신고사건이나 고소·고발사건에 있어서 사건처리에 만족을 주었는지 점검(feedback)하는 제도와 더불어 중간통지제도, 수사관교체요구제도뿐 아니라 교통시설의 불합리한 운용 등에 대한 이의제도 등 시민에게 다가가는 노력들이 국민에게 신뢰감을 주고 있어 우리 경찰에게도 고객만족의 경영마인드가 자리를 잡고 있는 것 같아 기대감이 더 높아지고 있다.

제4절 | 경찰의 윤리적 · 사상적 바탕

1. 경찰과 윤리

경찰윤리는 경찰관이 마땅히 지켜야 할 행위규범을 의미하며, 따라서 경찰윤리는 경찰조직의 구성원들이 공 · 사생활에 준거해야 할 당위적인 행위규범으로서 경찰관이 행하여야 할 바를 적극적으로 규정하거나, 행하지 말아야 할 바를 규정한 것과 바른 가치체계로서의 도덕과 신념이 모두 포함된 것이다.

민주경찰의 기본이념 속에 윤리가 각 경찰관의 신념으로 자리매김하고 있다면 국민의 신뢰를 받을 수 있는 바람직한 경찰상으로 정립되고 아울러 경찰의 존재이유도 더 확실하게 된다.

가. 현대행정과 행정윤리

공동체(community)란 특정지역에서의 인간의 공동생활이 행해지고 있는 일정한 사회집단을 의미하며 시대와 상황에 따라 변하게 된다. 공동체를 구성하는 사회집단의 구성원은 외부로부터의 위협이나 공통 이익을 침해하는 자에 대해서는 저항하게 된다. 그러나 공동체에 대한 위협이나 이익의 침해는 외부에만 있는 것이 아니고 공동체 내부에도 있기 마련이다. 예를 들면 공동체 내에 규정한 다양한 질서위반이 있다.

경찰은 이러한 질서위반행위를 바로잡는 특수한 위치에 있는 사람으로 스스로 마땅히 지켜야 할 규범이 신념화되어야 비로소 국가목적의 실현과 공익을 추구하는 경찰활동이 정당화되고 국민의 신뢰감을 얻게 된다. 이러한 행위규범은 경찰윤리로 표현되며, 경찰윤리는 행정윤리 또는 공직윤리의 일부분을 구성하는 동시에, 경찰업무의 특수성으로 인해 독자적인 영역을 구성한다.

오늘날 복지국가 등장과 더불어 국가의 적극적 역할을 강조하는 추세에 따라 행정기능이 확대되고 행정권이 대폭 강화되면서 행정이 국민에게 미치는 영향력은 더욱 커지게 되었고 더불어 윤리에 바탕을 둔 행정이 요구받게 되었다.

그러나 이러한 행정력의 비대화는 행정의 권력화와 정치화 경향을 초래하면서 행정에 대한 통제는 더욱 어렵게 만들어 가고 있어 관료조직 내부적으로 부정적 가치를 일소하고 국민을 위한 봉사 자세를 견지하는 행정윤리의 확립이 필요하게 되었다.

나. 경찰윤리 확립의 필요성

경찰도 행정의 일부를 구성하는 한에 있어서 행정윤리의 확립의 필요성은 경찰에게도 요구된다. 그럼에도 불구하고 경찰의 윤리는 경찰업무의 특수성으로 일반 행정윤리와는 다르게 다루어져야 한다.

클라이니히(John Kleinig, *The Ethics of Policing*, AU., 1996)는 경찰윤리에 관하여 다음과 같이 설명하고 있다.

(1) 경찰관은 상당히 강력한 권한, 심지어 각종 물리력을 사용하는 권한이 주어져 있으며, 그 사용에 있어 상당한 재량이 주어져 있다. 이에 따라 경찰의 의사결정의 결과는 개별적인 시민들에 대해 아주 심각한 영향을 미치며, 국민의 자유와 권리를 침해하거나 구속하는 성격이 강하다.

그런데 권한의 행사에 있어서 재량의 문제는 바로 옳다는 판단의 문제이고, 그런 의미에서 재량은 경찰에 윤리적 딜레마를 제공한다. 경찰관들은 그들의 선택이 어떤 개인이나 집단의 구성원에 대한 편견이나 적대적인 개인감정에 의해 영향을 받지 않았는지와 그들의 행위가 개인적 이득 또는 단순한 편의에 의해 동기유발 되지는 않았는지를 자문해야 한다. 더욱이 그런 재량에 대한 사전적 통제가 사실상 불가능함을 생각할 때 경찰관 개개인에 의한 합리적인 판단 및 자율적 반성이 더욱더 그 중요성을 띤다.

(2) 경찰업무의 상당 부분은 정상적이지 않은 상황과 관련되어 있어 의사결정을 합리적으로 하기 위해서는 윤리의식이 확립되어야 한다. 경찰은 일상적인 도덕의 구속력이 거의

의미를 가지지 않는 또는 일상적인 도덕적 습성으로 처리되기에는 너무나도 복잡한 상황들과 마주친다. 경찰이 되기 전까지의 도덕교육이 그들이 경찰관으로서 내려야 할 결정들과 관련해서도 충분하다고 가정할 수는 없다.

(3) 경찰관은 종종 위기상황 속에서 또는 최소한도의 숙고할 수 있는 시간도 허용되지 않는 상황 속에서 업무를 수행해야 한다. 그들이 그런 상황에 현명하게 대처하기 위해서는 잘 준비되고 적절히 발달된 도덕적 능력을 갖춘 상태에서 그러한 상황에 접근하는 것이 중요하다.

(4) 위기상황에 경찰이 개입하는 것은 선택적인 것이 아니라 법과 경찰조직에 의해 명령된 것이다. 즉, 경찰관은 다른 사람들이 외면하거나 또는 피해갈 위험한 상황들에 개입하도록 요구받는다.

(5) 의지의 나약은 일반적으로 모든 인간이 공유하는 문제이다. 옳은 것 내지 좋은 것을 안다는 것만으로 올바른 선택들이 이루어지기에 충분하지 않다. 경찰관은 대부분의 다른 사람보다 더 많은 유혹에 노출되어 있다.
경찰관은 빈번히 그들의 역할 때문에 다른 사람의 분노나 비웃음을 사는 상황에 처하게 되고, 비협조를 경험하게 되며, 오히려 의무를 불이행하거나 옳지 못한 이득을 수용할 때 좋은 사람으로 받아들여지기도 하는 그런 상황들에 처하게 된다.

(6) 의무 불이행의 유혹은 외부로부터뿐만 아니라 내부로부터도 초래된다. 경찰은 잘 조직된 그리고 배타적인 집단을 만들려는 경향이 있다. 그것은 그 나름의 중요한 기능을 수행하지만 그 문제점은 집단 규범에 동조하라는 동료들의 고도의 압력으로 연결된다. 이것이 구성원의 도덕적 자율과 도덕적 고결함을 파괴하지 않기 위해서는 구성원 개개인의 고도의 도덕적 용기가 요구된다.

경찰을 시작하는 사람이나 시작하려고 대학의 관련 학과에서 공부하고 있는 사람의 경우에 경찰업무와 업무의 환경이 제기하는 도덕적 도전에 잘 준비되어 있다고 보기 어렵다. 설령 경찰윤리가 일반윤리와 본질적인 측면에서 구별되는 것은 아니라 할지라도, 바로 위에 열거한 특수한 점들은 경찰윤리라는 이름으로 예비경찰관, 신임경찰관 그리고 기성경찰관들에게 윤리교육을 시켜야 할 근거들을 제공하고 있다.

2. 경찰활동의 기준

가. 사회계약설

(1) 의 의

서로 다른 사람들이 모여서 공동체생활을 하게 될 때, 사람마다 생각이 다르고 추구하는 이익과 주장이 다르기 때문에, 의견 충돌이나 이익 대립이 생겨난다. 상호 대립하는 의사와 이익은 쌍방 간의 합의에 의하여 이성적으로 조정되지 못할 때가 많으며, 그 대립을 자체적으로 해결하도록 방치하면 폭력의 대결로 변하기가 쉽다는 것이다. 그러므로 사회공공의 안녕・질서를 유지하기 위해서는 사회공동체의 규칙을 만들어 대립과 분쟁을 미리 조정할 수 있는 권위, 즉 국가가 있어야 한다. 그리하여 사람들은 자연적 권리 행사라는 방식에서 벗어나 조정역할을 국가에게 맡김으로써 모두가 평화로운 공동체를 형성할 수 있다는 것이다. 이러한 이해의 필요성이 사회계약설이 나타난 배경이다.

경찰활동의 사상적 바탕은 사회계약설에서 찾을 수 있다. 사회계약설은 '계약'이라는 개념을 통하여 경찰을 비롯한 제도나 정부형태, 법체계 등의 사회제도가 조직되는 원리를 갖고 있으며, 주창자로 로크(Locke), 홉스(Hobbes), 루소(Rousseau) 등이 있다.

(2) 존 로크(John Locke, 1632~1704)의 사회계약설(정부에 관한 제2논문)

국가성립 이전의 자연 상태에서는 모든 사람이 생명・자유 및 재산에 대한 자연법상의 권리를 가지고 있다고 주장한다.

자연 상태에서 사람들은 자유를 가지고 있지만, 안전이 결여되어 있어, 안전의 확보를 위해 계약을 통해 정치적 사회를 결성하고, 이때 자신의 생명과 재산을 보호할 업무를 국가에 맡기는 것이다.

시민들은 자연권의 일부를 포기하고 시민들을 보호할 임무를 국가에 맡기면, 국가는 자연법을 토대로 실정법을 만들고, 국가는 실정법을 통하여 법을 집행한다. 즉 국가의 본질은 생명과 재산을 지키는 것이며, 이에 부합하는 조직은 군과 경찰이라는 것이다.

(3) 토마스 홉스(Thomas Hobbes, 1588~1679)의 사회계약설(Leviathan)

만인에 대한 만인의 투쟁으로 약육강식의 투쟁 상태로서 인간의 안전을 도모할 위대한 권력이 필요하다. 자기 보존을 위해 평화와 협력이 유용하며 각 개인의 자연권을 포기한다. 국왕의 통치권에 절대 복종함으로써 절대 군주정치를 통한 평화와 안전을 추구한다.

(4) 장 자크 루소(Jean－Jacques Rousseau, 1712~1778)의 사회계약론

처음에는 자유, 평등이 보장되는 평온한 상태이나 점차 강자와 약자의 구별이 생기고 불평등 관계가 성립한다. 모든 사람은 일반의지를 갖고 통합하여 모든 사람들에게 사회적인 원시적 자유를 되찾아 준다고 본다.

국민주권의 발동으로 불평등 관계를 시정하는 직접 민주제를 주장하며, 일반의지의 표현인 법을 통하여 인간의 자연권 및 정의를 실현할 수 있다고 본다.

나. 코헨과 펠트버그(Cohen & Feldberg)의 경찰활동 기준

코헨과 펠트버그(Howard S. Cohen & Michael Feldberg, 1991)는 경찰활동의 기준이 되는 다섯 가지 윤리기준(Five Moral Standards for Police)을 『권력과 억제』(*Power and Restraint : The Moral Dimension of Police Work*)라는 책을 통하여 제시하였다. 이들 기준은 오늘날 경찰활동을 하는데 중요한 규범으로 여겨지고 있다.

(1) 공정한 접근(fair access)

경찰은 사회 전체의 필요에 의해서 생겨난 기구로서 경찰 서비스에 대한 공정한 접근을 제공해야 한다. 시민들은 경찰의 서비스에 대한 권리를 가짐과 동시에 경찰의 서비스에 협조할 의무를 가지게 된다.

경찰 서비스에 대한 동등한 필요를 가진 사람들이 그것을 받을 기회를 동등하게 가져야 한다. 성, 나이, 전과 유무, 빈부의 차이에 따라 서비스의 제공을 거부해서는 아니 된다.

예를 들어 A지역과 B지역의 순찰근무를 부여받은 경찰관이 B지역에 자기 집이 있다는 이유로 순찰시간의 대부분을 B지역에 할애하는 경우 등은 아니 된다.

(2) 공공의 신뢰(public trust)

경찰은 시민을 대신해서 시민을 위해 경찰권을 사용하므로 시민의 신뢰에 합당한 방식으로 경찰권을 행사하여야 한다.

TV를 잃어버린 피해자가 옆집사람이 의심스러웠지만 자신이 직접 해결하지 않고 경찰서에 신고하여 경찰로 하여금 범인을 체포하게 하는 경우이다.

(3) 생명과 재산의 안전(safety and security)

생명과 재산의 안전이 사회계약의 목적이고, 법집행이 궁극적 목적이 아니므로 경찰의 법집행은 생명과 재산의 안전이라는 틀 안에서 수행되어야 한다.

예를 들어 신호위반하고 과속운전하는 것을 발견한 경찰관이 정지명령을 내렸으나 무시하고 달리는 도로교통법 위반자를 과도하게 추격하는 과정에서 위반자가 단속을 피하기 위하여 도주하다가 가로수를 들이받아 중상을 입은 경우, 이는 생명과 재산의 안전보호 기준에 위배되는 것이다.

또한 법집행 상태가 경합되어 양보 불가능한 상황하에서는 잠재적 위험보다 현재의 위험을 먼저 제거해야 한다. 예를 들어 도로에 쓰러져 있는 사람의 안전을 고려하는 것이 교통법규의 준수보다 우선한다.

(4) 협 동(teamwork)

모든 통치기구들의 타당한 목적은 바로 사회계약의 목적인 시민의 생명과 재산의 보호이므로 각 통치기구들은 상호 협력하여야 한다.

협력의무는 대외적 의무뿐만 아니라 내부적으로 지켜야 할 의무이다.

예를 들어 어느 경찰관이 특진할 욕심으로 중요 수배자를 혼자 검거하려다 실패한 경우 이는 협동의 기준에 위배된다.

(5) 냉정하고 객관적인 자세(objectivity)

경찰관은 사회의 일부분이 아닌 사회 전체의 이익을 염두에 두어야 하며, 시민들에 의해 냉정하고 객관적인 방식으로 업무를 처리하도록 기대되고 있다. 경찰관이 냉정을 잃게 되는 경우는 과도한 개입과 무관심이다.

예를 들어 도둑을 당한 경험이 있는 경찰관이 절도범을 검거하는 과정에서 과도한 물리력을 행사하는 경우이다.

3. 실천과제

가. 자 율

자율은 책임과 윤리가 바탕이 되어 있지 않을 때 자칫 오만과 방종으로 보이기도 한다. 따라서 자율은 고도의 윤리의식과 스스로의 책임의식이 전제가 되어야 한다. 자율은 또한 그 전제를 갖추었다 하더라도 실행에 옮길 수 있는 권한의 배분이 필요하다. 책임에 따르는 권한이 없는 경우, 현장에서는 상사 또는 상급관청의 지시를 기다리거나 또는 책임회피식 대응책만 강구하게 되기 쉽다. 적시성과 즉응성이 요구되는 경찰업무의 특성상 현장부서 또는 현장 근무자에게 자율성에 따른 권한의 이양이 필요하다.

이러한 이유는 경찰행정이 법정주의 원칙이 적용되는 수사업무를 제외하고는 편의주의 원칙에 따라 그 활동에 있어 광범위한 재량이 주어지므로 경찰관의 자율적 판단이 요구되는 경우가 많기 때문이다.

경찰관은 업무를 수행하는 과정에서 재량적 판단을 해야 하는 경우가 많기 때문에 정확한 법률지식 등 전문지식과 직업윤리를 바탕으로 합리적인 판단능력을 배양해 나가도록 하여야 한다.

나. 창 의

창의라는 말은 여러 가지 사안에 대하여 종래의 틀에 구속되지 아니하고 새롭게 독창적으로 사고하는 힘이라고 할 수 있는 데, 이러한 창의는 경찰에게도 요구되는 정신이다.

경찰은 임무수행에 있어 광범위한 재량을 가지고 있으므로 경찰목표를 달성하는 다양한 방법의 개발을 통해 가장 비용이 적게 들면서도 생산성이 높은 방안을 강구하고, 국민들로부터 지지를 받을 수 있는 방법을 고안하고 선택하는 창의적인 자세가 필요하다.

그런데 창의적인 사고는 자율이 전제가 되어야 한다. 타인에게 사고의 예속을 받아서는 창의적인 사고가 나올 수 없기 때문에 여기서 자율과 창의적인 사고는 함께 수반하고 있다고 할 수 있다.

현대 사회의 특징 중 하나인 다원적이고 빠르게 변화하는 시대의 흐름에 현실적으로 대응을 가능케 하기 위해서는 경찰관들에게 창의적 사고를 필연적으로 요구하고 있다고 하겠다.

다. 책 임

경찰은 그 구성원 개인에게 자율에 바탕을 둔 임무수행을 요구하지만, 경찰관이 이에 자발적으로 행하지 않을 때, 이에 대한 책임을 묻게 된다. 여기서 다루는 경찰에게 책임을 지운다는 것은 경찰행위에 따른 형사책임이나 징계책임이 아니라 경찰 구성원 스스로 책임감을 가지고 임무수행에 임해 주기를 바라는 데 있다.

관료조직은 공무원 개인의 책임에 대해서는 민감하지만, 조직의 구조적인 정책결정(policy making)이나 의사결정(decision making) 과정의 과오나 문제점에 대해서는 아무도 책임지지 않으려고 하는 경향이 있다. 즉 조직의 개혁이나 미래에 대한 관리자의 정책결정이나 의사결정에 대한 책임이나 이른바 개혁을 소홀히 한 책임 등은 경시되기 쉽고, 그 결과 조직은 반복적으로 과거의 행태에 빠지는 역기능을 볼 수 있었다.

그러므로 참다운 책임은 단순한 처벌을 전제로 한 피동적인 개념이 아니라, 발전을 위한 능동적인 창조의 과정으로 이해해야 한다.

책임과 권한은 균형을 이루어야 하고, 정부조직상으로 볼 때 경찰기관의 책임에 걸맞은 적정한 권한 분배가 경찰의 자기 책임 강화로 이어지며, 경찰 개개인에게는 그 직무에 맞는 권한의 재배분이 이루어질 때 비로소 경찰의 책임이 갖추어졌다고 볼 수 있다.

라. 양 심

인간에게는 해서는 안 될 행위나 생각을 할 경우 그 실천적 행위에 이르기 전에 해서는 안 된다는 거부반응을 갖게 되는데 이를 양심이라고 할 수 있다. 경찰은「경찰법」제3조와「경찰관직무집행법」제2조에 의하여 그 임무를 수행하는 과정에서 적지 않은 재량을 가지게 된다. 그런데 경찰이 취급하는 업무의 특성상 양심을 저해하는 환경이 산재하고 있으며, 시민들은 당연히 경찰이 양심적으로 정당하게 임무를 완수할 것으로 믿고 있다. 이러한 배경에는 근래에 우리 경찰의 고객만족 경찰활동을 전개하는 과정에서 현장에서 감당키 어려운 근무지시나 책임회피를 유발하는 일방적이고 획일적인 지시를 지양하고 지역사회의 요구에 부합하는 노력들이 결실을 보고 있다 하겠다.

우리나라 「경찰법」 제정과 더불어 만들어진 「경찰헌장」에는 "우리는 국민의 신뢰를 바탕으로 오직 양심에 따라 법을 집행하는 공정한 경찰이다"라고 천명하고 있으며, 이때 양심은 획일적으로 규정하기는 어려우나 경찰관에게 요구되는 기본적인 마음가짐으로 정의할 수 있다.

경찰은 양심을 바탕으로 일할 수 있도록 근무환경이나 감독방법 등을 개선하여 경찰관들이 스스로의 양심에 따라 정직하게 맡은 바 임무를 마칠 수 있도록 환경조성을 꾸려나가는 것이 중요하다고 본다.

4. 경찰윤리강령

가. 경찰윤리강령의 의의

경찰공무원 개개인의 자율적 행동요령을 제정하여 경찰공무원으로서의 공직윤리를 확보하기 위하여 제정된 강령을 말한다. 이러한 경찰윤리강령은 그 형식에 있어서 강령 · 윤리강령 · 헌장 등 다양한 명칭으로 불리며, 훈령 · 예규 형태로 조문화하여 보이기도 한다.

나. 경찰윤리강령의 기능 및 문제점

(1) 경찰윤리강령의 기능

경찰윤리강령은 대외적으로 국민과의 신뢰관계를 형성하고, 국민의 과도한 요구에 대한 제한적인 책임소재와 공정한 서비스를 제공하는 것을 보증하는 기능을 한다. 대내적으로는 개인적 성품에 대한 기준설정과 경찰조직에서 마련한 윤리 기준제시와 경찰조직에 대한 소속감 고취 그리고 경찰조직 구성원에 대한 교육자료 제공 등의 기능을 한다.

(2) 경찰윤리강령의 문제점

강령이나 훈령에 대한 이행을 실질적으로 확인할 장치가 없어 실효성에 대한 판단이 부족하고, 오히려 조직원의 냉소주의를 조장할 수 있다. 따라서 일반적으로 강령에 규정된 직업윤리의 준수를 강조할 뿐, 강령 간 또는 내용상의 우선순위나 업무 간 우선순위를 제시하지 못하고 있다.

다. 우리나라 경찰윤리헌장

(1) 경찰윤리헌장 제정과정

경찰윤리헌장(1966) – 새경찰신조(1980) – 경찰헌장(1991) – 경찰서비스헌장(1998)

(2) 경찰헌장(1991)

우리는 조국광복과 함께 태어나 나라와 겨레를 위하여 충성을 다하며 오늘의 자유민주사회를 지켜온 대한민국경찰이다. 우리는 개인의 자유와 권리를 보호하고 사회의 안녕과 질서를 유지하여, 모든 국민이 편안하고 행복한 삶을 누릴 수 있도록 해야 할 영예로운 책임을 지고 있다. 이에 우리는 맡은 바 임무를 충실히 수행할 것을 굳게 다짐하며, 우리가 나아갈 길을 밝혀 스스로 마음에 새기고자 한다.

1. 우리는 모든 사람의 인격을 존중하고 누구에게나 따뜻하게 봉사하는 친절한 경찰이다.

1. 우리는 정의의 이름으로 진실을 추구하며, 어떠한 불의나 불법과도 타협하지 않는 의로운 경찰이다.

1. 우리는 국민의 신뢰를 바탕으로 오직 양심에 따라 법을 집행하는 공정한 경찰이다.

1. 우리는 건전한 상식 위에 전문지식을 갈고닦아 맡은 일을 성실하게 수행하는 근면한 경찰이다.

1. 우리는 화합과 단결 속에 항상 규율을 지키며 검소하게 생활하는 깨끗한 경찰이다.

(3) 경찰 서비스헌장(1998)

우리는 국민의 생명과 재산을 보호하고 법과 질서를 수호하는 국민의 경찰로서 모든 국민이 안전하고 평온한 삶을 누릴 수 있도록 다음과 같이 실천하겠습니다.

1. 범죄와 사고를 철저히 예방하고 법을 어긴 행위는 단호하고 엄정하게 처리하겠습니다.
1. 국민이 필요로 하면 어디든지 바로 달려가 도와드리겠습니다.
1. 모든 민원은 친절하고 신속·공정하게 처리하겠습니다.
1. 국민의 안전과 편의를 제일 먼저 생각하며 성실히 직무를 수행하겠습니다.
1. 인권을 존중하고 권한을 남용하는 일이 없도록 하겠습니다.
1. 잘못된 업무처리는 즉시 확인하여 바로잡겠습니다.

라. 경찰청공무원행동강령(개정 2009.12.22. 훈령 제577호)

(1) 목 적(제1조)

경찰청 소속 공무원이 준수하여야 할 행동기준을 규정하는 것을 목적으로 한다.

(2) 공정한 직무수행을 해치는 지시에 대한 처리(제4조)

상급자가 자기 또는 타인의 부당한 이익을 위하여 공정한 직무수행을 현저하게 해치는 지시를 하였을 때에는 그 사유를 그 상급자에게 소명하고 지시에 따르지 아니하거나 행동강령책임관과 상담할 수 있다. 같은 지시가 반복될 때에는 즉시 행동강령책임관과 상담하여야 한다.

(3) 이해관계 직무의 회피(제5조)

자신이 수행하는 직무가 다음 각 호의 어느 하나에 해당하는 경우에는 그 직무의 회피 여부 등에 관하여 직근 상급자 또는 행동강령책임관과 상담한 후 처리하여야 한다(단순 민원업무의 경우는 예외).

1. 자신, 자신의 직계 존속·비속, 배우자 및 배우자의 직계 존속·비속의 금전적 이해와 직접적인 관련이 있는 경우
2. 4촌 이내의 친족이 직무 관련자인 경우
3. 자신이 임용이나 파견 복귀 등이 있는 때로부터 2년 이내에 재직하였던 민간단체 또는 그 단체의 대표자나 임원이 직무 관련자인 경우
4. 그 밖에 소속기관의 장이 공정한 직무수행이 어려운 관계에 있다고 정한 자가 직무 관련자인 경우

(4) 특혜의 배제(제6조)

직무를 수행함에 있어 지연·혈연·학연·종교 등을 이유로 특정인에게 특혜를 주어서는 아니 된다.

(5) 인사 청탁 등의 금지(제9조)

자신의 임용·승진·전보 등 인사에 부당한 영향을 미치기 위하여 타인으로 하여금 인사업무 담당자에게 청탁을 하도록 해서는 아니 된다. 또한 직위를 이용하여 다른 공무원의 임용·승진·전보 등 인사에 부당하게 개입해서는 아니 된다.

(6) 이권 개입 등의 금지(제10조)

자신의 직위를 직접 이용하여 부당한 이익을 얻거나 타인이 부당한 이익을 얻도록 해서는 아니 된다.

(7) 알선·청탁 등의 금지(제11조)

자기 또는 타인의 부당한 이익을 위하여 다른 공무원의 공정한 직무수행을 해치는 알선·청탁 등을 해서는 아니 되며, 직무수행과 관련하여 자기 또는 타인의 부당한 이익을 위하여 직무관련자를 다른 직무관련자나 공직자에게 소개해서는 아니 된다.

(8) 금전의 차용 금지 등(16조)

직무 관련자 또는 직무 간련 공무원(4촌 이내의 친족은 제외)에게 금전을 빌리거나 빌려 주어서는 아니 되며 부동산을 무상으로 대여받아서는 아니 된다.

5. 경찰의 일탈이론(逸脫理論, Deviance theory)

조직이론을 연구하는 학자들에 따르면, 대부분의 직장은 그들의 구성원들에게 행태상의 잘못을 할 수 있는 기회를 제공한다고 한다. 여기에는 경찰관서도 예외는 아니다. 바커(Thomas Barker, Jacksonville State Univ. 1977)는 당시 시카고, 인디애나폴리스, 뉴욕, 필라델피아 등의 경찰일탈을 조사한 후 경찰직무상 부정행위의 3요소를 ① 규칙위반에 대한 기회 구조와 이에 수반하는 기술들, ② 직업상의 경험을 통한 사회화, ③ 직장 동료집단으로부터의 협력과 조장 등을 지적하였다.

이상안 교수(경찰대학, 2008)는 공무원 부패를 ① 개인에 있어 윤리문제로 보는 도덕적 접근법, ② 전통적인 선물 관행이나 보은(報恩) 등의 관습을 원인으로 보는 사회문화적 접근법, ③ 사회의 법과 제도상의 결함으로 권력의 독점(monopoly)과 재량(discretion)을 원인으로 보는 제도적·독점적 접근법, ④ 그 나라의 문화적 특성, 구조상의 모순을 원인으로 보는 체제론적 접근법으로 바라보아야 한다고 한다.

이러한 연구들을 살펴보면, 경찰 개개인이 경찰이 되기 전부터 형성된 개인의 인격과 경찰에 대한 사전정보로 체득화된 경찰에 대한 인식의 행동화를 들 수 있고, 경찰 내에 들어와서는 공식적 조직(formal organization)으로의 교육프로그램이나 계층적 지도교육과 비공식적 조직(informal organization)으로서 자연발생적으로 관계를 맺은 선배들이나 동료들로부터의 영향은 더 크다고 볼 수 있다.

이 밖에도 많이 등장하는 것으로는 동료집단의 폐쇄성과 비밀유지 그리고 제복사회에서 오는 조직문화의 특수성에 따른 경찰집단의 동조화 현상을 지적한다. 시민들은 경찰을 멀리할 것이라는 막연한 관념 때문에 대 시민 관계에서 부정적 행태를 보이게 되고 때로는 잔혹성까지 드러내어 사회적으로 경찰의 가혹행위에 대한 비난을 받기도 한다.

경찰관 개개인의 성격이나 업무의 성격 그리고 업무환경 등이 서로 달라도 경찰에게 요구되는 규범적 기대에 부응하여 정상적인 행태를 유지해야 하는데, 이러한 규범적 기대를 벗어나는 경찰관의 행태를 경찰의 일탈(deviance)이라고 한다. 그런데 일탈에 이르지 않은 행위와 일탈적 행위를 구별하는 경계가 명확하지 않아 그 구별이 용이하지 않은 경우가 많을 것이다.

한편, 여기에서는 조직 내부의 일탈행위보다는 시민과의 관계에서 발생할 수 있는 일탈행위에 대해 몇몇 견해들을 살펴보기로 한다.

가. 시민들의 사례와 호의에 대한 논의

(1) 뇌물과 작은 호의(bribe & gratuity)

뇌물이란 직무와 관련하여 정당한 의무를 그르치거나 의무의 불이행을 하도록 하는 정도의 이익을 말한다. 반면, 사례나 작은 호의는 종종 감사와 애정의 표시, 훌륭한 경찰권 행사에 대한 자발적 보상, 사회적으로 힘든 일을 하는 사람에 대한 동감 내지는 동정을 의미한다. 대체로 공여되는 이익의 정도가 사회상규에 비추어 볼 때 경미한 것이 사례나 호의로 볼 수 있다. 보통 호의나 사례는 커피나 음료수의 제공, 할인해서 물건을 살 수 있는 할인권 제공, 사우나・스포츠시설 이용권 등을 직무상의 대가 약속이나 불법행위 없이 경찰관이 받는 경제적 가치를 말한다.

우리나라 관습상 서로의 배려나 호의를 당연시하고 만약 베풀지 않으면 불편하게 느끼는 시민들의 자발적 심리들이 적지 않은 경찰관들도 이를 사소한 것으로 여겨 거리낌 없이 받아들이는 현상에 대하여 서로 다른 견해가 있다.

(2) 작은 호의에 대한 결론

허용론은 도움을 받은 사람이 고마움을 표시하기 위하여 작은 사례나 호의는 자연스러운 현상으로 시민과의 관계저해를 막기 위하여서도 정도의 차이에 따라 인정하자는 것이며, 반면에 경찰관에게 호의를 베푸는 것을 당연시하며 특별한 대우를 기대할 수 있다고 보며, 사안에 따라 경찰권 행사의 형평성이 보장되는가의 문제가 제기될 수 있고 작은 호의가 쌓이면 더 큰 뇌물에 대한 경계심도 사라지어 결국 심각한 부패에 이른다는 금지론이 있다.

경찰청「공무원 행동강령」제14조(금품 등을 받는 행위의 제한) 제1항에서 공무원은 직무 관련자로부터 금전, 부동산, 선물 또는 향응(이하 '금품 등'이라 한다)을 받아서는 아니 된다고 하고 2호에서 직무수행상 부득이한 경우에 한하여 제공되는 1인당 가액 3만 원 이내의 간소한 식사와 통신・교통 등 편의는 허용하되, 인가・허가・수사・단속・지도 등 민원 사무를 처리하는 부서의 공무원은 제외한다고 하였다.

이와 같이 경찰관은 시민의 공복으로서 경찰관의 직무에 따른 행위에 대한 어떠한 사례나 호의는 바람직하지 않다. 경찰관은 자신의 노고에 대한 국가로부터의 대가를 받고 있으며 포상이나 승진 등 경찰조직 내의 보상을 받을 수도 있기 때문이다.

엘리스톤(Frederick A. Ellistone)은 "작은 사례와 호의를 받아들이는 것은 심각한 부패로 이르게 하는 첫걸음이다"라고 하였다.(Frederick A. Ellistone & Michael Feldberg, 1985. p.259: 전용찬 등, 2011, p.112 재인용).

나. 미끄러지기 쉬운 경사로 이론(Slippery slope theory)

(1) 셔먼(L. Sherman)의 미끄러지기 쉬운 경사로 이론

부패에 해당하지 않는 작은 호의가 습관화되면 미끄러운 경사로를 타고 내려오듯이 점점 더 큰 부패와 범죄에 빠진다는 가설이다. (John Kleinig,1996, pp.174~177)

공짜 커피, 작은 선물 등의 사소한 호의가 나중에는 엄청난 부패로 이어질 수 있다는 것으로서, 예를 들면 경찰관이 관내 순찰을 돌면서 자주 들르던 슈퍼마켓 주인으로부터 커피 한 잔을 얻어 마시면서 친분을 유지하다가 나중에 사건처리 무마 청탁을 받는 등으로 변질될 수 있다는 것이다.

심리적 접근에는 사소한 관행이 아직 비윤리적 행위에 도달하지 않았다 하더라도 후에 비윤리적 부패로 이어진다고 본다. 그는 이러한 심리적 논리가 타당할까 하며 예시를 들어 설명한다. 즉 의심스러운 경사로로 한 지점에서 다른 지점으로 빠져 가는 데에 경험적인 그럴듯한 구실을 내세우며, 한 단계 한 단계 실행에 옮기며 결국은 부패의 끝까지 떨어지게 된다고 한다.

셔먼은 소수의 조그마한 이권으로 시작하여 천천히 이루어진 수뢰단계, 즉 비교적 부드럽게 습관적으로 부패나락으로 떨어진다고 한다. 그들은 영업시간 위반 술집이나 단속대상인 범죄들, 다시 말해 도박, 매춘과 궁극적으로 마약범죄에 연루되기도 한다. 따라서 논리적 접근으로 보면 사소한 선물의 수령 자체가 비윤리적 행위로 본다. 우리 속담으로 바늘도둑이 소도둑이 된다는 논리로 주장하고 있다.

(2) 펠트버그(M. Feldberg)의 미끄러지기 쉬운 경사로 이론 비판

펠트버그(Michael Feldberg)는 셔먼(Lawrence Sherman)의 미끄러지기 쉬운 경사로 이론

은 비현실적이고 어딘가 위선적이며, 경찰인의 지적인 능력에 대한 모독이라고 한다. 그는 대다수의 경찰관들은 그들의 책무를 벗어나게 하려는 의도된 소수의 이권이나 뇌물에 대한 굳건한 변별력 다시 말해서 경찰관은 부패에 빠지지 않는 지능을 가지고 있다고 주장한다. (John Klieinig, 1996, p.178)

M. Feldberg는 인간의 본성은 탐욕스러우며, 조그만 부패를 맛본 후에는 좀 더 큰 부패를 추구하기 시작한다는 주장은 관념적 가설에 지나지 않는다고 한다.

다. 델라트르(Edwin J. Delattre)가 소개한 가설

델라트르는 "성격과 경찰들"(CHARACTER AND COPS, 2006, pp.78~85)이라는 책에서, 윌슨(Wilson)은 시카고 시민들의 작은 호의가 시카고 경찰의 부패를 키워왔다고 보면서, 그는 경찰부패에 대해 크게 보아야 한다는 전체사회 가설(The Society at Large Hypothesis, Ralph L. Smith(1974)가 시카고경찰의 부패유형을 보충설명)이론과, 전체사회 가설과 가장 닮은 구조원인 가설을 소개한다. '방패 뒤로'(behind the shield, 1969)의 저자 니더호프(Niederhoffer)는 이 책에서 경찰이 탐욕스럽다기 보다는 구조적으로 부패에 휩쓸릴 수밖에 없다는 구조원인 가설(The Structural or Affiliation Hypothesis)을 내세운다. 델라트르는 또 1980년대 초 플로리다주 마이애미에서 반복적으로 일어나는 수상경찰(the River Cops)과 다른 경찰들의 부패로 골머리를 앓은 사례를 들어 등장하게 된 썩은 사과 가설(Rotten apple theory)을 소개하였다.

(1) 전체 사회 가설

윌슨(Orlando W. Wilson, 1900~1972, Chicago Police Superintendent)은 미국 시카고 경찰의 부패원인을 분석하여 내린 결론으로 사회 전체가 경찰의 부패를 묵인하거나 조장할 때 경찰관은 자연스럽게 부패행위를 하게 되며 처음 단계에는 설령 불법적인 행위를 하지 않더라도 작은 호의와 같은 것에 길들여져 나중에는 명백한 부정부패로 빠져들게 된다는 가설이다.

(2) 구조원인 가설

니더호퍼(Niederhoffer, 1917~1981), 로벅(Roebuck), 바커(Barker) 등이 주장한 가설로 신

참 경찰관들이 그들의 고참 동료들에 의해 조직의 부패전통 내에서 사회화됨으로써 부패의 길로 들어선다는 입장이다. 이런 부패의 관행은 경찰관들 사이의 '침묵의 규범' 등에 의해 보호되고 조장된다고 한다.

(3) 썩은 사과 가설(Rotten apple theory)

로버그(Roy R. Roberg)와 쿼켄달(Jack Kuykendall)(*Police and Society*, 1993)은 사과상자 안의 사과 중에 문제가 있는 사과가 썩듯이 처음부터 자질이 없는 경찰관들이 모집단계에서 배제되지 못하고 조직 내에 유입됨으로써 경찰의 부패가 나타난다고 주장하였으나, 이는 자질에 문제가 없는 사람이 경찰조직에 들어와서 부패화되는 이유를 설명하지 못하는 단점이 있다.

6. 경찰부패(Corruption)의 원인과 유형

경찰부패란 경찰관이 자신의 사적인 이익을 위해 또는 제3자에게 이익을 제공하기 위해 경찰권을 의도적으로 잘못 집행하는 것이라고 할 수 있다. 부패한 경찰관은 그 권한을 행사함에 있어서 우월한 위치에서 경찰권의 대상자에게 더러운 손을 내밀게 된다. 손을 내밀게 된 원인이 시민에게 있든, 경찰관이 먼저 제의했든 한번 부패의 고리에 연결되면 돌이킬 수 없는 늪에 빠지게 된다.

현대 사회에서는 시민단체들을 비롯한 학계와 언론계 등 사회 환경이 공무원의 비리에 대해 감시와 통제, 그리고 경찰을 비롯한 공공행정기관들의 자정 노력으로 부패현상이 많이 사라졌다고 할 수 있다. 그럼에도 경찰부패는 끊이지 않고 지속적으로 발생하고 있다. 왜 그럴까? 경찰은 법집행과정에서 필연적으로 단속・규제・감시・조사 등 경찰활동을 하며, 경찰대상자들로부터 사소한 이익부터 커다란 부정한 이익의 제공에 대한 대가관계를 요구받게 된다.

경찰관이 더러운 손을 한번 내밀면 점차 중독적인 현상으로 빠져들게 된다. 그는 부정한 수입원의 확대를 찾아서 더 나쁜 범죄와의 관련성에서 벗어나기 힘들게 되는 것이 부패의 고리이다. 이러한 부패 고리가 경찰조직 내에 만연되면 신임경찰관까지 관행으로 받아들여지고 또 경찰의 특권의식으로까지 잘못 변질되어 조직원 상호 간의 유대에 길들여진 동료집단의 특성상 부패를 눈감아 주는 침묵의 문화가 조성되기도 한다.

나아가 조직 내의 계급제(hierarchy)에 의한 구조적인 부패 고리로 연결되면 조직 내 충성심(loyalty)으로 갖추어진 조직일수록 부패문제는 걷잡을 수 없게 된다.

가. 경찰부패의 원인

(1) 환경적 요인

환경적 요인은 공직사회에 투영되어 부정부패를 야기하는 전체 사회적인 특성을 의미한다. 공직사회의 부패가 발생하기 위해서는 정치・경제・사회・문화적인 조건하에 공직사회와 거래 관계에 있는 시민이 제반 사회에 만연되어 부정한 거래를 하지 않으면 안 되는 환경적 요인이 존재한다는 것을 전제로 한다.

공무원과 직 · 간접적으로 거래 관계에 있는(공법과 사법관계를 포함한다) 시민과의 관계에서, 공무원이 부패 관계에 개입함으로써 얻게 되는 이익, 그리고 시민이 부패 거래를 통해서 얻게 되는 이익이 존재할 때 어느 일방 또는 쌍방의 필요에 의해, 양자 모두 부패관계에 빠지는 것이 일반화되어 사회현상의 한 부분으로 나타나게 되는 것을 말한다.

공직사회의 환경으로서 부패를 조장할 수 있는 요인은 정치 · 경제의 불안정, 공동체의식의 박약, 상대적 박탈감, 고질적인 행정문화 등이 있다.

(2) 조직적 요인

조직적 요인은 부패를 가져오는 공직사회의 내부적 특성을 의미한다. 즉, 공직 사회의 구조적・제도적 측면이 부정부패를 야기할 수 있다. 여기에는 다음의 몇 가지 내부적 특성이 원인으로 작용하기도 한다. 먼저 경찰의 대시민 관계에서 부정적인 행태에는 시민에 대한 인식에서 원인을 찾아볼 수 있다. 경찰관들은 경찰의 존재를 시민들이 필요로 하지만, 한편으로는 자신들을 멀리하고 있다는 사고를 갖게 된다. 다시 말해 자신은 시민들로 고립되어 있거나 고립되어 가고 있다고 느끼고 있는 것이다.

다음으로는 비밀을 유지해야 한다는 특성이다. 경찰은 업무의 영역에서 정보를 수집하고 그 정보는 비밀을 유지해야 하는데 그 내재적 특성이 조직 내 부패의 원인이 된다고 보는 견해이다. 다른 하나는 제복과 철저한 계급제의 조직 특성상 그들은 개개인의 잘못이 조직 전체의 책임으로 파급되는 경향이 있다. 따라서 조직 내부의 연대성 또는 집단성에 기인한 동료 경찰관의 불법과 과오를 감싸 주는 경향이 있으며 이러한 폐쇄적 성격의 조직이 부패의 근절을 어렵게 하는 요인으로 작용하기도 한다.

또한 부정부패의 원인이 되는 다른 요인은 낮은 보수수준으로 인한 자녀 교육비와 다른 직업사회와의 보수의 차이 등에 따른 장래의 불안감, 경쟁력 사회에서의 능력에 따른 신분의 불안정, 외부환경과 거리가 먼 각종 규제로 둘러싸인 내부규정 및 대외적 행동기준의 비현실성, 그 밖에 공무원의 재량권 남용 등이 있다.

(3) 개인적 요인

정직하지 않거나 성격장애, 사악하거나 불성실과 같은 개인적 문제가 부정부패의 원인이 된다. 즉 부패 경찰관의 개인적 성향에 기반을 두고 개인적 문제요인이 결과적으로 조직 내에 들어와서도 부패경찰관으로 낙인찍히게 된다는 것이다.

여기에는 두 가지로 개인적 요인을 살펴볼 수 있다. 먼저 그 개인은 경찰관이 되기 전에 가졌던 본래의 성격적 특성과 성장과정에서 겪었던 가치관과 태도 등이 부정적 사고를 갖게 되고 그 사고가 부패 경찰관으로 이어졌다고 본다. 다른 하나는 경찰관으로 들어와서 사회화과정에서 겪게 되는 가치관 왜곡의 산물로서 태동한 부패에로의 추락을 말한다. 그는 직업상의 경험을 쌓아 가는 과정에서 경찰관이 되기 전의 가치관이나 도덕적 관념보다도 스스로의 직무 경험과 동료의 경험에 간접적으로 영향을 받아 경찰의 규범과 가치와 신념을 버리고 부패와 손을 잡는다는 것이다.

결국 부패 경찰관의 두 가지에 공통되는 것은 그 개인의 윤리성 결함에서 원인을 찾아볼 수 있다. 그 사람의 만족할 줄 모르는 탐욕과 이성적 자기 절제를 하지 못하는 '경찰관이 되기 전이든 임용된 후이든 이미 형성된 성격'에서 부패의 원인을 찾는다. 즉 부패 경찰관은 자신의 사적인 이익을 위해 공익적 목적인 경찰의 이념을 저버린 행위를 의도적으로 하는 것이라 할 수 있다.

(4) 제도적 요인

경찰관이 우월적 지위에 있음으로써, 그 우월한 지위에 있는 경찰관의 불법이나 부당한 도움을 이용하여 이익을 얻으려는 세력에 의해, 경찰관이 부패의 늪으로 빠지게 되는 이유를 제도적 요인에서 찾는다. 바꾸어 말하여, 부패경찰관이 우월한 지위에서 적정한 권한만을 행사 할 수 있도록 제도적 장치가 마련되었더라면 부패에 빠지지 않는다고 본다.

역사에서 보여주듯이 절대 권력은 절대 부패한다. 민주주의가 뿌리를 내린 선진국에서는 권력의 집중은 있을 수 없으며, 설령 집중화 형식을 갖추었더라도 견제장치가 되어 있어 권한남용이나 부패는 생각하기 어렵다. 그러나 우리나라 경찰은 각급 경찰관청이 독임제로 되어 있어, 경찰청장, 지방경찰청장, 경찰서장을 견제하는 제도적 장치가 없으므로 해서, 고위직 간부들이 경찰행정을 수행하며 부패나 권한남용으로부터 자유롭다고 볼 수 없다. 예를 들어 사법고시 · 행정고시 출신의 경찰청장이나 경찰대학 출신 또는 경찰간부후보생 출신의 고위 경찰간부가 사법처리되는 경우를 들 수 있다. 이러한 경우는 이들 간부들이 성품이 나쁘다거나 윤리성 결함에서 부패에 빠지는 개인적 요인이라기보다, 한 사람에게 권한이 집중되어 있는 제도상 허점으로 인해, 그들에게 다가가려는 더러운 세력의 계획적 접근에 의해 부패의 늪으로 빠지게 되는 것이다.

앞의 환경적 요인, 조직적 요인 및 개인적 요인에 의한 경찰부패는 주로 대민관계에서 접촉이 잦은 하위직에서 일어나는 부패요인이지만, 제도적 요인에 의한 부패는 그 대상이 주로 고위직에서 발생한다는 점에서 사회에 미치는 파장이 다른 요인들에 비해 크고, 특히 이들은 경찰조직에서 엘리트라고 불리는 계층이기 때문에 조직에 주는 충격도 매우 크다는데 문제가 심각하다. 제도적 요인에 의한 경찰부패를 방지하기 위해서는, 현행 한 사람에게 권한이 집중되는 독임제 중앙집권형 국가경찰제도를 권한이 나누어진 절충형 자치체 경찰제도로의 전환이 경찰의 민주성이 강화되고 따라서 부패를 막을 수 있다고 본다.

나. 경찰부패의 유형

팔미오토(Michael J. Palmiotto)는 경찰부패에 대하여 다음과 같이 말했다. 경찰부패는 개인적인 이득을 얻기 위한 경찰 권한의 남용이다. 그러한 이득은 금전적일 수도 있고 비

금전적일 수도 있다. 부패 행동을 함에 있어 경찰관들은 자신들이 수행하도록 요구받는 서비스를 행하지 않음으로써 또는 경찰관들이 주어서는 안 될 서비스를 제공함으로써 금전적으로 이득을 얻는다.

바커(T. Barker)와 웰스(R. O. Wells)는 또한 경찰부패에 대한 유형을 세 가지로 특징하였다. 먼저 경찰의 부정한 행위는 몇 가지 기준에 의해서 금지된 규정 또는 법이다. 둘째는 부패 행동은 경찰관 지위의 오용을 포함한다. 셋째는 부패 행동들은 아무리 중요하지 않더라도 물질적인 이득을 포함한다고 하였다.

스토다드(E. R. Stoddard)는 경찰문화가 경찰의 비행을 보호하고 부패를 너그럽게 봐 주는 비공식적인 법규를 가지고 있다는 것을 발견했다. 신임경찰관들에게는 종래의 경찰문화를 주입시키고 있으며, 신임경찰관들 개개인의 안전은 경찰활동 과정에서 자기 위험에 대한 도움을 필요로 할 때 그곳에 있는 동료 경찰관에게 자신의 안전을 의지하게 된다. 또한 그들은 임무수행과정에서 경찰관서의 정책이나 형벌법의 위반을 초래하지 않을 수 없다는 것을 빠르게 깨닫게 된다. 그렇기 때문에 만일 다른 경찰관들이 잘못하는 것을 관찰했다면 '아무것도 보지 못했다'로 답변하는 것이 최선일 것이라고 보았다.

스토다드는 그러면서 부패에 관해 열 가지 행태를 열거하고 있다. 돈 뜯어내기, 사취, 편애, 편견, 쇼핑(영업시간 이후의 상점에서의 물건 갈취), 강요, 뇌물, 강취, 위증, 계획적인 도둑질 등이다.

지금까지 미국 경찰학자들이 대도시 경찰의 부패문화에 대하여 관찰한 것을 다루었다. 필자가 2003년에 LAPD(로스엔젤레스경찰국)와 NYPD(뉴욕경찰국) 그리고 FBI워싱턴본부를 방문하는 과정에서 미국경찰의 부패에 대하여 물었더니 담당자들은 부패문제는 많이 개선되었고 부패에 대한 첩보를 입수하면 바로 내사에 착수해서 자정(自淨)활동을 하고 있다는 답변을 들었다.

7. 경찰의 권한남용(Abuse of police authority)

경찰윤리와 관련하여 또한 권한남용을 들 수 있다. 경찰은 공공의 안녕과 질서에 대한 위험의 방지를 위하여, 원칙적으로 개별적 수권에 따라 시민의 자유와 권리를 침해하는 명령과 처분을 그 수단으로 하여 경찰목적을 달성한다. 이러한 경찰목적을 달성하기 위한 경찰활동을 위해서 불가피하게 강제력을 행사하게 되는 경우가 있다. 강제력의 행사에는 결과가 따르기 마련이고 그 결과에 이르는 과정에서의 행사가 적절한지 또는 적절하지 않았는지에 대한 평가가 나타난다.

강도범에게 총기를 사용했을 경우 그 상황에 대처하는 경찰관의 판단과 재량이 적절하였는지에 대해 비례의 원칙 등 조리상의 한계를 생각하여야 한다. 물론 상황의 절박성에 따른 이유를 들 수 있지만, 시민들은 경찰관의 행동에 대해 불가피하고 정당성을 부여하는 즉 시민공동체의 기대를 충족시켰을 경우에만 경찰의 행동을 지지하게 될 것이다.

경찰은 또 그들의 강제력 행사에 있어서 권한남용의 소지가 발생하지 않도록 노력해야 한다. 경찰의 위법한 권한남용은 자기에게 칼을 휘두르는 것과 다르지 않다. 즉 경찰관에게 있어 법은 '양날을 가진 칼(a two-edged sword)'이므로 법집행을 할 때는 범법행위자에게 빼는 칼이지만, 경찰관이 권한남용으로 나아갈 때 그 칼은 경찰관을 베는 칼날이 되는 것이다(Andrew J. Goldsmith, 1991, p.260 : 전용찬 등, 2011, p.122 재인용).

경찰관은 그 임무를 수행하는 과정에서 법과 현실의 괴리가 크다는 것을 느낄 때가 적지 않다. 유달리 남들보다 준법정신이 강하고 법정의 실현을 위해 위험을 무릅쓰고 근무하는 경찰관들에게는 절차적 정의보다도 실체적 정의로 나아가고자 하는 유혹을 받게 되는 경우가 많다. 일반적으로 범죄를 저지른 사람들 중에서 자기 범죄를 시인하는 사람은 많지 않다.

「형사소송법」 제310조(불이익한 자백의 증거능력) 피고인의 자백이 그 피고인에게 불이익한 유일의 증거인 때에는 이를 유죄의 증거로 삼지 못한다고 한 자기부죄(自己負罪) 거부의 원칙에 따라 설령 자백을 받았다 하더라고 보강증거가 없으면 유죄의 증거로 삼지 못하며, 특히 통법 제308조의 2(위법수집증거의 배제)에 의하여 적법한 절차에 따르지 아니하고 수집한 증거는 증거로 할 수 없다고 하여 헌법이념인 적법 절차의 준수(Due process of law)를 명시하는 한편, 통법 제309조(강제 등 자백의 증거능력)에서는 피고인의 자백이 고문, 폭행, 협박, 신체구속의 부당한 장기화 또는 기망, 기타의 방법으로 임의로 진술한 것이 아니라고 의심할 만한 이유가 있는 때에는 이를 유죄의 증거로 하지 못한다고 하여 자백의 임의성과 내용의 진정성 그리고 성립의 정당성을 인정받지 못하면 유죄의 증거로 하지 못한다.

따라서 수사의 편의를 위해 또는 지나친 정의감으로 인한 법정의 실현이라는 잘못된 관념으로 피의자에게 협박을 하거나 또는 신체적인 가혹행위를 하거나, 아니면 기망행위로 자백을 유도하는 행위 등은 피의자에게 칼날을 겨눈 것이 아니라 경찰관 자신에게 칼날을 겨눈 것이 된다.

8. 경찰 일탈(Deviance)에 대한 통제

지금까지 경찰윤리와 관련하여 부패와 권한남용에 대해 살펴보았다. 이를 모두 묶어서 경찰 일탈이라고 표현하였는데 일탈에 대한 통제를 논하기에 앞서 윤리와 관련한 통제라고 전제하지 않으면 너무 광범위하게 나아가는 것 같아 일부 짚고 넘어갈 부분이 있다.

경찰 작용은 원칙적으로 개별적 수권조항에 의하여 행사하되 보충적으로 개괄적 수권조항에 의하더라도 조리상의 원칙까지 고려한 행위라야 한다. 그럼에도 불구하고 법규범은 경찰권의 행사에 시민의 권익이 침해받지 않도록 사전적 · 사후적 구제절차의 장치를 두고 있다. 이를 간단히 나누어 설명하면, 경찰권에 의한 시민의 권익이 침해당하지 않도록 사전 구제수단(행정절차, 청원, 옴부즈맨, 기타 정당방위나 직권시정 등)이 마련되어 있고, 만약 경찰권 행사에 따른 권익침해가 발생하였을 때는 침해에 대한 권익을 보전하기 위한 쟁송제도로서 손해전보(손실보상, 손해배상)와 행정쟁송(행정심판, 행정소송) 그리고 정당방위, 감독청에 의한 시정, 형사 · 징계책임, 헌법소원 등의 사후 구제수단이 있다. 여기서는 구제수단이 아닌 통제 메커니즘에 대해 논하기로 한다.

경찰의 일탈행위가 통제되기 위해서는 통제 메커니즘(mechanism)들이 경찰행동을 통제하기에 적당한 위치에 있어야 한다. 이러한 통제 메커니즘들은 경찰 기구 내부에 또는 외부에 위치할 수도 있다는 두 가지 접근방법에 대한 강력한 주장들이 제기되고 있다. 먼저 경찰을 불신하고 있는 시민이나 단체들은 경찰이 자신들의 집을 깨끗이 할 수 없기 때문에 경찰 일탈행위를 통제하기 위해 외부 통제 메커니즘들이 필수적이라고 주장한다. 다른 한편으로 경찰관들은 경찰의 업무를 이해하지 못하는 시민들이 경찰의 행동을 검토한다는 사실이 불쾌한 것이라고 여기고 있으며, 따라서 내부적으로 통제방안이 마련되는 것이 더 낫다고 한다.

외부적 통제 메커니즘으로는 현재 우리나라 경찰이 운용하고 있는 경찰위원회, 각급 경찰관서에 설치된 시민인권위원회를 비롯한 협력단체와 시민의 제보 등을 들 수 있으나 형식적으로만 활동할 뿐 실질적인 내용이 없어 차후 청문감사관실을 독립적인 행사를 할 수 있는 개방직으로 하고 청문감사관실을 창구로 한 외부의 시민단체나 참신한 의욕을 가진 개인들로 구성된 임기제 상설기구 설치가 필요하다. 한편, 내부적 통제 메커니즘으로는 내부고발(익명의 제보, 사이버경찰청의 내부망을 이용한 각종 제안·제보)을 들 수 있다.

가. 외부적 통제 메커니즘으로서의 시민감시(Citizen Oversight)

(1) 스콜닉(Skolnick)과 베일리(Bayley)의 시민감시

지역사회 경찰활동이 단지 화려한 미사려구(美辭麗句)에 불과한 때에는 경찰관행에 대한 합법적인 시민감시(citizen oversight)가 이루어질 수 있는 기회가 부여되어야 한다. 만약 지역사회 경찰활동이 공공안전(public safety)에 있어서 보다 증대된 시민의 참여를 의미한다고 할 때, 경찰은 시민의 경찰전략에 대한 논의를 의미 있게 반영할 수 있는 방법을 모색해야 한다. 지역사회 경찰활동은 전문가가 가지고 있는 허식(경찰조직 구성원들 자체적으로 자신들의 업무가 전문성을 가지고 있기 때문에 일반사회와는 격리되어 있다고 느끼는 감정)을 공격하는 트로이 목마(Trojan horse)와 같은 역할을 수행할 수도 있다. 심지어는 지역사회 경찰활동이 범죄를 예방하는 데 있어서 많은 역할을 하지 못하고 있다면, 시민에게 경찰에 대한 감시의 창을 보다 확대시켜야 할 것이다.

(2) 팔미오토(Palmiotto)의 시민감시

미국에서 시민조사위원회(civilian review boards)에 대한 개념은 1930년대로 거슬러 올라갈 수 있다. 시민조사위원회는 "주로 지역사회로부터 주의 깊게 선출된 탁월한 시민들로 이루어진 독립 법정"이다(Bopp & Schultz, 1972, p.146). 오늘날 시민조사위원회는 경찰에 대한 시민의 감시로 언급되고 있다. 비록 명칭의 변화가 있다 할지라도 두 용어들은 유사한 의미들을 갖는다.

경찰이 경찰의 부정행위에 관해 의심받고 있는 상황이 있을 때마다, 만일 시민조사위원회가 이미 존재하고 있지 않다면 우리는 시민조사위원회에 권한을 주어야 한다는 요구를 듣는다.

시민조사위원회는 경찰에 대한 시민들의 불만을 검토하고 경찰 대표 없이 단지 시민들로만 이루어져 있다. 1967년 법집행 및 사법행정에 관한 대통령위원회는 "경찰이 중요한 법집행 정책들을 분명하게 하고 기꺼이 그것들을 알게 하기 위한 자극으로서 작용하게 될 외부 통제에 대한 방법의 발전을 위해 기본적인 필요성이 논의되고 만일 변화될 필요가 있다면 변해야 한다"라고 언급하면서 외부 고충처리(external grievance system)와 같은 제도의 채택을 권고했다(President's Commission, 1967, p.32).

외부 고충처리 제도(external grievance mechanism)에 대한 경찰의 수용은 경찰의 활동이 시민 조사에 대하여 개방적이라는 것을 보여 주는 한 방법이다. 경찰이 외부 고충처리 제도를 거부함으로써 의심과 의혹을 만들 뿐이다. 지역사회 경찰활동 철학을 이어 가는 데 있어서는 지역사회와 경찰 간 상호작용을 강조하기 때문에 시민검토위원회 또는 오늘날 언급되는 것과 같이 시민감시 기구들을 수용하는 것은 경찰에서 볼 때에는 친근한 제스처(gesture)이다.

나. 내부적 통제 메커니즘으로서의 내부고발(Whistle blowing)

(1) 내부고발의 정의

내부고발이란 동료나 상사의 부정행위에 대하여 내부감찰이나 외부의 언론매체를 통하여 공표하는 행위를 말한다. 보위(Norman Bowie, 1982)는 회사 내에서 고용주나 감독자의 부도덕적이거나 비합법적인 행동을 공개적으로 알리는 피고용자의 행동이라고 한다.

보위는 더 나아가서 영리・비영리, 사적・공적 조직의 고용인 또는 간부로서 ① 제3자에게 불필요한 해악을 야기하는 행위, ② 인권을 침해하는 행위, ③ 조직의 정해진 목적에 위배되는 행위를 하도록 지시받았거나 조직이 그런 활동을 하고 있다는 것을 알게 된 경우 그런 사실을 공공에 알리는 사람이라고 하였다.

(2) 내부고발의 원인

엘리스톤(Frederick A. Elliston)은 내부고발의 원인에 대하여 개인은 정보를 공표하기 위하여 의도된 일련의 행동을 수행한다고 한다. 이러한 정보는 공적인 기록사항으로 되며, 정보는 조직 내에서의 가능하거나 현실적인, 사소하지 않은 잘못에 관한 것을 다룬 것이다. 이런 행위를 수행하는 개인은 자기가 일했던 조직의 현재 또는 과거의 구성원이 하는 것이다.

(3) 보위(N. Bowie)의 내부고발 정당화 조건

클라이니히(Kleinig)는 『경찰활동의 윤리』(*The Ethics of Policing*, 1996, p.185)에서 보위의 내부고발의 정당화 조건으로 다음 6가지를 들고 있다.

(가) 적절한 도덕적 동기, 즉 폭로의 정의에 규정된 동기에 의해서 행해진다.

(나) 내부고발자는 특별한 경우를 제외하고 공표를 하기 전에 자신의 이견을 표시하기 위한 모든 내부적 채널을 다 사용했어야 한다.

(다) 내부고발자는 부적절한 행동을 하도록 지시되었거나 그런 행동이 일어났다는 자신의 신념이 합리적 증거에 근거하였는지 확인해야 한다.

(라) 내부고발자는 도덕적 위반이 얼마나 중대한가, 도덕적 위반이 얼마나 급박한가 등의 세심한 고려가 있어야 한다.

(마) 내부고발자의 행위는 도덕적 위반을 피하거나 드러내는 것과 관련된 그의 책임에 비례하는 것이어야 한다.

(바) 어느 정도의 성공가능성이 있어야 한다.

9. 경찰의 냉소주의(Cynicism)

가. 냉소주의의 어원과 의의

Cynics로 알려진 냉소(그리스어: Κυνικοί, 라틴어: Cynici)는 그리스 고대 철학 학파의 믿음을 뜻한다. 그들의 철학은 삶의 목적은 자연과의 계약으로 이루어진 미덕의 생활에 있다고 했다. 이것은 재물, 권력, 건강, 명예에 대한 전통적인 욕망을 거부하고, 모든 소유에서 벗어나 간단한 생활을 의미했다. 이러한 테마를 윤곽화시킨 첫 번째 철학자는 기원전 5세기 후반 소크라테스학파인 안티스테네스(Antisthenes, 444?~365? B.C.)였다.

그는 아테네 거리에서 아주 가난하게 지냈으며, 또한 가난하게 지낸 그리스 철학자 디오게네스(Diogenes, 412(?) 또는 404(?)~323 B.C.)를 따라 Cynics를 달리 받아들이게 된다.

오늘날 냉소주의는 이미 세워진 문화적 · 정신적 그리고 특히 도덕적 가치를 경멸하는 것으로 받아들여지고 있다. 즉 Cynicism은 염세주의, 인간적 성실과 선에 대한 불신, 도덕원리에 대한 조소 등을 의미하게 되었다.

나. 냉소주의의 성격과 파급 효과

냉소주의는 자신들의 이기적인 이익을 추구함에 있어서 비도덕적인 수단을 포함하는, 무도하고 제멋대로 하는 사람들의 특징적인 행위와 신념으로 나타나기도 한다.

미국의 니더호퍼(Niederhoffer)는 냉소주의란 자신의 신념체계가 붕괴되었지만 새로운 것에 의해 대체되지 않을 때 나타나는 아노미 현상이라고 보았다. 아노미 현상이란 기존의 도덕규범이 붕괴된 후 새 규범이 정립되기 전까지의 혼란 상태를 말한다.

냉소주의는 이데올로기적인 성격이 강하다. 냉소주의에서 중요한 것은 냉소주의의 대상에 대한 '신뢰의 결여'이다. 만약 경찰조직 내에서 의사전달이 상의하달만 강조될 경우 경찰조직이 하급직원에 대한 무리한 요구로 나타나며, 결국 상급자는 권위주의적인 행정관리가 되어 부하의 의견이 반영되지 않고 오히려 냉소주의를 야기한다.

냉소주의는 경찰관의 충성심을 도덕적 제약으로부터 벗어나게 하고, 조직에 대한 반발과 경찰관으로서의 전문직업적인 열망을 해치게 되며 결국 일탈현상을 초래한다.

냉소주의의 가장 심각한 문제는 그것이 우리들이 냉소주의에 대항하기 위해 노력하고 사용하는 수단 자체를 감염시켜 버린다는 데에 있다. 결과적으로 경찰문화의 가장 큰 문제점은 일방적이고 획일적인 지시문화가 극단적이고 객관성이 결여되며 책임회피식의, 모든 것을 부정적으로 보는 문화를 유발한다는 것이다.

다. 냉소주의의 극복방안

일반적으로 조직원에게 욕구가 결핍되고 조직내에서 다른 사람들과 소외감을 느끼게 될 때 보통 냉소주의로 흐르게 된다. 따라서 조직 내에서 어떻게 조직원에게 욕구를 충족시켜 주고 공동체에서의 사회성을 회복시켜 줄 수 있는가가 냉소주의를 극복하는 방안이 될 것이다. 여기에 몇 가지를 예시하여 보면 다음과 같다.

(1) 의사결정 과정에서 조직원의 참여

사람들은 누구나 공정하게 대우받기를 원한다. 또한 한편으로는 개인은 단순하게 욕구가 주어진다고 동기가 유발되는 것은 아니고 욕구가 주어지고 그 결과로서 장래에 어떤 보상을 받을 것인가 등이 조직원을 분발시킬 수 있는 요인이 된다고 할 때 그 요인들이 자기하고 관련이 없다고 느끼면 조직의 목표에 냉소주의가 흐를 수밖에 없다. 결국 조직 내 정책결정과정에서 조직원의 동기부여를 위해 조직원의 의견이 반영될 수 있는 의견수렴과정을 거치는 것이 중요하다.

(2) 상사와 부하의 신뢰회복

매슬로우(A. H. Maslow)의 욕구단계이론에서 세 번째 단계인 소속감과 존경욕구를 예로 들 수 있다. 타인 특히 상사와의 긍정적이고 친화적인 관계를 유지하고 집단에의 소속감을 나누고 싶은 욕구를 갖게 하려면 상사와 부하의 상호 신뢰감 형성이 중요하다.

(3) Y이론에 입각한 행정관리

맥그리거(D. McGregor)는 인간은 인간욕구 수준에 기초하여 인간관을 X이론과 Y이론으로 나누고, 사람들은 자기들이 몰입하고 있는 목표를 수행하는 데 스스로 자신을 규율하고 통제할 수 있다며 본질적으로 사람들은 수동적이라기보다 능동적인 존재라는 것에 입각한 조직관리 이론을 Y이론이라고 한다.

(4) 커뮤니케이션 과정의 개선

경찰조직 특수성의 하나인 집권적 일방통행적인 지시문화가 냉소주의를 유발한다고 하였다. 따라서 경찰 상층부에서 내리는 탁상행정식 기획 위주의 지시일변도보다 현장에서 지역사회와 마주 하는 현장 경찰관들의 의견을 수렴하는 과정이 매우 중요하다.

여기에는 대표자들을 한자리에 모아 일정한 주제별로 패널리스트들의 발표에 대응하게 하거나 아니면 언제든지 의견을 개진토록 하는 개방적이고 상시적인 방법과 그때그때의 주제에 따라 여론조사를 하는 테마적이고 일시적 방법을 통해 의사소통을 개선할 수 있다. 또한 경찰가족 내부망을 통해 게시된 각종 의견들을 모아 시책자료에 반영하는 등의 노력들이 필요하다.

참고▶ 회의주의(Skepticism)와의 구별

구분	냉소주의(Cynicism)	회의주의(Skepticism)
공통점	불신을 내용으로 한다.	
대상	대상이 특정되어 있지 않다(정치일반, 경찰제도 전반을 대상으로 한다).	대상이 특정화되어 있다.
의심	아무런 근거 없이 신뢰하지 않는다.	특정대상을 합리적으로 의심한다.
개선의지	대상을 개선시키겠다는 의지가 없다.	대상을 개선시키겠다는 의지가 있다.

참고▶ Douglas McGregor(1906~1964, MIT 경영학 교수)

Douglas McGregor는 『기업의 인간적 측면』(The Human Side of Enterprise, 1960)이란 저서에서 조직관리자들이 인간에 대하여 지니고 있는 인간관이 어느 범주에 속하느냐에 따라 동기부여 방법을 달리해야 한다고 하였다. 인간관 중 X이론은 인간을 게으르고, 부정직한 것으로 보아 권위적으로 관리해야 한다는 이론이고, Y이론은 인간이 책임감 있으므로 민주적인 관리를 해야 한다는 주장으로 Y이론에 의한 관리가 냉소주의를 극복하는 방안이 된다.

03

한국경찰의 역사와 제도

제1절 | 갑오개혁 이전의 경찰제도

1. 부족국가 시대

가. 부족국가 시대의 형사제도

(1) 고조선

고조선시대에는 8조목의 형벌이 통용되었던 것으로 알려지고 있으나, 현재 전해지는 것은 「한서」 28 지리지8 하에서 다음 3조목만 남았다.

1. 사람을 죽인 자는 즉시 사형에 처한다.
2. 남에게 상해를 입힌 자는 곡물로써 배상한다.
3. 남의 물건을 훔친 자는 데려다 노비로 삼는다. 단, 자속(自贖)하려는 자는 1인당 50만 전을 내야 한다.

(2) 부 여

부여는 한국사에서 고조선 다음으로 등장하는 국가이다. 이미 고조선 당시에 송화강 유역을 무대로 하고 성장한 것으로 나타나며, 그 중심지는 지금의 중국 창춘이나 농안 지방일 것으로 추정하고 있다.

「삼국지」 동이전 부여조에 의하면 부여에서는 적어도 다음의 4조목의 법률이 있었던 것을 알 수 있다.(이기동 등, 2008, PP.75,111)

1. 살인자는 사형에 처하고 그 가족은 노비로 삼는다.
2. 절도를 한 자는 물건의 12배를 배상한다.
3. 간음한 자는 사형에 처한다.
4. 투기가 심한 부인은 사형에 처하되 그 시체를 수도 남쪽 산위에 버려서 썩게 한다. 단, 그 여자의 집에서 시체를 가져가려고 할 때에는 우마를 바쳐야 한다.

이와 같이 형벌은 매우 엄했으나 제천행사인 영고(迎鼓, 음력 12월) 때에는 형옥을 중단하고 죄인들을 석방하였다.

(3) 고구려

살인 등 중요 범죄자는 대가(大加)들에 의한 제가평의(諸加評議)의 결정으로 사형에 처하였다. 또한 절도범은 일책십이법(一責十二法)에 따라 훔친 금액의 12배의 배상을 하도록 하는 등, 엄한 형벌을 적용하였다. 고구려 역시 제천행사인 동맹(東盟, 음력 10월) 때에는 형사범에 대한 은전을 베풀었다.

(4) 동예와 옥저

3세기 중엽 부족국가를 이루었던 동예와 옥저는 당시 각각 2만5천호와 5천호를 거느린 커다란 성읍국가였으나, 고구려의 강제적 수탈과 중국 군현세력의 분열정책으로 부족국가로써 서로의 연맹체 구성을 가지지 못하였다.(이기동 등, P.104)

고구려와 예속적 관계로서 왕이 없고 거수(渠帥)들이 읍락을 지배하였으며, 동예에서는 각 읍락(邑落)이 서로 경계를 침범하면 노예나 우마로써 배상하는 책화제도(責禍制度)가 있었으며, 살인자는 사형에 처하고 도둑이 적었다고 한다.

(5) 삼 한

삼한에서는 제사장인 천관(天官)이라는 신관(神官)이 다스리는 소도(蘇塗)라고 신성시하는 별읍(別邑)이 있어, 죄인이 소도로 도망하여도 잡지 못하였다.

나. 부족국가 시대의 경찰기능의 특징

당시 통치방법은 지배체제 유지를 위하여 군사, 재판, 형 집행, 공물확보 등 각 기능을 통합하여 집행하였으며, 당시의 법 조목은 살인, 절도 및 상해에 대하여 엄벌에 처함으로써, 개인의 생명과 재산 및 신체의 보호에 관심을 가졌고, 간음과 투기에 대한 처벌이 강력한 것으로 보아 가부장적 사회질서가 뚜렷한 것으로 나타났다.

참고▸ 위서동이전(魏書東夷傳)

중국 서진(西晉)의 진수(陳壽)가 편찬한 『삼국지(三國志)』의 위서(魏書) 30권 〈오환선비동이전(烏丸鮮卑東夷傳)〉에 수록된 부여(夫餘), 고구려(高句麗), 옥저(沃沮), 예맥(동예), 마한, 진한, 변한 등에 관한 기록이 전해진다. 하지만 중국의 사실(史實)은 지금까지 논란이 많아 검증이 더 필요하다.(필자 주)

2. 삼국시대

가. 고구려

(1) 고구려에 최초로 불교가 전해진 것은 소수림왕 2년(372년)이었다. 이 시기 고구려에서는 소수림왕 3년(373년)에 율령을 반포하였다. 아마도 전진(前秦)을 통하여 알게 된 진시황 3년(267년)에 집대성한 진시율령을 모법으로 하여 제정한 듯 하다.(전봉덕, 1956) 여기서 율(律)은 형벌법전이고, 영(令)은 비형벌법전(비형벌법전)으로 이들은 상호 보완적 관계를 형성하고 있었다.

(2) 신분관제로서 고구려 초기 관직은「삼국지」고구려조에 의하면 10등급인 상가(相加), 대로(大盧), 패자(沛者), 고추가(古雛加), 주부(主簿), 우태(優台), 승(丞), 사자(使者), 조의(皁衣), 선인(先人)이 있었으며,「삼국지」이후 고구려 관등은 주서(周書)에는 13관등, 수서(隨書)와 신당서(新唐書)에는 각각 12관등이 있었다고 기록되어 있다. (정만조 외, 2010)

지방은 5부로 나누어 욕살(褥薩)이라는 지방장관을 두었고, 경찰권도 이들 지배세력에 의하여 행사되었다.

(3) 고구려 율령에 따르면 모반죄(내란・외환), 전쟁에서 패하거나 항복한 죄, 살인죄, 행겁죄(行劫罪), 절도죄, 가축살상죄 등이 전해지고 있다.

나. 백 제

(1) 백제 성왕은 사비(오늘날 부여) 천도를 단행하여 중흥을 도모하였다. 성왕은 중앙

및 지방조직을 비롯하여 국가체계 전반을 새롭게 정비하였다. 이 과정에서 16관등제를 만들었다. 16관등제에서 가장 중심을 이룬 것은 좌평(佐平)이었다. 「삼국사기」 고이왕 27년조에는 6좌평에 대한 기록이 나온다. 이 중 조정좌평(朝廷佐平)이 형벌과 송사를 담당하였으며, 병관좌평(兵官佐平)은 지방의 군사를 담당하였다. (박현숙, 2005, P.126)

(2) 지방에는 5방제를 취하여 방령을 두어 다스렸고, 수도에는 5부를 두어 달솔로 하여금 다스리게 하였는데, 이들이 치안책임을 함께 맡도록 하였다. 또한 전국에 22담로(擔魯)를 두어 왕자와 왕족을 보내어 다스리게 하였는데 이는 고구려의 남하를 막기 위한 군사적인 행정체계와 효율적인 지방의 치안을 유지하기 위한 것이었다.

(3) 백제의 경우에도 반역죄, 살인죄, 전쟁후퇴죄, 절도죄, 간음죄, 관인수재죄(官人受財罪) 등에 대하여 엄격한 형벌을 가함으로써 왕권보호와 더불어 국가체제를 강화시키고 사회질서를 유지하였다.

다. 신 라

(1) 엄격한 골품제도와 17관등제를 통하여 신분에 따른 지배체제를 구축하였고, 필요에 따라 병부(兵部), 품주(稟主), 사정부(司正部) 등 관부(官府)를 차례로 설치하여 국사를 담당하게 하였다.

(2) 중앙에 병부(兵部), 좌이방부(左吏方府), 사정부(司正部) 및 우이방부(右吏方府)가 각각 경비경찰과 사법경찰의 업무를 담당하였다. 좌우이방부(左右吏方府)는 형벌 관련 업무에 관한 율령사무(律令事務)를 담당하는 부서로서 좌이방부는 진덕여왕 5년(651년)에, 우이방부는 문무왕 7년(667년)에 각각 설치되었다. 사정부는 여러 관리의 비위를 감찰・규탄(糾彈)하는 업무를 담당하였다.

(3) 지방행정구역은 전국에 2소경(小京)과 5주(州)를 두고, 주(州)에 다시 군(郡)・현(縣)을 두었다. 주 및 소경의 책임자는 모두 중앙에서 파견하여 군사・사법・부역・경찰업무를 맡게 하였다. 주(州)는 군주(軍主)로 하여금 다스리게 하였는데, 이들이 군사와 경찰업

무를 담당하였다. 그러나 군사 및 경찰의 업무 중 장사(長史), 사법 및 사법경찰에 대한 것은 군주를 대신해서 외사정(外司正)이 실제로 집행하였다.

라. 삼국시대의 특징

형식적으로 왕권을 유지하였으나 귀족국가의 성격에서 완전히 벗어나지 못한 삼국은 행정과 군사 및 경찰이 일체를 이루어 경찰기능의 분화는 이뤄지지 않았으나, 중앙집권적 국가체제 확립으로 왕권을 위협하는 반역죄를 엄벌하였고, 공무원에 해당하는 관인들의 범죄가 새롭게 처벌대상이 되는 등 경찰활동의 대상에 있어 부족국가 시대와는 다른 모습을 보여 주었다.

3. 통일신라 시대

신라가 660년에 백제를 멸망시키고, 668년에 고구려까지 정복하여 삼국통일을 이루게 된다. 국가조직이 확대된 통일신라는 구족 중심에서 왕권의 강화로 관료체제가 정비되어 감에 따라 중앙관제를 개편하게 되었다.

가. 경찰조직

(1) 병부(兵部), 사정부(司正部), 이방부(左吏方府, 右吏方府)에서 경찰업무를 수행하였으며, 특히 경비경찰업무는 국방을 담당하는 병부에서, 사법경찰업무는 좌우이방부에서 담당하였고, 지방경찰은 9서당과 같은 군대조직이 담당하였다.

(2) 전국을 9주(州)로 나누고, 그 밑에 군(郡)과 현(縣)을 두었고, 지방에 소경(小京)을 두었다. 주의 장관은 총관(摠官)이었고, 군에는 태수, 현에는 영(令), 소경의 장관으로 사신(仕臣)을 두어 각각 그 해당 지역을 관할하게 하였다.

(3) 지방조직은 모두 중앙에서 파견되어 군사・사법・치안을 동시에 담당하였다. 군사

및 치안에 관한 것은 장사(長史)가, 사법 및 사법경찰에 관한 것은 외사정(外司正)이 지휘하거나 집행하였다.

나. 형벌법

부모살인 등 오역죄(五逆罪), 절도죄 등의 통상적인 범죄 유형 외에 모반죄(謀反罪), 모대역죄(謀大逆罪), 지역사불고언죄(知逆事不告言罪)와 같은 왕권을 보호하기 위한 형벌과 불휼국사죄(不恤國事罪), 배공영사죄(背公營私罪) 등 관리들의 직무 관련 범죄가 나타났다. 또한 형벌의 종류도 세분화되고 그 집행도 거열형(車裂刑), 참형(斬刑) 등 가혹했던 것으로 알려지고 있다.

4. 고려시대

고려는 왕건이 936년 후삼국을 민족자력으로 처음 통일하면서 명실 공히 단일민족국가를 이루었다. 고려시대의 경찰제도는 독자적인 지위와 기능을 확보하지 못하고 국가의 다른 행정작용에 수반되는 임무로서 간주되었다. 치안유지의 기능은 독립한 경찰기관이 가지지 못하고 군사의 일환으로서 치안을 담당하는 등 경찰은 군사의 한 분야에 속하고 있었다.

가. 율령의 정비

고려 율령은 옥관령(獄官令) 2조, 명례(名例) 12조, 위금(衛禁) 4조, 직제(職制) 14조, 호혼(戶婚) 4조, 구고(廐庫) 3조, 천흥(擅興) 3조, 도적(盜賊) 6조, 투송(鬪訟) 7조, 사위(詐僞) 2조, 잡율(雜律) 2조, 포망(捕亡) 8조, 단옥(斷獄) 4조 등 모두 71조의 법률이 시행되었다고 한다. 이 중에 영(令)인 옥관령 2조를 제외하면 고려율은 12편목 69조가 된다. 고려 500년 시대의 율문체제는 원(元) 간섭기가 본격화된 충렬왕을 경계로 그 이전은 주로 당율(唐律)을 계수하고 있고, 그 이후는 대체로 원율(元律)을 계수하고 있다. (영남대 민족문화연구소, 2010, PP.5-7)

나. 경찰조직

(1) 중앙관제는 3성6부제(충렬왕 원년, 1275년까지 유지)로 중서성・문하성・상서성이 있고, 그 밑에 실무부서로 이부・호부・예부・병부・형부・공부가 있었다. 그중 형부와 병부가 경찰기능을 담당하였고, 군 조직으로는 서울의 경군(京軍)이 주축이 된 중앙군으로서 2군6위(2軍6衛)가 있었는데, 이 중 금오위(金吾衛)가 수도경찰로서 순찰 및 포도금란(捕盜禁亂)의 업무와 비위예방을 담당하였다.

(2) 병부는 군사업무와 병행하여 경찰업무와 관련성이 많으며, 특히 역참(驛站)의 업무가 그러하다. 형부는 법률, 소송, 감옥의 업무를 담당하였으며 모든 범죄를 수사하고 형벌을 과하였다. 형부의 하부기관으로는 전옥서(典獄署), 경시서(京市署) 등이 있다. 전옥서는 재판을 받은 죄인이나 아직 재판을 받지 아니한 피의자를 수감하는 업무를 담당하였다. 경시서는 주로 개성의 시장을 단속하는 활동을 하였다. 어사대는 관리를 규찰(糾察)하고 탄핵(彈劾)하는 업무와 풍속위반을 단속하는 업무를 담당하였으며, 과거 사헌대(司憲臺)로 불린 바 있다.

(3) 지방은 군(郡)과 현(縣) 및 진(鎭)에 중앙에서 파견된 각 지방관이 행정, 사법, 군사, 경찰 등 사무를 통합적으로 처리하였다. 지방관인 병마사(兵馬使)와 안찰사(按察使) 밑의 군현(郡縣)에는 주현군(州縣軍)이 있었다. 특히 지방경찰관청의 하나로 현위(縣尉)를 장(長)으로 하는 위아(尉衙)라는 지방기관이 설치되어 있었는데, 이 기관의 성격에 대하여 위아를 현재의 경찰서, 현위를 경찰서장으로 보는 견해도 있다.

(4) 무인정권의 사병이던 삼별초(야별초)는 야간에 순찰을 돌면서 도적・폭행의 금지를 목적으로 설치되었던 방범경찰의 역할을 하였다. 이 밖에도 무신들의 경호와 권력유지의 수단으로 도방(都房)조직을 두었다. 고려 후기 충렬왕 시절 순마소(후에 순군만호부로 개편)는 방도금란(防盜禁亂) 외에 왕권보호 등 정치경찰적 활동도 수행하였다. 한편, 고려 후기에는 고려 전기에 있던 현위(縣尉)가 폐지되고 중앙에서 파견된 야별초만으로는 치안유지에 부족하다는 이유에서 지방별초가 조직되었다.

다. 형벌법

고려시대에는 죄목이 더욱 분화되어 모반죄, 대역죄, 살인죄, 절도죄 등 전통적 범죄 외에 사회발달에 따른 범죄인 공무원범죄, 문서훼손죄, 무고죄, 도주죄, 방화죄, 실화·연소죄, 간음죄 등 성범죄, 도박죄, 유기죄, 인신매매죄, 장물죄 등이 새롭게 나타났다. 한편, 형벌의 종류로는 태(笞), 장(杖), 도(徒), 유(流), 사(死) 오형제도가 있었다.

5. 조선시대

조선시대에는 고려시대의 제도를 토대로 많은 발전을 가져왔다. 고려 후기 무신들의 정변을 본 조선왕조는 개성에서 한양으로 천도를 하는 등 왕권강화로 체제를 갖추어 모든 관리와 국가행정의 전반에 대하여 중앙집권의 의지를 강하게 나타내었다. 여기에는 우선 법령의 정비와 관료제도의 개선, 행정기관의 개편 등이 이루어져 고려시대와는 확연히 다른 조직과 제도를 갖추어 나아갔으나 조선왕조 초기에 군대의 힘에 의한 치안을 유지한 것은 고려시대와 다를 바 없었다. 그러나 조선조 중반에 이르러 순찰과 포도하는 기능과 죄인을 수사하고 감금하는 기능 등이 나타나며 갑오개혁으로 비로소 근대적 의미의 경찰제도가 형성되기 시작하였다.

가. 경찰조직

(1) 중앙경찰기능의 경우, 조선조 초기 순군(巡軍)에서 개칭된 의금부에서 왕명을 받들고 왕족범죄 및 현관(顯官)·음관(陰官)으로 관규(關規) 문란자, 국사범, 모역죄, 반역죄, 사교(邪敎)에 관한 금령을 위반한 자, 상인의 왕실 및 왕족에 대한 범죄, 시한부 탄핵사건 등 중요 특별 범죄를 관장하였다. 궁궐이 있던 한성부는 포도청이 생기기 전까지 형조·의금부와 함께 육방을 통하여 도성 및 궁성의 순찰도 하였다. 한성부의 경찰업무의 실제 집행기관으로는 경수소(警守所)가 있어 도적의 예방과 화재 예방 등 치안유지를 위해 야간순찰을 하던 순라군(巡邏軍)이 밤에 거처하였다. 이 외에 사헌부는 모든 관원의 기강 확립과 감찰을 주 임무로 하였으며, 풍속사범과 유언비어 단속 등을 함께 하였다. 조선시대 육조

의 하나로서 형조는 상소문을 받아 관원에 대한 것은 의금부로, 도둑에 관한 것은 포도청으로, 전민(田民)에 대한 것은 한성부로 이송하였고, 한성의 치안을 위해 한성부와 함께 금지된 활동(우마도살, 음주금지, 평민이 도성에서 말 타는 행위, 도량형기 불법 제작 및 사용행위, 조선(漕船, 공물 수송선) 을 상대로 매음행위, 신사(神祀)의 성치(星馳, 제사를 모시는 곳에서 말 타는 행위), 성안의 승려 규제 등 8개 조항)을 단속하였다.

(2) 지방은 관찰사와 수령이 행정기능과 함께 경찰기능까지 수행하였다. 관찰사는 각 도마다 한명씩 두어 도(道)의 경찰권・사법권・징세권 등을 행사하며, 지방 수령에 대해 지휘를 하였다. 수령은 각 지방을 다스리던 지방관의 총칭으로서 경찰・사법 및 재판・세무 등의 권한을 행사하였다. 그 밖에 수령의 자문기관인 향청(鄕廳)을 두었다. 조선조 초기에는 유향소(留鄕所)라고 불리던 것이 후기에 들어와 향청 또는 향소라고 부르게 되었다. 향청의 주요 업무 중 하나가 그 지방의 풍속을 건전하게 유지하는 것이었다. 또한 백성에 대한 강력한 통제를 위하여 오가통 또는 오가작통법(五家作統法)을 실시하여 이웃과의 상호 감시와 상호 부조로서 예방경찰의 효과까지 기대했지만 성과는 미미한 것으로 알려졌다.

(3) 포도청은 도적 근절을 위해 도입한 성종 2년(1471년) 포도장제(捕盜將制)에 기원한 것으로 그 배경은 세조 12년(1466년) 각 마을 입구에 이문(里門)을 설치하고 돌아가면서 숙직하게 한 제도였으나 그 한계가 있었으며, 한성부의 경수소(警守所)제도도 큰 실효를 거두지 못하였다. 그러다가 중종 24년(1529년)에 포도청(捕盜廳)이란 명칭이 처음 사용되었으며 설치는 그 이전일 것으로 추정되고 있다. 포도청은 좌우로 나뉘어, 좌포도청이 한성의 동・남・중부와 경기좌도를, 우포도청이 한성의 서・북부와 경기우도를 관할하면서, 도적을 잡고 야간순찰을 수행하였다. 한편, 숙종시절(1683년) 지방에 큰 사건이 발생하면 조정에서 특별한 임무를 받고 현지에 파견되어 조사하고 처리케 하는 경차관(敬差官)제도가 있었다. (이남희, 2008, P.177) 그 후 포도청은 갑오개혁(1894년) 때 경무청관제직장이 제정되어 한성부에 경무청이 설치되면서 폐지되었다.

나. 형벌법

조선시대의 형벌은 중국 명나라의 '대명률'에 따라 태(笞), 장(杖), 도(徒), 유(流), 사(死) 오형제도(五刑制度)가 있다. 태(笞)는 매질 10대에서 50대, 장(杖)은 60대에서 100대이며, 태형은 비교적 가벼운 범죄에 적용하였으며 1대에 1냥 4돈으로 속전(贖錢)되었다.

도형(徒刑)은 노역에 처하는 형으로 오늘날 징역형이라고 볼 수 있다. 도형은 1년, 1년 반, 2년, 2년 반, 3년까지 다섯 가지가 있으며 각각의 형에 장(杖) 60대, 70대, 80대, 90대, 100대를 병과(竝科)하기도 하였다. 유형(流刑)은 유배거리에 따라 2,000리, 2,500리, 3,000리 세 등급으로 나뉘며 각각의 형에 장(杖) 100대씩 병과하였다. 사형(死刑)에는 교형(絞刑), 참형(斬刑), 능지처사(陵遲處死)가 있으며, 가장 잔혹한 것은 능지처사이다.

그러나 중종시절 사형죄에 해당하는 범죄의 경우에는 3심제도를 운영했다. 3심을 원칙으로 하는 사형죄처결법은 경국대전에 법제하였다. 여기에서 형법 추단조에는 " 사형죄는 세 번 복심하여 왕에게 아뢴다 "고 규정하여 인명을 중시하였다. (이남희, P.181)

필자가 2004년 중국 공안부 직속 인민공안대학 초청으로 베이징(北京)과 투안허(團河) 캠퍼스를 방문하고, 대학 관계자의 안내를 받아 톈진(天津) 인근에 있는 허베이성(河北省) 바오딩(保定)시에 소재하는 당시 청나라 관청인 바오딩부(保定府)를 방문해서 지금까지 보존되어 있는 청나라 시절의 각종 고문기구와 살인도구들을 보니 전율이 일어났기에 능지처사가 얼마나 무서운지는 글에 옮기지 않겠다. 바오딩부(保定府)는 1882년 임오군란으로 우리나라에 온 원세개가 대원군을 납치하여 감금한 장소로서 우리나라 국민은 잊지 못할 치욕의 장소이기도 하다.

6. 갑오개혁 이전 경찰의 특징

가. 경찰기능은 다른 행정작용과 더불어 군사작용도 함께 이루어졌다.

나. 경찰기능은 왕권을 공고히 하는 수단으로 여겨져 왔고, 부수적으로 개인법익을 보호하였다.

다. 경국대전에 부분적으로나마 인명을 중시하는 조항들이 곳곳에 나타나나 대부분은 왕권이나 지배세력에 의해 필요에 따라 전제적인 경찰권을 행사하였다.

라. 고려시대와 같이 법령과 관제 등에 있어 중국의 영향을 많이 받았다.

참고▸ 갑오개혁(1894년) 이전의 경찰제도

구분	경찰제도	특징
부족국가시대	- 고조선: 팔조금법 - 부여: 일책십이법 - 고구려: 일책십이법 - 동예: 책화제도	- 군사, 형집행 기능과 일원화 - 가부장제 질서 확립
삼국시대	- 고구려: 지방장관 욕살 - 백제: 지방의 방령, 수도의 달솔 - 신라: 지방의 군주	- 중앙집권적 국가 체제 - 군사기능에 치안이 포함 - 왕권보호를 위해 반역죄 엄벌
통일신라시대	- 중앙의 병부 · 사정부 · 이방부 - 지방의 총관	- 귀족중심에서 왕권확립 - 형의 종류 세분화
고려시대	- 군의 금오위 - 지방의 안찰사 - 현의 위아(현재의 경찰서)	순군만호부: 정치성격 활동
조선시대	- 중앙: 의금부 - 지방: 관찰사 - 포도청 설치	중앙 각 기관은 경찰 기능 수행

제2절 | 갑오개혁부터 한일병탄(韓日倂呑) 이전의 경찰

1. 서 설

한국 경찰사에서 근대경찰제도에 대해 외국경찰제도를 직접 보고 다녀와서 조정에 보고한 기록은 조사시찰단(朝士視察團)의 엄세영(1831~1899, 이조참의 정삼품, 당시 사법성 근무), 박정양(1841~1905, 형조참판 종2품, 당시 내무성 근무)에 의해 1881년 일본의 경찰제도를 관찰하고 작성한 기록이 최초가 아닐까 생각한다. 1881년 4월 3일 박정양, 엄세영, 조준영, 어윤중, 홍영식 등 12명은 고종황제의 형식적인 동래 암행어사직을 받고 메이지왕조의 정세를 살피러 부산 동래에서 화륜선(火輪船)에 올라타 4개월간 일본의 각 분야별로 조사한 내용을 보고하게 되는데 그중 당시의 일본 경찰제도에 대해 언급된 부분이 있어 살펴보고자 한다(허동현, 2000).

박정양은 "경찰제도는 두 가지인데 하나는 내무성이 관할하는 행정경찰(行政警察)이고 다른 하나는 사법성이 관할하는 사법경찰(司法警察)이다"고 해 행정경찰과 사법경찰을 구별해 이해했으며, 또 행정경찰의 직능은 "인민의 흉해(凶害)를 예방하고 전국의 안녕을 보전"하는 데 있는 것으로 이해했다. 또한 당시 일본에서는 '위경죄(違警罪: 지금의 경범죄)'를 범한 자는 경찰서에서 재판하게 하고 상소(上訴)를 허용하지 않았으며, 헌병(憲兵)도 역시 경찰기관의 역할을 하고 있었다. 박정양은 "순라를 돌다가 혹 법령을 어기는 사람을 체포해 죄가 가벼운 자는 해당 경찰서에서 위경죄로 판결한다"고 해 위경죄와 같은 경범죄에 관해서는 경찰에게 그 재판권이 있음도 파악했다. 또한 그는 "순라 돌 때 허다한 규칙이 있어도 폐단이 많이 일어나 다 실천되지 않으므로 이번 여름에 육군성에서 헌병이라는 것을 특설해 순사의 근무태도를 살피게 했다"고 해 헌병에게도 경찰 기능이 있었던 것으로 보았다. 다른 조사들도 일본 경찰의 직능에 대해 깊은 인상을 받은 듯하다. 그 대표적 예로 아래와 같은 엄세영의 관찰을 들 수 있다.

"사법경찰은 행정경찰이 함께 맡는다. 대체로 행정경찰법도 구미의 제도를 모방한 것이고 그 주의는 인민의 폭해(暴害)를 예방하고 세상의 안녕을 보호하는 것이다. 일주(日主)

5년 임신(壬申: 1872)에 도쿄 부에 나졸(邏卒) 3천 명을 둔 이후 허다한 연혁을 거쳐 드디어 오늘에 이르러 겨우 완비되었다…(중략)… 인민의 권리 및 건강에 해를 끼치는 것을 예방하고, 퇴폐풍속과 국사범(國事犯)도 미연에 방지한다. 범죄자의 죄를 다스리는 일은 본래의 직무가 아니고 당연히 사법이 맡은 바이나, 지금 잠시 그 직무를 겸하고 있다고 한다. 무릇 경찰의 일은 한편으론 내무성에서 관장하고 다른 한편으론 사법성에서 관장한다."

또 "경시국(警視局) 경부(警部) 가운데 현재 다수를 육군 무관이 겸임하니 일조 유사시엔 순사로 한 부대를 편성해 병기를 지급해서 한쪽을 담당케 하니 경찰과 경부도 육군부외 일종의 상비병이다"라는 엄세영의 말로 미루어 보아 조사들은 경찰도 일종의 상비병으로 이해했던 것 같다.

우리에게 경찰이란 용어의 등장은 갑오개혁(1894년)으로서, 경찰에 관한 조직법적·작용법적 근거가 마련되어 근대 국가적 경찰체제가 갖추어지게 되었다. 그러나 이는 대륙법계 경찰체계를 갖춘 일본이 우리나라를 장기적 지배전략의 일환으로 치밀하게 사전준비과정을 거쳐 일본의 경찰체제를 이식하였다는 점에서 그 한계가 있다고 하겠다.

참고▶ 조사시찰단(朝士視察團)과 신사유람단(紳士遊覽團)

허동현 교수의 「近代韓日關係史研究: 朝士視察團의 日本觀과 國家思想」(서울: 國學資料院, 2000)에서 신사유람단이란 용어는 1930.1.12. 동아일보에 윤치호의 '十二紳士遊覽團'이라는 제하의 조사시찰단에 관한 회고담에서 최초로 사용되었다고 하며 이제는 紳士遊覽團보다 朝士視察團으로 바꾸어 부르는 것이 더 타당하다고 주장한다. 1881년 당시 소장파의 대표 격인 24세의 민영익은 일본의 정세가 궁금하여 일본에 시찰단을 파견하려는 고종의 뜻을 소장파에게 힘이 실리도록 활용하려 했고, 흥선대원군이 이끄는 노장파는 반대의견이 있어 이를 우려한 고종이 사비(私費)로 정부 직함도 없이 일본에 보냈지만, 이를 일제의 식민사관(植民史觀) 입장에서 신사유람단이라고 사용하는 것은 맞지 않으며 오늘날 일본의 각종 문헌에 따라 조사시찰단으로 바꾸는 것이 타당하다고 생각한다.

2. 갑오개혁과 한국경찰의 창설

가. 일본각의에 의한 한국경찰의 창설결정과 그 시행

1894년 일본각의의 요구에 따라, 김홍집 내각은 「각아문관제」(各衙門官制)에서 처음으로 경찰이라는 용어를 사용하고, 경찰을 법무아문(法務衙門)하에 창설하였으나, 곧 내무아문(內務衙門)으로 소속을 변경시켰고, 동년 7월 14일(음력)에는 「경무청관제직장」(警務廳官制職掌)과 「행정경찰장정」(行政警察章程)을 제정하였다(국회도서관 편, 『한말근대법령자료집』 I, 서경문화사, 1991, pp.6~13, p.17, pp.38~47).

나. 한성부경찰의 창설 「경무청관제직장」 – 근대경찰 최초의 조직법

(1) 「경무청관제직장」(警務廳官制職掌)에 의해 당시의 좌·우포도청을 합하여 경무청을 신설하고(長으로 警務使를 둠), 내무아문에 예속되어 한성부 내 일체의 경찰사무와 감옥사무를 관장하였으며, 범죄인을 체포·수사하여 법사(法司)에 이송하도록 하였다.

(2) 동 관제에 의하여 최초로 한성부 오부자내(五部字內)에 경찰지서가 설치되고, 경무관(警務官)을 서장으로 보하였는데, 이것은 일본의 경찰 제도를 모방·이식한 것이다.

참고▸ 「경무청관제직장」(警務廳官制職掌)

1. 우리나라 근대 경찰의 최초의 조직법이라고 할 수 있다.
2. 「경무청관제직장」은 일본의 1891년 「경시청관제」를 모방한 것으로, 경시청을 경무청으로 바꾸고, 그 계급을 일본의 경시총감, 경시, 경부, 순사를 경무사, 경무관, 총순, 순검으로 바꾸어 사용하는 등 일본 것을 거의 그대로 옮긴 것이다.
3. 「경무청관제직장」에 의해 당시 수도인 한성부에 경찰이 창설되었다.
4. 당시의 좌우포도청을 합쳐 경무청을 신설하고 이를 내무아문에 예속시켜 한성부 내의 일체의 경찰사무를 관장시켰던 것이며, 그 장으로는 경무사를 두고 경무사로 하여금 경찰사무와 감옥사무를 총괄하도록 하였고, 범죄인을 체포 수사하여 법사(法司)에 이송토록 하는 임무를 부여하였다.
5. 동 관제에 의하여 최초로 한성부의 오부자내(五部子內)에 경찰지서가 설치되고, 경무관을 서장으로 보하였다.

다. 경찰작용법으로 「행정경찰장정」 제정

1894년 근대경찰의 최초의 작용법이라고 할 수 있는 「행정경찰장정」(行政警察章程)이 만들어졌다. 일본의 「행정경찰규칙」(1875)과 「위경죄즉결례」(違警罪卽決例 1885)를 혼합하여 만든 법으로서, 영업·시장·회사 및 소방·위생, 결사·집회, 신문·잡지·도서 등 광범위한 영역의 사무를 규정하였다.

참고▶ 「행정경찰장정」(行政警察章程)

1. 일본의 1875년 「행정경찰규칙」과 1885년 「우경죄즉결례」를 혼합하여 1894년 7월 고종 31년에 근대 경찰의 최초의 작용법이라고 할 수 있는 「행정경찰장정」을 만들었다.

2. 구성은 제1절 총칙, 제2절 총순집무장정, 제3절 순검직무장정, 제4절 위경죄 즉결장정, 제5절 순검선용장정으로 5개 절로 이루어져 있다.

3. 「행정경찰장정」은 경찰의 목적과 경찰관의 복무요령, 경찰범의 기결 및 순검의 채용방법을 일괄해서 표명한 헌장이라 할 수 있으며, 여기에는 영업・시장・회사 및 소방・위생, 결사・집회, 신문・잡지・도서 등 광범위한 사무가 포함되어 있다.

4. 일본의 압력으로 「경무청관제직장」과 「행정경찰장정」의 제정을 통해 부끄럽게도 근대 경찰의 조직법적 근거와 작용법적 근거규정이 처음으로 마련되었다.

5. 근대 국가에서 일반적으로 볼 수 있듯이 경찰업무 외에도 타 행정업무를 함께 취급하여 경찰의 업무영역이 너무 넓고 직무규정이 포괄적이다.

라. 경찰고문관제도와 경찰체제의 정비

1894년 당시 일본의 내무대신 이노우에 카오루(井上馨)는 오토리(大鳥) 공사 후임으로 우리나라에 부임한 후 경무청의 고문관으로 일본의 다케히사 가츠조(武久克造) 경시(警視)를 불러들여 조선의 경찰제도를 일본식으로 정비하고(김성수 등, 2010, pp.155~156), 1895년에 「내부관제」(內部官制)의 제정(국회도서관 편, 전게서, pp.239~241)을 통해 내부대신이 지방행정・경찰・감옥 등의 사무를 관리하고 지방관과 경무사(警務使)를 감독하도록 하여, 내부대신의 경찰에 대한 지휘감독권이 정비되었으며 지방경찰은 관찰사를 통하여 감독하도록 하는 체제를 갖추었다. 한편, 1896년에는 「지방경찰규칙」이 제정되어 지방경찰의 작용법적 근거가 마련되었다(국회도서관 편, 전게서Ⅱ, p.2).

참고▶ 경무청 경찰시대

연 혁	–갑오년(1894년) 7월 14일(음력) 「경무청관제직장」 및 「행정경찰장정」에 의거 좌우포도청이 폐지되고 한성에 경무청이 창설되어 내무아문(內務衙門)의 관할에 속하게 되었다. –1895년에 「경무청관제」를 제정하였다가, 1900년 6월 12일부터 경부(警部)가 독립부로 되었으나 1년여 만에 폐지되고 경무청으로 복귀되었으며, 1906년에 경무청관제 개정건을 반포(頒布)함으로써 수도경찰제도가 확립되었다.
조직의 특징	–경무청 조직의 특징은 종래 좌우 양청으로 나뉘었던 포도청이 경무청으로 통합되어 내무아문에 예속시켰다. –경무사는 한성부 5부자내에 각각 경찰지서를 분서하여 각부 내 경찰사무를 담당하였다.
내무대신의 역할	최고경찰관청은 내무대신으로서 내부에 경무국을 두어 행정경찰, 고등경찰, 각항(各港) 시장 및 지방경찰, 도서출판, 위생경찰업무와 감옥업무를 관장하였으며 한성의 경무청의 장인 경무사와 경찰서장인 경무관을 감독하여 전국경찰을 장리(掌理)하였다.
수도 경찰	수도경찰인 한성의 경찰은 1901년(광무 5년) 한성부 관내에 경무5서(경무동서, 경무서서, 경무남서, 경무북서, 경무중서)를 두었으며, 경무사 예하에 경무과, 서무과, 신문과(訊問課)를 두어 한성의 경찰 소방업무를 관장하고 한성 내의 경찰서, 감옥서, 경무학교를 통할하였다.
지방 경찰	지방의 경찰관청은 도의 관찰사로서 전국 13개 도에는 경찰부 경무서를 설치하였고 관찰사는 경무관의 보좌로 내무대신의 지휘감독을 받아 경찰업무를 장리(掌理)하고 그 직무범위 내에서 도령(道令)을 발할 수 있었다.

3. 광무개혁(1897~1904)의 '경부' 체제

가. 경부의 신설과 그 좌절

광무개혁에 따라 1900년 중앙관청으로서 경부(警部)가 한성 및 개항시장(開港市場)의 경찰업무와 감옥서(監獄署)사무를 통할하였다.

궁내경찰서(宮內警察署)와 한성부 내 5개 경찰서, 3개 분서를 두고, 이를 지휘하는 경무감독소(警務監督署)를 두며, 한성부 이외의 각 관찰부에 총순(摠巡) 등을 둘 것을 정하였다(국회도서관 편, 전게서Ⅲ, pp.92~98).

경부 신설 후 잦은 대신 교체 등 문제가 많아, 경무청이 경부의 업무를 관리하게 되었는데(국회도서관 편, 전게서Ⅲ, pp.352~357), 이때의 경무청은 구 경무청이 한성부만을 대상으로 한 것과 달리 전국을 관할하는 기관이었던 점에서 오늘날 경찰청의 원형이라고 볼 수 있다.

나. 일본헌병의 주둔–헌병경찰제의 시초

1895년 4월 시모노세키(下關)조약이 성립되어 청일전쟁은 끝나고, 동학농민군도 해체되었다. 그럼에도 조선에 주둔한 일본군은 조선의 철병요청을 거부하고 1896년 1월 경성에 2개 중대, 부산과 원산에 각 1개 중대를 두고, 한성과 부산 간의 군용전신선의 보호를 명목으로 일본의 후비대가 경상도 일대에 주둔하자, 1896년 5월 한성에서 '러일각서'에 의해 전신선 보호를 위해 일본헌병을 두되 총수는 200명을 넘지 않도록 하였다. 그러나 일본군은 그 기준을 넘어 대구에 주둔하게 되었는데, 목적은 전신선 보호 외에 각 지역에서 항일유격전을 하는 의병들을 제압하기 위해 동원되었으며(김상기, 2009, pp.270~275), 헌병은 군사경찰 이외에도 행정경찰 · 사법경찰을 겸하였으므로 사실상 헌병경찰로 보아도 좋을 것이다.

4. 대한제국 경찰권의 상실과정

가. 경무고문에 의한 경찰의 변동

1904년 8월 22일에 체결된 제1차 한일협약에 의해 들어온 경무고문 등의 고문정치가 시작되었다.

1905년 2월 26일 칙령15호 「내부관제」(국회도서관 편, 전게서Ⅳ, pp.26~28)에 의하여 대한제국 경찰은 내부대신하에 속하게 되었고, 내부의 경무국이 행정경찰 및 고등경찰에 관한 사항 등을 담당하도록 되었다. 이에 따라 동일 칙령16호로 「경무청관제」가 정해져 내부의 관할에 속하는 경무청은 재차 한성 내의 경찰 · 소방 · 감옥사무로 그 관할이 축소되었고, 경무사는 내부대신의 지휘를 받는 외에 사법사무에 관해서는 법부대신의 지휘를, 각 부(部) 주무에 관한 경찰사무에 대해서는 각부 대신의 지휘를 받게 되었다.

나. 을사늑약과 지방경찰조직의 통합 · 정비

통감부에 의한 통감정치가 시작되면서, 위 칙령에 의해 경무청을 한성부 내의 경찰로 축소시키는 한편, 1905년 11월 17일 을사늑약(乙巳勒約)을 당한 대한제국은 경무고문의 활동과 더불어 한성 이외의 지방경찰조직이 경무서, 경무분서, 분파소라고 하는 형태로 정비되었으며, 그때까지 존재하고 있었던 개항시장(開港市場)의 경무서와 변계경무서(邊界警務署)가 폐지되어(국회도서관 편, 전게서Ⅴ, p.429) 지방의 경찰조직이 처음으로 통합 · 정비되는 등 사실상 대한제국경찰을 장악해 나간다.

참고▶ 합병 · 병합 · 병탄 · 늑약 용어 정리

본서에서는 1905년 을사보호조약을 을사늑약으로 표기하고, 1910년 한일합병 또는 한일병합을 한일병탄이라고 표기하였다. 수험생이나 독자들은 익히 잘 아는 용어로서, 우리나라에서는 합병이라고 많이 사용하고 있으나 당시 문서에는 일본에서 사용하는 병합이라고 기재되어 있다. 두 단어의 뜻은 서로 대등한 관계의 나라나 회사 또는 단체가 합치는 것을 의미하며, 여기에서 표기한 병탄의 뜻은 서로 다른 주권이나 영토를 아울러 빼앗는다는 의미이므로 당시 우리 국민의 의사와 관계없이 강제로 이 나라 강산을 빼앗겼기에 한일병탄이라고 기재하였다. 또한 조약은 서로 대등한 관계에서 협약을 맺어야 하나, 당시 강제로 조약을 맺었기에 늑약이라고 표기하였다.

다. 일본의 대한제국 경찰권 강제 통합

1908년 10월 29일 통감 이토 히로부미(伊藤博文)와 대한제국 내각총리대신 이완용은 '경찰사무에 관한 취극서(警察事務에 관한 取極書)'를 교환하였다. 여기에서 재한국 일본신민(在韓國 日本臣民)에 대한 경찰권은 일본경찰 감독을 받도록 되어 있어, 사실상 일본인에 대한 치외법권적 특권을 보장하였다(이하 김정명, 일한외교자료집성, 6권上中下, 8권, 1999).

또한 1909년 3월 15일에는 '재한국 외국인민에 대한 경찰에 관한 한일협정(在韓國 外國人民에 대한 警察에 관한 韓日協定)'을 체결시켜, 대한제국경찰은 외국인에 대한 경찰권 행사에 일본국 관헌의 지휘를 받도록 하였다.

또한 1909년 7월 12일 교환된 '한국사법 및 감옥사무위탁에 관한 각서(韓國司法 및 監獄事務委託에 관한 覺書)'는 대한제국의 사법 및 감옥사무의 완비될 때까지 일본정부에 위탁할 것을 정하고 있는데 사법경찰권이 모두 일본에 빼앗기는 결과가 되었다.

1910년 6월 24일 '한국경찰사무위탁에 관한 각서(韓國警察事務委託에 관한 覺書)'를 체결하였는데, 그 내용은 다음과 같다.

> 한국정부 및 일본국 정부는 한국경찰제도를 완전히 개선하여 한국 재정의 기초를 확고하게 할 목적으로 다음과 같이 조관(條款)을 약정한다.
>
> 제1조 한국 경찰제도가 완비되었다고 인정될 때까지 한국정부는 경찰사무를 일본정부에 위탁할 것
>
> 제2조 한국 황궁경찰사무에 관해서는 필요에 따라 궁내부대신이 당해 주무관과 임시 협

의하여 처리하게 할 것

이라고 되어 있는데, 핵심은 제1조의 경찰사무의 찬탈에 있고, 제2조는 한국인의 감정을 의식한 수사(修辭)에 불과한 것이었다.

이렇게 하여 대한제국의 경찰권은 일본의 수중에 넘어가게 되며, 그해 8월 22일 대한제국 내각총리대신 이완용과 제3대 통감 데라우치 마사타케(寺內正毅)가 '한일병합조약'을 통과시키고 8월 29일 공포하게 되어 대한제국의 국권은 완전히 상실되었다. 우리는 8월 29일, 이날을 경술국치일(庚戌國恥日) 또는 한일합방늑약(韓日合邦勒約)이라고 부르고 있다.

참고▶ 대한제국경찰권의 상실과정

경찰사무에 관한 취극서 (1908.10.29.)	재한국 일본인에 대한 경찰사무의 지휘감독권을 일본관헌이 가짐
재한국 외국인민에 대한 경찰에 관한 한일협정 (1909.3.15.)	재한국 외국인에 대한 경찰사무의 지휘감독권을 일본관헌이 가짐
한국 사법 및 감옥사무 위탁에 관한 각서 (1909.7.12.)	한국의 사법경찰권을 포함하는 사법과 감옥사무가 일본에 위탁형식으로 빼앗김. 특히 사법경찰권이 넘어가 실질적인 경찰권이 상실됨
한국경찰사무 위탁에 관한 각서(1910.6.24.)	한국의 경찰사무를 일본국에 완전히 빼앗김

5. 갑오개혁부터 한일병탄 이전의 경찰의 특징

가. 대한제국의 경찰은 일반 행정 또는 군 기능으로부터 벗어나려는 시기이다.

나. 경찰의 임무영역은 감옥경찰, 위생경찰, 소방경찰, 영업경찰 등 매우 광범위하였다.

다. 당시 경찰이념은 오늘날의 인권과는 거리가 먼, 통치권의 수단으로서 존재하였으며, 특히 경찰제도 뒤에는 일본의 제국주의 침략을 확보하는 데 있었다.

라. 경찰작용에 관하여 「행정경찰장정」이 제정되는 등 법적 장치가 마련되어졌지만, 그 임무가 포괄적이고 단지 명령으로써 경찰권이 행사되는 등, 경찰권은 일본 제국주의 침략 수단으로 이용되는데 불과하였다.

제3절 | 일제강점기의 경찰

1. 헌병경찰 시기

가. 한일병탄 전인 1910년 6월 29일 헌병경찰제도의 기초가 되는 「통감부경찰관서관제」(일본칙령 296호)에 의해 일본은 통감부에 경무총감부를, 각 도에는 경무부를 설치하여 경찰사무를, 경성과 황궁의 경찰사무는 경무총감부의 직할로 관장하였다.

참고▶ 한성에서 경성으로 개칭

1910.9.30. 공포된 조선총독부령 제7호에 의거 다음 날인 10.1. 시행된 행정구역은 13도 12부 317군으로 개편되고, 한성부는 경성부로 개칭되면서 경기도의 하부 조직의 하나가 되었다. 이는 조선왕조의 정통성을 말살하려는 계획 중 하나로 한일병탄(8.29.) 이전 이미 위 일본칙령에 의해 한성은 경성으로 개칭되었다.

나. 1910년 「조선주차헌병조령」(朝鮮駐箚憲兵條令)에 의해 헌병이 일반치안을 담당할 법적 근거를 마련하여 헌병의 신분을 유지한 채 경찰직무를 수행하는 것이 가능해졌고, 일반경찰은 도시나 개항장 등에, 헌병은 주로 군사경찰상 필요한 지역 또는 의병활동 지역 등에 배치되었다.

다. 헌병경찰의 임무는 첩보의 수집, 의병의 토벌 등에 그치지 않고, 민사소송의 조정・집행관 사무・국경세관 업무・일본어의 보급・부업의 장려 등 광범위하게 미쳤으나, 헌병에 의한 무단통치는 1919년 3・1운동에 의해 끝났다.

참고▶ 헌병경찰제

구성	일제는 1910년 9월 10일 「조선주차헌병조령」(칙령 343호)에 의해 헌병이 일반치안을 담당할 수 있는 법적 근거를 마련하여 헌병과 경찰을 통합한 헌병경찰제를 두고, 중앙에는 헌병의 장인 육군장관으로 경무총장을, 지방에는 각 도 헌병의 장인 헌병좌관이 경무부장이 되어 경무부와 관내 경찰서의 직원을 지휘・감독하였다.
조직	중앙에는 총독 아래 독립관청으로 경무총감부를 두고 황거와 경성을 직할하며, 각 도에는 행정관청과 분리하여 경무부를 두었으며 병합 후 경무부장은 도장관의 명에 따르며 도내 각 군에 경찰서 및 경찰서의 직무를 행하는 헌병 분대를 두었다.
임무	첩보의 수집, 의병의 토벌 등에 그치지 아니하고, 민사소송의 조정, 집행관사무, 국경세관업무, 일본어의 보급, 부업의 장려 등 광범위하게 미치고 있었으며, 특히 지방에서는 한국민의 생사여탈권을 쥐고 있었다고 할 정도로 막강하였다. 경성과 각 도의 경찰책임자에게 경찰명령권을 부여하였다.
법령	헌병경찰제를 지탱해 준 법령으로는 「범죄즉결례」(犯罪卽決例, 1910.12), 「조선태형령」(朝鮮笞刑令, 1912.3), 「경찰범처벌규칙」(警察犯處罰規則, 1912.3), 「조선형사령」(朝鮮刑事令, 1912.4.1), 「보안법」, 「집회단속에 관한 법률」, 「신문지법」, 「출판법」 등이 있었다.
무단 탄압	-언론・집회・출판・결사의 자유를 탄압하고 모든 활동을 근절시킴 -민족지도자를 체포・투옥・학살함 -식민통치에 비타협적・비협조적인 사람을 탄압 -소위 '105인 사건(1912년)'을 조작하여 신민회 해체
역할	일반경찰과의 역할 분담은 일반경찰관이 주로 개항장이나 도시에 배치된 데 대하여, 헌병은 주로 군사경찰상 필요한 지역, 의병활동지역 등에 배치된 점에서 차이가 있었다.

2. 보통경찰 시기

가. 일본은 1919년 3월 1일 항일독립만세운동을 계기로 헌병경찰제도에서 보통경찰제도로 전환하였는데, 총독부 직속의 경무총감부는 폐지되고, 경무국이 경찰사무와 위생사무를 감독하였다. 지방에서도 각 도에 제3부(1920년에 경무부로 개칭)를 두어 경찰사무와 위생사무를 관장하게 하였다.

나. 기본적으로는 경찰의 직무와 권한에는 변화가 없어 치안유지 업무 이외에 각종 조장행정에 원조, 민사 쟁송조정사무, 집행관(구 집달리)사무 등도 계속하여 경찰이 맡아 수행하였다.

다. 오히려 3・1운동을 기화로 「정치범처벌법」(제령 7호)을 제정하여 단속체제는 한층 강화되었으며, 일본에서 제정된 「치안유지법」(1925)도 우리나라에 적용되는 등 탄압의 지배체제는 한층 강화되었다. 특히, 1937년 중일전쟁 이후에는 경찰업무가 경제경찰, 외사경찰까지 확대되었고, 1941년의 「예비검속법」(豫備檢束法) 등을 통하여 독립 운동에 대한 탄압을 강화하는 한편, 태평양전선과 중국전선에 학도병들과 건장한 청년들을 의용병으로 강제 동원하는 데 앞장섰으며, 각종 부역 차출과 전쟁물자를 조달하기 위한 약탈행위도 일본제국경찰의 역할이었다.

참고▸ 3 · 1운동의 영향

무단통치(1910년~1919년)	헌병경찰통치
문화통치기(1919년~1931년)	보통경찰통치

3. 강점기 경찰의 특징

가. 강점기의 경찰은 일본의 식민지배의 수단으로서 핵심적 역할을 하였다.

나. 총독에게 주어진 제령권과, 경무총장 · 경무부장 등의 명령권 등을 통해 각종 전제주의적 · 제국주의적 경찰권을 행사하였다.

다. 경찰목적은 한국 국민들이 독립활동을 하지 못하도록 정치사찰에 중점을 두었으며, 오로지 제국주의 일본의 식민 지배를 공고히 하는 데 있었다.

라. 경찰은 특별고등경찰활동을 통해서 소위 불온사상이나 이념을 색출하는 사상경찰활동을 하였으며, 중일전쟁 발발 이후부터 전쟁물자 조달을 위한 경제수탈에 앞장섰다.

제4절 | 미군정시대 경찰

1. 식민 경찰체제 청산의 미흡

가. 미군정은 '태평양미군총사령부 포고 1호'를 통해 '군정의 실시'와 '구 관리의 현직 유지'를 포고함으로써, 경찰 역시 일제시대의 경찰을 그대로 유지하였다. 이때 남한은 공산주의자들과 그들에 영합하는 좌익세력의 준동(蠢動)으로 극도로 혼란스러운 무정부상태가 되었다. 치안유지가 시급한 군정사령부는 일제시대의 경찰을 청산하지 못하고 오히려 그들을 앞세워 해방 후의 혼란을 가라앉히려 하였기에 일제경찰의 잔재(殘滓)를 뿌리뽑지 못하였다.

나. 경찰사무와 조직에 있어 정비가 이루어져 경찰이 담당하였던 위생사무가 위생국으로 이관되고, 경제경찰과 고등경찰이 폐지되는 등 광범위하게 이루어지던 행정경찰사무가 경찰의 관할에서 분리되는 비경찰화 작업이 진행되었으며, 대신에 정보업무를 담당할 정보과가 신설되었다.

다. 강점기의 치안입법은 비교적 철저하게 정리되어 「정치범처벌법」, 「치안유지법」, 「예비검속법」 등은 1945년에 폐지되고 「보안법」은 1948년에 폐지되었다.

2. 군정기 경찰제도

가. 군정 초기 경찰은 일시 국방사령부의 지휘감독을 받았지만, 1946년 법령 46호에 의거하여 경찰은 경무부로 승격·개편되었다.

나. 1947년 6인 위원으로 구성된 '중앙경찰위원회'가 법령 157호로 설치되어, 주요 경무정책의 수립 및 경무부장관이 회부한 경무 정책과 그 운영의 심의 결정, 경찰관리의 소환,

심문과 임면, 이동, 기타 군정장관이 회부한 사항을 심의하는 등 경찰민주화를 위한 조치가 이루어졌다.

다. 1945년 9월 13일 당시 세종로에 있던 경찰관 강습소를 복구하고 신임 경찰관 2,000명을 모집하여 교육시킨 후 순경으로 임용하였다(이하 경찰전문학교, 1956). 동년 11월 15일 미군정은 경찰관 강습소를 조선경찰학교로 개명하고 종전의 신임 순경의 교육을 중지하고 각 도에서 선발된 경사 급을 입교시켜 우리나라 최초의 경찰간부교육의 시초가 되었다.

1946년 2월 1일에는 조선경찰학교를 국립경찰학교로 개칭 · 확장하여 간부급 경찰관 교육을 담당하게 하였으며, 같은 해 8월 15일에는 국립경찰학교가 국립경찰전문학교로 승격되어 경찰교육의 체계적인 운영의 기틀을 갖추었다.

라. 1945년 10월 30일 법령에 의하여 법무국 지문계가 관장하던 지문록 및 형사조사제도가 경무국에 이관되어, 인권수사의 첫걸음을 디디게 되었고, 이후 경무부 수사국 산하에 법의실험소를 설치 · 운영하여 과학수사의 토대를 마련하였다.

한편, 1946년 5월 15일 최초로 여자경찰관을 채용하여 국립경찰학교에서 교육을 실시한 후 동년 7월 16일 졸업시켰다.

3. 미군정시대 경찰의 특징

가. 식민지시대의 경찰에서 벗어나려는 조직법적, 작용법적 개정이 시도되고, 비경찰화 작업이 행해져 과거 경찰사무의 일무가 다른 관청의 분장사무로 정리되면서 경찰의 활동도 본래의 영역으로 자리 잡게 되었다.

나. 해방 후 이어지는 정치 · 사회적 혼란기를 맞이하여 독립국가 전망이 불투명한 위기에서 경찰제도와 새로운 인사개혁에 대한 손길이 미치지 못하였으며, 경찰은 미군정의 통치수단으로서의 한계성 때문에 일제 식민지시대의 경찰상에 대한 국민의 부정적 시각을 바꿀 수 있는 기회를 만들지 못하였다.

다. 지식층의 주도로 경찰활동이란 국민의 생명과 재산의 보호라는 새로운 각성이 국민들 속에 계몽되어가고, 경찰운영측면에서도 '중앙경찰위원회'를 통한 경찰통제가 시도되는 한편, 경찰의 이념에도 민주적 개념이 자리하게 되었다.

라. 해방 직후 좌익세력의 준동으로 혼란기를 맞아 한국경찰은 결과적으로 식민지 경찰의 잔영을 씻어 내지 못하였지만, 사회공공의 안녕과 질서유지라는 임무를 부여받은 경찰로서는 광복 이후의 좌우대립과 여러 정파의 무질서한 정치활동 등 한 치 앞을 내다볼 수 없는 극한상황을 극복함으로써 건국의 기초를 쌓는 데 기여하였다.

참고▶ 군정시대의 경찰기구표(1946년)

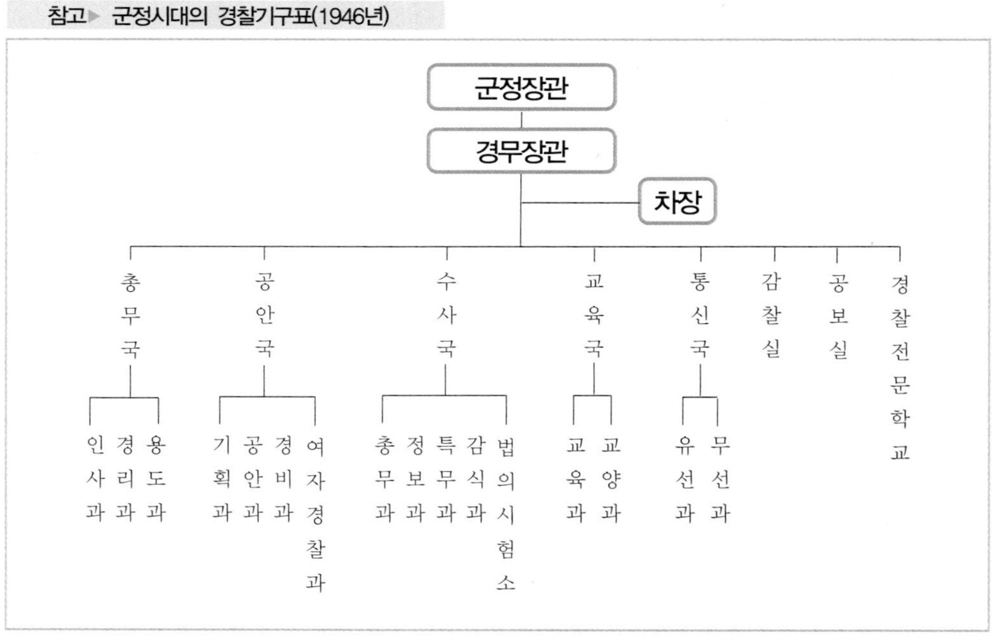

제5절 | 정부수립 이후 1991년 이전의 경찰

1. 내무부 경찰제의 출범

가. 법률 제1호인 「정부조직법」에서 기존의 경무부를 내무부의 하나의 국인 치안국에서 인수하도록 함으로써 경찰조직은 부에서 국으로 격하되었는데, '국'체제는 치안본부 개편(1975) 후 1991년 내무부의 외청으로 경찰청이 독립할 때까지 유지되었다.

이는 정부조직법 제정에 참여한 구성원이 대부분 일제시대의 관리로 구 총독부나 일본정부의 과거 행정조직을 모방하였기 때문이다.

나. 지방경찰도 중앙과 마찬가지로 1991년 「경찰법」이 제정될 때까지 관청으로 지위를 얻지 못하고 시도지사의 보조기관에 지나지 않았다. 다만, 경찰서장은 행정관청으로서 1991년 이전에도 경찰에서 유일하게 행정관청으로서의 지위를 가지고 있었다.

다. 중앙행정기관이었던 경무부가 내무부 소속의 하나의 국(局)으로 격하된 배경에는 식민지시대의 강력한 경찰권력에 대한 반감과 견제심이 작용한 것으로 보인다.

라. 1953년 해양경찰대의 설치, 1955년 국립과학수사연구소의 설립, 1968년 1・21사태를 계기로 전투경찰대의 설치, 1981년의 경찰대학 개교 등이 이루어졌다.

2. 「경찰관직무집행법」 등 경찰 관련 법령의 제정

가. 「경찰관직무집행법」의 제정

독립 이후까지 남아 있던 경찰작용에 관한 법령으로는 「행정집행령」 등 극히 일부에 지나지 아니하였고, 새로운 경찰관의 직무집행에 관한 근거법령은 마련되지 못하였으나,

1953년 12월 14일 법률 제299호로서 「경찰관직무집행법」이 제정되어 경찰관의 직무집행에 관한 기본법이 마련되는 등 경찰 관련 법령의 정비가 이루어졌으며, '국민의 생명, 신체, 재산의 보호(제1조)'라는 영미법적인 사고가 동법에 반영되었다.

나. 「경찰공무원법」 제정

1969년 1월 7일 「경찰공무원법」이 처음으로 제정되어 그동안 「국가공무원법」이 적용되었던 경찰공무원을 특별법으로 규율하게 되었다.

3. 정부수립 이후 1991년 이전의 경찰의 특징

가. 비록 식민지경찰행정의 잔재가 남아 있었지만, 주권국가로서 우리 역사상 최초로 자주적인 입장에서 경찰을 운용하였다.

나. 경찰작용에 관한 기본법으로서 「경찰관직무집행법」이 제정되었다.

다. 종래 식민지배에 이용되거나 또는 군정통치로 주권이 없는 상태하에서 활동하던 경찰이 대한민국 건국이후 자주적으로 국가의 존립과 안녕, 대한민국 국민의 생명과 신체 및 재산의 보호라는 경찰 본연의 임무를 수행하였다.

라. 해양경찰업무, 전투경찰업무가 경찰의 업무범위에 추가되고, 소방업무가 경찰의 업무에서 배제되는 등 경찰사무에 변화가 나타났다.

마. 경찰의 권력남용과 인권탄압 등으로 국민의 신뢰를 잃은 경찰은 정치적 중립을 조심스럽게 추진하였으나 권위주의 시대라는 한계에 부딪쳐 형식상의 경찰 기구독립추진에 만족할 수밖에 없었다.

제6절 | 「경찰법」 제정 이후의 경찰

1. 「경찰법」 제정의 역사적 의의

경찰의 제도 개혁논의는 주로 선거부처인 내무부로부터의 독립, 즉 정치적 중립성 확보에 초점이 맞추어져 왔다는 점에서 1991년에 제정된 「경찰법」의 의의는 매우 크다.

그럼에도 경찰을 당시 내무부(현 행정안전부)의 외청으로 존속시킨다는 점에서 완전한 의미의 경찰의 독립은 아니다.

다시 말해서, 경찰청 각급 인사의 제청권・추천권과 조직과 임무를 개정하는 데 필요한 법령개정에 앞서 국무회의 상정에 외청 독립 당시의 구 내무부장관 시절부터 현재까지 소속 장관의 발의를 거쳐야 하는 등 경찰의 독립성은 아직까지 제도적으로 여러 가지 한계를 지니고 있다.

2. 조직 발전의 진일보

「경찰법」은 경찰을 민주적으로 통제할 수 있는 경찰위원회제도를 도입함으로써 향후 정치권력으로부터 독립할 수 있는 발판을 마련하였다. 또한 그동안 경찰서장만 독립관청으로 남아 있던 것을 경찰청과 각 지방경찰청을 독립관청화하였다는 점에서 경찰조직 발전을 위하여 크게 진일보하였다고 볼 수 있다.

한편, 지방에는 시도지사 밑에 치안행정협의회를 두도록 하여 광역자치단체와의 지역현안에 대한 협의를 하여 기관 간 유기적으로 협조할 수 있도록 하였으며, 종래 경찰청에서 관리하여 오던 해양경찰은 1996년 8월부터 해양수산부(현 국토해양부)로 이관하여 해양오염 방제를 비롯한 해양사고의 방지와 수사, 어민과 수산업 보호 등 전문기관으로서의 발전을 도모하였다.

참고▶ 한국경찰의 변천 개요

<table>
<tr><td>고조선</td><td>팔조금법이 통용되었으나 3조목만 전해지고 있음
– 살인죄(殺人罪)
– 상해죄(傷害罪)
– 절도죄(竊盜罪)</td></tr>
<tr><td>한군현</td><td>군현경정리(郡縣鄕亭理) 행정제도속에 경찰기능이 있었다고 추정되고, 오병으로 활, 창, 방패, 검, 갑옷이 제공되었다고 하나, 중국 지배에 의한 것으로 현재까지 논란이 있음</td></tr>
<tr><td>부족국가</td><td>① 부여: 일책십이법(一責十二法), 영고(迎鼓, 제천행사, 음력 12월), 살인죄 · 간음죄 · 투기(妬忌)죄는 사형에 처함
② 고구려: 일책십이법(一責十二法), 동맹(東盟, 제천행사, 음력 10월), 중대범죄자 사형, 감옥 따로 없음
③ 동예: 책화제도(責禍制度)
④ 삼한: 天官이 다스리는 별읍(別邑)인 소도(蘇塗)를 신성시함</td></tr>
<tr><td>삼국시대</td><td><table>
<tr><th>구분</th><th>고구려</th><th>백제</th><th>신라</th></tr>
<tr><td>권력체제</td><td>왕권체제</td><td>왕권체제</td><td>왕권체제</td></tr>
<tr><td>지방장관</td><td>욕살</td><td>방령(수도: 달솔)</td><td>군주</td></tr>
<tr><td>형사제도</td><td>감옥을 따로 두지 않음</td><td>반역죄 · 절도죄 · 간음죄 · 관인수재죄 등 엄격 처벌</td><td>감옥을 둠</td></tr>
</table></td></tr>
<tr><td>통일신라</td><td>① 행정관제: 삼국시대의 것을 그대로 답습
② 경찰 관련 조직: 병부, 사정부(司正府), 이방부(理方府)
③ 중앙: 이방부, 지방: 총관,
④ 왕권보호 위한 범죄: 지역사불고언죄(知逆事不告言罪), 모반죄(謀反罪), 모대역죄(謀大逆罪)
⑤ 관리들의 직무 관련 범죄: 배공영사죄(背公營私罪), 불휼국사죄(不恤國事罪)</td></tr>
<tr><td>고려</td><td>① 중앙경찰기관: 병부(행정경찰임무), 형부(사법경찰), 중추원(왕궁경비), 이군육위(금오위: 수도경찰업무 담당, 포도금란)
② 지방경찰기관: 도의 장인 안찰사(경찰, 행정, 사법, 군사 등 사무 통합 처리)
③ 특수경찰기관: 야별초(삼별초), 순마소(순군만호부), 어사대
④ 위아: 현재의 경찰서 격</td></tr>
<tr><td>조선시대
(갑오개혁
이전)</td><td>① 중앙경찰기관: 형조, 병조, 의금부, 사헌부, 한성부, 수성금화사, 위장과 부장
② 지방경찰기관: 관찰사(행정경찰과 사법경찰 임무 담당), 부사, 목사, 군수, 현령
③ 포도청: 최초의 전국적 · 영속적 그리고 전문적인 독립된 경찰기관, 갑오개혁과 함께 경무청관제 직장이 제정되어 한성부에 경무청이 설치되면서 폐지
④ 암행어사: 민정시찰 및 직무감찰
⑤ 오가작통법: 최초의 국민적 말단 자치조직, 최초의 예방경찰
⑥ 다모: 양반집 수색, 여자도적 체포</td></tr>
</table>

갑오개혁 (1894)	① 근대적 의미의 경찰체제의 출발 ② 경찰과 행정이 일반적으로 나누어 짐 ③ 일본의 경시청관제(1891)→ 경무청관제직장(최초의 조직법)→ 경찰법 (1991) ④ 행정경찰규칙, 위경죄즉결례→ 행정경찰장정(최초의 작용법: 경영・ 시장・회사 및 소방・위생・결사・집회・신문잡지 등 광범위한 사무 포함)→ 경찰관직무집행법(1953) ⑤ 경무청(수도경찰 관할, 감옥업무 관장, 1894)→ 경부(1900.6.12.~1902.2.) → 경무청(대경무청(1902) → 소경무청(1905))→ 경시청(감옥업무 제외, 1907)→ 통감부(1910.6.)→ 조선총독부(1910.10.)
한일병탄 (1910)	① 통감부 폐지 총독부 설치(한국통치의 전권 장악) ② 헌병경찰 관련 법령: 보안법, 집회단속에 관한 법률, 신문지법, 출판법 ③ 일반경찰: 개항장이나 도시, 헌병: 의병활동지역, 군사상활동지역
3・1운동 (1919)	① 헌병경찰제→ 보통경찰제 ② 무단통치→ 문화정치 ③ 정치범처벌법, 치안유지법 제정(탄압의 지배체제 한층 강화)
미군정시기 (1945~1948)	① 비경찰화 단행: 위생사무 이관, 검열과 출판업무 이관, 경제경찰(일부 부활) 과 경찰사법권 폐지 ② 여자경찰제도 신설(1946) ③ 중앙경찰위원회 설치(1947): 민주화 추진 실패
1948년 이후	① 치안국 시대→ 1975년 치안본부로 개편 ② 국립과학수사연구소(1955) ③ 해양경찰대 설치(1953) ④ 전투경찰대 설치(1968) ⑤ 경찰공무원법(1969)
1975년	치안본부로 승격(1974.8.15. 서울 중구 장충동 체육관에서 광복절 행사 중, 북한의 지시를 받은 재일조총련 문세광의 저격으로 숨진 고 육영수여사 사건을 계기로 경찰력의 강화 필요성을 가진 박정희대통령의 지시에 의해 내무부 치안국에서 치안본부로 격상됨)
1991년	① 경찰청이 내무부 외청으로 독립 ② 경찰법 제정 ③ 경찰위원회
2011년	① 형사소송법 개정으로 경찰 수사권 부여 ② 경찰법 개정으로 한 도에 복수 지방경찰청 신설 가능 ③ 경찰법 개정으로 경찰서장에 경무관 추가

참고▶ 경찰조직의 연혁(沿革)

1949.10.18.	경찰병원 설립
1953.12.23.	해양경찰대 발족
1955.03.25.	국립과학수사연구소 설치
1966.07.01.	경찰관 해외주재관 제도 신설
1969.01.07.	경정, 경장 2계급 신설, 2급지 서장을 경감에서 경정으로 격상
1974.12.24.	내무부 치안국을 치안본부로 개편
1979.12.28.	경찰대학설치법 통과(1981년 1기생 입학), 경찰대학장을 신설 치안정감으로 보함
1985.12.31.	서울특별시경찰국장을 치안정감으로 격상
1991.08.01.	치안본부의 경찰청 승격, 지방경찰국의 지방경찰청 승격
1996.08.08.	해양경찰청의 해양수산부로의 이관(해양경찰청 및 하부조직을 내무부(현 행정안전부) 경찰청에서 해양수산부(현 국토해양부)로의 이관)
1999.05.24.	경찰서에 '청문감사관제도' 도입
1999.12.28.	운전면허시험장을 책임운영기관화하여 경찰청장 직속의 '운전면허시험관리단' 신설
2000.09.29.	사이버테러대응센터 신설
2004.12.31.	기존 파출소를 지구대·파출소 체제로 개편
2005.07.05.	경찰청 생활안전국에 여성청소년과 신설
2005.12.30.	경찰병원을 추가로 책임운영기관화 함
2006.03.30.	경찰청 외사관리관을 '외사국'으로 확대 개편
2006.07.01.	제주특별자치도에 자치경찰 출범
2006.10.31.	제주지방경찰청장을 치안감급으로 격상
2006.10.31.	경찰청 수사국 내에 '인권보호센터' 신설
2007.03.30.	경찰수사보안연구소(경찰대학 부설기관)를 경찰수사연수원(경찰청 소속 독립 교육기관)으로 확대 개원
2007.03.30.	경찰청에 '혁신기획단' 신설
2007.06.27.	경찰청에 '고객만족 모니터센터' 설치
2007.07.02.	광주·대전지방경찰청 신설
2008.10.15.	경기지방경찰청 제4부를 제2차장제로 확대·운영
2009.11.23.	'경찰종합학교'를 '경찰교육원'으로 명칭 변경, 경찰청 '운영지원과·경무기획국'을 '경무국'으로 개편, 경찰청 '혁신기획단장' 폐지 및 '기획조정관' 신설, 정보통신관리관 개방형 직위 지정
2010.06.30.	감사관 개방형 직위 변경
2010.10.22.	경찰청 수사국 인권보호센터→ 감사관 인권보호담당관으로 소속변경, 운전면허시험관리단 폐지
2012.1.25.	부산지방경찰청장을 치안정감으로 격상
2012.2.22.	한 시도에 복수 지방경찰청 신설 가능, 경찰서장에 경무관 추가

경무부장(1945~1948)→ 치안국장(1948~1975)→ 치안본부장(1975~1991) → 경찰청장(1991~)

04

외국경찰의 역사와 제도

제1절 | 서 설

역사를 통해서 개인들은 다수의 규범을 준수하도록 기대되어 왔다. 개인의 행동을 통제하기 위한 요구는 고대로 거슬러 올라간다. 당시는 부족과 씨족과 가족이 개인의 행동을 통제했고 집단사회의 비공식적인 규범이나 관습들을 집행하는 책임을 가지고 있었다. 궁극적으로 규범은 법이 되었고, 규범을 깨는 것은 국가에 대항해 저질러진 행동으로 공식화되었다(양문승 역, 2001, p.21). 이렇게 공식화된 규범은 법으로 발전하였고 각국은 역사와 문화의 배경을 서로 달리하며 법을 집행하기 위하여 경찰이라는 조직을 갖추었다.

각국은 역사적 배경을 바탕으로 경찰을 효율적으로 운용하기 위하여 경찰조직을 갖추었는데 오늘날 각국의 경찰제도를 집권형 · 절충형 · 분권형 세 가지로 분류하고 있다. 전통적인 경찰제도 분류는 중앙정부의 명령이 지방경찰기관에게 영향을 끼치는 정도를 기준으로 하고 있으며, 여기에는 기준으로 다음 세 가지로 나누고 있다. 먼저 중앙정부가 조직의 일원화와 단일 명령체계를 갖추어 경찰권을 행사하는 집권형 경찰제도가 있다. 다음으로 중앙정부와 지방정부가 경찰권을 공유하는 제도, 즉 경찰제도의 효율성과 능률성 제고를 위하여 중앙경찰기관이 국가경찰로서의 경찰권 기준을 제시하는 한편, 지방경찰기관에 일정 부분 업무의 이양과 예산 · 장비 · 교육 및 수사자료 지원 등을 하는 절충형 제도가 있다. 마지막으로 지방경찰기관에게 법집행 권한과 책임을 완전히 이양하여 자치제 경찰기관이 실질적인 경찰권 행사를 하는 분권형 경찰제도가 있다.

1. 경찰제도의 전통적인 세 가지 모델

국가 간의 전통이나 사상 등의 차이에 따라 경찰체제는 명령계통의 일원화와 다중성 또는 경찰권의 중앙정부와 자치체 정부와의 권한과 책임의 소재에 따라 분류한다. 여기에는 뚜렷한 기준을 제시하기 어려우나 그동안 알려진 각 나라의 경찰제도를 위 분류기준에 비추어 보편적으로 한 나라의 경찰제도를 중앙집권적 경찰제도와 분권적 경찰제도로 나누며, 양 제도를 서로 혼합한 절충형 경찰제도 등 세 가지 모델로 유형화할 수 있다.

유형	해당국가
분권형 체제	미국, 캐나다, 네덜란드, 스위스, 벨기에
집권형 체제	프랑스, 한국, 대만, 핀란드, 이태리, 이스라엘, 덴마크, 스웨덴, 태국
절충형 체제	영국, 독일, 일본, 호주, 브라질

가. 분권형 체제

(1) 배 경

집권화한 경찰제도가 초래할 수 있는 경찰권의 남용에 대한 불신풍조가 팽배하여 지역별로 다수의 경찰조직을 두고 자치권에 바탕을 둔, 시민의 자유와 권리를 보호하려는 측면이 강하게 나타나고 있다.

(2) 해당 국가

미국, 캐나다, 네덜란드, 스위스, 벨기에

(3) 분권형 모델(미국경찰 사례)

(가) 현 황

분권형 나라들은 자치권에 의해 권한행사가 제한을 받기 때문에 법에 의해 그 권한이 엄격하게 통제받는 것이 일반적이다. 그 결과 경찰체제는 매우 분권화되어 있어 다수의 분권형 경찰조직이 존재하며, 그 책임은 지방정부가 지고 있다.

(나) 긍정적인 면

경찰권은 시민으로부터 나오기 때문에 시민의 자유와 권리를 보호하는 것에 적합하다. 이러한 근원은 권력분립이념에 따라 정부의 권한 남용을 견제하려는 데에서 비롯되었다. 분권형 모델은 주민들의 의사가 반영되는 점에서 지역사회 경찰활동에 매우 유용하게 작용된다.

(다) 부족한 면

중앙정부와 지방정부가 지역경찰활동을 위한 상호협력체제가 구축되지 않을 경우 경찰작용은 비효율성을 띠게 된다. 즉, 국제범죄나 광역화하는 범죄에 효과적으로 대응하지 못한다. 경찰권의 분권형에서 나타나는 같은 맥락의 문제점은 각 경찰기관에 대한 통일적 조정의 결여로 범죄대처능력이 떨어지며, 특히 관할권에 의한 문제가 대두한다. 더욱 중요한 것은 제도운영에 있어서 통일적 기준이 마련되지 않을 경우 인사정책이나 각종 형사정책에서 지방정부 별로 서로 다르게 운영하게 된다.

(라) 개선방향

분권화 체제에서의 효율성 제고는 기관들 간의 조정과 협조체제의 유기적 관계를 가짐으로써 문제점을 극복할 수 있다. 또한 이미 드러난 문제점들 역시 서로간의 역할 분담이나 공조체제의 강화로 보완할 수 있다.

나. 집권형 체제

(1) 배 경

시민들이 자연권의 일부를 포기하고 시민들을 보호할 임무를 국가에 맡기면, 국가는 자연법을 토대로 실정법을 통하여 국민의 생명과 재산을 지킨다는 존 로크(John Locke)의 사회계약설의 영향을 받은 프랑스는 공공의 안녕・질서를 위한 사회통제를 개인의 자유・권리보다 우선시하는 데 기원을 두었다.

(2) 해당국가

프랑스, 한국(※ 제주특별자치도 제외), 대만, 태국, 핀란드, 이태리, 이스라엘, 덴마크, 스웨덴

(3) 집권형 모델(프랑스경찰 사례)

(가) 현 황

통치행위의 효율성을 강조한 이유에서 비롯된 모델로서, 강력한 관료제를 갖춘 집권화된 중앙정부에서 시행하게 되었으며, 단일 성문법체계와 형사사법체계를 가지고 있다. 프랑스의 경우 과거 제후들이 운영하는 상비군제도에서 기원하였으며, 중앙정부는 보호자

로서 시민들의 생명과 재산을 보호하는 책무를 지니고 있었다. 프랑스는 내무부 소속의 국립경찰과 국방부 소속의 군경찰로 이루어진 이원적 구조로 운영되고 있다.

(나) 긍정적인 면

강력한 관료체제를 갖추고 상명하복이 뚜렷한 중앙집권형의 경찰기관은 범죄에 매우 능률적이며 효과적으로 대처할 수 있다. 특히 복잡 다양한 현대사회에서 일어나는 각종 범죄나 현안사건에 있어서 신속하고 내실있게 대응책을 마련할 수 있다.

(다) 부족한 면

지역사정을 고려하지 않는 국가경찰의 서비스에 대하여 주민들은 불만족을 가지고 있다. 따라서 인구 2만명 미만 또는 도시 교외의 작은 마을단위인 코뮌(commune)에서 자치경찰을 설치하고 있으며, 일부 자치도시에서도 자치체경찰의 필요성을 주장하며 자치경찰 창설 움직임을 보이고 있다.

(라) 개선방향

프랑스는 오랜 기간 민주주의 정치를 경험한 나라로서 시민의 자유와 권리를 보호하는 제도적 장치가 마련되어 있다. 따라서 분권형이나 절충형에 비하여 시민의 자유와 권리보호에 소홀하다는 것은 아니다. 그러나 제4공화국 시절 국가경찰의 폭력을 경험한 프랑스는 자치경찰을 원하는 시민들의 욕구가 점증하고 있고 의회와 정부에서도 자치경찰의 역할에 대해 호의적이므로(1999.4.15. 자치경찰 관련 법률 제99-291 참조, LOI no 99-291 du 15 avril 1999 relative aux polices municipales) 지역사정을 고려한 일정 규모 이상의 도시부터 자치체 경찰의 확대시행이 바람직하다.

다. 절충형 체제

(1) 배 경

앵글로 색슨이 자리 잡은 영국은, 왕은 치안유지를 영주(領主)에게 맡기었고, 영주는 10호 담당제(tything)와 100호 담당제(hundred)를 만들어 질서를 유지하였다. 알프레드(Alfred) 왕 시대(A.D. 870~901)에는 상호 보증제도라고 있어 사회적 신분으로 용역을 면제받지 못한 12세 이상의 모든 남자가 치안 유지에 책임을 져야 했고, 이웃의 행동에 대하여 책임을 져야 했다. 100호 담당제 위에는 오늘날 보안관(sheriff)의 선조격인 '시어리브(shire reeve)'가 있었으며, 시어리브는 공공질서를 유지하기 위하여 자기가 담당하는 shire(州)의 자유시민권자(posse comitatus 오늘날의 민병대)로 알려진 모든 남자들을 소집했다. 그래서 영국의 법과 질서는 오늘날의 경찰활동에서처럼 지역사회의 책임으로 여겨졌다(양문승 역, pp.21~22).

이러한 역사적 배경으로 영국을 비롯한 절충형 체제의 국가들은, 경찰에 대한 통제권을 중앙정부와 지방정부가 공유하는 형태로서, 효과적이고 통일적인 서비스를 제공하는 국가경찰제도의 장점과 그로 인한 경찰권 남용의 가능성을 억제시키기 위한 자치체경찰제도를 혼합한 절충형 제도를 채택하였다.

(2) 해당국가

영국, 독일, 일본, 호주, 브라질

(3) 절충형 모델(영국경찰 사례)

(가) 현 황

영국의 초기 경찰제도는 경찰권의 제한과 지방 주민에 의한 통제를 강조하였다. 1856년 「카운티와 자치경찰법」(County and Borough Police Act)을 제정하여 자치경찰에 대한 기관간의 통일성 확보와 적법한 법 집행력을 마련하였다. 또한 1964년 경찰법(Police Act) 제정으로 경찰위원회, 경찰청장, 내무부장관의 임무 및 권한을 명확히 구분하여 삼원체제를 확립하였다.

(나) 긍정적인 면

집권적 경찰체제와 분권적 경찰체제의 절충형태로서 각 모델의 부족한 면을 보완하고 있다. 이러한 절충형 모델은 먼저 경찰기관간 통일적 업무수행을 보장함으로써 능률성과 효과성을 지니고 있다. 주민입장에서 보면 중앙정부는 지방정부에 권한을 위임함으로써 지방주민의 의사가 반영되는 민주성을 가지며, 그 지방에 맞는 치안서비스를 제공할 수 있고 주민 통제가 가능하여 부패방지에 매우 효과적이다.

(다) 부족한 면

지방정부의 한계성에서 오는 양질의 국가적 서비스를 받지 못할 수 있다. 또한 집권형의 긍정적 면과 같은 국가적 범죄나 광역성 범죄의 대처에 비해 효과적이라고 할 수 없다. 이의 반증으로 영국은 지난 2006년 당시 국립범죄정보국(NCIS)과 국가범죄수사국(NCS)을 합병하여 중대조직범죄청(SOCA)을 창설하여 국가경찰 임무를 수행하도록 한 것이 그 예이다.

(라) 개선방향

중앙정부가 분권적 경찰제제에 대한 통일적 업무지원의 기능을 강화함으로써 자치체 경찰의 취약한 부분을 보완할 수 있다. 또한 중대조직범죄청과 같이 국제성 범죄에 대해 부족한 수사능력을 강화하기 위한 국가경찰조직의 신설이나 기존 경찰기관의 기능을 조정함으로써 집권형 모델에 못지않은 기능을 발휘할 수 있다.

2. 베일리(Bayley)의 세 가지 유형

각국의 경찰제도를 어떻게 구분하느냐는 그 국가의 역사와 체제의 배경 등을 따져 성립과정을 살펴보아야 한다. 여기에는 국가의 크기(미국, 이스라엘, 네덜란드 등 서로 다를 수 있음)와 경찰기관의 수 그리고 중앙경찰기관의 조정능력과 중앙기관의 명령 이행 정도와 지휘라인의 복수 여부 등에 따라 각국의 경찰제도 모델이 다르게 나타난다. 세계 각국은 경찰권의 행사에 있어서 서로 고유한 지휘·명령계통을 유지하고 있는데, 명령계통을 기준으로 하여 경찰체제를 구분하고자 하는 학자로서 근래 가장 유력하게 제기한 사람은 베일리(David H. Bayley)이다. 그는 국가별 경찰체제의 구조를 적절히 설명하기 위해서 명령계통의 집권성(centralization of command)과 명령계통의 수(number of commands)로 분석하여 두 가지 기준을 제시하였다.

영국은 43개 자치경찰기관을 두고 자기 지역에 대한 책임을 지기 때문에 분권형 경찰체제처럼 보인다. 이태리도 영국과 같이 하나 이상의 경찰기관을 가지고 있지만, 분권형 경찰체제라고 하지는 않는다. 이탈리아의 두 기관, 즉 국가경찰부대(Corps di Carabinieri)와 공공보안경비대(일반경찰, Guardia di Pubblica Sicurezza)는 로마(중앙정부)로부터 명령을 받는다. 이태리는 여러 경찰기관이 있으나, 중앙집권적 명령을 받는다. 네덜란드 역시 복수(複數)의 경찰기관을 가지고 있다. 그러나 하나는 집권형이고 다른 하나는 분권형이다.

여기서 핵심은 분권화가 복수의 경찰조직을 가져오지만, 복수의 경찰조직은 항상 분권형은 아니라는 것이다. 즉 한 가지 이유를 들면 몇몇 국가들은 복수의 경찰조직을 가지며 그들이 분권형이라는 것은 그 명령계통이 분권형이기 때문이다. 명령계통의 집권성과 명령계통의 다중성은 개념적으로 구별된다. 알려진 사실이지만 집권성이란 복수의 다중적인 것들이 하나로 모이는 것이기 때문이다.

명령계통의 집권성과 다중성(복수기관)의 두 가지 분석 기준으로 보면 어느 국가체제는 세 가지 유형 중 하나에 속할 수 있다고 본다.

다음 표에 보이듯이 하나의 분권형 경찰체제 즉 하나의 조직을 가진 경찰체제는 논리적으로 분권화가 불가능하다고 하며, 아래 표에 적용할 국가는 없다고 한다.

구 분	집권화	분권화
단수기관	XXX	000
복수기관	XXX	XXX

한편, 복수조직일수록 분권화가 높지만 복수조직이라도 명령계통의 중앙집중화, 즉 집권화 정도와 중앙기관의 조정능력에 따라 또다시 집권화와 분권화의 정도를 나누고 있다.

각국의 경찰구조에 대한 기술을 함에 있어 두 가지 주요 사항이 있다.

먼저 집권화와 마찬가지로 분권화된 경우의 중앙정부(national government)라도 지방 정부단위(subordinate government)가 감당할 수 없는 법집행문제를 해결하기 위해 권한이 중첩된 경찰기구를 창설한다. 미국의 연방범죄수사국(FBI), 캐나다의 왕립기마경찰대(RCMP), 인도의 중앙수사국, 일본의 경찰청, 독일의 연방범죄수사청(BKA, Bundeskriminalamt), 브라질의 연방경찰 등이다. 엄격히 말해 모든 복수기관을 갖는 국가들은 조정을 받지 않는 조직을 가지고 있다. Bayley는 복수의 조정기능이 가능한 경찰조직을 갖고 있는 나라들을 볼 때, 중앙정부의 법 집행력은 전체 경찰측면에서 보면 상대적으로 중요하게 여겨지지 않는다고 보았다.

또한 Bayley는 중앙정부의 권한의 범위는 여러 방법으로 축소되고 있다고 보았다. 그 방법은 중앙조직의 관할 범위를 줄이는 것과 중앙조직의 기능과 권한을 지방 조직에게 위임하는 방법이 있으며, 또는 중앙조직의 간섭이나 조정은 지방 경찰기구의 요청이 있을 때만 허용이 되는 방법이 있다.

근래 보편적인 중앙경찰기관의 존재는 특별사법권을 행사하는 공공경찰기관과의 업무와 중복되면서 복잡하게 전개되었지만, 세계 경찰을 다음의 세 가지 유형으로 분류하였다.

구 분		집권형(Centralized)	분권형(Decentralized)
단수기관 (single)		스리랑카, 싱가포르, 폴란드, 아일랜드 이스라엘	
복수기관 (multiple)	조정 (coordinated)	프랑스, 핀란드	영국, 네덜란드, 캐나다, 구 서독, 인도, 일본
	비조정 (uncoordinated)	이태리, 구소련	벨기에, 스위스, 미국

다만, Bayley는 집권성과 분권성의 개념이 혼란스럽다는 전제하에 조사하였으며, 세계 각국 경찰제도에 대한 자료의 부족과 다양성으로 인해, 표본조사한 각국의 경찰체제의 77%가 집권적이라고 하였지만 나라마다 특이하고 다양한 경찰기관들을 가지고 있어, 철저히 각국을 조사할 때까지는 공식화할 수는 없다고 하였다.

참고▸ David H. Bayley(1933~)

Bayley 교수는 1955년 미국 Ohio에 있는 Denison Univ.에서 철학을 전공하였고, 1957년 영국 Oxford Univ.에서 철학, 정치학, 경제학 석사를 받았으며, 1961년 미국 Princeton Univ.에서 정치학 박사를 받았다. 그 후 미국 뉴욕 Albany Univ.에서 형사법을 가르치다가 최근에 은퇴하였다. 그는 인도와 일본, 미국의 정치제도와 경찰제도에 대해 많은 연구를 한 것으로 알려지고 있다. 여기서 인용한 것은 *Patterns Of Policing:– A Comparative International Analysis*, Chapter 3: The Structure Of Policing(National Structures Described, 1990)이다.

제2절 | 영국경찰

영국은 잉글랜드, 스코틀랜드, 웨일즈, 북아일랜드의 연방국가이다. 그러나 왕국(Kingdom)으로 대우받는 나라는 잉글랜드와 스코틀랜드이고, 웨일즈는 공국(公國)으로, 북아일랜드는 지방으로 의전을 갖추고 있다. 여기서의 영국경찰은 잉글랜드를 지칭하고 영국을 위주로 경찰제도를 설명하는 한편, 보충적으로 스코틀랜드와 웨일즈 등도 함께 설명하기로 한다. 영국은 2009.4.27. 현재 47개의 도(ceremonial counties)와 7개의 특별시(seven of countries, covering the major conurbations, are known metropolitan countries including Greater London)로 구성된 지방행정조직을 갖고 있다.

1. 영국경찰의 역사

가. 경찰의 개념과 근대 이전의 경찰

(1) 영국에서 경찰을 지칭하는 용어는 경찰(police), 보안관(sheriff), 치안관(constable) 등이 있다.

(2) 경찰(Police)은 고대 그리스 도시국가 Polis에서 유래한 것으로 영국에서는 사회적 통제를 유지하는 기능과 그 기능을 수행하기 위해 설립된 조직체를 의미한다. Police라는 용어는 1829년 런던수도경찰청의 설립과 더불어 사용하기 시작하였다.

(3) 시어리브(shire reeve)와 보안관(sheriff)

앵글로색슨 정착기 10가구씩 형성된 부락인 10호 담당제(tithing or tything)가 모여 100호 담당제(hundreds)를 형성하고, 100호 담당제를 다시 모아 shire(오늘날의 county)를 구성하였고 이 시어(shire)의 수장으로서 왕으로부터 재판권을 위임받은 지역장관을 리브(reeve)라고 칭하였다. 1066년 이후 노르만족이 색슨족을 점령하면서 왕이 직접 임명하는 보안관(sheriff)을 파견하였다.

(4) 에드워드 1세(1239~1307) 시대의 경찰

인구증가와 도시발달로 10호 담당관(tithing or tything man)에 의한 질서유지가 어려워졌다.

(가) 「윈체스터법」의 제정(1285년)

약화된 10호 담당제(tithing or tything) 제도를 행정력을 갖춘 지방정부 단위로 변천한 교회단위인 교구에 경찰직을 고용하도록 하여 교구경찰 또는 교구치안관(parish constable)을 교구마다 1년씩 무급으로 복무하도록 하였다.

(나) 치안관(constable)의 임무

치안관(constable)의 주 임무는 범법자를 체포하여 법정에 데려오는 것이며, 도시지역의 치안관(constable)은 야경원을 지휘하여 치안을 유지하였고, '치안조력의무(Hue and cry 제도)'를 통해 일반시민에게 범인추격과 체포의 명령을 강제할 수 있었다.

(다) 새로운 치안제도의 도입

윈체스터법령은 노르만족의 침공과 1829년 수도경찰법 사이 약 600년간 경찰활동을 규율하는 일반원칙이었으나 18세기 산업혁명으로 새로운 치안제도로의 수정이 불가피하게 되었다.

나. 근대경찰의 창설

(1) 수도경찰청(Metropolitan Police Service) 창설(1829년)

(가) 로버트 필(Robert Peel, 1788~1850, 당시 내무장관, 현대경찰의 시조) 경에 의해 출범하게 되었다.

(나) 여러 경찰조직을 통합하여 계급, 제도, 정복착용 등 영국경찰의 기초를 세웠다.

(다) 범인검거만을 목적으로 하던 과거와 달리 순찰을 통한 범죄예방을 강력히 주창하였다.

(라) 필 경(卿)은 "경찰의 기본적인 임무는 범죄와 무질서의 예방이다(The basic mission for which the police exist is to prevent crime and disorder)"라고 하여 경찰의 임무를 명확히 하였다.

(2) 1856년 「카운티와 자치경찰법」(County and Borough Police Act)를 제정하여 자치경찰에 대한 내무부장관의 감독·통제권을 강화하여 경찰기관 간의 통일성 확보와 적법한 법 집행력을 마련하였다.

참고▸ 로버트 필(Robert Peel) 경의 법집행 원리

1. 경찰의 기본적 사명은 범죄와 무질서를 예방하는 것이다.
2. 경찰의 능력은 경찰의 존재, 행동, 행위에 대한 공공의 승인과 공공의 존중을 확보하고 유지하는 능력에 의해 좌우된다.
3. 경찰은 공공의 승인과 존중을 확보, 유지하는 것은 물론 법을 준수하는 임무에 있어서 공공의 협조를 확보하고 유지하여야만 한다.
4. 공공의 협조를 확보할 수 있는 정도를 항상 인식하는 것은 비례적으로 경찰목적을 달성하기 위한 강제와 물리력의 이용에 대한 필요성을 감소시킨다.
5. 공공의 의견에 영합함이 아니라 법에 대한 절대적으로 비당파적인 서비스를 보여 줌으로써, 그리고 부와 사회적 지위와 무관하게 모든 공공의 구성원에게 개별적인 서비스와 친근감을 항상 제공함으로써, 생명을 보호하고 보전하는 데 있어서 항상 희생함으로써, 공공의 호의를 구하고 보전하여야 한다.
6. 설득·충고·경고는 질서를 되찾거나 법의 준수를 확보하는 데 필요한 정도로 행하고, 공공의 협조를 얻는 데 불충분할 때에만 물리력이 행사되어야 하고, 그것도 특정한 경우 경찰목적을 달성하는 데 필요한 최소한으로 사용되어야 한다.
7. 항상 '경찰이 곧 공공이고, 공공이 곧 경찰'이라는 역사적 전통에 현실성을 불어넣어 주는 공공과의 관계를 유지하여야 하는데, 경찰은 단지 지역사회의 존재와 안녕이라는 이익을 위하여 모든 시민에 대한 임무를 수행하도록 보수를 받는 공공의 구성원일 따름이다.
8. 경찰 효율성의 검증은 범죄와 무질서가 존재하지 않는 것이지, 범죄와 무질서를 다루는 데 있어서 경찰행동의 가시적 증거가 아니라는 것을 항상 인식하여야 한다.

다. 현대경찰로의 발전

(1) 1964년 「경찰법」(Police Act) 제정

영국경찰은 1964년 경찰법을 제정하면서 커다란 변혁을 맞는다. 영국은 이 법에 의하여 경찰을 운용하는 3원 체제를 갖게 되는데, 즉 내무부장관은 경찰력을 가장 효율적으로 운용할 수 있도록 각 지방의 경찰청을 통폐합하고, 경찰위원회의 위원들을 새롭게 구성하였으며, 중앙정부의 경찰에 대한 감독 기능을 강화시켰다.

(2) 2000년 수도경찰청의 자치경찰화

경찰에 대한 민주적 통제를 주장하던 노동당이 집권하자 1998년 런던시민 투표에 의하여 런던자치정부의 부활과 함께 독립된 런던경찰위원회 위원들을 선임하고, 런던경찰청장의 독자적 지휘권을 보장하는 내용으로, 1829년 수도경찰법으로 런던경찰청이 창설된 이래 처음으로 다른 자치단체와 마찬가지로 자치경찰로 바뀌었다.

(3) 2002년 「경찰개혁법」(Police Reform Act) 제정

지방경찰의 효율성 제고를 위하고 국가단위의 범죄수사를 강화하기 위하여 국가경찰권을 확대하는 내용으로 제정되었다. 이에 따라 내무부장관의 권한강화와 지방경찰의 합병, 국가단위 경찰수사조직 강화로 나타났다.

(4) 2006년 중대조직범죄청(The Serious and Organized Crime Agency) 창설

국가적 범죄와 국제범죄인 조직범죄, 마약거래, 인신매매, 테러 등에 관한 정보수집 및 수사를 할 수 있는 중앙수사기관을 창설하여 그동안 어려움을 겪었던 자치경찰의 한계를 극복하였다.

2. 영국경찰의 조직

가. 자치경찰제 유지와 중앙통제의 강화

(1) 내무부의 조정 · 통제를 받는 북아일랜드 경찰을 제외하고는 원칙적으로 상호 지휘나 감독 · 통제받지 않는 자치경찰제를 유지하고 있다.

(2) 지방경찰의 난립을 막고 조직과 권한행사의 통일성을 기하기 위해 중앙통제장치 확산과 국가수사업무를 담당하는 독자적인 경찰기구를 설치하였다.

나. 삼원체제(Tripartite system)

(1) 체제 개요

전국에 52개 지방경찰청(잉글랜드와 웨일즈에 43개, 스코틀랜드에 8개, 북아일랜드에 1개)이 존재하며, 지방경찰청의 관리는 내무부장관(Secretary of State for the Home Department), 지방경찰위원회(Local Police Authority), 지방경찰청장(Chief Constable, 수도경찰청장과 런던시티 경찰청장은 Commissioner) 3자가 권한과 책임을 분담하는 삼원체제로 운영하고 있다.

(2) 내무부장관

(가) 자치체 경찰을 전국적으로 지휘・감독하는 기관

(나) 경찰의 능률성을 향상시키기 위한 권리행사 가능

(다) 지방경찰위원 5명을 실질적으로 선임. 지방경찰청장 및 차장의 임명승인 및 해임요구

(라) 각 지방경찰청장에게 특정사안에 대한 진상보고서 제출요구

(마) 매년 각 지방경찰청의 활동내역을 담은 연례보고서를 지방경찰청장들로부터 보고받음

(바) 각 지방경찰청 예산의 50%씩 자원 및 간부교육 관여

(사) 경찰의 근무조건, 행정 등에 관한 규칙제정권 보유

(아) 표준업무처리 방안 제정 및 전국적 치안목표설정 및 평가를 보조금 지급에 반영

(자) 공공의 안녕과 질서유지를 위해 필요한 경우, 특정 지방경찰청장으로 하여금 타지방경찰청을 원조토록 지휘 가능

(3) 지방경찰위원회(Local Police Authority)

(가) 구 성

총 17명으로 구성되며, 지방의회에서 선임한 지방의회의원 9명, 치안법관위원회에서 선임한 치안법관 3명, 특별한 선발위원회에서 선발되거나 내무부장관이 추천한 독립적 위원 5명으로 되어 있다.

(나) 임 기

위원의 임기는 4년이고, 연임할 수 있다.

(다) 임 무

① 해당 지역 경찰의 적절하고 효율적인 경찰력의 확보
② 내무부장관의 동의하에 건물 · 구조 · 토지 등을 경찰에 제공
③ 지방경찰청 예산 · 재정 총괄
④ 차량 · 장비 · 피복 등을 경찰에 제공
⑤ 매년 해당 지역 지방경찰청의 활동내역을 담은 연례보고서 제출받음
⑥ 지방의회의 경찰업무와 관련한 질의에 답변

(4) 지방경찰청장(Chief Constable)

(가) 해당 지역 경찰의 지휘 · 통제, 독자적인 지휘권 보유
(나) 내무부장관이 정한 규칙에 따라 차장 이외의 경찰관 인사권
(다) 매년 내무부장관과 지방경찰위원회에 보고서 제출

(라) 특정사안과 관련하여 내무부장관, 지방경찰위원회 요구 시 보고서 제출

다. 잉글랜드 · 웨일즈

(1) 수도경찰청(Metropolitan Police Service)

(가) 1829년 로버트 필(Robert Peel) 경이 수도경찰청법안을 제정하였다.

(나) 형사 · 경비 등 실무분야에서 전국 경찰의 중추적 역할을 수행한다.

(다) 창설 당시 수도경찰청의 국가적 · 국제적 경찰기능과 수도치안의 중요성을 감안하여 다른 지방경찰청과 달리 내무부장관이 경찰위원회의 역할을 수행하여 지역주민의 통제가 배제되었다.

(라) 경찰에 대한 민주적 통제'를 주장하는 노동당의 집권 후 1998년 5월에 「런던자치정부 수립을 위한 법안」이 런던시민투표로 통과되어 2000년부터 자치경찰로 전환되었다. 그러나 왕실경호 · 대테러 등 국가적 사무와 외국의 공조수사 등 국제적 사무는 여전히 내무부장관과 수도경찰청장 양자 간에 논의하여 결정하고 있다.

참고▸ 수도경찰청과 런던시티경찰청

1. 수도경찰청(MPS) 관할인구 약 740만 명, 경찰력 5만 2천 명
(At the end of February 2010, the MPS employed 52,111 personnel. This included 33,258 sworn police officers, 4,226 Special Constables, 14,332 civilian police staff, and 4,520 non-sworn Police Community Support Officers.: en.wikipedia.org/Metropolitan_Police_Service)

2. 런던시티경찰청(City of London police)은 2.8㎢의 관할면적과 상주인구 8천 명, 일일유동인구와 차량 30만 명과 30만 대 관할, 경찰관 813명을 포함한 1,200명
(With around 1,200 employees, including 813 police officers, 85 Special Constables, 48 PCSOs and three police stations(located in Snow Hill, Wood Street and Bishopsgate), the City of London Police is the smallest territorial police force in England and Wales, both in terms of geographic area-the square mile centre of London-and the number of police officers. The Commissioner since December 2010 is Adrian Leppard, formerly Deputy Chief Constable of Kent Police: en.wikipedea.org/wiki/City_of_London_Police)

(2) 지방경찰(Local police)

(가) 지방자치단체가 관리하는 자치경찰체제이다.

(나) 삼원체제에 따라 내무부장관, 지방경찰위원회, 지방경찰청장이 권한과 책임을 분담하고 있다.

라. 기타 경찰기관

(1) SOCA(The Serious and Organized Crime Agency)

(가) 2006년 중대조직범죄청(SOCA) 창설로 기존의 국가범죄정보국(NCIS 1992년), 국제범죄수사국(NCS 1997년)을 흡수하였다.

(나) 직접 수사활동을 하거나 대테러와 대간첩활동은 하지 않고, 범죄정보를 수집, 분석하고 지방경찰의 활동을 지원하는 범죄정보기관으로서의 성격을 가진다.

(2) 국가경찰력 향상국(NPIA, National Policing Improvement Agency)

(가) 2007년 4월 경찰정보기술기구를 포함한 다른 조직을 통합하여 출범하였다.

(나) 경찰의 3원체제의 비효율을 개선하기 위하여 경찰능력향상을 목적으로 창설하였다.

(다) 국가 차원에서 지방경찰이 일정한 수준을 갖출 수 있도록 정보통신기술・정보의 공유와 경찰관 교육을 지원한다.

(라) 중대범죄분석실, 범죄수사지원실, 국가피해자자료실, 국가실종자담당실로 구분되어 있다.

3. 수사상 경찰의 지위

가. 잉글랜드・웨일즈는 영미법 체제, 스코틀랜드・북아일랜드는 대륙법 체제로 운영한다(이하에서는 잉글랜드・웨일즈를 중심으로 서술).

나. 피해자 등 사인(私人)이 변호사를 선임해서 기소업무를 수행하게 하는 사인소추주의(사실상의 公衆소추주의)의 전통이 있다.

다. 경찰에서 수사와 기소를 함께 담당함에 따라 공정성의 문제대두로 1985년 국립기소청(Crown Prosecution Service)을 창설하여 경찰업무에서 기소업무를 분리하였다.

라. 중앙집권적 검찰조직의 수장은 검찰총장(Director of Public Prosecutions)이며, 법무장관(Attorney General)을 통해 의회에 대해 책임을 진다.

마. 경찰은 불심검문, 압수・수색권, 체포・구금권, 피의자 신문권, 참고인 조사권, 기타의 증거 조사권을 가지며, 각종 영장청구권도 보유하고 있다.

제3절 | 미국경찰

1. 미국경찰의 역사

가. 식민지시대와 독립 초기의 경찰

(1) 영국의 경찰제도를 각 지방의 특성에 맞게 영국식 보안관(sheriff)과 치안관(constable), 자경대(watch) 제도를 도입하였다.

(가) 치안관(constable)

처음 선거직으로 선출되었으나 이후 일부 임명직으로 전환하여 법집행과 질서유지업무를 담당토록 하였다.

(나) 보안관(sheriff)

식민지 주지사가 임명하는 지방정부 최고책임자로 형법을 집행하며, 세금징수 · 선거사무 · 도로 및 교량 건설 등의 사무를 담당하였다.

(다) 자경대(watch)

화재 · 범죄 · 소란 등을 예방하기 위하여 도시를 순찰하는 자경대를 설치하였다. 초기는 야간순찰만 담당하다가 도시가 확대되면서 주간 자경대도 조직하였다.

(2) 독립 후 영국식 경찰제도를 개혁하여 1790년대에 뉴욕 시에 새로운 경찰제도가 성립되었으며, 연방정부도 연방보안관을 각 주에 1명씩 임명하고 각 주에 연방검사 1인을 두었다.

나. 근대 경찰의 탄생

(1) 배 경

1830년대에서 1840년대에는 인플레이션과 실업 등 도시화와 산업화에 따른 사회문제가 급증하였다. 이로 인하여 사회는 혼란스러웠고 또한 여러 이민자들이 밀려들어 오면서 범죄가 증가하여 경찰이 등장하기 시작하였다.

(2) 근대 경찰의 탄생

1838년에 근대경찰의 기원인 보스턴 시 경찰이 설립되었다. 1845년에는 미국 처음으로 뉴욕시 경찰서가 설립되었고, 1833년에는 필라델피아 경찰이 창설되었으나 재정 이유로 2년 후 폐지되었다가 1848년 필라델피아 경찰로 다시 설립되었다. 이후 1851년 시카고 시 경찰이 조직되었다.

다. 경찰개혁과 발전

(1) 배 경

19세기 미국경찰은 비전문적이고 범죄와 유착하거나 직접 부패에 관련되어 시민들의 불만이 높았고 경찰행정의 비능률이 지배하였다. 또한 지나친 지방분권화와 정치적 영향으로 효과적인 범죄 대처가 불가능하였다.

(2) 경 과

(가) 각 주(州 State)별로 경찰이 재조직되었다. 1835년 텍사스 주에서 텍사스레인저(Texas Ranger)가 창설되고, 1905년에는 펜실베이니아 주 경찰청(State Constabulary), 1920년 매사추세츠 경찰(District police) 등이 설립되었다.

일반치안유지는 주(州)의 임무로서 자치체가 담당하였다.

(나) 연방범죄수사국 창설

연방경찰은 주(州) 간 통상이나 화폐위조 방지, 도량형 표준화, 우편사무의 증가 등에 의한 필요성 때문에, 1908년 루즈벨트 대통령의 지시로 연방정부에 최초로 전담범죄수사기관으로 '수사국(Bureau of Investigation)'이 설치되었고, 1935년에 '연방범죄수사국(FBI, Federal Bureau of Investigation)'으로 개칭되었다.

(3) 1960년대 인권운동과 경찰수사의 전환

(가) 1961 Mapp v. Ohio 판결

연방대법원은 불법수색과 압수로 수집한 증거는 피고인에게 불리하게 사용될 수 없다고 판시하였다. 이른바 맵판결은 위법하게 수집한 증거는 증거능력이 없다는 원칙을 제시한 판결로서 유명하다.

※ Mapp V. Ohio 367 U.S. 643(1961)

Mapp 판결은 "신체 · 가택, 서류 및 동산에 있어서 부당한 수색이나 압수로부터 안전할 국민의 권리는 침해될 수 없으며, 상당한 이유에 근거하고 선서 또는 무선서 증언에 의하여 뒷받침되더라도 수색할 장소 또는 압수할 신체와 물건을 특정하여 기재하지 않은 채로는 어떤 영장도 발부될 수 없다"고 규정함으로써 부당한 수색과 압수를 금지한 수정헌법 제14조 안에 통합시켜 Weeks V. U.S.(1914)에서 처음으로 인정된 바 있는 위법수집증거배제의 원칙(exclusionary rule)을 주 법원들의 기소사건에까지 확장시켰다.

(나) 1966 Miranda v. Arizona 판결

경찰관은 신문 전에 피의자에게 묵비권, 그의 진술이 법정에서 불리하게 작용될 수 있다는 것, 즉 변호인선임권, 공선변호인 선임 등 피의자의 권리를 고지하여야 한다고 판시하였다. 이른바 '미란다원칙'이라는 것으로서 수사기관은 미리 피의자의 권리를 고지하여야 한다는 원칙을 확립한 판결이다.

※ Miranda V. Arizona 384 U.S. 436(1966)

1963.3.13. 피의자 Ernesto Miranda는 그의 집에서 체포되어 Phoenex 경찰서에 구금되었다. 그는 증인에 의하여 범인으로 인정되었고, 두 명의 경찰관에게 신문을 받은 후 자백서에 서명하였다. 자백서에는 자백은 임의로 위협이나 면책의 약속이 없이 그리고 내가 하는 진술이 나에게 불리하게 이용될 수도 있다는 사실을 이해하고 나의 법적 권리들을 충분히 알고서 취해졌다는 취지의 기재가 인쇄되어 있었다.
1심에서 유인과 강간죄로 단기 20년 장기 30년의 형을 선고받았으며, 항소심인 Arizona 대법원은 Miranda가 변호인을 요청하지 않았다는 사실을 강조하고 유죄를 인정하였다.
연방대법원은 경찰관들의 증언과 피고인의 진술에 의하면 Mirnada는 변호인과 상담하고 신문 중 변호인을 입회시킬 수 있는 권리를 고지받지 않았고, 어떠한 방법에 의하더라도 자기부죄(自己負罪)를 강제당하지 않을 권리가 보장되지 않았다. 이러한 피고인의 권리를 고지하지 않은 경우에는 그 진술은 증거로서 허용될 수 없는 것이다.
피고인이 법적 권리를 숙지하고 있다고 인쇄된 진술서에 서명했다는 단순한 사실로서 그가 헌법상 권리를 포기하는 데 필요한 지적이고 이성적인 권리를 포기했다고 볼 수 없다며 파기 환송하였다.

2. 미국경찰의 조직

가. 현 황

가장 분권화된 경찰조직으로 기능이나 작은 지역에도 독립적인 경찰조직이 존재한다. 미국 경찰은 서로 다른 여러 수준의 수많은 유형의 기관들로 구성되어 있다. 모든 주(州)들은 자기들의 고유 명칭을 가진 기관들을 가지고 있으며, 그들 권한과 책임하에 다양하게 설치 운용하고 있어서 각 경찰기관의 수는 파악하기 어렵다.

미국경찰은 크게 연방경찰(Federal police), 주 경찰(State police), 지방경찰(Local police)로 구분할 수 있다. 그러나 연방경찰은 일반적인 경찰(police)이 아닌 법집행기관(Law Enforcement Agency)으로 불린다(이하 wikipedia, Law enforcement in the United States).

나. 연방경찰(Federal police)

(1) 개 요

연방의 여러 부처에 다수의 연방 법집행기관이 있다.

연방정부의 기능을 침해하는 국가적 범죄 및 주(州) 간 범죄단속에 한정한다.

(2) 주요 기관

법무부 산하의 연방범죄수사국(Federal Bureau of Investigation), 연방보안관실(United States Marshals Service), 마약단속국(Drug Enforcement Administration, DEA), 알코올・담배・총기・폭발물국(Bureau of Alcohol, Tabacco and Firearms, ATF) 등이 있다.

(가) 국토안보부(Department of Homeland Security)

국토안보부는 2001년 9・11테러 이후 대테러 대책의 하나로 2003년「국토안보법」에 의거하여 신설되었다.

(나) 경찰업무를 수행하는 직속기관으로 해안경비대(Coast Guard)와 대통령 경호실(Secret Service), 세관국경보호국, 이민관세국, 위기관리국, 교통안전국 등이 있다.

참고▶ 연방경찰

권한범위	–연방정부의 기능에 대하여 직접적으로 유해하거나 또는 국가적 범죄 및 주 간의 범죄단속에 한정(연방경찰은 연방법만 집행할 수 있음) –2001년 9·11테러 이후 연방경찰의 기능이 강화 내지 확대되는 추세임
연방법집행 기관	–법무부: 연방범죄수사국(FBI), 연방보안관실, 마약단속국(DEA), 알코올·담배·총기·폭발물국(ATF), 국제형사경찰기구 중앙사무국 –재무부: 국세청 –국토안보부(DHS): 해안경비대, 시크리트서비스(SS, 대통령 경호담당)
조직재편의 필요성	연방 법집행기관들은 각 기관의 법집행력을 확보하기 위한 필요에 의해 설립되어서 기관 상호 간의 임무중복과 비효율성 등의 문제점이 발생하게 됨

참고▶ 연방보안관(U.S. Marshals Service)

현황	–전국에 95명의 연방보안관 배치(독립 당시 13명–13개 주에 각 1명) –1789년 워싱턴 대통령이 처음 13명을 임명한 이래 현재까지 지속되고 있음 –건국 초기 연방정부의 유일한 법집행권을 가진 조직이었으며, 형사사법관계의 임무를 수행
관할	각 연방법원과 같은 관할
임기	4년
임명절차	상원의 조언과 승인에 따라 대통령이 임명
임무	관할법원의 법정관리와 법정경비, 체포영장·기타영장·소환장의 집행, 연방범죄 피의자 호송 및 탈주범 수사, 증인의 신변안전, 기타 법무부장관의 특별지시 이행
연방보안관	독립관직. 다만, 임무의 효과적 수행을 위해 법무부 내에 수석연방보안관을 장으로 하는 연방보안관실이 있고, 각 연방보안관 사무소의 직무지도·조정·직원의 훈련 담당
부보안관 (Deputy Marshal)	–연방보안관의 임무수행 보조 –통상의 연방공무원 시험에 합격한 일반직 공무원으로 임명

다. 주 경찰(State police)

(1) 개 요

대부분의 주(州) 경찰은 수사와 주 순찰임무를 포함하여 법집행권한을 가지고 있으며, 주 경찰국(State police)과 주 순찰대(State Patrol) 또는 고속도로순찰대(Highway Patrol)로 구분되고 있다. 다른 주에서는 그들은 보통 주(州) 공안국(Department of Public Safety)의 소속으로 되어 있다. 한편 주(州) 법무장관(the Attorney General of each state) 소속으로 자체 수사기관을 가지고 있다.

(2) 조직과 권한

(가) 연방수정헌법 제10조에 따라 경찰권은 주(州) 정부에 유보되어 있다.

(나) 주(州) 정부는 경찰권을 직접 행사하거나 지방자치단체에 위임하여 행사한다.

(다) 각 주(州)마다 담당하는 임무와 조직의 형태 등이 상이하나 하와이를 제외한 모든 주(州)에서는 주정부에 경찰국을 설립하고 있다.

(라) 주(州) 경찰은 아래와 같이 다양하게 설치 운영되고 있다.

① 주(州) 전역을 관할하는 일반적 경찰권한을 가지고 순찰, 수사, 방범 등의 기본적 경찰기능을 수행하는 형태
② 주요 고속도로에서 순찰활동만 하는 고속도로 순찰대의 형태
(1920년 캘리포니아 주에서 처음 설립)
③ 특별분야에만 권한이 한정된 특별법집행기관이 존재
④ 자원자를 중심으로 하는 주(州) 군인경찰을 가지고 있는 주에서는 주지사의 직할 조직으로서 주지사가 비상시에 치안유지를 위해 동원

(마) 주(州) 공안국을 설치하는 주(州)가 증가하는 추세이다.

(바) 주(州) 경찰의 관리유형

① 주(州) 경찰이 지사에게 속하는 주: 펜실베이니아
② 지사 밑에 경찰위원회를 두어 관리하는 주: 조지아, 뉴멕시코, 텍사스
③ 지사 밑에 법집행청을 두고 이 안에 경찰국, 수사국, 소방국을 두는 주: 일리노이

라. 지방경찰(Local police)

(1) 자치체경찰(Municipal police)

(가) 도시경찰
시(city), 법인격을 인정한 타운(incorporated town), village, borough의 경찰을 총칭한다.

이들은 대부분 자체적으로 경찰국(Municipality Name, Police Department)을 운용하고 있지만, 라스베이거스 경찰국(Las Vegas Metropolitan Police Department)같이 하나 또는 그 이상의 시와 카운티들의 경계를 함께하는 같은 유형의 자치체와 다수의 지역사회를 관할하는 경찰국을 두는 경우도 있다.

(나) 기능

범죄수사와 순찰 등 전형적인 경찰기능을 담당한다.

미국 경찰조직의 핵심으로 4만 명 규모(NYPD)에서 10명 이하 규모까지 다양하다

참고▶ 오하이오의 작은 경찰국

오하이오 남서쪽 조그만 농업마을에 소재한 경찰국은 경찰관 여섯 명과 예비 경찰관 9명으로 구성되어 있으며, 지역주민 2,800명을 관할하고 있다.
(The German Township, Ohio, Police Department, currently consisting of six full-time and nine reserve officers, serves a small agricultural community in southwestern Ohio of approximately 2,800 residents., FBI Law Enforcement Bulletin by William L. Wilcox, Feb. 2004)

(2) 카운티 보안관(County sheriff)

(가) 일반적으로 주 헌법에서 규정된(37개 주), 주민들로부터 직접 선출된 독립된 기관이다. 하와이 주에서는 임명직이며, 지역경찰이 없는 유일한 지역이다.

(나) 범죄수사, 순찰 등 모든 경찰권을 행사하며 이외에 구치소관리, 일정세금징수, 법정경비 등 업무를 수행한다.

(다) 정치와 밀접한 관련을 가지고 있어 주민의 요구에 부응할 수 있는 등 정치적 이해관계에 민감하다.

(라) 자치체경찰과 업무중첩의 경우 시(City) 경찰이 일차적인 권한을 행사한다.

3. 수사상 경찰의 지위

가. 전통적인 권력분립사상과 지방분권주의를 바탕으로 지방에 따라 다소의 차이는 있으나 수사권은 경찰에, 소추권은 검찰에 배분됨이 일반적이며 우리 「형사소송법」 제196조와 같은 규정은 없다.

나. 검찰은 연방검찰과 지방검찰로 구분되며, 경찰이 수사를 개시・진행・종결하여 검찰에 송치 후에야 비로소 검사가 기소 여부를 결정하고 소추절차를 진행한다.

다. 경찰이 수사과정에서 검사의 조언을 구하거나 체포영장의 검토를 받는 경우가 있는 등 경찰과 검찰은 기소를 위해서 상호신뢰 및 긴밀한 협력관계를 유지하고 있다.

라. 수사가 검사의 주된 임무라고는 볼 수 없으나, 주(州)에 따라서는 조직범죄, 경제범죄, 공무원범죄 등 특수한 범죄는 직접 수사하기도 한다.

마. 검사의 경찰에 대한 통제는 송치사건에 대한 기소거부, 보완수사요구로 한정되어 있고 경찰이 독자적으로 기소・불기소에 대한 결정을 하여 기소할 가치가 있다고 인정되는 사건에 한하여 검찰에 송치한다. 다만, 기소 불가능하거나 가치가 없다고 판단할 경우 독자적으로 사건을 종결할 수 있다.

참고▸ HAWAI 경찰제도

하와이는 다른 주와 달리 주 경찰국이나 개별적인 시 경찰국을 가지고 있지 않다(Unlike the other 49 states, Hawai'i does not have a state police agency per se or individual city agencies). 호놀룰루경찰국(The Honolulu Police Department(HPD) is the principal law enforcement agency of the City and County of Honolulu, Hawai'i, headquartered in the Alapai Police Headquarters in Honolulu CDP.)은 1932년에 창설되어 O'ahu 섬 전체(호놀룰루의 시와 군)인 약 1,600km²를 담당하고 있다. 호놀룰루 경찰국(HPD)은 미국 전체에서 21번째로 큰 경찰국으로 약 2,500명이 근무하고 있다. 그럼에도 HPD는 법집행기관인증위원회로부터 국가적으로 인증받은 기관이며, 하와이는 개별적인 군 정부에 의하여 사법권이 집행되고 있다(law enforcement is the jurisdiction of the individual county governments. The HPD is nationally accredited by the Commission on Accreditation for Law Enforcement Agencies(CALEA)).
(Honolulu Police Department From Wikipedia, 2011.8.26).

제4절 | 독일경찰

1. 독일 경찰의 역사

가. 14세기 이후 바이마르공화국(Weimarer Republik, 1919~1933) 시대

(1) 14세기 이후부터 전통적으로 봉건영주에게 영주로서의 권한행사를 보장하기 위하여 교회권을 제외한 포괄적인 국가적 작용의 경찰권을 부여하였다.

(2) 18세기 후반 경찰권의 행사가 공공복리의 증진이 제외되고 공공질서 유지만을 고유로 하며 농촌에서는 기마경찰, 도시에서는 자치체경찰 형태로 출발하였다.

1808년 자치행정을 채택하였으며, 이후에도 경찰은 국가사무로 남아 있었다.

1812년 종래의 기마경찰을 개편하여 정식으로 경찰대를 창설하였다.

1848년 베를린에서 처음으로 국가경찰인 정부경찰이 생겼고, 이어서 다른 도시로도 파급되어 갔다.

(3) 비스마르크(Otto E. L. Bismarck, 1815~1898)의 독일제국통일(1871.4.) 때의 제국헌법 제정 당시와 1919년 11월 바이마르공화국의 개혁시대에도 이러한 전통에는 별다른 변화가 없었다.

나. 제1차 세계대전 전후의 독일경찰

(1) 제1차 세계대전 전후

제1차 세계대전 중에 치안을 확보하기 위하여 1919년 중앙집권적인 경찰을 창설하였다.

이듬해 연합국은 중앙집권적 경찰의 해체를 요구하고 중앙집권적인 조직을 금지 하여 이전과 같은 지방경찰로 재편성하도록 하였다.

이에 따라 1934년까지의 독일의 경찰제도는 대체로 각 주(州)에 따라 상이하여 전국적으로 통일된 제도가 없었다.

(2) 히틀러의 나치시대

히틀러의 나치시대에는 각 주(州)의 주권을 박탈하고 경찰권도 각 주(州)의 권한으로부터 중앙정부로 귀속하게 된다.

프로이센 내무부장관 직속하에 비밀국가경찰을 설치하고 전국의 정치경찰사무를 담당하게 하였는데, 이것이 비밀경찰인 게슈타포(Gestapo)였다.

(3) 제2차 세계대전 이후

제2차 세계대전 이후 연합국은 독일경찰의 기본적 개편방향으로서 경찰의 탈나치화・탈군사화・비정치화・민주화・지방분권화를 추진하였다. 따라서 독일경찰은 협의의 행정경찰, 즉 소방・영업・위생・건축 등의 업무를 경찰로부터 분리하여 일반 행정기관에 이관시키는 비경찰화 작업을 단행하였으며, 독일경찰은 보안경찰이 경찰의 주 임무로 되었다.

(4) 1949년「독일기본법」(Grundgesetz für die Bundesrepublik Deutschland)

일반경찰행정권은 주(州) 정부의 권한에 속하도록 하였고, 독일 경찰조직의 중점이 1933년 이전과 같이 다시 주(州)에 이전되어, 각 주(州)는 고유의 경찰법을 제정하게 되었으나, 이것이 곧 자치체경찰 제도로의 전환인 것은 아니다.

대부분의 주(州) 정부에서는 자치입법으로 주(州) 단위의 국가경찰 제도를 채택하고 있기 때문이다. 참고로,「독일기본법」은 통일 시까지 헌법으로 사용한다는 의미에서 기본법(Grundgesetz)이라고 하였으나 통일 이후에도 계속 사용하고 있으며, 당시 서독 수도인 Bohn에서 만들었기에「본(Bohn)기본법」이라고도 한다.

(5) 현대 독일의 경찰

경찰사무가 각 주(州) 정부의 사무라고 하지만, 1950년대 연방단위의 헌법보호청, 국경경비대(연방경찰), 연방범죄수사청 등이 설립되었고, 국경경비대 산하에는 1972년 뮌헨올림픽 당시 '검은9월단'에 의한 이스라엘 선수단 테러사건이 있은 후 GSG-9 대테러부대가 창설되었다. 한편, 2005년 연방국경수비대가 연방경찰청(Bundes polizei)로 개칭되었다.

(6) 연방 및 각 주(州) 통일경찰법 모범초안

독일에서는 「독일기본법」이 정하는 특별경찰－국경경비경찰, 연방수사경찰을 제외하고 일반경찰권은 주(州)의 권한으로 되어 있어서(GG 제81조 제1항), 각 주(州)의 경찰작용법의 통일·조정을 위한 기준으로서 초안 작성에 노력을 기울여 왔다. 1972년에 「독일 연방 공화국의 국내 치안을 위한 강령」이 채택되어 각 주(州)의 경찰법 통일을 위한 모델을 작성하기 시작하여 1975년 6월 20일 초안을 발표하였고 이 초안을 1976년 6월 11일 위원회에 붙여져 1977년 11월 25일 최종초안이 결정되었다(남승길, 1992).

이에 따라 대부분의 주(州)에서는 전체 또는 부분적으로 경찰법을 개정하여 경찰법의 통일을 기하고 있다. 참고로, 1990년 10월 3일 동·서독의 통일이 이루어졌다.

2. 독일경찰의 조직

가. 개 설

「독일기본법」 제30조, 제70조에 경찰조직은 각 주(州)의 입법사항으로 규정되어 있으므로 경찰권은 원칙적으로 주(州) 정부에 있다. 다만, 전국적으로 특수상황이나 긴급사태에 대비하기 위하여 제한된 범위 내에서 연방정부의 경찰권을 인정하고 있다.

독일은 패전 후 연합국에 의해 강력했던 독일국가경찰제를 폐지하고 각 주(州)에 경찰권을 부여하여 외관상 주(州) 경찰체제를 갖추고 있지만, 독일은 연방공화국이기 때문에 각 주(州)가 국가와 같은 기능을 하고 있다. 각 주(州)마다 경찰교육기관을 갖고 있어 주(州) 경찰을 양성하고 있으며, 특히 노르트하인-베스트팔렌(Nordrhein－Westfalen) 주(州)의 뮌스터(Münster) 시에 소재하고 있는 경찰대학원은 경찰재직 8~10년 경험자 중에서 각 주(州)별 2~3명씩 총 40명을 선발하여 6개월간 교육을 수료한 자만이 최고급 경찰관이 될 수 있는 자격이 주어지며 또한 대학원과정을 이수할 경우 박사학위까지 수여하는, 독일에서 가장 유력한 경찰교육기관이다.

나. 연방경찰과 주(州) 경찰과의 관계

(1) 독일은 연방제국가로서 주(州)가 미국의 주(州)와 같이 자치권이 매우 강하여 그대로 하나의 국가이며, 주(州) 내무부장관 밑에 주(州) 경찰이 있다. 주(州) 내무부장관은 경찰법의 시행을 위한 각종 법규명령, 행정규칙 등 제정권이 있다.

(2) 연방경찰과 주(州) 경찰은 상호 독자적인 지위를 유지하며, 양자 사이에 연방경찰을 상위에 두는 상명하복의 관계는 인정되지 않는다.

(3) 연방 내무부장관은 주(州) 경찰에 대해서 원칙적으로 재정부담이나 지휘통솔의 권한을 가지지 않는다.

(4) 예외적으로는 연방경찰 관할에 속하는 업무에 관하여 주(州) 경찰에 대한 통제를 인정하고 있다.

연방경찰은 연방정부 내무부소속이며, 주(州) 경찰은 주(州) 정부 내무부소속이다.

(5) 연방경찰은 국경경비와 특수한 업무만을 담당하고 있고, 사실상 지역치안은 주(州) 경찰이 담당하고 있어서 독일 경찰조직의 핵심은 주(州) 경찰이다.

다. 연방경찰

「독일기본법」 제87조 제1항에 따라 연방정부 내무부 소속으로 다음과 같은 연방경찰기관이 있다.

(1) 연방헌법보호청(Bundesamtes für Verfassungsschutz, BfV)

연방헌법보호청은 신나치주의자, 스킨헤드, 좌・우익극단주의자 등과 무장 무정부주의자, 테러 등 반헌정질서범죄 및 범죄자에 대한 정보수집 및 배포를 한다.

(2) 연방경찰청(BPOL, Bundespolizei:)

2005년 7월 1일 국경경비대에서 연방경찰청으로 개칭한 이후 BPOL은 그 임무가 확대되었다. 국경경비(Grenzpolizei) 여권 업무 및 독일의 700km 해안선 경비, 연방 건물의 보호와 외국 대사관, 연방헌법재판소(Bundesverfassungsgericht) 및 연방법원(Bundesgerichtshof), 연방정부가 제공하는 모바일 보안 경비, 국제공항과 독일의 철도 경비와 1972년 '검은9월단'의 테러로 대테러부대인 GSG 9를 창설하였다. 한편 국제경찰(UN)의 임무 지원과 EU의 코소보, 수단, 라이베리아, 아프가니스탄, 가자지구, 몰도바와 조지아에 대한 경찰고문 지원 항공안전을 위한 정보의 제공과 전 세계에 주재하는 독일 대사관에 대한 자체 보안정보를 제공한다.

(3) 연방범죄수사청(BKA, Bundeskriminalamt)

연방범죄수사청은 연방 및 주(州) 경찰(특히 국가범죄 수사) 사이에 외국 수사기관과의 공조수사, 중요 범죄 정보를 수집하고 분석, 관리하며, 모든 중요 범죄와 범죄자에 대해 데이터베이스화하고 테러 또는 정치적 동기 범죄뿐만 아니라, 마약, 무기와 경제・금융범죄의 다른 지역의 사례를 조사하는 한편, 연방범죄 증인보호프로그램과 아동 피해자에 대한 범죄 등 반헌정질서범죄 및 국제적 광역범죄(Interpol의 독일 사무국 업무)에 대한 수사를 하고 있다.

참고▸ 연방범죄수사청(BKA, Bundeskriminalamt)

1. 창설경위
① 1951년 각 주에서 발생하는 전국적인 범죄에 대처하기 위해 연방내무부 산하에 설치되어 있다.
② 국가보호, 경호안전, 기술업무 등 3개과는 맥켄하임, 그 외는 비스바덴에 소재하고 있다.

2. 임무와 권한
① 국제형사기구(Interpol)의 독일 국가사무국이다.
② 주(州) 수사기관의 요청 또는 위임, 내무부장관의 지시, 연방검사의 요청이 있을 경우에 제한적으로 업무를 수행한다.
③ 수사경찰의 총본부가 아닌 범죄수사 분야에서 각 주의 협조 및 지원관서이다.

3. 주요기능고찰: 범죄연구소, 과학수사연구소(물리, 화학, 생물학, 증거서유, 필적감정, 총기류의 6개 전문그룹), 감식과, 마약범죄수사과, 조사과(조직범죄, 재산범죄, 폭력범죄 등 3개 분야), 현장출동과(모든 직원들이 의무적으로 일정기간 근무), 대테러과, 정보과, 경호과(연방대통령, 연방수상, 연방장관, 외국국빈, 외교사절 등 보호) 등의 기능이 있다.

라. 주(州) 경찰

(1) 「독일 기본법」에 따르면 경찰의 시설 및 조직은 기본적으로 주(州)의 관할사항으로 규정되어 있어 일반경찰행정권은 각 주(州) 정부에 속하는 것이 원칙이다.

(2) 주(州) 내무부는 주의 최상급 경찰관청이며 각급 경찰관서는 내무부소속 기관으로서 직무집행에 관하여 내무부의 지휘·감독에 복종하여야 한다.

(3) 주(州) 내무부는 경찰법의 시행을 위한 각종 법규명령, 행정규칙 등을 제정한다.

(4) 모든 주(州)에서는 주(州)를 국가로 간주하는 국가경찰체제를 유지하고 있다. 독일의 기초자치단체인 읍면동 단위에 해당하는 행정구역(Gemeinde)에 파출소(Polizeiposten)가 설치되어 있는데, 일부 주(州)에서 경찰관청(Polizeibehörde)이라고 한 행정청이 주민등록, 외국인등록, 면허행정관리, 자동차등록 등의 업무를 맡고 있는 것을 우리나라 경찰관청의 의미로 잘못 이해할 수 있으나 독일 행정관청이 일부 질서행정업무를 맡고 있는 것이며, '베헤르데(behörde)'는 행정관청, 즉 자기의 명의로 대외적인 결정권한을 가진 관청을 뜻하며, 위 예시한 면허행정관리 등을 하고 있다.

(5) 주(州) 경찰의 기본업무는 사회공공의 안녕과 질서유지에 있고, 각 주(州)는 대개 고유한 경찰법을 제정하여 독자적인 경찰을 운영한다.

(6) 주(州) 경찰조직은 다음과 같다.

(가) 보안경찰

치안경찰이라고도 하며, 정복을 착용하고 전통적·전형적 경찰업무를 수행하는 경찰이다.

(나) 수사경찰

정복을 입지 아니하고 사복으로 근무하면서 범죄의 수사 및 예방업무를 담당하고 있는 경찰이다.

(다) 기동경비경찰

폭동이나 시위 등 전국적인 긴급치안 상황 시 진압경찰의 역할을 수행한다.

(라) 수상경찰

수상안전업무를 수행한다.

3. 수사상 경찰의 지위

가. 수사권한

수사절차에 관한 지휘 권한은 2011.12.22. 개정 독일 「형사소송법」(StPO, Strafprozeßordnung)에서도 여전히 검사에게 수사지휘권을 부여하고 있다. 그러나 대부분의 사건에 대하여는 경찰도 독자적으로 수사에 착수할 권한과 의무를 가지고 있지만(StPO 제163조 제1항), 경찰의 수사결과는 지체 없이 검찰에 송부되어야 한다(동조 제2항).

나. 상호관계

검사는 수사의 주재자로서 경찰수사에 대한 수사지휘를 할 수 있으나, 자체수사관이 없어 독자적인 수사진행이 어렵다. 그러나 검사가 실제 수사를 할 경우에는 경찰을 직접 수사지휘하며, 사건에 대한 법률적 분석과 검토를 한다. 따라서 일반적으로 실체적 진실 발견은 경찰에 의해 진행되고 있다고 볼 수 있다. 특히 검사는 현실적으로 인적·물적 자원이나 조직·기술이 없으며, 검사작성 피의자신문조서의 증거능력도 우리나라처럼 인정되지 않아, 검사가 피의자 신문을 하는 경우는 거의 없다.

참고▶ 독일 검찰제도

1. 독일은 공소제기권과 수사권을 모두 검찰이 가지고 있으나, 자체적인 집행기관이 없고, 수사 관련 업무에 있어 시민들은 지리적으로 가까운 경찰관서에 고소・고발을 하는 등 독일경찰이 사건취급을 주로 하고 있을 뿐만 아니라, 법관 이외의 기관이 작성한 조서에 증거능력을 인정하지 않아 독일 검사는 신문조서를 받기 위한 피의자신문을 하지 않기 때문에 사실상 실질적인 수사의 주도권은 경찰에게 있다.

2. 독일검찰은 고유한 수사조직이 없기 때문에 내무부소속 사법경찰 일부를 검찰의 보조공무원으로 활용할 수 있도록 하고 있다. 이 경우 대개 주정부의 법규명령으로 선임하고 일정직급을 지정하여 일괄적으로 행한다.

3. 독일검찰기관은 중앙집권적 조직이 아니라 지방(주)자치조직이다.

4. 독일검찰조직은 연방법인 법원조직법에서 규율하고 있으며, 주 검찰청에 대한 지휘・감독권은 연방검찰청이 아닌 주법무부에서 한다.

제5절 | 프랑스경찰

1. 프랑스경찰의 역사

가. 구 체제(Ancien Régime)하의 경찰제도

(1) 전통적인 구 체제하에서의 경찰제도는 각 지방에 행정과 사법, 경찰권을 부여받은 치안판사(magistrat)를 파견하여 치안을 담당케 하였다(fr.wikipedia.org).

(2) 1032년 앙리 1세는 파리 내의 치안을 유지하기 위하여 창설한 국왕친위대 격인 프레보(Prévôt: 집행관)가 등장하여 재판과 경찰을 담당하였으며, 시민들은 야경대를 조직하여 순찰활동을 하였다(이하 박창호 등, 2004).

(3) 국립 군경찰(헌병경찰 Gendarmerie Nationale)은 12세기 왕실근위대에서 기원하며, 100년 전쟁과 종교전쟁을 거치면서 지방의 치안이 무질서해지자 1373년 샤를르 5세가 각지에 주둔하는 군부대내의 치안을 담당하던 헌병대(마레쇼세, maréchaussée)에게 영주권한이 미치는 성내를 제외한 지역의 모든 범죄를 처리하도록 하면서, 오늘날 농촌에서 일반경찰관 대신 군헌병이 경찰업무를 담당하는 전통이 유래된 것이다.

(4) 1667년 루이 14세는 경찰과 재판을 담당하던 프레보로부터 경찰업무를 분화시켜 경찰국을 창설하였고, 이어서 지방에 있는 대도시에도 경찰국장을 임명하였다.

나. 프랑스혁명과 경찰제도

(1) 혁명을 거치면서 시위대의 무질서를 바로잡기 위하여 민간방범대(Garde Civique)라고 부르는 약 1,800명의 자원병이 시내 질서유지를 담당하였는데, 이것이 혁명 후의 국립

민간방위대(Garde Nationale)의 근간이 되었으며, 이에 따라 경찰국은 폐지되었고 파리 시는 국립민간방위대가, 지방은 군경찰(헌병: Gendarmerie Nationale)이 치안을 담당하였다.

(2) 1789년 프랑스 혁명으로 수립된 혁명정부는 루이 16세가 설치한 경찰대신을 없애고, 경찰업무를 지방자치단체장에게 속하게 하는 지방경찰체제를 수립하였다.

(3) 나폴레옹이 정권을 잡고 행정기구와 지방제도를 중앙집권화하면서 경찰제도도 집권화되었으며, 파리에는 직접 중앙권력에 종속하는 경찰기관으로서 파리경찰청이 창설되었고, 그 장은 경찰청장(Liutenant general Police)이 되었다.

(4) 군경찰도 이 기간에 그 조직이 더욱 강화되어 지방 군경찰사령부를 설치하였다.

다. 근대 프랑스경찰

19세기 프랑스경찰은 중앙집권화가 강화되어 1881년에는 경찰을 감독하기 위하여 내무부 안에 새로 경찰청이 창설되었고 그 업무도 점차 확대되었다. 이 시기에 인구 5,000명 이상 지역에 경찰서 등 국가경찰기관이 설치되었다. 또한 이때의 군경찰은 정치경찰화하여 많은 비난을 받았지만 군경찰기동대 등을 창설하였고, 중앙으로부터의 예산지원을 받는 등의 개혁이 이루어졌다.

라. 20세기 프랑스경찰

(1) 20세기에 들어오면서 경찰의 자치적인 성격을 제거하려는 노력이 나타나 1934년 4월 28일 법률은 기존의 내무부 경찰청을 국립경찰청으로 변경하면서 중앙집권화를 강화하였다.

(2) 1941년 4월 23일의 법률과 1941년 6월 6일 및 7월 7일의 명령도 단순화와 통일화라는 의미에서 경찰제도에 큰 개혁을 가하여 인구 1만 명 이상의 도시는 모두 국가경찰화하였다.

(3) 제2차 세계대전 이후에도 이러한 경찰의 중앙집권화는 그대로 유지되었을 뿐만 아니라, 1966년 7월 9일 법률로 내무부의 국립경찰청과 파리경찰청(Prefecture de police de paris)을 통일하여 국립경찰(police nationale)로 일원화함으로써 더욱 강화되었다.

마. 프랑스경찰의 1995년 개혁안

(1) 경찰의 교육개혁과 경찰의 과학화
(2) 정복경찰과 사복경찰의 일원화 시도
(3) 보조경찰의 경찰에서의 군복무를 통한 근거 마련(보조군인경찰)
(4) 경찰공무원과 군인경찰의 협력을 위한 법령의 근거 마련

바. 1999년 파리지방경찰청의 개혁

파리지방경찰청은 새로운 경찰개혁모델을 제시하였다. 이는 경찰공조 및 시민연대를 위한 이웃경찰(Police de proximate) 개념을 도입한 것이다. '더 가깝고, 더 많이 눈에 띄고, 더 쉽게 접근할 수 있는 경찰'을 모토로 하여 1999년 4월 18일 파리지방경찰청 실무담당부서의 개혁을 시행하였다. 한편, 이웃경찰의 임무를 위해 담당부서로 지역사회경찰국과 하부조직을 신설하였다.

2. 프랑스경찰의 조직

가. 국가경찰

(1) 국가경찰에는 인구 2만 명 이상의 코뮌에 배치되는 전국적 조직을 가지는 국립경찰과 국가경찰 기동대 및 파리와 인접 6개도를 관할하는 파리경찰청이 있다.

(2) 파리지역에는 국립경찰과 군경찰이 상호 중첩되게 배치되어 있는데, 이는 상호 견제를 통해 정확하고 상세한 정보수집체계를 유지하기 위한 목적에 있다.

(3) 내무부

(가) 프랑스의 내무부장관은 치안업무에 대해 국방부장관, 각 시・도지사와 함께 책임자로서 그 밑에 국립경찰청 등을 두고 있다.

(나) 내무부장관의 임무에는 국가업무 전반에 대한 관리와 시민과 재산의 안전보장이 있는데 특히 후자의 임무를 경찰이 담당한다.

(4) 국립경찰청(La police nationale)

(가) 프랑스의 국립경찰은 프랑스경찰의 중심으로서 인구 2만 명 이상의 도시지역에서 운용되고 있으며, 내무부장관의 지휘하에 국무회의에서 선출되는 민간인 신분인 국립경찰청의 경찰청장이 전국을 통일적으로 지휘・감독한다.

(나) 국가소속인 경찰관은 정복경찰과 사복경찰의 어느 하나에 속하며, 정복경찰은 외근・교통・경비 등의 업무를 담당하고, 사복경찰은 수사나 형사업무를 담당한다.

(다) 경찰청장 밑에는 직속기관과 소속기관으로 구분할 수 있으며, 경찰청의 각 국장 대부분은 경찰관의 계급을 갖지 않는 내무부의 고위관료가 임명되고 있다(이종화 등, 2007, p.444).

(5) 파리경찰청

(가) 파리는 프랑스의 정치・경제・사회・문화의 중심지로서 중앙권력의 직접 통제를 받을 필요성이 있어 수도경찰로서 파리경찰청이 창설되었다.

(나) 파리경찰청장은 센느(seine) 도지사와 마찬가지로 내무부장관의 추천으로 대통령이 임명하며, 파리경찰청장은 센느(seine) 도와 파리 시의 경찰권을 가진다.

(다) 국립경찰청에 직속되어 있는 파리경찰청의 조직은 치안총감 밑에 2명의 차장이 있어 사법경찰업무와 행정경찰업무를 각각 관장한다.

(6) 국방부소속의 군경찰

(가) 국가경찰로서 군경찰(10만여 명)은 국가경찰기관이 없는 인구 2만 명 미만의 소도시와 농촌지역, 주로 간선도로 등 전 국토의 95%에 해당하는 지역의 경찰업무를 담당한다.

(나) 군경찰은 내무부장관 밑에서 근무하지만 신분은 군인이므로 소속은 국방부이다.

(다) 이들이 경찰업무를 집행할 때에는 국가경찰로서 경찰법령에 따라 활동한다.

(라) 군경찰 중 관할구역에 관계없이 활동하는 기동군인경찰대는 경찰업무지원에 동원되면 경찰청장, 각 도지사, 파리경찰청장의 지휘를 받는다.

나. 자치체경찰

(1) 저치체경찰의 설치

(가) 자치체경찰은 1884년 4월 5일 법률 제102조 및 지방자치법 제131－1조 이하에 의거하여 인구가 1만 명 미만이거나 도시의 교외에 인구가 많지 않은 지역의 코뮌(commune)의 장이 자치체 내의 공공의 안녕과 질서를 유지하기 위하여 설치한다.

(나) 1995년부터는 기초자치단체인 코뮌 중 인구 1만 명 이상 2만 명 미만의 시나 코뮌에서도 치안상 필요에 따라 행정경찰분야의 자치경찰을 허용하고 있으며, 정부와 의회에서도 자치경찰의 역할을 긍정적으로 평가하고 있어 자치체 경찰이 확대되는 경향을 띠고 있다. (1999.4.15. 자치경찰 관련 법률 제99-291 참조, LOI no 99-291 du 15 avril 1999 relative aux polices municipales)

(2) 임 무

(가) 공공의 안녕과 안전, 위생, 질서유지 등을 수행한다.

(나) 형사소송법에 의해 자치단체장과 부자치단체장에게는 사법경찰권이 부여되며 자치경찰은 사법경찰보조자로서 제한된 범위 내에서 사법경찰권(사법경찰관 보좌, 범죄인지서 등 수사서류 작성, 범죄정보수집 등)을 수행한다.

다. 국가경찰과 자치체경찰과의 관계

(1) 인구 2만 명 이상의 코뮌에 배치되는 국립경찰은 도지사가 관장하며, 인구 2만 명 미만의 코뮌에서의 경찰업무는 코뮌장의 권한에 속한다.

(2) 국립경찰과 자치체경찰은 각자 담당하는 경찰업무가 명확히 구분되어 분업 및 협동체계를 이루게 되어 상호충돌이 없다.

(3) 국립경찰은 방범・수사・교통・질서유지 등 일반적 경찰업무를 담당하고, 자치체경찰은 지방자치단체장의 규칙 등 아직까지는 지역적인 경찰업무를 담당한다(보건, 산림보존, 수자원보호, 교통・환경 등).

참고▶ 프랑스경찰제도 정리

1. 프랑스에서 행정경찰・사법경찰의 구별실익은 경찰활동과 관련하여 손해배상청구소송의 관할을 결정하며, 행정경찰권과 사법경찰권이 동일기관에 속하는 경우 어떠한 경찰권 행사를 하였는지 구체적 사례에 따라 그 위법성 판단을 한다.

2. 프랑스에서 자치체경찰의 업무는 지역주민의 생활과 밀접한 부분에 한정되어 있어 아직까지는 제한되어 있다.

3. 프랑스경찰기동대(CRS)
   ① 프랑스경찰기동대(CRS)는 내무부의 중앙본부를 중심으로 1개의 사령부와 전국에 총 60개의 기동대가 있다. 조직으로는 1개의 VIP호위부대, 9개의 고속도로기동대, 6구역의 모터사이클부대, 1개의 피레네산악부대 등이 있다.
   ② 프랑스경찰기동대는 1944.12.8 만들어져 1952년에 재편되었으며, 1968년 법령개정으로 경찰청에 편입되었다.
   ③ 임무는, 도시지역의 고속도로 순찰, 해변에서의 구조활동, 공공건물의 보안, 산악구조 등이다.
   ④ 일반적으로 도지사의 요청이 있으면 내무부장관의 명령으로 출동하는데, 긴급한 경우에는 도지사가 직접기동대에 출동요청, 사후 내무부장관의 승인을 얻는다.
   기동군인경찰은 시위진압에 활용하는데, 이 경우 내무부장관의 서면요청이 있어야 한다.

4. 파리경찰청장의 권한

① 파리 주위 6개 도(예: 센느 도 등) 전역에 미치는 국가경찰권을 보유하고 있다.

② 경찰청장의 파리 시에 대한 권한은 도지사(행정권)와 경찰청장(경찰권)이 분할하고 있는데 파리 경찰청장 권한은 다음과 같다.

- 도로안전과 통행의 자유 확보
- 화재・수해 등에서 생명구조
- 주식거래소조사, 부정거래조사, 행상조사
- 공공장소에서의 감시
- 위생경찰
- 영업허가

그 외에는 도지사에게 의견을 개진하거나 일정사항에 대하여 요구를 제출할 수 있다.

항구, 하천, 운하에서의 영업허가는 센느 도지사의 권한이다.

5. 프랑스 군인경찰

① 프랑스 군인경찰은 경찰서가 있지 않은 주로 20,000명 이하의 농촌지역이나 강촌지역에 걸쳐 치안을 담당한다.

② 군인경찰은 105,975명 (2007년 기준)에 이르며, 전국의 26개 행정구역에 대령이 지휘하는 부대로 구성되어 있다. 이를 다시 세분하여 342개소에서 활동하고 있다.

③ 임무는 청소년 비행의 예방을 위한 순찰, 고속도로 순찰, 수상한자의 검색 및 구조 활동, 감시 및 산간지역의 치안활동, 과학기법을 이용한 범죄조사활동 등을 수행한다. 이들은 과거 파리5구역의 부패스캔들을 조사한 경험도 있다.

④ 군인경찰전원은 사법경찰관리의 권한을 가진다.

6. 프랑스 국제형사경찰기구(ICPO) 국가중앙사무국(NCB)은 형사국 공조수사과에 설치되어 있다.

3. 수사상 경찰의 지위

프랑스의 수사구조는 경찰이 수사를 하고, 검사와 판사가 이를 지휘하는 체계를 갖는다. 중요 범죄의 대부분을 수사판사가 사법경찰관을 지휘하여 직접 수사에 관여한다. 판사가 직접 기소 전에 수사에 관여하는 것은 과거 경찰권의 남용에 대한 불신에서 비롯된 프랑스만의 독특한 사법제도로서 수사에 관여한 판사는 당연히 공판에 관여하지 못한다. 이는 수사판사와 재판판사를 분리하여 공정성을 담보하려는 것으로 본다. 검사는 수사의 주재자이나 독일과 같이 자체 수사 인력이 없어 사법경찰에 의존하고 있다. 경찰의 초동수사권은 현행범의 경우 인정하며, 수사판사가 강제수사권자, 검사는 임의수사 및 기소권자이다.

가. 프랑스의 형사소송법은 기소, 예심 그리고 재판 3단계로 나뉘어 있다. 검사와 사법

경찰관은 초동수사를 담당하고 기소 여부를 결정하며, 본격적인 수사권한은 수사의 독립성 및 공정성을 보장하기 위하여 예심판사에게 부여하고 있다. 또한 검사에게도 수사권이 부여되어 있으나, 검사는 사실상 수사를 담당하지 않고 사법경찰에 대한 수사지휘, 수사판사에 대한 수사청구를 통한 수사착수 결정 등 형식상 수사의 주재자라고 볼 수 있다.

나. 사법경찰이 수사를 함에 있어서는 수사(예심)판사 또는 검사의 지휘·지시를 받도록 되어 있으나 프랑스「형법」제131조-1조 제1항(중죄의 형벌) 2호 유기의 징역 또는 금고의 기간은 10년 이상으로 한다고 규정하여 중죄 이상의 현행범인 경우 사법경찰관은 수사판사의 권한과 동일한 수사권을 보유하여 영장 없이 체포, 압수·수색 등 광범위한 권한을 보유하며 검사도 동일한 권한을 갖는다. 비현행범의 수사는 임의수사를 원칙으로 하며 수사상 필요한 경우 범죄를 범하였거나 범하려 하였다는 의심할 만한 자는 24시간 동안 보호 유치할 수 있다. 경찰은 검사의 지휘를 받아 기간연장을 받거나 또는 즉시 송치하면 검사는 중죄에 해당하는 경우 즉시 수사판사에게 송치한다. 이는 수사개시를 의미하며, 수사판사는 사안을 검토하여 사법경찰관에게 수사기일을 지정하여 위임수사를 지휘한다.

다. 사법경찰관은 중죄의 현행범인 경우에 범죄사실이나 압수된 물건에 관한 정보를 제공할 수 있다고 인정되는 자를 소환하여 그 진술을 들을 수 있고, 사법경찰관에 의하여 소환된 자는 출석하여 진술할 의무를 진다(형사소송법 제62조 제1항). 동 규정의 입법취지는 소환되어 조사받는 자들 가운데 용의자가 있을 수 있고 수집된 정보에 의하여 현행범의 죄책이 명백해질 수 있다는 데 있다. 이 경우 피의자 및 현장에 있는 자와 범죄수사에 유용한 정보를 제공할 수 있는 자에 대하여 필요한 경우 24시간 유치할 수 있다(동법 제63조 제1항).

라. 프랑스「형법」제131-3조의 경죄(10년 미만 징역·금고, 2만 프랑 초과)처리에서 검사는 경찰로부터 송치받아 재판법원에 기소한다. 다만, 경죄 중 사안이 복잡하거나 경제·금융사건의 경우에는 수사판사에게 수사를 의뢰하는 기소를 행하게 된다. 이 경우 수사판사는 다시 경찰에 위임수사를 지휘하고, 경찰로부터 송치를 받은 후 경죄법원으로 송치명령을 내린다.

마. 사법경찰관은 불심검문에 따른 신원확인을 위하여 강제 유치할 수 있으며, 신원확인 작업에 필요한 시간으로 엄격히 제한되며, 전화로 확인했을 경우 즉시 석방해야 하며, 체포 시부터 산입하여 강제유치시간은 4시간을 경과할 수 없다(형사소송법 제78-4조).

바. 수사판사의 수사가 개시된 때에는 사법경찰관은 수사법원의 위임을 집행하며, 그 요구에 따라야 한다. 위임을 받은 사법경찰관은 위임의 범위 내에서 수사판사의 모든 권한을 행사한다. 사법경찰관은 위임수사집행의 필요성이 있는 경우, 범죄를 행하였거나 행하려 하였던 자에 대하여 강제보호유치를 할 수 있다. 이 경우 즉시 수사판사에게 보고하여야 하며, 보호유치기간에 대한 통제는 수사판사가 행하며, 연장의 경우도 예비조사기간의 경우와 동일하다. 수사판사는 위임수사기일을 정할 수 있으며, 정하지 않는 경우에는 조사종료 후 8일 이내에 수사판사에게 모든 서류가 송치되어야 한다(동법 제151조).

제6절 | 일본경찰

1. 일본경찰의 역사

가. 메이지유신 이전의 경찰

일본은 메이지유신(1868) 이전에 도쿠가와 막부(德川幕府, 1600~1867)가 300년에 걸쳐 통치하면서 각 지방을 번(藩)의 영주인 다이묘에 의하여 다스리는 영주체제였으나, 막번(幕藩)체제에 반감을 품은 서일본 영주들을 중심으로 왕정복고가 일어났고 1871년 일왕이 다이묘들을 소집하여 폐번치현(廢藩治縣)을 선언하며 옛 다이묘를 대신하여 지사(知事)를 통한 중앙집권적인 왕정체제가 들어서기까지는 각 지방의 '번(藩)'을 중심으로 하는 지방 토호적인 체제가 지배하고 있었다(John W. Hall, 2004, p.54).

나. 메이지유신 이후 1945년 이전의 경찰

(1) 1871년 도쿄부에 나졸 3,000명으로 근대적 경찰이 처음으로 등장하였다가 나졸은 1872년 8월부터 사법성의 관할로 이관되었다.

(2) 이때 「경보료직제장정(警保寮職制章程)」이라는 경찰의 조직과 임무에 관한 규정이 제정되었는데 여기에 행정경찰로서의 경찰업무를 규정하고 있으며, 사법경찰업무는 「사법직무장제」에 의거하여 검사가 수행하도록 되어 있었다.

(3) 1873년 11월 사법성의 대경시였던 가와지 도시요시(川路利良)가 1년간 프랑스 등 유럽 각국의 경찰제도를 시찰하고 조사보고서를 통해 건의하여 내무성이 설치되었다.

(4) 1874년 1월 사법성의 경보료(警保寮: 川路利良의 건의에 따라 만든 근대경찰 조직의

시초)를 내무성으로 이관하였으며, 「경보료직제」를 통하여 사회의 안전과 질서에 대한 장해를 사전에 방지하는 행정경찰업무를 경보료의 중심업무로 규정하였다(재판기능과 분리).

(5) 경보료가 내무성으로 이관됨에 따라 같은 해인 1874년 1월 15일 내무성의 관할하에 도쿄경시청이 창설되었으며, 종래의 나졸은 순사가 되고, 자치경찰제적인 번인(藩人)제도는 폐지되었다.

(6) 1881년 1월 도쿄경시청은 농민반란을 진압하기 위하여 1877년 10월 일시 폐지되었다가 다시 부활하여, 유명한 정치경찰인 특별고등경찰과가 1911년 경시청에 설치되었다. 한편, 보통경찰기관 외에 1881년(명치 14년) 헌병조례에 의하여 설치된 헌병도 군사경찰 이외에 행정경찰과 사법경찰을 겸하도록 하고 있어서 경찰기관으로서 활동하였다.

(7) 행정경찰규칙과 일왕의 독립명령권

(가) 유럽대륙의 중앙집권적인 경찰조직을 갖춘 일본은 행정경찰규칙을 통하여 광범위한 경찰활동의 근거법규를 마련하였다.

(나) 1889년에 제정된 메이지헌법상 일왕(日王)의 독립명령권(제29조)을 통하여 경찰권 발동의 근거 부여가 가능하였다(박준철, 2011, pp.174~178).

다. 미군정하의 경찰

(1) 경찰제도의 개혁

(가) 미군정 초기 대일경찰개혁방침은 일본의 군국주의 및 그 침략의 정신을 나타내는 제도를 철저히 일소하는 데 있었는데, 구체적으로 비밀경찰조직의 철폐와 경찰제도의 개혁이 단행되었다.

(나) 1945년 10월 4일 이른바 인권지령에 의해서 종래의 각종 치안입법이 폐지되었으며, 내무대신 이하 경찰수뇌부와 전국의 사상경찰관계자 등이 파면되었고, 특별고등경찰 등 정치경찰이 철폐되고 헌병대도 폐지되었다. 또한 내무경찰이라고도 불리는 경찰체제의 정점에 있던 내무부도 폐지되었다. 그리고 일왕의 독립명령권 등 전제적 요소를 가지고 있던 명치헌법도 폐지되었고 국회를 유일한 입법기관으로 하고, 기본적 인권은 불가침성과 지방자치를 보장하는 신헌법이 제정되었다.

(다) 경찰이 그동안 관리해 오던 협의의 행정경찰사무를 다른 행정기관에 이관하는 등 독일에서와 같은 비경찰화 작업이 일본에서도 전개되었다.

(라) 영・미의 영향으로 범죄수사가 경찰법에 의해 경찰의 책무로 정식 규정되고, 수사권에 대해서도 검사의 수사권독점을 철폐하고 경찰에게도 수사권을 분산하는 등 변혁을 가져왔다.

(마) 「경찰관 등 직무집행법」(1948.7.)이 제정되어 경찰관의 권한행사의 범위나 수단을 엄격히 제한하였다.

(바) 일본은 패전으로 말미암은 미군정의 지배를 통해 타율적이기는 하지만 다행히도 과거를 청산할 수 있는 기회를 가짐으로써 오늘날 일본 내에서 가장 신뢰받을 수 있는 조직으로 발전하는 발판을 마련하였다.

(2) 자치체경찰제도의 도입

(가) 1945년 9월 2일 연합국총사령부(GHQ)를 도쿄에 설치하면서 일본에 대한 미군정이 실시되었다. 미군정 당국은 경찰제도의 근본적인 개혁을 위해 경찰법을 제정(1947.12.)하여 독립적인 공안위원회제도를 도입하였으며, 시(市)와 인구 5,000인 이상의 시가적 정촌(市街的町村)에 자치체경찰을 두었다. 그리고 그 이외의 지역에는 국가・지방경찰을 두는 등 이원적 구조를 가진 경찰제도를 창설하였으며, 이 제도는 1948년 3월부터 시행되었다.

참고▶ 일본의 자치경찰제 도입과정

미군정은 공산당에 의한 혼란한 제반 사회상황에도 불구하고, 경찰의 지방분권과 경찰운영의 민주화 치안정책을 최우선 과제로 추진하였으며, 이를 위해서 1946년 발렌타인과 오란다를 책임자로 하는 경찰조사단을 초빙하여 제도개혁의 조사와 준비를 추진하게 된다. 이들은 1946년 6월과 7월에 '지방분권화와 경찰의 민주적 관리'를 내용으로 하는 보고서를 제출하였다. 한편 일본정부도 1946년 6월에 가타야마(片山)내각이 발족, 9월에 일본 국내 치안유지의 필요상, 경찰지방분권의 점진방침을 채용하여 국가경찰과 지방경찰제의 병존유지방식을 채용하고 싶다는 서한을 제출하면서 미군정과 경찰법에 대한 논의를 본격적으로 시작하였다. 이에 따라 연합국총사령부는 경찰법안의 내용에 관한 각서와 경찰재조직안에 관한 각서를 발표하여 1947년 12월 17일에 '경찰법(1947년 법률 제196호)'을 제정하였으며, 1948년 3월 7일부터 본격적으로 시행되었다. (김창윤, 2009, PP.57-58)

(나) 일본의 「경찰법」(1947.12.)은 미국과는 달리 시민에 의한 민주적 자치의식이 미약하다는 점을 감안하지 못하고, 시 및 인구 5,000인 이상의 시가적 정촌이라고 하는 지나치게 세분화되어 있는 자치체에 경찰의 창설을 의무화하는 등 문제점이 노출되었다.

라. 현행 도도부현(都道府県) 경찰제도의 정착

(1) 1947년 12월 「경찰법」은 1945년 일본의 항복 이전의 전제주의적 · 중앙집권적 국가경찰제도를 철폐하는 대신 민주적인 자치경찰제도를 도입하고 공안위원회를 설치하는 등 획기적인 변화를 가져왔지만 위에서 지적한 문제점이 있었다.

(2) 이러한 문제점으로 1951년 5월에는 1차 개정이 이루어져 주민투표에 의해 자치체경찰의 운영을 포기할 수 있는 길을 열어 놓았다.

(3) 1952년에는 내각총리대신의 경찰행정에 대한 개입을 강화하는 등 2차 개정이 이루어졌다.

(4) 1952년 일본이 독립한 이후에는 점령정책의 과오를 시정하기 위한 일환으로 경찰제도의 개혁이 추진되어, 결국 1954년 5월에 「경찰법」의 전면 개정안이 통과됨으로써 도도부현(都道府県) 단위의 도도부현 경찰제도와 공안위원회에 의한 경찰관리라는 현행 제도의 골격이 마련되었다.

2. 일본의 경찰조직

가. 국가경찰

(1) 국가공안위원회

(가) 국가공안위원회는 위원장 및 5인의 위원으로 구성되며 그 위원장은 국무대신이 되고, 위원은 내각총리대신이 양원의 동의를 얻어 임명하며 그 임기는 5년이다.

(나) 국가공안위원회 위원은 1회에 한하여 재임이 가능하며 그 임기 중 결격사유에 해당하지 않는 한 신분이 보장되므로 그 의사에 반하여 파면당하지 아니한다.

(다) 위원장이 회의를 소집·주재하고 위원장과 위원 3인 이상이 출석하여 출석위원 과반수로 의결한다. 위원장은 표결권이 없으나 가부동수일 경우에 재결권을 가진다.

(라) 중앙경찰기관에서 통일적으로 운영·통제하는 것이 효율적인 '국가의 공안에 관련된 경찰운영'과 '경찰행정에 관한 조정'에 관한 임무를 수행한다.

(마) 국가공안위원회와 도도부현(都道府県)공안위원회는 경찰청 및 도도부현(都道府県) 경찰을 관리한다. 여기서 '관리'란 사전사후의 감독을 행하는 것을 의미하고, 지휘감독은 경시총감 또는 해당 도도부현(都道府県) 경찰본부장이 행한다.

(바) 국가공안위원회는 일본「경찰법」 제5조 제2항에 규정된 사무 22개호를 담당한다.

(2) 경찰청

(가) 경찰청은 국가공안위원회의 관리하에 두는데 이는 관청이다.

(나) 경찰청에는 장관을 두며, 경찰청장관은 국가공안위원회가 내각총리대신의 동의를

얻어 명한다.

(다) 경찰청의 관리기관으로서 내각총리대신의 소할하에 있는 국가공안위원회가 경찰예산, 경찰교양, 경찰통신, 범죄감식, 경찰장비, 황궁경찰 등 경찰청의 소장사무에 대해서 경찰청을 관리한다.

(라) 경찰청장관은 경찰청 관장사무의 범위 내에서 도도부현(都道府県)경찰을 지휘・감독한다.

(마) 경찰청에는 장관관방과 생활안전국, 형사국, 교통국, 경비국, 정보통신국이 있으며 장관관방 밑에는 국제부, 형사국 밑에 폭력단 대책부가 있다.

(바) 부속기관으로서 경찰대학교, 과학경찰연구소, 황궁경찰본부가 있다.

(3) 관구경찰국

(가) 관구경찰국은 경찰청의 지방기관으로서 전국에 7개의 관구경찰국이 있다.

(나) 관구경찰국장이 관구경찰국 관장사무의 범위 내에서 부현경찰을 관리한다.

나. 자치체 경찰

(1) 도도부현(都道府県)경찰에는 '도쿄도(都)경시청'과 '도부현(道府県)경찰본부'가 있으며, 경찰관리기관으로 지사의 소할하에 도도부현(都道府県)공안위원회를 설치・운영하고 있다.

(2) 도부현(道府県)경찰본부의 사무를 분장하기 위하여 지정시(指定市)에 시 경찰부를 두며, 북해도에는 5개 이내의 방면(方面)본부를 두고, 방면본부마다 방면공안위원회를 두도록 되어 있다.

(3) 경시청에는 경시총감을 두고, 국가공안위원회가 도(都)공안위원회의 동의를 얻어 내각총리대신의 승인을 받아 임면한다.

(4) 도부현(道府県)경찰본부에는 경찰본부장을 두되, 경찰본부장은 국가공안위원회가 도부현(道府県)공안위원회의 동의를 얻어 임면한다.

(5) 도도부현지사(都道府県知事)

도도부현지사(都道府県知事)는 공안위원회를 자신의 소할하에 두고 있을 뿐 경찰의 운영에 관하여 공안위원회를 지휘·감독할 권한을 가지고 있지는 않다.

다. 도도부현지사의 권한

(1) 도도부현지사(知事)는 도도부현(都道府県)공안위원회 위원의 임명권한이 있으며,

(2) 지방자치법상 가지고 있는 직무권한으로는 도도부현(都道府県)경찰에 관하여 조례안, 예산안의 의회제출권, 예산의 지출명령권, 경찰서의 설치권 등을 가지고 있다.

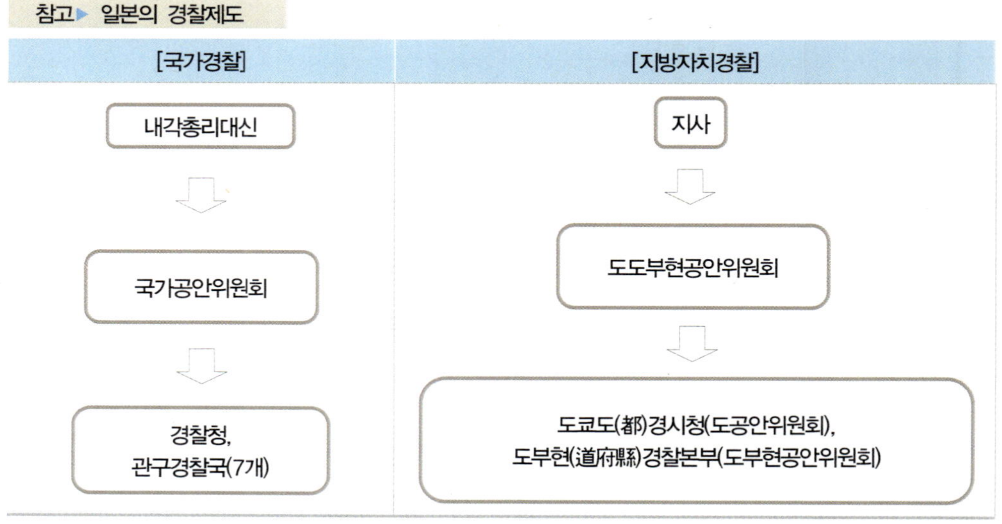

3. 수사상 경찰의 지위

가. 형사법체계는 우리나라와 유사하나, 경찰이 독자수사권을 가진 1차적 수사기관이고 체포·압수·수색·검증영장 청구권을 포함한 강제처분권을 폭넓게 인정하고 있다.

나. 검사는 2차적이고 보충·보정적 수사권과 소추권을 보유하고 있다.

다. 검사는 수사의 효율화, 적정한 공소제기를 위해 일정한 범위 내에서 경찰에 대한 지시 및 지휘권을 가지고 있는바, 이는 수사의 효율성 강화와 공소유지에 부합한 수사를 위한 기능적 상호협력의 개념이다.

라. 일본 「형사소송법」은 경찰과 검찰을 각자 독립된 수사기관으로 규정하면서 "검찰관과 사법경찰직원은 수사에 관하여 서로 협력해야 한다(제192조)"고 규정함으로써 양자의 관계를 상호 대등·협조관계로 명문화하고 있다(아래 참고와 마지막 절의 수사권독립 문제에서 상세히 후술함).

참고▶ 일본경찰의 계급(階級)

일본경찰의 계급제도는 경찰법 제62조에 의해 9계급으로 분류된다.
경찰청장관은 계급을 가지지 않기 때문에 계급장이 없지만, 경시총감의 계급장보다 일장이 1개 많은 5개의 일장을 배치한 것을 「경찰청장관장」으로서 규정해, 견장으로서 착용하고 있다.
순사(순경) – 순사부장(경사) – 경부보(경위) – 경부(경감) – 경시(경정) – 경시정(총경) – 경시장(경무관) – 경시감(치안감) – 경시총감(치안정감)
* ( )는 우리나라 계급

참고▶ 검사의 사법경찰직원에 대한 권한

1. 일반적 지시권
   ① 수사를 적정하게 하고, 그 외에 공소수행을 완성하기 위해서 필요한 사항에 관하여 일반적인 준칙을 정하는 형식으로 행하여진다.
   ② 일반적인 준칙의 범위에 대하여 검·경 양측의 의견이 대립되고 있으나, 일본 형사소송법에서는 '상호협력의 원칙'을 수사체제의 기본원칙으로 천명하고 있으므로(제192조), 그 범위는 다음과 같은 일반적 사항에 한정되어야 한다고 본다.
      ㉠ 범죄수사를 적정하게 행하기 위한 경찰관의 준수사항
      ㉡ 수사서류의 서식에 관한 사항

㉢ 증거보전 및 증거 수집에 관한 사항
㉣ 사건송치에 관한 사항
㉤ 공소유지에 필요한 사항

2. 일반적 지휘권

① 개개의 사법경찰직원에 대해서 하는 것이 아니고 수사의 협력을 구하는 사법경찰직원의 일반에 대하여 행하여진다. 구체적 사건에 대한 개별적 · 구체적 지휘가 아닌 '개괄적' 지휘를 의미하는 것이므로 경찰수사가 개시되고 난 후 사건에 관여하는 형식의 지휘는 할 수 없고,

② 단순히 2개 이상의 수사기관(예컨대, 해상보안청과 도쿄경시청)이 동일한 사건에 동시에 수사를 하고 있는 경우에 효율적인 수사를 위해 그 조정권한 정도를 갖는 것으로 해석하여야 한다.

3. 구체적 지휘권

① '상호협력의 원칙'과 관련하여 이 권한의 취지를 해석해 보면 검찰관이 스스로 수사하고 있는 경우에 수사인력이 부족하다든가 하는 이유로 수사진행에 애로사항이 있을 때 경찰의 협력을 얻어 수사를 진행시키는 것으로 본다.

② 검찰관이 사법경찰직원에게 검찰직수사건 피의자에 대한 압수 · 수색영장의 집행의 경우 사법경찰직원은 이에 응해야 하며, 이러한 경우에도 경찰관은 '검찰관을 단순히 사무보조하는 검찰직원'과는 달리, 그 자신이 갖는 수사권에 기초하여 검찰권 수사를 보조하는 의미로 해석하여야 할 것이다.

제7절 | 중국경찰

1. 중국경찰제도

가. 의의 및 근거

중국에서는 경찰과 공안이라는 용어를 함께 쓰고 있는데 경찰은 '인민경찰'이라는 용어로서 많이 쓰이고 있다. 공안(公安)이라는 용어는 일반적으로 공공의 안녕질서, 즉 사회 전체의 안전을 담당하는 뜻으로 해석된다.

인민경찰은 1995년 2월 28일 만들어진「중화인민공화국인민경찰법」제1조에 "국가안전 및 사회치안질서, 공민의 합법권익, 인민경찰의 강화, 엄격한 경찰집행, 인민경찰의 소질계발, 인민경찰의 권한행사를 보장, 개혁개방과 사회주의 현대화건설의 순항을 위하여 헌법에 의하여 이 법을 제정한다"라고 하였으며, 제2조에서는 "인민경찰의 임무는 국가안전과 사회치안질서유지, 공민의 신체의 안전과 자유 및 합법적 재산을 보호하고, 공공재산을 보호하며, 범법행위에 대한 예방, 제지 및 처벌을 한다. 인민경찰은 공안기관, 국가안전기관, 감옥, 노동교양 관리기관의 인민경찰과 인민법원, 인민검찰원의 사법경찰을 포함한다"라고 하여 인민경찰의 범위가 매우 광범위하다.

참고▶ 중국경찰법 제1조, 제2조

第一条 为了维护国家安全和社会治安秩序，保护公民的合法权益，加强人民警察的队伍建设，从严治警，提高人民警察的素质，保障人民警察依法行使职权，保障改革开放和社会主义现代化建设的顺利进行，根据宪法，制定本法。
第二条 人民警察的任务是维护国家安全，维护社会治安秩序，保护公民的人身安全、人身自由和合法财产，保护公共财产，预防、制止和惩治违法犯罪活动。人民警察包括公安机关、国家安全机关、监狱、劳动教养管理机关的人民警察和人民法院、人民检察院的司法警察

나. 주요업무

중국경찰(공안)은 매우 광범위한 업무를 수행한다. 일반 행정 분야의 사무를 폭넓게 맡아서 처리할 뿐만 아니라 경미한 형사범을 행정벌로 처벌하는 권한을 갖고 있다. 구체적으로 보면 ① 호적, ② 치안, ③ 형사사법, ④ 출입국관리(변방), ⑤ 외국인관리(외사), ⑥ 무장경찰, ⑦ 교통, ⑧ 소방, ⑨ 철도, ⑩ 민항, ⑪ 임업 등의 업무를 수행한다.

2. 경찰조직

가. 국무원 공안부

국가의 치안・보위・수사기관으로 우리나라의 경찰청에 해당한다. 따라서 전국의 치안활동을 지도・감독한다. 1978년 헌법 개정을 통하여 검찰업무를 공안부에서 분리시켰으며, 1983년에는 대간첩 및 해외정보업무를 담당하는 국가안전부를 창설하면서 공안부의 임무에서 분리되었다.

나. 지방공안기관

(1) 국무원공안부의 하부지방조직이다.

(2) 공안부는 최상급 조직이며, 각 성(省) 또는 자치구에 공안청을 두고 직할시에는 공안국을 둔다. 성 직할시(省轄市), 지구(地區), 자치주 소속구(所屬區)에는 시공안국 또는 공안분국(경찰서)을 두며, 현(县)에는 공안국이 설치되며, 대도시나 중소도시의 하위 행정구역에 파출소를 둔다.

다. 인민무장경찰부대

1983년 창설한 인민무장경찰부대는 공안부의 지휘를 받아 평시에는 당정기관과 주요요인경호, 중요 외빈이 참가하는 집회의 안전, 감옥・노동교화소 감시, 전화국・방송국 및 군수산업 보호, 민간공항과 중요 교량이나 철도보호 및 화재진압 임무를 수행하다가 전시에는 인민해방군과 협조하여 국경과 해안경비 및 방공방호와 후방침투 적과 유격전, 도시방어 및 평시에서의 주요 시설 보호 등과 질서유지의 임무를 수행한다.

참고▶ 인민무장경찰부대 창설 및 임무

1983年4月5日，中国人民武装警察部队正式成立。任务 中国人民武装警察部队的基本任务是：平时 警卫党政机关和部分国家领导人、重要外宾及大型集会的安全；对监狱、劳改管教场所，实施武装警戒和武装看押；配合公安机关依法逮捕、追捕及押解罪犯；守卫电台、电视台和国家经济、国防工业、国防科研等要害部门，以及民用机场、重要桥梁、隧道等目标；进行边防守卫和火灾消防等。战时 协同人民解放军保卫边防和海防,抗击敌方的入侵；参加城市防卫和保卫重要目标的战斗，组织对空防护；组织重要民用机场、车站、桥梁和隧道的防护；守卫重要的电台、工厂、仓库和科研设施等目标，掩护工业设施和人口疏散；打击敌特和不法分子的破坏活动，保障作战地区的社会秩序和人民群众的安全等.

라. 민경협력치안체제 – 치안보위위원회

1929년 중국공산당이 계급투쟁을 확산시키는 과정에서 만들어진 조직으로서 1949년 중화인민공화국 건국 이후에도 방첩과 반동분자 색출 등으로 시작된 치안보위위원회(治安保衛委員會, 약칭 治保會)는 오늘날 기초행정단위와 경찰기관의 지도를 받아 불순분자 색출, 범죄예방활동, 준법의식 함양 등 일반주민의 사회방범조직으로 활동하고 있다.

3. 수사상 경찰의 지위

가. 수사기관

(1) 사법경찰은 원칙적으로 수사를 주재한다.

(2) 검사는 예외적으로 수사를 하며, 공소제기 및 공소수행을 한다.

나. 상호 관계

상호 협력관계이나 수사는 경찰에게 우선권이 있으며, 검찰은 법률적인 감독기능을 수행한다.

다. 사법경찰의 지위

(1) 독자적 수사권을 가진 수사주재자이다.

(2) 특별한 법률이 없는 경우의 원칙적 수사기관으로서 다음 업무를 수행한다.

(가) 형사사건에 대한 수사진행, 용의자의 유죄 또는 무죄, 죄의 경중에 관한 증거수집 및 조사

(나) 현행범인이나 중대한 용의자의 긴급체포

라. 검사의 지위

(1) 수사주재자
검사는 수사의 주재자로서 공무원의 직무상 횡령 및 뇌물범죄, 직권을 이용한 불법구금, 고문으로 인한 진술의 강요, 기타 법률이 검찰의 수사권한으로 정하는 범죄사건의 수사를 한다.

(2) 법률적 감독

(가) 경찰의 범인 체포 후 구속에 있어서 승인 및 위법사항의 시정요구
(나) 범죄에 대한 기소 및 기소면제의 결정
(다) 수사권의 남용이나 사법경찰의 범죄행위에 대한 입건, 수사

참고▶ 중국경찰제도 정리

1. 중국경찰의 특징
① 경찰은 조직상 보조기관형이다.
② 경찰은 중앙집권과 지방분권의 결합체이다.
③ 사법경찰의 권한유형은 대륙법계에 속한다.
④ 중국경찰은 사법경찰과 행정경찰의 일원주의를 채택하고 있다.
⑤ 경찰기관은 인민민주주의 독재의 중요한 수단이다.
⑥ 경찰의 권한이 광범위하다.

2. 중국경찰과 인터폴과의 관계
① 인터폴 가입은 1984년 제53회 총회에서 이루어졌다.
② 중국의 공안부 국제협력국을 통하여 인터폴과 협력하고 있다.

3. 중국 국무원 공안부의 행정조직상 형태는 보조기관형이다.

4. 중국의 치안책임자인 공안부장은 국무원의 구성원으로, 선출은 국무원 총리가 제청하여 전국인민대표회의에서 결정하고 또한 파면권도 전국인민대표회의 상무위원회가 한다.

5. 지방의 공안청이나 공안국장은 지방의 인민대표회의 상무위원회가 결정하며 반드시 국무원에 보고하여 등록하여야 한다.

6. 변방관리국은 ① 국경수비, ② 출입국자의 감시, ③ 소수민족의 활동 및 인접국의 월경을 감시한다.

7. 중국의 인민공안대학은 공안부 직속이다.

8. 중국의 최하위 조직인 공안파출소는 경찰기관의 최하위조직으로 시·현 공안국 또는 공안분국의 지도로 일선임무를 직접 수행한다. 계통상 공안파출소를 파견한 같은 급의 향·진의 지도를 받지만, 주된 지휘는 공안기관이 하고 있다.

9. 중국의 대부분 향에 공안파출소가 설치되어 있지만, 공안파출소가 설치되어 있지 않은 지역은 공안특파원이라는 간부를 두어 경찰업무를 수행하게 한다.

10. 중국공안부 소속의 특별경찰에는 철도경찰, 민간항공경찰, 산림경찰이 있다.

05

경찰과 그 법적 바탕

제1절 | 법과 경찰행정

1. 경찰과 법치행정

가. 법치행정

(1) 의 의

경찰행정이 국민의 권리의무에 관계되는 작용을 행할 경우에는 반드시 국민의 대표기관인 국회에서 제정한 법률에 따라야 한다는 법칙으로서 법률에 의한 행정의 원리를 말한다. 근대입헌국가에서는 행정의 자의(恣意)를 방지하고 장래에 있어 예측가능성(豫測可能性)과 법적 안정성(法的安定性)을 기함으로써 국민의 기본권을 보호하기 위하여 법에 의한 행정을 구현하고 있다.

(2) 경찰행정의 근거와 책임

법치국가에서 경찰행정은 헌법과 법률에 의한 기속(羈束)을 받게 된다. 따라서 경찰행정은 법률에 적합하여야 한다(법률적합성의 원칙). 여기에는 경찰행정은 어떠한 경우에도 법률에 위반해서는 안 된다는 법률우위의 원칙(法律優位의 原則)과 경찰행정이 법률의 수권(授權)에 의하여 행해져야 한다는 법률유보의 원칙(法律留保의 原則)이 요구된다.

먼저 법률우위의 원칙에서의 법률은 헌법과 의회에서 제정한 형식적 의미의 법률, 법규명령 및 관습법 등 불문법을 포함한 모든 법규범을 말한다. 법률우위의 원칙은 모든 행정영역에 미치게 되며, 이 원칙에 의해 경찰행정은 적법한 행위를 할 의무를 지게 된다.

다음으로 법률유보의 원칙은 의회에서 법률제정절차에 의하여 만들어진 형식적 의미의 법률을 말한다. 따라서 의회에서 제정되지 않은 명령이나 불문법원으로서의 관습법 등은 이에 포함되지 않는다(일부에서는 법률에 근거를 두고 위임요건을 충족한 법규명령이나 조례의 경우도 해당한다고 하나 그 적용범위에 대해서는 판례와 학설이 경찰작용의 개별적인 성질과 내용에 따라 갈리고 있다). 경찰은 원칙적으로 개별적 수권조항(경찰관

직무집행법, 특별경찰법 또는 특별형법이라고 한다)에 의하여 경찰행정을 하여야 하며, 예외적으로 개괄적 수권조항(공공의 질서, 안녕, 위험 등)에 따라 2차적 · 보충적으로 적용한다(이에 대해서는 제2절 경찰의 기본적 임무와 수단 참조).

이와 같이 경찰은 법치국가의 원리에 따라 국가와 국민 모두에 대하여 법을 준수할 책임을 진다. 만약 경찰관이 법에 위반하여 국민에게 불이익한 조치를 취하였다면, 국민에게는 행정상의 손해전보제도(손해배상 · 손실보상)와 행정쟁송제도(행정심판 · 행정소송) 등의 구제 절차를 통해 경찰행정에 대하여 침해당한 권리의 구제가 보장된다.

나. 경찰법의 성질

(1) 조직규범

모든 경찰관청의 설치와 활동은 조직규범으로서의 법률에 정해진 권한의 범위 내에서 행해져야 경찰기관의 적법행위가 되어, 비로소 경찰작용으로 인정된다. 다시 말하면 경찰관청이 조직법에 정해진 직무범위를 벗어난 행위를 하였다면 그것은 경찰관청의 적법한 직무행위로 볼 수 없고 그 효과는 인정되지 아니한다.

(2) 제약규범

어떠한 경찰활동도 경찰활동을 제약하는 법률의 규정에 위반해서는 안 된다는 법률우위의 원칙(法律優位의 原則)이 적용된다. 법률우위의 원칙은 공법적 행위(公法的 行爲)이든 사법적 행위(私法的 行爲)이든 또는 수익적 행위(收益的 行爲)이든 부담적 행위(負擔的 行爲)이든 행정의 모든 영역에 적용된다. 경찰상 행정행위나 공법상 계약(公法上 契約)과 같은 구체적 규율은 물론 법규명령이나 조례와 같은 행정입법도 법률에 위배되지 말아야 한다. 이러한 법률우위의 원칙은 소극적 의미의 법률적합성의 원칙이라고도 한다. 법률우위의 원칙에 위반되는 경찰작용은 위법한 경찰작용이 되나 그 구체적인 법률효과는 내용에 따라 다르다. 일반적으로 위법한 법규명령이나 조례는 무효에 해당하나, 위법한 행정행위는 중대하고 명백한 하자(瑕疵)의 경우에는 무효에 해당하고 무효에 미치지 못하는 단순한 하자의 경우에는 취소할 수 있음에 그친다.

(3) 근거규범

법률에 일정한 행위를 일정한 요건하에 수행하도록 수권하는 근거규정이 없다면 경찰관청은 자기의 판단에 따라 독자적으로 행위 할 수 없다는 법률유보의 원칙(法律留保의 原則)이 적용된다. 법률유보의 원칙이란 경찰작용은 법률의 수권(授權)에 의하여 행하여져야만 한다는 것으로서 적극적 의미의 법률적합성의 원칙이라고도 한다. 다만, 비권력적 수단이나 순수한 서비스 활동은 직무범위 내에서라면 수권규정이 없더라도 가능하다.

2. 경찰법의 종류

가. 경찰조직법

경찰법은 조직법으로서 경찰행정을 운영하는 조직이나 기구에 관해 제 기능을 발휘할 수 있도록 체계적으로 만든 규범이다. 즉 경찰조직의 존립근거를 부여하고, 경찰이 설치할 기관의 명칭・권한・관청 상호 간의 관계와 경찰관청 구성원의 임면・신분・직무 등에 대한 근거를 제공하는 법을 말한다. 여기에는 상급경찰관청과 하급경찰관청과의 권한의 위임이나 지휘・감독 또는 대등경찰관청 간의 협의와 사무의 위탁 등을 규율하는 경찰조직 내부관계, 다시 말해서 경찰기관의 직무권한과 기관권한의 행사관계를 설정하는 관계로서의 성질을 가진다. 따라서 이들 관계에서 일어나는 분쟁은 원칙적으로 '법률상의 쟁송'에 해당되지 않으므로 특별한 규정이 없는 한 법원에 제소할 수 없다.

나. 경찰작용법

경찰법은 작용법으로서 경찰조직이 그 경찰목적을 수행하기 위하여 필요한 행위의 내용들을 모아 규정한 규범이다. 즉 경찰작용법이란 경찰 주체와 그 상대방인 국민 사이의 법률관계를 의미하며, 여기에는 국가 등 경찰 주체가 개인에 대해 일방적으로 명령・강제하며 혹은 일방적으로 법률관계를 형성・변경・소멸시키는 등 경찰 주체에게 개인에게는 인정되지 않는 우월적 지위가 인정되는 법률관계를 말한다.

다. 경찰구제법

위법한 경찰활동에 의하여 국민의 권리가 침해받은 경우 그 국민의 권리를 사후에 보장하기 위한 구제절차를 규정한 규범이며, 여기에는 경찰상 손해배상 즉 국가 등 경찰 주체의 활동으로 인하여 개인이 손해를 입은 경우에 경찰 주체가 그 손해를 전보해 주는 제도와 경찰상 손실보상, 즉 적법한 공권력의 행사에 의해 가해진 재산상의 특별한 희생에 대하여 사유재산권의 보장과 공평부담이라는 견지에서 경찰 주체가 행하는 조절적인 재산적 손실을 전보해 주는 제도가 있다.

그리고 근래 들어 논의되고 있는 사회공공의 이익을 위하여 개인의 권리 또는 이익이 희생되는 경우 국가에게 특별한 희생에 대한 희생보상청구권과 경찰작용으로 인한 법률상의 이익을 침해받고 있는 경우 침해를 제거하기 위한 결과제거청구권 등이 있다.

그러나 오늘날 경찰작용으로 인한 개인의 권리가 침해받았을 경우 원상태로의 치유할 수 없는 상황과 많은 시일의 경과 등에 의한 희생들을 사전에 방지하기 위한 각종 절차법규에 의한 사전절차의 준수 등이 강조되어 개인의 절차적 권리를 보호하는 규범들이 많이 있다.

3. 경찰법의 법원

가. 법원의 의의

경찰법의 법원이란 경찰의 조직과 작용에 관한 법규의 존재형식을 말하는데, 이에는 성문의 형식으로 된 성문법원과 불문법원으로 대별할 수 있다. 경찰법은 국민의 권리・의무에 관한 사항에 관해 일방적으로 규율하는 경우가 많으므로, 국민으로 하여금 장래의 예측을 가능하게 하고 법적 생활의 안정을 기하기 위하여 성문의 형식을 취한다. 경찰법의 법원은 성문법주의를 원칙으로 하지만, 헌법・민법 등 다른 법 분야처럼 단일법전으로 되어 있지 않다.

나. 성문법원

(1) 헌 법

헌법은 국가의 기본적인 통치구조를 정한 기본법이다. 헌법은 행정의 조직이나 작용의 기본적 사항을 규율하는 많은 규정이 있어 그 한도 내에서 경찰법의 중요한 법원이 된다. 행정조직법정주의(헌법 제96조)나 국가안전보장・질서유지를 위한 국민의 자유와 권리를 제한하는 경우 법률로써 제한한다(헌법 제37조 제2항)는 규정 등이 그 대표적인 예이다.

(2) 법 률

입법권을 가진 국회가 제정하는 법 형식을 법률이라고 한다. 국민의 대표기관인 국회에서 만들어진 법률은 중요한 의미를 가지며, 가장 대표적인 성문법원(成文法源)이다. 국민의 권리와 의무에 관계되는 일체의 법규는 법률에 의하여 정하여지는데, 법치행정의 원칙상 경찰권의 발동도 모두 법률에 근거하여야 한다. 법률의 수권 없이 경찰관청은 국민에 대하여 명령, 강제할 수 없는 만큼 법률은 경찰행정상의 법률관계에 있어 가장 중요하다.

(3) 조약, 국제법규

헌법에 의하여 체결, 공포된 조약과 일반적으로 승인된 국제법규는 국내법과 같은 효력을 가진다(헌법 제6조). 따라서 그 내용이 우리 경찰활동에 관하여 구체적인 규정을 포함하고 있으면 그것은 경찰활동의 법원이 된다. 그런데 조약・국제법규와 국내법이 충돌하는 경우에 양자의 효력관계가 문제 된다. 이때에 조약・국제법규가 국내법률 또는 법규명령과 충돌될 때에는 신법우선의 원칙과 특별법우선의 원칙이 적용되게 된다. 우리나라는 1980년 1월 27일에 비엔나협약에 가입하여 도로교통법 등 적용에 있어서 국내 주재하는 외교관과 그 가족에게는 국내법을 적용하지 아니하고 있다.

참고▶ 조약법에 관한 비엔나협약(Vienna Convention on the Law of Treaties)

1969년 5월 22일 오스트리아 빈(비엔나)에서 체결된 조약법에 관한 비엔나협약은 다음과 같이 적용된다.

1. 국가 간에 체결된 조약에만 적용된다.

2. 국가 간에 문서로 체결되고 국제법에 의하여 규율되는 조약에만 적용된다.

3. 의식적으로 조약의 승계, 국가책임 및 적대행위발생이 조약에 미치는 효과와 관련된 문제에 대해서는 규율하지 않는다.

4. 소급 적용하지 않으며 협약발효 후에 체결된 조약에 대해서만 적용된다.

5. 체약 당사자들의 자율성을 존중한다.

6. 미국과 같이 이 협약에 가입하지 않는 나라들이 있으나 동 협약은 국제관습을 상당수 반영하기 때문에 미가입국에 대해서도 적용되는 경우가 많다.

(4) 명 령

(가) 국회의 의결을 거치지 않고 행정기관에 의하여 제정된 법규의 성질을 가지는 명령을 법원(法源)으로서의 명령이라고 하고, 보통 대통령령(大統領令)을 시행령(施行令), 부령(部令)을 시행규칙(施行規則)이라 한다.

(나) 종 류

① 위임명령

법률의 개별적·구체적 위임에 근거해서 법률의 내용을 보충하고 구체화하는 규정을 두는 경우를 말한다. 즉 범죄구성요건의 구체적 기준과 처벌의 한도를 정하여 위임하는 형식을 말한다.

② 집행명령

법률을 집행하기 위하여 필요한 부수적·세목적 규정을 정하는 경우를 말하며, 새로운 법규의 성질을 내용으로 하는 규정을 정할 수는 없다.

(5) 조례와 규칙

(가) 조 례

지방자치단체의 의회가 법령의 범위 안에서 지방자치권에 의거하여 제정하는 법규를 말한다. 조례로 주민의 '권리제한', '의무부과' 및 '형벌'을 정할 때에는 반드시 법률의 위임이 있어야 한다.

(나) 규 칙

지방자치단체의 장이 법령 또는 조례가 위임한 범위 안에서 그 권한에 속하는 사무에 관하여 제정하는 법규의 성질을 가지는 것이 규칙이다.

다. 불문법원

(1) 관습법

(가) 일정한 관행이 장기적·계속적으로 반복되어 일반국민의 법적 확신에 의해 법규범으로 승인된 규범을 말한다. 여기서 구별하여야 할 것은 사실인 관습이란 사회의 관행에 의하여 발생한 사회생활규범인 점에서는 관습법과 같으나 다만 사실인 관습은 사회의 법적 확신이나 인식에 의하여 법적 규범으로서 승인될 정도에 이르지 않는 것을 말한다(대판 1983.6.14. 80다3231).

※ 대판 1983.6.14. 80다3231 분묘의 이장

사실인 관습은 사적 자치가 인정되는 분야 즉 그 분야의 제정법이 주로 임의규정일 경우에는 법률행위의 해석기준으로서 또는 의사를 보충하는 기능으로서 이를 재판의 자료로 할 수 있을 것이나 이 이외의, 즉 그 분야의 제정법이 주로 강행규정일 경우에는 그 강행규정 자체에 결함이 있거나 강행규정 스스로가 관습에 따르도록 위임한 경우 등 이외에는 법적 효력을 부여할 수 없다.

(나) 성문법이 없을 경우 적용될 수 있는 보충적 효력만 인정하는 견해가 다수설과 판례이며, 행정청의 같은 사례가 장기적으로 반복됨으로써 이루어진 관습법으로 행정선례법(행정절차법 제4조 제2항에 의한 법령 등의 해석 또는 행정청의 관행, 국세기본법 제18조 제3항의 세법의 해석 또는 국세행정의 관행)이 있고 민중 사이의 오랜 기간의 관행에 의해 성립되는 관습법으로써 민중적 관습법(수산업법 제2조 입어권, 공유수면매립법 제12조 제5호 공유수면이용 및 인수·배수권, 하천법 시행 전의 하천용수권 및 유지사용권 등)이 있다.

(2) 판례법

(가) 동일내용의 판결이 반복되어 그 내용이 법으로서 확신되는 경우를 말하며, 성문법이 결여되어 있거나 실정법이 불확정개념을 사용하고 있는 경우에는 형성될 수 있다. 그러나 상급심법원의 법률적·사실적 판단은 '당해사건'에 한하여 하급심을 기속하는 효력을 가질 뿐, 그 판례가 사안이 서로 다른 사건을 재판하는 하급심법원을 직접 기속하는 효력은 없으며(법원조직법 제8조) 또한 실정법에 명문화되어 있는 사항(예: 제소기간)에 대해서는 형성될 수 없다.

(나) 우리나라 대법원 판례는 서로 다른 사건을 재판하는 하급심법원을 직접 기속하는 효력이 있는 것은 아니라고 하였지만, 개개인의 법관이 주장하는 법리가 미치는 영향은 상당하다고 볼 수 있다. 판결을 통하여 제시된 법리는 유사한 사안에 관한 다툼에서도 하급심법원이나 행정청에 대하여 사실상의 구속력을 가질 수 있기 때문이다. 대법원의 판례변경은 대법관 전원의 3분의 2 이상의 합의체에서 과반수로써 결정해야 하므로 하급심법원에 대한 현실적 구속력은 매우 크다. 또한 헌법재판소 판례는 헌법재판소의 위헌결정이 법원, 기타 국가기관 및 지방자치단체를 기속하므로(헌법재판소법 제47조) 법원성이 인정된다.

(3) 조 리

일반적으로 정의에 합치되는 보편적 원리로서 인정되고 있는 제 원칙을 조리라 한다. 이러한 조리는 법해석의 기본원리로서, 그리고 법령이나 규정에 미비한 경우 즉 성문법·

관습법·판례법이 모두 없는 경우에 적용되는 최후의 보충적 법원으로서 기능한다. 이는 사회적 생활관계가 지속적으로 변화하기 때문에 실정법으로 모두 규율하기 어려워 입법상 흠결 있는 경우에 재판에 있어서 중요한 준거가 되고 있다. 경찰관청의 행위가 형식상 적법하더라도 조리에 위반할 경우에는 위법이 될 수 있다.

4. 경찰법의 일반원칙

가. 의 의

경찰법의 일반원칙은 법령해석상 의문이 있는 경우에 해석의 준거로 삼고 있으며, 또한 실정법상 미비한 부분이 있는 경우에 보충적으로 적용한다. 이러한 경찰법의 일반원칙으로는 비례의 원칙, 신뢰보호의 원칙, 평등의 원칙, 신의성실의 원칙, 부당결부금지의 원칙 등을 들 수 있다. 이러한 원칙들은 「대한민국헌법」(제37조 2항 비례성)이나 「경찰관직무집행법」(제1조 2항 비례성), 「민법」(제2조 신의성실), 「국세기본법」(제15조 신의성실)과 「행정절차법」(제4조 1항 신의성실, 신뢰보호) 등 각 실정법으로부터 유래된 조리 및 법원칙으로서 학설이나 판례 등을 통해 발전된 것이다. 그러나 그의 연원은 대부분 헌법 및 헌법을 지배하는 기본원리에서 유래하는 것으로 볼 수 있으며, 그러한 의미에서 그들 법원칙은 대부분 헌법차원의 원칙으로서의 의의를 가진다고 말할 수 있다. 따라서 그들 법원칙을 위반하는 공권력의 행사(입법작용·행정작용·판결 등)는 일단 위헌·위법으로 볼 수 있다(김남진·김연태, 2009. p.65).

나. 비례의 원칙

비례의 원칙은 경찰작용 전체에 적용되는 경찰법의 조리 및 법원칙이다. 경찰권은 무제한적이고 자의적인 행사를 해서는 아니 되고 적절히 제한되어야 한다는 것이다. 따라서 경찰작용을 함에 있어서 경찰목적과 이를 실현하는 경찰수단 사이에는 합리적인 비례관계가 있어야 한다는 법원칙이다. 경찰관청이 경찰권을 행사함에 있어서 가장 중요한 조리이자 법원칙으로서의 비례의 원칙은 적합성의 원칙, 필요성의 원칙, 상당성의 원칙을 내용으로 하고 있다.

(1) 적합성의 원칙

적합성의 원칙이란 특정한 경찰목적을 실현하기 위하여 사용되는 수단은 경찰목적을 달성하기에 적합하여야 함을 의미한다. 경찰수단을 사용함에 있어서 목적달성에 필요한 최소한도에 그쳐야 하며, 그 수단의 사용은 반드시 적합하여야 한다.

(2) 필요성의 원칙

필요성의 원칙이란 최소침해의 원칙이라고도 불리며, 이는 경찰목적을 실현하기 위하여 경찰권의 행사는 필요한 한도 이상으로 하여서는 안 된다는 것을 의미한다. 즉, 경찰목적을 실현하는 데 있어 여러 수단이 있는 경우에 경찰대상자에게 가장 최소한도의 침해를 주는 수단을 선택해야 하는 것을 말한다.

(3) 상당성의 원칙

일견 비례의 원칙으로도 불릴 수 있는 상당성의 원칙은 좁은 의미의 비례의 원칙이다. 경찰관청이 경찰목적의 실현을 위하여 필요한도 범위 내에서 최소한의 침해를 주는 수단을 선택했다 하더라도 경찰목적의 달성에 의하여 얻어지는 이익이 경찰작용의 대상자가 받는 손해보다 커야 함을 의미한다. 즉 구체적인 경찰작용을 함에 있어서 경찰권을 행사하지 않을 경우에 받을 공익의 침해와 행사하였을 경우에 상대방에게 침해되는 이익을 비교형량하여 공익의 침해가 더 클 경우에 경찰권의 행사가 이루어져야 한다는 것이다.

다. 신뢰보호의 원칙

신뢰보호의 원칙이란 국민 개개인이 경찰관청의 어떠한 의사표시나 행위에 있어서 신뢰할 만한 사유가 있고 그 신뢰에 따라 행동을 하여 그것이 설령 규범에 어긋나는 경우라도 그 신뢰를 보호할 만한 가치가 있는 한 보호하여 주어야 한다는 것을 의미한다. 「국세기본법」 제18조 제3항은 "세법의 해석 또는 국세행정의 관행이 일반적으로 납세자에게 받아들여진 후에는 그 해석 또는 관행에 의한 행위 또는 계산은 정당한 것으로 보며 새로운 해석 또는 관행에 의하여 소급하여 과세되지 아니한다"라고 규정하여 법원칙을 세웠다.

라. 평등의 원칙

「대한민국헌법」 제11조 제1항은 “모든 국민은 법 앞에 평등하다. 누구든지 성별・종교 또는 사회적 신분에 의하여 정치적・경제적・사회적・문화적 생활의 모든 영역에 있어서 차별을 받지 않는다”라고 하여 평등권을 규정하고 있다. 헌법의 기본원리에 따라 평등의 원칙은 경찰작용을 함에 있어서 특별한 합리적인 사유가 없는 한, 상대방인 국민을 차별 없이 동등하게 대우해야 한다는 원칙을 말한다. 평등의 원칙은 헌법상의 법원칙으로서 이에 위반된 경찰작용은 위헌・위법이 된다. 특히 행정규칙에 있어서 평등의 원칙은 자기가 한 행위에 대하여 다른 상대방에게도 동등하게 대우해야 한다는 자기 구속을 당하게 되고 그러한 경우에는 대외적인 구속력을 갖게 된다. 즉 행정규칙이 법령의 규정에 의하여 행정관청에 법령의 구체적 내용을 보충할 권한을 부여한 경우 또는 재량권 행사의 준칙인 규칙이 그 정한 바에 따라 되풀이 시행되어 행정관행이 이루게 되면, 평등의 원칙이나 신뢰보호의 원칙에 따라 행정기관은 그 상대방에 대한 관계에서 그 규칙에 따라야 할 자기 구속을 당하게 되고, 그러한 경우에는 대외적인 구속력을 가지게 된다(헌재 1990.9.3. 90헌마13).

※ 헌재 1990.9.3. 90헌마13 전라남도교육위원회 인사규칙 헌법소원

행정규칙(行政規則)이 법령(法令)의 규정(規定)에 의하여 행정관청(行政官廳)에 법령(法令)의 구체적 내용을 보충할 권한을 부여한 경우 또는 재량권행사(裁量權行使)의 준칙(準則)인 규칙(規則)이 그 정한 바에 따라 되풀이 시행되어 행정관행(行政慣行)이 이룩되게 되면, 평등(平等)의 원칙(原則)이나 신뢰보호(信賴保護)의 원칙(原則)에 따라 행정기관은 그 상대방에 대한 관계에서 그 규칙(規則)에 따라야 할 자기 구속(自己拘束)을 당하게 되고, 그러한 경우에는 대외적인 구속력(拘束力)을 가지게 된다 할 것이다.

마. 신의성실의 원칙

「민법」 제2조(신의성실) 제1항은 “권리의 행사와 의무의 이행은 신의에 좇아 성실히 하여야 한다,” 제2항 “권리는 남용하지 못한다”라고 하여 신의성실의 원칙을 천명하였다. 「민법」의 일반조항은 경찰법을 비롯한 모든 법 분야에서 흠결을 보충하기 위하여 유추(類推) 적용하는 경우가 많다. 그중 신의성실의 원칙이 가장 전형적인 법원칙으로서의 의의

를 갖는다. 신의성실의 원칙에서 파생된 원칙으로 권리남용의 원칙, 사정변경의 원칙 등이 있다. 「국세기본법」 제15조는 "납세자가 그 의무를 이행함에 있어서 신의에 좇아 성실히 하여야 한다. 세무공무원이 그 직무를 수행함에 있어서도 또한 같다"고 하여 신의성실의 원칙을 일찍이 규정하였고, 또 「행정절차법」 제4조 제1항은 "행정청은 직무를 수행함에 있어서 신의에 따라 성실히 하여야 한다"라고 하였다.

바. 부당결부금지의 원칙

부당결부금지의 원칙이란 행정기관이 행정작용을 함에 있어서 그와 실질적 관련성이 없는 반대급부와 결부시켜서는 안 된다는 원칙이다(대판 2009.2.12. 2005다65500). 이 원칙은 「헌법」상 법치국가의 원리와 자의금지의 원칙에서 나온 것으로, 부당결부금지의 원칙에 위반한 경우 위헌・위법이 된다고 본다. 그러나 지방자치단체장이 사업자에게 주택사업계획승인을 하면서 그 주택사업과는 아무런 관련이 없는 토지를 기부채납(寄附採納)하도록 하는 부관을 주택사업계획승인에 붙인 경우, 그 부관은 부당결부금지의 원칙에 위반되어 위법하다고 하면서도 사정에 비추어 부관의 하자를 무효로 볼 수 없다는 판결도 하였다(대판 1997.3.11. 96다49650).

※ 대판 2009.2.12. 2005다65500 약정금

부당결부금지의 원칙이란 행정 주체가 행정작용을 함에 있어서 상대방에게 이와 실질적인 관련이 없는 의무를 부과하거나 그 이행을 강제하여서는 아니 된다는 원칙을 말한다.

※ 대판 1997.3.11. 96다49650 소유권이전등기말소

지방자치단체장이 사업자에게 주택사업계획승인을 하면서 그 주택사업과는 아무런 관련이 없는 토지를 기부채납하도록 하는 부관을 주택사업계획승인에 붙인 경우, 그 부관은 부당결부금지의 원칙에 위반되어 위법하지만, 지방자치단체장이 승인한 사업자의 주택사업계획은 상당히 큰 규모의 사업임에 반하여, 사업자가 기부채납한 토지 가액은 그 100분의 1 상당의 금액에 불과한데다가, 사업자가 그동안 그 부관에 대하여 아무런 이의를 제기하지 아니하다가 지방자치단체장이 업무착오로 기부채납한 토지에 대하여 보상협조요청서를 보내자 그때서야 비로소 부관의 하자를 들고 나온 사정에 비추어 볼 때 부관의 하자가 중대하고 명백하여 당연무효라고는 볼 수 없다.

참고▶ 위임명령(委任命令)과 집행명령(執行命令)

구분	위임명령	집행명령
의의	상위법령에서 위임받은 사항을 정하는 일종의 법률 보충적 명령	법률의 범위 내에서 이를 시행하기 위하여 필요한 세부적·기술적 사항을 정하기 위하여 발하는 명령
차이점	–상위법령의 근거를 요함 –위임을 받는 범위 내에서 새로운 입법사항을 정할 수 있음	–법률의 수권이 없더라도 행정에 고유한 법집행권에 기하여 발할 수 있음 –새로운 입법사항을 정할 수 없음
공통점	–행정기관이 발령권자 –법규성이 인정됨 –문서, 법조형식, 공포를 요함	

참고▶ 법규명령(法規命令)과 행정규칙(行政規則)

구분	법규명령	행정규칙
성질	법규성이 인정되며 일반적·양면적 구속력(일반 국민의 권리·의무에 관계되는 규정)	법규성이 부정되며 대내적·일반적 구속력(내부질서 유지를 위해 하명받은 자만 구속)
근거	–위임명령: 상위법령의 수권 필요 –집행명령: 수권 불필요	행정권의 당연한 권능으로 제정 법령의 근거 불필요
형식	대통령령, 총리령, 부령, 감사원규칙, 중앙선거관리위원회규칙 등	훈령, 지시, 예규, 일일명령
효력발생	공포를 요함	공포를 요하지 않음
소멸	폐지, 종기도래, 해제조건의 성취, 근거법령의 소멸	자유로이 폐지·변경
위반의 효과	위법한 행위로 무효· 취소할 수 있음	적법하므로 위반행위의 효력에 영향이 없음(징계사유는 될 수 있음)
재판규범성	인정됨	인정되지 않음

제2절 | 경찰조직법

1. 서 론

가. 의 의

경찰조직법은 경찰에 그 존립의 근거를 부여하고 경찰이 설치할 기관의 명칭, 권한, 관청 상호 간의 관계, 나아가 경찰관청의 임면·신분·직무 등에 대해서 규정하는 법이다. 국가의 행정조직에 관한 기본법은 「정부조직법」이며, 경찰의 조직에 관한 기본법은 「경찰법」이다. 「경찰법」 제1조에서 "이 법은 국가경찰의 민주적인 관리·운영과 효율적인 임무수행을 위하여 국가경찰의 기본조직 및 직무범위와 그 밖에 필요한 사항을 규정함을 목적으로 한다"라고 하고, 제2조에서 국가경찰의 조직을 규정함으로써 조직규범으로서의 성격을 분명히 하였다.

나. 특 징

경찰조직법의 특징은 「경찰법」 제1조(목적)에서도 밝혔듯이 경찰관청이 국민의 통제하에 국민에 대하여 통일적인 책임을 진다는 의미에서의 민주적이면서도 경찰목적을 실현하기 위한 수단들이 합목적적이며 효율적으로 경찰사무를 수행할 수 있도록 하는 데 있다.

2. 경찰조직이론

가. 경찰조직의 기본이념

경찰은 「경찰법」상 경찰목적을 수행하기 위해 하나의 조직체계로 구성되고, 경찰의 목적과 사명을 경찰조직에 부여하고 있다. 이러한 경찰조직은 「대한민국헌법」 전문과 같은 법 제4조의 자유민주적 기본질서라는 헌법이념에 충실하여야 하고, 현대행정의 원리인 민주성과 효율성을 갖추어야 한다(헌법 제1조). 그러므로 경찰조직은 이러한 민주사회의 기본이념과 현대행정의 논리에 부합하여야 한다.

나. 경찰조직의 기본원리

경찰조직의 기본원리라 함은 경찰이 본래의 목적을 달성하기 위하여 갖추어야 할 조직원리로서 경찰의 조직은 민주적이어야 하며 조직의 기능이 능률적으로 행하여져야 하며 불편부당하게 공정한 임무를 수행할 수 있도록 내부적으로는 전국적으로 통일된 단일지휘체계를 갖춘 단독 관청으로 이루어지고, 외부적으로는 그 활동을 함에 있어서 엄격하게 규율되는 조직의 기본이 되는 원리를 말한다.

다. 경찰조직의 편성원리

경찰조직의 편성원리란 경찰조직을 가장 합리적으로 조직화하고, 그 조직을 능률적으로 관리가 가능하도록 하는 근거기준을 말한다. 조직은 특정한 목적을 가진 유기체이기 때문에 그 조직의 구성은 의사소통의 원활화, 명백한 권한과 책임의 배분, 지휘감독의 용이성 등을 고려하여 계층제의 원리, 명령통일의 원리, 통솔범위의 원리, 전문화의 원리 그리고 조정의 원리 등을 고려하여 이루어진다.

라. 경찰조직의 특성

(1) 준(準)군사체계(Quasi-military style)

영국의 로버트 필(Robert Peel) 경이 1829년 런던수도경찰(London Metropolitan Police)을 창설할 때 제복, 계급체계, 지휘명령체계 등이 군대와 유사하여 경찰이 준군사체계라고 불리지만, 경찰은 군대와 다른 성질을 가지고 있다.

첫째, 경찰은 시민의 생명, 신체, 재산 등을 보호하는 활동을 한다.
둘째, 경찰은 시민의 권리를 존중해야 하며, 이를 지켜야 할 의무를 진다.

셋째, 경찰은 시민에게 항상 봉사해야 하는 서비스 정신을 실천한다.

(2) 관료제로서의 경찰조직과 그 비판

경찰은 다른 국가기관이나 공·사기업 또는 교육기관 등과 같이 관료조직이다. 따라서 경찰조직은 다른 조직과 마찬가지로 관료제적 성격을 띤다.

관료제는 그동안 많은 역기능으로 인해 비판을 받아오고 있음에도 불구하고 조직의 목표를 달성하기 위하여 조직을 체계화하여 최적화하는데 있어 지금까지 개발된 행정관리 체계상 가장 효과적인 형식이기 때문에 아직까지 가장 선호하고 있다.

(가) 베버(Max Weber)의 구조적인 특성

① 법규의 지배

관료제는 합법적으로 제정된 법규에 의해서 확정되어 있으며, 또한 그 속에 있는 직무범위와 그 직무수행에 필요한 명령권한은 기능적 분업의 원칙에 따라 법규에 의해서 명확하게 배분된다.

② 권한의 원칙

규칙에 입각하여 행해지는 직무범위의 확정과 직무수행에 필요한 명령권의 부여를 흔히 '권한의 원칙'이라고 한다. 이것은 자기 자신의 직무내용이 타인으로부터 침해받지 아니하며, 동시에 타인의 직무내용에 개입해서도 안 된다는 것을 뜻한다.

③ 계층제의 원칙

동일계통에 속하는 관료제조직 상호 간 및 같은 관료제 내부의 직위 상호 간에는 명확한 질서가 확립된 상하의 체계, 즉 명령복종관계가 존재한다. 규칙의 범위 내에서 동일명령계통에 속하는 상급자는 하급자에 대한 감독과 통제를 행할 의무를 지니며, 하급자는 상급자에 복종하는 의무를 지닌다.

④ 직무수행의 몰주관성

관료제의 직무수행은 개인의 주관이나 자의를 배제하고 규칙 그 자체에 충실한 몰주관적인 것이 되어야 한다. 직무수행의 몰주관성을 확보하기 위해서는 공사의 구별, 문서주의 및 관료의 전문자격이 요구된다.

⑤ 전문성과 보상

현대관료제에 있어서의 직무의 수행은 관료의 모든 정성을 다한 전문적인 노동력을 요구한다. 이러한 현대관료제에 있어서의 이러한 요구는 현대의 사무량이 관료의 전 노동력과 전문능력을 필요로 할 만큼 고도화되었다는 사실과, 한편 관료들이 그들의 생계를 오로지 직장의 급료에 의지하지 않으면 안 되게 되었다는 사정에 기인하는 것이다. 즉 관료는 직무수행의 대가로 급료를 정기적으로 받고, 승진 및 퇴직금 등의 직업적 보상을 받는다.

⑥ 고용관계의 자유계약성

근대관료제에 있어서는 적어도 형식적으로는 고용계약이 쌍방의 자유의사에 따라서 이루어진다. 이것은 신분적 질서가 지배하던 전통적 사회에 있어서 운명적인 지배·복종관계가 성립하였던 것과는 대조를 이룬다(신두범 등, 2010, pp.218~219).

(나) 경찰조직의 관료제적 구조에 대한 비판

막스 베버(Max Weber)의 관료제로 본 경찰조직의 많은 긍정적인 특성에도 불구하고 관료제에 내재하고 있는 공통적인 역기능을 해소하지 못하고 있다는 비판이 있다.

① 관료제는 유연하지 못하여 외부의 변화에 둔감하다는 것이다.

② 조직 내 부서 간 의사소통이 결여되어 결과적으로 조직에 해가 되는 결정이 내려지거나 조직 자체적으로 상충되는 목표를 추구하는 경우가 발생한다.

③ 1940년 머튼(Robert K. Merton)은 하나의 수단인 규칙에 대해 지나치게 강조하다 보면 그것이 하나의 자기목적화가 되어 결국 수단이 목표가 되는 목표의 전환(goal displacement)이 이루어지는 관료제의 역기능(dysfunction)이 나타난다고 하였다

④ 관료제는 일사분란한 획일성을 요구하기 위하여 성문화된 규칙이 있고 이 규칙의 준수가 결과적으로 조직구성원들의 창의성을 막는 동조과잉(overconformity)으로 나타난다.

마. 경찰상의 행정 주체

행정 주체라 함은 행정을 행할 권리와 의무를 가지는, 즉 자기의 이름과 책임하에 행정을 실시하는 단체(법인)를 말하며, 행정 주체가 발하는 일정한 행위의 법적 효과는 모두 행정 주체에게 귀속된다. 이러한 행정 주체에는 국가, 지방자치단체, 영조물법인(한국방송공사, 적십자병원, 한국기술검정공단 등), 공공조합(변호사회, 상공회의소, 의료보험조합, 농지개량조합 등)과 공무상 수탁사인 등이 있다. 공무상 수탁사인으로 법원장이 임명하는 집행관(집행관법 제3조 제1항)은 국가로부터 봉급을 받지 않고 취급한 사건의 수수료와 체당금(替當金)을 받아서 수입으로 하므로, 보통 형식상의 공무원과 다르다. 그러나 대판(1966.7.26.)은 집행관(구 집달관)은 실질적 의미의 국가공무원에 속한다 할 수 있으므로 그의 불법행위에 대해서는 「대한민국헌법」 제29조에 비추어 국가배상책임이 인정된다고 하였다. 또 별정우체국의 지정을 받아 체신업무를 수행하는 자(별정우체국법 제3조)와 상선의 선장(사법경찰관리의 직무를 행할 자와 그 직무범위에 관한 법률 제7조에 의한 특별사법경찰관)이 있으며, 그 밖에 사인이 공공사업의 시행자로서 토지수용권 등 공권력을 행사하는 경우(공익사업을 위한 토지 등의 취득 및 보상에 관한 법률 제19조 제1항)와 장해물 제거 등(동법 제12조)을 하는 경우가 있다.

이와 같이 행정 주체는 다양하지만 우리나라 「경찰법」은 국가경찰제도를 채택하고 있으므로 국가만이 경찰행정을 행할 권리와 의무를 가진다. 즉 국가의 이름과 책임하에 경찰행정을 영위하는 것이다. 다만, 자치경찰제를 시행하는 경우에는 지방자치단체도 경찰행정의 주체가 됨은 물론이다.

3. 경찰행정기관

가. 의 의

경찰행정은 행정 주체가 자기 이름과 책임하에 실시하지만, 행정 주체는 법인이므로 현실적으로 그 업무를 수행하는 것은 행정 주체를 위한 경찰행정기관이다. 경찰행정기관에는 법률에 의하여 일정범위의 권한과 책임이 주어지며, 경찰행정기관이 그 권한의 범위 내에서 행하는 행위의 효과는 법률상 오로지 행정 주체인 국가에 귀속된다.

나. 종 류

(1) 경찰행정관청

행정 주체의 법률상의 의사를 결정하여 외부에 표시하는 권한을 가지는 기관으로서, 행정안전부장관 소속의 중앙보통경찰관청으로 치안유지에 관한 업무를 관장한다. 경찰청장, 지방상급 보통경찰관청으로 경찰청장의 지휘감독을 받아 일반경찰업무를 처리하는 지방경찰청장, 지방하급 보통경찰관청으로 지방경찰청장의 지휘・감독을 받아 관내 경찰업무를 관장하는 경찰서장이 있다.

(2) 경찰자문기관

행정청으로부터 자문을 받아 그 의견을 제시하는 기관으로서 심의회가 있다. 법령상 자문기관의 자문이 요구되는 경우에 이를 거치지 않는 경찰관청의 행정결정은 다른 특별한 사정이 없는 한 이는 절차상의 하자에 해당하므로 그 결정자체가 위법한 결정이 된다.

(3) 경찰의결기관

행정관청의 의사를 구속하는 의결을 행하는 행정기관으로, 행정청이 참여기관의 의결을 거치지 아니하고 행위한 경우에는 권한 없는 행위가 되어 무효가 된다. 경찰위원회는 법률상 심의・의결 기관으로 되어 있으나 형식에 그치는 기관에 불과하다. 즉 행정안전부장관에게 재의요구권이 있어 실질적으로 행정의사를 구속하기는 어렵기 때문이다.

(4) 감사기관

행정기관의 사무나 회계를 검사하여 그 적부를 감사하는 기관으로 감사원이 있다.

(5) 경찰집행기관

행정관청에서 결정된 의사를 구체적으로 실현하는 기관으로서 공권력에 의한 실력행사를 통하여 경찰의사를 실현하는 기관이다. 일반경찰집행기관을 이루는 경찰공무원은 사법경찰에 관한 사무를 함께 담당하고 있다.

(6) 보조기관

행정관청 기타 행정기관의 직무를 보조하기 위하여 일상적인 직무를 수행하는 기관으로 차장, 국장, 과장, 계장 등이 있다.

다. 권한의 위임, 대리, 전결, 대결

(1) 권한의 위임

(가) 의 의

권한의 위임(委任)이란 경찰관청이 권한의 일부를 다른 경찰기관에 이전하여 그 수임기관의 권한으로 그 수임기관이 자기의 명의와 책임하에서 행사하도록 하는 것을 말한다. 이는 법률상의 권한을 다른 경찰관청에게 이전하여 권한의 법적 귀속을 변경하는 것이므로 반드시 법적 근거가 있어야 한다.

(나) 효 과

위임으로 권한의 귀속이 변경되어 수임기관은 자기의 명의와 책임하에 권한을 행사하고, 위임된 권한에 관한 쟁송 시 수임관청 자신이 상대방이 된다. 그러나 수임기관의 사무처리가 위법부당하다고 인정된 때에는 이를 취소하거나 정지시킬 수 있다(행정권한의 위임 및 위탁에 관한 규정 제6조). 위임사무의 처리에 소요되는 인력, 예산, 시설, 설비 등은 법령에 특별한 규정이 없는 한 위임자가 부담하는 것이 원칙이다.

(다) 한 계

경찰관청의 권한의 일부에 한해서만 가능하고, 권한의 전부위임 또는 주요 부분의 위임은 허용되지 않는다.

(2) 권한의 대리

(가) 의 의

권한의 대리(代理)란 경찰관청의 권한의 전부 또는 일부를 다른 경찰기관이 피대리관청을 위한 것임을 표시하고 자기의 명의로 대행하여 그 행위가 피대리관청의 행위로서 법률상 효력을 발생시키는 것을 말한다.

(나) 종 류

① 임의대리

임의대리란 피대리관청의 수권행위에 의하여 대리관계가 발생하는 경우로서 수권은 일반적·포괄적 권한에 관하여 권한의 일부에 대해서만 가능하며, 원칙적으로 복대리는 허용되지 아니한다. 피대리관청은 대리관청을 지휘·감독할 수 있고, 법적 근거를 요하지 않는다.

② 법정대리

법정대리란 법정사실이 발생하였을 때 직접 법령의 규정에 의하여 대리관계가 발생하는 경우로서 대리권은 피대리관청의 권한의 전부에 미치며, 원칙적으로 복대리가 허용된다. 여기에는 협의의 법정대리와 지정대리가 있다.

참고▶ 협의의 법정대리(法定代理)와 지정대리(指定代理)

협의의 법정대리	일정한 법적 사유가 발생하면 당연히 대리권이 발생하는 경우 ⇒ 대통령의 궐위 시 국무총리의 대리, 경찰청장이 사고가 있을 때 차장의 대행
지정대리	–일정한 법적 사유가 발생하면 지정권자가 대리자를 지정함으로써 성립하는 경우 ⇒ 국무총리 유고 시 대통령이 지정하는 국무위원이 국무총리를 대리하는 것 –피대리관청은 대리자의 권한행사를 지휘·감독할 수 없고, 대리자는 자기의 책임으로 권한을 행사한다.

(3) 전 결

(가) 의 의

전결(專決)이란 기관의 장이 사무의 내용에 따라 일상 반복적이고 경미한 사항을 하부의 보조기관에 위임하여 이 위임을 받은 자가 행하는 결재를 말한다. 전결사항에 대해서는 기관의 장이 보조기관 또는 보좌기관에 훈령의 형식으로 위임전결 규정을 제정하여 내부 위임한다.

(나) 권한의 위임과 위탁과의 구별

위임전결제도는 결재권자의 사무부담을 덜어 주고 사무 처리의 신속 및 능률을 기한다는 점에서는 「행정권한의 위임(委任) 및 위탁(委託)에 관한 규정」에 의한 위임 및 위탁과 유사하다. 그러나 「행정권한의 위임 및 위탁에 관한 규정」에 의한 위임 및 위탁은 「정부조직법」 및 기타 법령에 의하여 중앙행정기관의 권한 일부를 기관 내부의 보조기관이나 자기 소속의 행정기관에 위임하는 경우뿐만 아니라 자기 소속이 아닌 다른 행정기관이나 지방자치단체에 위탁하는 경우까지 포함되어 있다. 재위임권 역시 특별시장·광역시장·도지사 또는 특별자치도지사(특별시·광역시·도 또는 특별자치도의 교육감을 포함한다)나 시장·군수 또는 구청장(자치구의 구청장을 말한다)은 행정의 능률향상과 주민의 편의를 위하여 필요하다고 인정될 때에는 수임사무의 일부를 그 위임기관의 장의 승인을 받아 규칙으로 정하는 바에 따라 시장·군수·구청장(교육장을 포함한다) 또는 읍·면·동장, 그 밖의 소속기관의 장에게 다시 위임할 수 있다(동 규정 제4조). 수임 및 수탁기관은 수임 및 수탁사무를 처리할 때 자기의 권한과 책임하에 시행하며, 구체적 사항은 대통령령으로 정하도록 되어 있음에 반해 '위임전결'은 모든 행정기관의 장이 자기에게 부여된 권한 자체가 아니라 전결하여야 할 개개문서에 대한 결재권만을 자기 소속직원에게 위임하는 기관 자체의 훈령으로 정하도록 되어 있다.

(4) 대 결

(가) 의 의

대결(代決)이란 결재권자가 출장이나 휴가, 기타의 사유로 상당한 기간 부재중일 때 긴급한 문서이지만 결재권자의 사정에 의하여 결재를 받을 수 없다면 역시 업무의 지연이나 공백을 초래한다. 이때 사고관리자의 직무를 대행할 수 있는 자를 지정하고 결재하도록 하는 제도가 대결제도이다.

(나) 후 열

후열(後閱)이란 대결한 문서의 내용이 중요한 것은 '후열' 표시를 해 두었다가 원 결재권자에게 대결문서 내용을 공람케 하거나 보고하는 것을 말한다. 따라서 대결한 문서를 정규의 결재권자가 사후에 공람하거나 보고받으면서 그 내용을 수정해서는 안 된다.

라. 대등관청 상호 간의 관계

(1) 권한존중관계

대등관청 상호 간은 서로 그 권한을 존중할 것이 요구되며, 자기의 권한이 다른 기관에 의해 침해되는 것을 배제하는 동시에 다른 관청의 권한을 침범하지 않도록 하여야 한다. 이러한 과정에서 관청 상호 간에 소관 사무에 관하여 다툼이 있는 경우에는 그 소속 관청에 공통되는 상급 관청이 그에 관해 결정하여야 하며, 공통으로 감독하는 상급 관청이 없는 경우에는 각 상급 관청의 협의로 그 관할을 결정한다(행정절차법 제6조).

(2) 상호 협력관계

특정사항이 둘 이상의 관청의 권한에 관련되는 경우에는 관청 상호 간의 협의에 의하여 처리한다. 여기에는 주관관청이 관계관청과 협의하는 경우와 둘 이상의 관청이 특정사항에 대하여 공동으로 협의하는 경우로서 공동명의로 외부에 표시하며 이때 협의는 협의사항의 유효요건이 된다. 마지막으로 관청이 사업자의 지위에서 주관관청과 협의하는 경우가 있다. 그 밖에 대등한 관청 간에 있어서 어느 관청이 직무상 필요한 사무가 다른 관청에 속하는 경우에 그 사무를 당해 관청에 위탁하여 처리하는 사무위탁과 경찰상 재해·사변·기타의 비상사태로 인하여 당하관청의 요청에 의하거나 또는 다른 관청이 자발적으로 그 기능의 전부 또는 일부를 지원하여 사태를 진정시키는 경찰응원이 있다(행정절차법 제8조).

참고▶ 국가행정기관의 분류

행정관청	행정관청이란 행정에 관한 국가의사를 결정·표시하는 권한을 가지고 있는 행정기관을 말한다.	
	합의제	토지수용위원회, 국가배상심의회, 국민권익위원회, 소청심사위원회, 중앙노동위원회, 감사원, 중앙선거관리위원회 등
	독임제	대통령, 행정각부의 장관, 경찰청장, 지방경찰청장, 경찰서장 등
보조기관	자기 스스로 국가의사를 결정·표시·집행할 권한은 없고, 다만 행정관청을 보조함을 임무로 하는 국가행정기관을 말한다. 예, 차관, 차장, 국장, 실장, 과장 등	
보좌기관	보좌기관을 때로는 참모기관이라 할 때도 있는데 정책의 기획, 계획의 입안 및 연구·조사를 통하여 집행기관인 계선기관을 내부적으로 지원함으로써 간접적으로 행정목적 수행에 이바지하는 기관이다. 예, 대통령실장, 각 원·부·처의 차관보, 기획관리실장, 담당관 등	
의결기관	행정관청이 표시할 국가의사를 의결의 형식으로 결정하는 권한을 가진 합의제 국가기관을 말한다. 예, 경찰위원회, 징계위원회, 국민권익위원회, 지방의회, 중앙도시계획위원회, 공정거래위원회, 지방자치단체의 교육위원회 등	
자문기관	행정관청의 자문에 응하여 또는 자진하여 행정관청에게 의견을 제공함을 임무로 하는 국가행정기관이다. 예, 국가경쟁력강화위원회, 경제자문회의, 국가안전보장회의, 교육정책심의회, 치안행정협의회, 경찰공무원인사위원회 등	
집행기관	행정관청의 명을 받아 실력으로써 국가의사를 집행함을 임무로 하는 기관을 말한다. 예, 경찰공무원, 세무공무원 등	

4. 중앙경찰행정기관

가. 경찰위원회

행정안전부에 두는 경찰위원회는 인권보호에 관련되는 경찰운영·개선에 관한 사항을 심의·의결하는 등 경찰행정의 적정성을 위하여 자유로운 의사진행을 통하여 독임제 경찰행정의 단점을 보완하는 기능을 수행함으로써 경찰활동의 객관성과 타당성을 높이는데 기여하고 있다.

(1) 구 성

(가) 위원회는 위원장 1인을 포함한 7인으로 구성하고, 위원장은 비상임위원 중에서 호선하며, 위원장 유고 시는 상임위원·연장자 순으로 위원장의 직무를 대리한다.

(나) 위원은 행정안전부장관의 제청으로 국무총리를 거쳐 대통령이 임명한다(임기 3년,

연임불가).

※ 결격사유: 당적을 이탈한 날부터 3년이 경과하지 않은 자, 선거에 의하여 취임하는 공직에서 퇴직한 날부터 3년이 경과하지 않은 자, 경찰·검찰·국가정보원직원 또는 군인의 직에서 퇴직한 날부터 3년이 경과되지 않은 자, 국가공무원법 제33조(결격사유) 각 호의 1에 해당하는 자

(2) 심의·의결 사항(경찰법 제9조 제1항)

(가) 국가경찰의 인사·예산·장비·통신 등에 관한 주요 정책 및 경찰업무발전에 관한 사항

(나) 인권보호와 관련되는 국가경찰의 운영·개선에 관한 사항

(다) 국가경찰임무 외의 다른 국가기관으로부터의 업무협조에 관한 사항

(라) 제주특별자치도의 자치경찰에 대한 국가경찰의 지원·협조 및 협약체결의 조정 등에 관한 주요 정책사항

(마) 행정안전부장관 및 경찰청장이 중요하다고 인정하여 위원회에 부의한 사항

(3) 재의요구

행정안전부장관은 위원회의 의결사항이 부적정하다고 판단될 때에는 재의를 요구할 수 있다.

(4) 운 영

(가) 위원회의 사무는 경찰청에서 수행한다.

(나) 위원회의 회의는 재적위원 과반수의 출석과 출석위원 과반수의 찬성으로 의결한다.

나. 경찰청

(1) 치안에 관한 사무를 관장하기 위해 행정안전부장관 소속하에 경찰청을 두고 있다(정부조직법 제29조 제4항, 경찰법 제2조).

(2) 경찰청장은 경찰위원회의 동의를 얻어 행정안전부장관의 제청으로 국무총리를 거쳐 대통령이 임명한다. 이 경우 인사청문을 거쳐야 한다(임기 2년, 중임불가).

(3) 경찰청장이 그 직무집행에 있어서 헌법이나 법률을 위배한 때에는 국회는 탄핵의 소추를 의결할 수 있다.

(4) 경찰청장은 경찰에 관한 사무를 통할하고 청무(廳務)를 관장하며, 소속공무원 및 각급 경찰기관의 장을 지휘・감독한다.

5. 지방경찰행정기관

가. 지방경찰

(1) 지방경찰청

(가) 경찰청의 사무를 지역적으로 분담 수행하게 하려고 특별시장・광역시장 및 도지사 소속하에 지방경찰청을 둔다. 이 경우 인구, 행정구역, 면적, 지리적 특성, 교통 및 그 밖의 조건을 고려하여 시·도지사 소속으로 2개의 지방경찰청을 둘 수 있다. (경찰법 제2조 제2항)

(나) 지방경찰청장은 경찰청장의 명을 받아 관할구역 안의 경찰사무를 관장하고 소속공무원 및 소속경찰기관의 장을 지휘・감독한다. (동법 제14조 제2항)

(2) 경찰서

지방경찰청장의 소관 사무를 분장하기 위하여 지방경찰청장 소속하에 경찰서를 두되, 경찰서장은 경무관, 총경 또는 경정으로 보한다. (동법 제17조 제1항)

(3) 지구대 및 파출소

(가) 지방경찰청장은 인구, 면적, 행정구역, 교통·지리적 여건, 각종 사건사고 발생 등을 고려하여 경찰서의 관할구역을 나누어 지역경찰관서(지구대 및 파출소)를 설치한다(지역경찰의 조직 및 운영에 관한 규칙 제4조 제1항).

(나) 지역경찰관서의 사무를 통할하고 소속 지역경찰을 지휘·감독하기 위해 지역경찰관서에 지구대장 및 파출소장(지역경찰관서장)을 둔다(동 규칙 제5조 제1항).

(다) 지구대장은 경정 또는 경감, 파출소장은 경감 또는 경위로 보한다(동 규칙 제5조 제2항, 경찰청과 그 소속기관 조직 및 정원관리 규칙 제10조 제2항).

(라) 지방경찰청장은 경찰서장의 소관 사무를 분장하기 위하여 경찰청장의 승인을 얻어 지구대 또는 파출소를 둘 수 있다(경찰청과 그 소속기관 직제 제44조 제1항, 경찰청과 그 소속기관 조직 및 정원관리 규칙 제10조 제1항).

나. 치안행정협의회

(1) 지방행정과 치안행정의 업무협조, 기타 필요한 사항을 협의·조정하기 위하여 시·도지사 소속하에 둔다.

(2) 위원장 포함 9인으로 구성하고, 위원장은 부시장 또는 부지사가 된다.

6. 해양경찰청

가. 개 요

해양경찰청은 「정부조직법」 제37조 제3항에 의거 국토해양부장관 소속으로 해양에서의 경찰 및 오염방제에 관한 사무를 관장하기 위하여 설치한 중앙보통경찰기관이다. 해양경찰청은 「경찰법」이 적용되지 않고, 「해양경찰청과 그 소속기관 직제」의 적용을 받는다. 다만, 해양경찰청도 소속 공무원인 해양경찰공무원에 대하여 「경찰공무원법」과 「경찰관 직무집행법」이 적용되며, 「경찰직무응원법」도 함께 적용을 받는다.

나. 조 직

해양경찰청은 해양경찰청장 소속으로 지방해양경찰청 및 직할해양경찰서를 두고, 지방해양경찰청장 소속으로 해양경찰서를 둔다. 해양경찰청의 조직은 본청에 운영지원과와 경비안전국·정보수사국·장비기술국·해양오염방제국 등 4개 국이 있으며, 청장직속의 대변인과 차장직속의 기획조정관·감사담당관을 두고 있다. 소속기관으로는 해양경찰청장 소속하에 해양경찰학교와 해양경찰연구소를 두며, 책임운영기관으로 해양경찰정비창을 둔다. 한편, 지방조직으로는 해양경찰청장 소속하에 동해·서해·남해지방해양경찰청을 두고, 지방해양경찰청 소속하에 해양경찰서를 둔다. 해양경찰서장 소속하에 파출소를 두며, 해양경찰청장은 임시로 필요한 때에는 출장소를 둘 수 있다.

7. 특별경찰기관

가. 협의의 행정경찰기관

협의의 행정경찰기관이란 행정업무를 수행하는 과정에서 발생할 수 있는 공공의 안녕·질서유지를 위하여 행정업무에 부수해서 권력적·강제적 작용을 하는 기관을 말한다. 이들은 업무를 수행하는 각 부처의 당해장관이 관장을 하며, 이들은 「사법경찰관리의 직무를 행할 자와 그 직무범위에 관한 법률」 제4조에 의하여 사법경찰관리로서의 신분을 가지고 위생·식품·산림감시 업무 등에 종사한다.

나. 비상경찰기관

비상경찰기관이란 대통령령인 「위수령」에 의하여 보통경찰기관의 능력으로는 치안을 유지할 수 없는 사태에 이르렀을 때에 시·도지사의 요청에 의하여 병력으로 일정한 지역에 대하여 치안을 지원하는 기관인 위수사령관이 있으며, 위수사령관은 재해 또는 비상사태에 있어서 치안유지에 대한 조치에 관하여 그 지구를 관할하는 시장·군수 및 경찰서장에게 협의하도록 하고 있다. 또 비상경찰기관으로는 「계엄법」에 의한 계엄사령관과 국가안전보장을 담당하는 국가정보원장 등이 있다.

참고▶ 보통경찰관청의 종류와 구성

경찰청장 (중앙보통 경찰관청)	권한	경찰청장은 최상급의 중앙경찰관청으로서 국가경찰에 관한 사무를 통할하고 청무를 관장하며, 소속공무원 및 각급 국가 경찰기관의 장을 지휘·감독한다(경찰법 제11조 제3항).
	구성	경찰청장은 치안총감(차장은 치안정감)으로 보한다(경찰법 제 11조 제1항).
	소속	경찰청장은 행정안전부의 외청으로서 중앙행정기관이다.
	임명	경찰청장은 경찰위원회의 동의를 얻어 행정안전부장관의 제청으로 국무총리를 거쳐 대통령이 임명하되, 국회의 인사청문을 거쳐야 한다(경찰법 제11조).
	임기	–경찰청장의 임기는 2년으로 하고, 중임할 수 없다(경찰법 제11조 제5항). –경찰청장은 그 직무집행에 있어서 헌법이나 법률을 위배한 때에는 국회는 탄핵의 소추를 의결할 수 있다(경찰법 제11조 제6항).
	소속 기관	–경찰청장의 관장사무를 지원하기 위하여 경찰청장 소속하에 경찰대학·경찰교육원·중앙경찰학교 및 경찰수사연수원을 둔다(경찰청과 그 소속기관 직제 제2조 제1항). –경찰청장의 관장사무를 지원하기 위하여 경찰청장 소속하에 책임운영기관으로 경찰병원을 둔다(동 직제 제2조 제2항).
지방경찰청장 (지방상급경찰 관청)	권한	지방의 상급경찰관청으로서 경찰청장의 지휘·감독을 받아 관할구역안의 국가경찰사무를 관장하고 소속공무원 및 소속국가경찰기관의 장을 지휘·감독한다(경찰법 제14조 제2항).
	구성	서울특별시, 부산광역시 및 경기도지방경찰청장은 치안정감으로, 그 밖의 지방경찰청장은 치안감으로 보한다(경찰청과 그 소속기관 직제 제40조 제3항).
	소속	시·도지사 소속하에 지방경찰청을 두며, 치안여건에 따라 시 · 도에 2개의 지방경찰청을 둘 수 있다.(경찰법 제2조 제2항)
	직제	–지방경찰청 및 경찰서의 명칭·위치·관할구역·하부조직·공무원의 정원, 기타 필요한 사항은 대통령령 또는 행정안전부령으로 정한다(경찰법 제18조). –지방경찰청에 차장을 둘 수 있는데, 차장은 지방경찰청장을 보좌하여 소관사무를 처리하고 지방경찰청장이 사고가 있을 때에는 그 직무를 대행한다(서울특별시지방경찰청·경기지방경찰청의 차장은 치안감으로, 그 외의 지방경찰청 차장은 경무관으로 보한다). –경기도지방경찰청의 경우 제1차장과 제2차장을 두고 있으며, 제2차장은 경기북부의 사무를 관장한다.
경찰서장 (지방하급경찰 관청)	권한	지방의 하급보통경찰관청으로서 지방경찰청장의 지휘·감독을 받아 관할구역 안의 소관사무를 관장하고, 소속공무원을 지휘·감독한다(경찰법 제17조 제2항).
	구성	경찰서장은 경무관, 총경 또는 경정으로 보한다(경찰법 제17조 제1항).
	직제	–지방경찰청장의 소관사무를 분장하기 위하여 지방경찰청장 소속하에 249개 경찰서의 범위 안에서 경찰서를 두되, 경찰서의 하부조직, 명칭·위치·관할구역, 기타 필요한 사항은 행정안전부령으로 정한다(2011.5.11. 경찰청과 그 소속기관직제 제43조). –경찰서 소속으로 지구대 또는 파출소를 두고, 필요시에는 출장소를 둘 수 있다. 지구대·파출소 및 출장소의 명칭·위치 및 관할구역과 기타 필요한 사항은 지방경찰청장이 정한다(동 직제 제44조).

참고▶ 경찰청 조직도(2012.3.현)

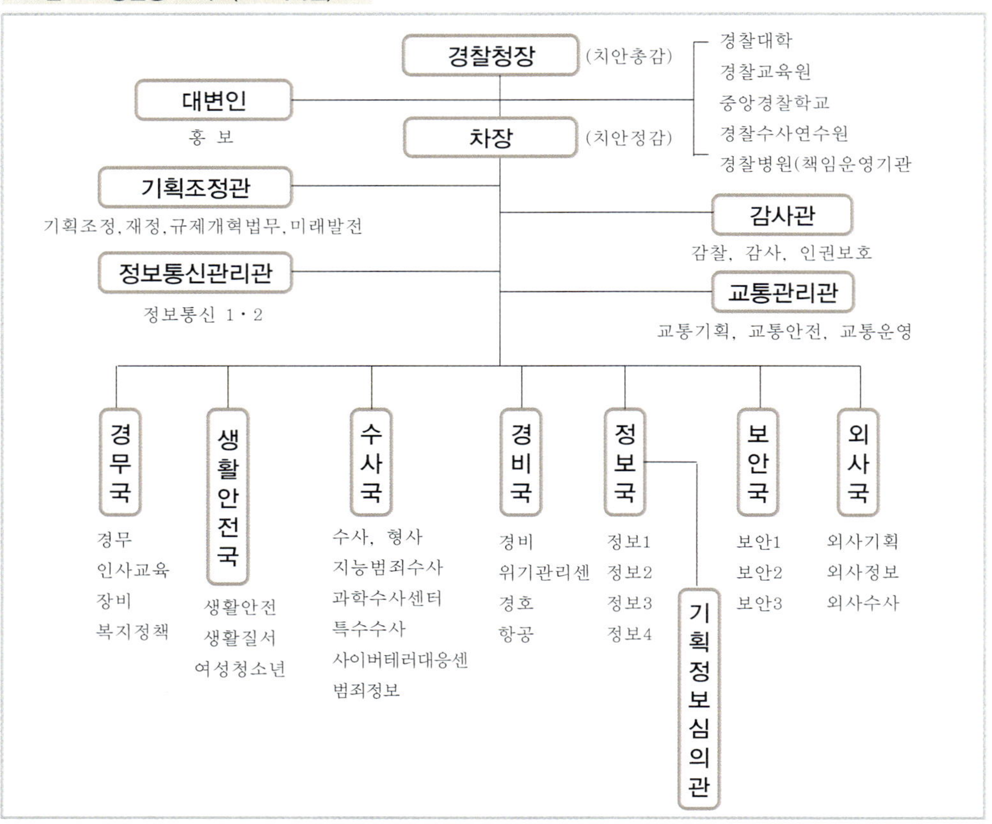

참고▶ 경찰위원회와 치안행정협의회 비교

구분		경찰위원회	치안행정협의회
설치근거		경찰법	경찰법
소속		행정안전부	시·도지사
성격		합의제 심의·의결기관	단순자문기관
구성	위원 수	-위원장 포함 7인(위원장 및 5인 비상임, 1인 상임) -위원 중 2인 법관자격	-위원장 포함 9인 -시·도공무원 2인, 경찰공무원 2인, 일반인 3인(2년 임기)
	위원장	-비상임위원 중 호선 -유고 시 상임위원, 위원 중 연장자순으로 직무대리	-시도의 부시장·부지사 -유고 시 위원장이 미리 지명한 자 가 직무대행
위원	임명	행정안전부장관의 제청, 국무총리 경유, 대통령의 임명	시·도지사의 임명 또는 위촉
	임기	3년, 연임불가	위촉된 일반인의 경우 2년
회의	정기회의	매월 1회	매분기 1회
	임시회의	-위원장이 필요시 소집 -위원 3인 이상과 행정안전부장관 또는 경찰청장이 위원장에게 소집요구	지방행정과 치안행정과의 업무협조 등을 위하여 필요한 경우 수시로 개최

제3절 | 경찰공무원법

1. 서 설

가. 의 의

국가공무원인 경찰공무원은 경찰공무원의 권리와 책임 및 그에 따른 임무의 중요성과 신분 및 근무조건의 특수성에 비추어 그 임용·교육훈련·복무·신분보장 등에 관하여 「국가공무원법」과는 별도로 「경찰공무원법」을 따로 두어 국가공무원에 관한 특례를 규정하고 있다(경찰공무원법 제1조). 경찰공무원은 순경에서부터 치안총감에 이르는 계급을 가진 공무원으로 작전전투경찰순경이나 의무경찰순경은 해당되지 아니한다. 그러나 작전전투경찰순경이나 의무경찰순경도 「형법」상의 공무집행방해죄의 공무원에 해당함은 물론, 「국가배상법」상의 공무원의 개념에 포함한다.

나. 경찰공무원의 분류

「국가공무원법」상 경찰공무원은 경력직에 속하면서 특정직으로 분류하고 있다. 경찰공무원은 계급, 경과, 특기 등 3가지 기준으로 분류하고 있다. 계급은 직책의 난이도와 보수의 차이를 두기 위함으로 순경에서 치안총감까지 11계급으로 구분하고 있다. 경과는 직무의 성격에 따라 전문성을 갖추기 위하여 경찰관에게 부여하는 직무의 종류로서, 경과는 총경 이하에 적용되고 수사경과는 경정 이하에, 운전경과는 경사 이하에게만 적용된다. 특기는 경위 이상 경정 이하의 경찰관에게 부여되며, 일반특기와 전문특기로 구분된다. 일반경과는 일반특기와 전문특기를 부여받게 되지만 운전경과를 제외한 특수경과는 그 자체가 전문특기에 해당한다.

참고▸ 경과(警科)의 구분

일반경과	기획・감사・경무・생활안전・교통・경비・작전・정보・외사 (경찰공무원임용령 시행규칙 제19조)
보안경과	경정 이하의 경찰공무원
특수경과	항공, 정보통신, 운전경과, 해양경과 (동 임용령 제3조 제1항)
수사경과	경정 이하의 경찰공무원

2. 경찰공무원 인사기관

가. 임용권자(경찰공무원법 제6조)

경찰공무원 임용권자로는 대통령, 경찰청장, 지방경찰청장이 있다. 총경 이상의 경찰공무원은 경찰청장 또는 해양경찰청장의 추천을 받아 행정안전부장관 또는 국토해양부장관의 제청으로 국무총리를 거쳐 대통령이 임용한다. 총경의 전보, 휴직, 직위해제, 강등, 정직 및 복직은 경찰청장 또는 해양경찰청장이 한다.

(1) 대통령은 총경 이상 임용의 경우 경찰청장의 추천과 행정안전부장관의 제청에 의하여 국무총리를 경유하여 임용한다. 다만, 해양경찰청장은 국토해양부장관의 제청으로 국무총리를 거쳐 대통령이 임명한다. 또한 경정에의 신규채용・승진임용・면직은 경창청장 또는 해양경찰청장의 제청에 의하여 국무총리를 경유하여 대통령이 임용한다.

(2) 경찰청장 또는 해양경찰청장은 경정 이하의 임용할 경우와 총경의 전보・휴직・직위해제・강등・정직・복직 발령을 할 수 있다. 다만, 경찰청장 또는 해양경찰청장은 대통령령으로 정하는 바에 따라 경찰공무원의 임용에 관한 권한의 일부를 소속기관의 장, 지방경찰청장 또는 지방해양경찰관서의 장에게 위임할 수 있다(경찰공무원임용령 제4조 제1항).

(3) 지방경찰청장 등 소속기관의 장은 경찰청장의 권한을 위임받아 소속 경감 이하의 임용과 경찰청장의 권한을 위임받아 소속 경정의 전보・파견・휴직・직위해제・복직을 발

령할 수 있다. 다만, 지방경찰청장 등은 소속 경감 이하의 경찰공무원에 대한 당해 경찰서 안에서의 전보권을 경찰서장에게 다시 위임할 수 있다(경찰공무원임용령 제4조 제2항).

(4) 경찰서장은 지방경찰청장의 권한을 위임받아 소속 경감 이하의 경찰공무원을 전보할 수 있을 뿐, 임용권은 없다.

나. 경찰공무원 인사위원회

경찰공무원의 인사행정에 관한 방침과 기준 및 기본계획에 대해서 심의하는 등 인사에 관련된 중요 사항을 처리해야 할 경으 경찰청장의 자문에 응하기 위하여 둔다.

위원회는 5인 이상 7인 이하로 구성되고, 위원장은 경찰청 인사담당 국장이 되며, 위원은 경찰청 소속 총경 이상의 경찰관 중에서 경찰청장이 임명한다.

회의는 재적위원 과반수의 찬성으르 의결한다.

다. 소청심사위원회

소청은 공무원이 징계처분이나 강임・휴직・직위해제・면직처분, 기타 그의 의사에 반하는 불리한 처분을 받았을 때에 그 시정을 요구하는 행정심판인데, 소청심사위원회는 행정안전부(국가공무원법 제9조), 사법투 그리고 입법부에 별도로 설치되어 있다.

경찰공무원은 행정안전부에 설치되어 있는 소청심사위원회에 소청심사를 청구한다. 다만, 전경대의 대원 중 경사 이하의 경찰공무원은 그 소속에 따라 경찰청, 각 시・도 지방경찰청에 소청을 제기하여야 하며 이때 각 소속의 장들은 경찰관보통징계위원회를 구성하여 소청내용을 심사한다.

소청인에게는 의견진술의 기회가 부여된다(국가공무원법 제13조 제1항).

소청심사위원회의 결정은 재적위원 2/3의 출석과 출석위원 과반수의 합의에 의하고, 결정이 부당하면 행정소송을 제기할 수 있다(행정소송의 필요적 전치절차: 국가공무원법 제16조 제1항, 지방공무원법 제20조의 2).

소청심사위원회의 결정은 징계처분보다 중한 징계처분을 할 수 없다(국가공무원법 제14조 제6항).

3. 경찰공무원 관계의 발생 · 변경 · 소멸

가. 경찰공무원 근무관계의 성질

과거에는 공무원의 기본관계를 공법상의 특별권력관계로 취급하여 국가가 공무원에 대하여 포괄적인 명령 · 지배권을 가지고, 공무원의 인권에 관계되는 것일지라도 사용자인 국가가 자유롭게 법률의 근거 없이 제한할 수 있었다.

오늘날 경찰공무원의 근무관계는 특별권력관계를 새롭게 해석하여 관계법령에 의하여 지배되는 관계로서 개별적인 사안의 해석의 경우에도 법령의 취지 · 목적 등을 합리적으로 해석하면 족하다고 보나, 경찰공무원의 근무관계가 일반시민관계와 동일할 수는 없으며, 근로3권의 제한 등 일반시민관계와는 다른 공익성이 강한 근무관계를 형성하고 있다.

나. 경찰공무원 관계의 발생

(1) 임용원칙

(가) 평등의 원칙

「국가공무원법」 제35조는 "공개경쟁에 따른 채용시험은 같은 자격을 가진 모든 국민에게 평등하게 공개한다"고 규정하였다.

「경찰공무원법」 제8조 제1항에서도 "경정 및 순경의 신규채용은 공개경쟁시험에 의하여 행한다"라고 규정하였다. 그러나 동법 제8조 제2항에서는, 경위신규채용에 있어서 경찰간부후보생은 공개경쟁시험에 의하도록 하고, 경찰대학 졸업생은 예외적으로 어떠한 임용시험도 거치지 아니하고 경위로 임용하도록 되어 있어, 「대한민국헌법」 제11조의 평등권과 배치되어 위헌의 소지가 있다. (헌재 1990.10.8. 89헌마89 위헌결정 참조)

(나) 실적주의의 원칙

「국가공무원법」 제26조에서는 "임용은 시험성적, 근무성적, 그 밖의 능력에 의하여 행한다"고 규정하였다. 이는 능률적인 행정업무수행을 위해서도 필요한 것이다.

(다) 적격자 임용의 원칙

당해 직무의 적격자를 임용해야 한다는 것으로 경과, 특기, 교육훈련, 근무경력 등을 고려하여 과학적 인사행정과 보직관리의 합리화를 위한 대명제이다.

(2) 발생행위의 법적 성질

특정인에게 경찰공무원으로서의 신분을 부여하여 근무관계를 설정하는 행위로서「경찰공무원법」은 '채용'이라는 용어를 사용하고 있다.

채용의 법적 성질을 상대방의 동의를 요하는 쌍방적 행정행위이며, 상대방의 신청에 의하여 행정청이 승낙하는 일종의 계약관계로 본다.

(3) 발생요건(경찰공무원법 제7조 임용자격 및 결격사유)

(가) 경찰공무원은 신체 및 사상이 건전하고 품행이 방정한 사람 중에서 임용한다.(동조 제1항)

(나) 다음의 어느 하나에 해당하는 사람은 경찰공무원으로 임용될 수 없다.(동조 제2항)

① 대한민국국적을 가지지 아니한 자
②「국적법」 제11조의 2 제1항에 따른 복수국적자
③ 금치산자 또는 한정치산자
④ 파산선고를 받은 자로서 복권되지 아니한 자
⑤ 자격정지 이상의 형의 선고를 받은 자
⑥ 자격정지 이상의 형의 선고유예를 받고 그 선고유예기간 중에 있는 자
⑦ 징계에 의하여 파면 또는 해임의 처분을 받은 자

(4) 채용절차

(가)「경찰공무원법」 제9조(채용후보자 명부 등)에 의하여, 경찰청장은 신규채용시험에 합격한 자를 성적순위에 따라 채용후보자 명부에 등재하여야 하며, 신규채용은 채용후보

자명부의 등재순위에 의한다. 다만, 채용후보자가 경찰교육기관에서 신임교육을 받은 때에는 그 교육성적순위에 의한다. 채용후보자명부의 유효기간은 2년으로 하되, 경찰청장은 필요에 따라 1년의 범위 안에서 그 기간을 연장할 수 있다(경찰공무원임용령 제18조 제3항).

(나) 「경찰공무원법」 제10조(시보임용)에 의하여 경정 이하의 경찰공무원을 신규 채용하는 경우 일정한 기간 동안 자질 · 적성 등을 검토 · 심사하는 제도로서 시보임용기간 중에는 공무원으로서의 신분 보장이 되지 않으며, 인사상 불이익에 따른 소청을 제기할 수 없다. 시보기간은 1년의 기간으로 하고 그 기간이 만료된 다음 날에 정규경찰공무원으로 임용한다. 휴직기간, 직위해제기간 및 징계에 의한 정직 또는 감봉처분을 받은 기간은 시보임용기간에 산입하지 않는다. 시보경찰공무원은 시보기간 중 징계사유에 해당할 때와 교육훈련 성적이 만점의 6할 미만이거나 생활기록이 극히 불량할 때 그리고 근무성적 제2평정요소의 점수가 5할에 미치지 못한 때에는 정규임용 심사위원회의 의결을 거쳐 면직시키거나 면직을 제청할 수 있다(경찰공무원법 시행령 제20조 제2항).

다. 경찰공무원관계의 변경

(1) 의의 및 성질

경찰공무원관계의 변경이란 경찰공무원으로서의 신분은 유지되나, 경찰공무원 관계내용의 일부 또는 전부가 일시적 또는 영구적으로 변경되는 것을 의미한다. 경찰공무원 관계의 변경은 국가기관이 경찰공무원의 신분을 가진 자에게 일방적 행정행위로서 행하여지는 것이다.

(2) 변경의 유형

승진, 정직, 전보, 전과, 파견, 휴직, 복직, 직위해제, 강등, 정직, 감봉 등이 있다. 이 중에서 가장 관심이 높을 승진제도에 대해서 설명한다.

(3) 승진제도

승진은 상위직급의 직위로 이동하는 것을 말한다. 즉, 권한과 책임수준이 높은 직위로 올라서는 것을 의미하는 것으로서 일반적으로 상위직에 있던 자의 승진이나 퇴직 등으로 결원이 생기거나 조직규모의 확장으로 상위직의 자리가 증가될 경우에 실시한다. 경찰은 순경, 경장, 경사, 경위, 경감, 경정, 총경, 경무관, 치안감, 치안정감, 치안총감의 총 11개 계급으로 구성되어 있는데, 경찰승진이란 하위계급에서 상위계급으로 수직 이동하는 것을 말한다. 또한 경찰의 승진제도는 심사승진, 시험승진, 특별승진과 근속승진으로 나누어지는데, 경무관 이하의 전 경찰계급의 승진은 심사승진으로 하는 것으로 하고 있으나 실제 경정 이하의 승진에 있어서는 심사승진과 시험승진이 각 50%의 비율로 행해지고 있다.

(가) 심사승진

심사승진의 경우 승진소요 최저근무연수제도가 있는데 이는 경찰관이 승진하기 위해서는 승진 전의 계급에서 일정한 기간을 근무하여야 하는 것을 말한다. 「경찰공무원 승진임용 규정」 제5조에 승진소요 최저근무연수를 총경 4년, 경정 3년, 경감 3년, 경위 2년, 경사 2년, 경장 1년, 순경 1년으로 규정하고 있다.

(나) 시험승진

시험승진은 일정 과목의 시험을 통해 시험성적과 그해의 근무성적평정점수와 교육훈련성적을 정해진 비율에 따라 합산하여 고득점자순으로 승진임용대상자를 선발하는 것을 말한다. 시험승진은 경정계급까지 시행하고 있다.

(다) 특별승진

특별승진은 경찰공무원으로서 전사 또는 순직한 자, 직무수행에 남달리 뛰어난 공적이 있는 자가 심사승진에 의하지 않고 특별히 승진되는 것을 말한다. 이 경우 특별유공자의 특별승진은 다음 비율을 초과하여 실시할 수 있으며 특별승진비율은 다음과 같다.

① 경감에의 특별승진임용 예정인원수는 해당 계급에의 승진임용 예정인원수의 30퍼센트 이내

② 경위에의 특별승진임용 예정인원수는 해당 계급에의 승진임용 예정인원수의 30퍼센트 이내

③ 경사 이하에의 특별승진임용 예정인원수는 해당 계급에의 승진임용 예정인원수의 30퍼센트 이내

(라) 근속승진

근속승진은 일정 기간 성실히 근무한 자를 상위계급으로 승진시키는 것을 말한다. 이 제도는 경찰관의 신진대사나 하위직의 수를 고려하여 승진비율이 너무 작아 직원들의 승진경쟁이 과열되고 업무에도 지장을 초래하는 문제점을 해결하는 동시에 장기간 성실하게 근무한 경찰관의 사기를 높이는 차원에서 도입되었다. 신설된 근속승진 내용(제26조)을 보면 다음과 같다(2012.2.5. 시행).

① 근속승진기간의 산입과 제외

ⓐ 근속승진기간은 제5조(승진소요 최저근무연수) 제1항 승진소요최저근무연수에 휴직기간 · 직위해제기간 · 징계처분기간 및 제6조 제1항 제2호 강등 · 정직 18개월, 감봉 12개월, 견책 6개월 징계처분기간(금품 및 향응 수수, 공금의 횡령 · 유용에 따른 징계처분의 경우에는 각각 3개월을 더한 기간)이 지나지 아니한 사람의 승진임용 제한기간을 포함하지 아니한다. 다만, 다음의 기간은 이를 산입한다.

㉠ 「공무원연금법」에 따른 공무상 질병 또는 부상으로 인한 휴직

㉡ 병역 복무를 마치기 위하여 징집 또는 소집된 휴직기간

㉢ 법률의 규정에 따른 의무를 수행하기 위하여 직무를 이탈하기 위한 휴직기간

㉣ 국제기구, 외국 기관, 국내외의 대학 · 연구기관, 다른 국가기관 또는 대통령령으로 정하는 민간기업, 그 밖의 기관에 임시로 채용되기 위한 휴직기간

㉤ 국외 유학기간의 50%에 해당하는 기간

㉥ 만 8세 이하(취학 중인 경우에는 초등학교 2학년 이하를 말한다)의 자녀를 양육하기 위하여 필요하거나 여성공무원이 임신 또는 출산하게 된 때의 휴직기간 다만, 자녀 1명에 대하여 총 휴직기간이 1년을 넘는 경우에는 최초의 1년으로 하되, 셋째 자녀부터는 총 휴직기간이 1년을 넘는 경우에도 그 휴직기간 전부로 한다.

㉦ 직위해제처분을 받은 자의 경우에 그 처분의 사유가 된 징계처분이 소청심사위원회의 결정 또는 법원의 판결에 의하여 무효 또는 취소로 확정된 경우(징계의결 요구에 대하여 관할징계위원회가 징계하지 아니하기로 의결한 경우를 포함한다)와 동 조 동 항 제4호의 규정에 의하여 직위해제처분을 받은 자의 경우에 그 처분의 사유가 된 형사사건이 법

원의 판결에 의하여 무죄로 확정된 경우의 그 직위해제기간

(b) 경찰대학을 졸업하고 경위로 임용된 사람이 「전투경찰대설치법」 제2조의 3 제3항에 따라 전투경찰대의 대원으로 복무한 기간을 포함하지 아니한다.

(c) 경찰공무원으로 채용된 자로서 그 채용 전에 5급 이상 공무원(이에 상당하는 특정직 공무원을 포함한다)으로 5년 이상 근무한 경우에는 그 기간의 2할에 해당하는 기간을 채용 당시의 계급에서 근무한 것으로 보아 이를 근속승진기간에 산입한다.

(d) 사법연수원의 연수생으로 수습한 기간은 경정 이하 경찰공무원에의 승진소요근무연수에 산입한다.

(e) 국가기관의 장은 업무의 특성이나 기관의 사정 등을 고려하여 소속 공무원을 국회규칙, 대법원규칙, 헌법재판소규칙, 중앙선거관리위원회규칙 또는 대통령령으로 정하는 바에 따라 통상적인 근무시간보다 짧게 근무하는 경찰공무원의 근무기간은 근무시간에 비례하여 승진소요근무연수에 산입한다.

(f) 강등되었던 사람이 강등되기 직전의 계급으로 승진된 경우 강등되기 직전의 계급에서 재직한 기간은 승진소요근무연수에 합산한다.

(g) 강등된 경우 강등되기 직전의 계급에서 재직한 기간은 승진소요근무연수에 합산한다.

② 근속승진 임용인원

경감으로 근속승진 임용할 수 있는 인원은 경찰청장 또는 해양경찰청장이 정한 경감정원의 100분의 15에 해당하는 인원수(소수점 이하가 있는 경우에는 1명을 가산한다)로 한다. 다만, 근속승진 인원이 현저히 적은 경우 등 특별한 사유가 있는 경우에는 경찰청장 또는 해양경찰청장은 행정안전부장관과 협의하여 근속승진 임용할 수 있는 인원을 별도로 산정할 수 있다.

③ 근속승진 심사횟수와 대상자 제한

임용권자는 경감으로의 근속승진임용을 위한 심사를 연 1회 실시할 수 있고, 근속승진 심사를 할 때마다 해당 기관의 근속승진 대상자의 100분의 20에 해당하는 인원수(소수점 이하가 있는 경우에는 1명을 가산한다)를 초과하여 근속승진 임용할 수 없다.

④ 승진대상자명부 경위 재직기간별 구분 작성

임용권자는 인사의 원활한 운영을 위하여 필요하다고 인정되는 경우에는 경위 재직기간별로 승진대상자명부를 구분하여 작성할 수 있다.

⑤ 기 타

전기 ①부터 ④까지 규정한 사항 외에 근속승진 방법 및 인사운영에 필요한 사항은 경찰청장 또는 해양경찰청장이 정한다.

라. 경찰공무원 관계의 소멸

(1) 의 의

경찰공무원 관계의 소멸이란 경찰공무원으로서의 신분이 상실되는 경우를 말하며, 경찰공무원 관계의 소멸에는 퇴직, 면직이 있다.

(2) 퇴 직

(가) 당연퇴직

당연퇴직이란 일정한 사유의 발생으로 인하여 법률규정에 의해 공무원관계가 소멸되는 경우로서 경찰공무원법 제21조에 따르면 다음과 같다.

① 대한민국의 국적을 가지지 아니한 때
② 금치산자 또는 한정치산자가 된 때
③ 파산자로서 복권되지 아니한 때
④ 자격정지 이상의 형의 선고를 받은 때

⑤ 징계에 의하여 파면 또는 해임의 처분을 받은 때

(나) 정년퇴직

정년퇴직이란 연령정년과 계급정년 및 사망으로 인하여 공무원 관계가 소멸되는 경우로서, 연령정년은 60세, 계급정년은 치안감 4년, 경무관 6년, 총경 11년, 경정 14년이다.

(3) 면 직

(가) 의원면직

① 의원면직이란 본인의 의사표시에 의거하여 경찰공무원관계를 소멸시키는 것을 말한다.
② 의원면직을 일명 사직서제출이라 한다. 서면에 의하여야 하며 요식행위이다.
③ 사직서제출 후 곧바로 공무원신분이 소멸되는 것은 아니며 임명권자의 승인(수리) 전까지는 공무원신분이 유지되므로 사직서제출 후 무단결근한 경우에는 징계사유에 해당된다(대판). 이때 수리의 법적 성격은 준법률행위적 행정행위에 해당한다.
④ 의원면직행위는 본인의 신청을 요건으로 하는 쌍방적 행정행위이다.

(나) 직권면직

① 의 의

직권면직이란 의원면직과 달리 임명권자가 일방적으로 경찰공무원의 신분을 박탈하는 것을 말하며, 직권면직은 형성적 행정행위이다.

② 직권면직 사유

㉠ 직제와 정원의 개폐 또는 예산의 감소 등으로 폐직되거나 과원이 된 때
㉡ 휴직기간의 만료 또는 휴직사유가 소멸된 뒤에도 직무에 복귀하지 않거나 직무를 감당할 수 없을 때
㉢ 직위해제로 3월의 대기명령을 받은 자가 그 3월 이내에 능력 또는 근무성적의 향상

을 기대하기 어렵다고 인정한 때

㉣ 경찰공무원으로서 부적합할 정도로 직무수행능력 또는 성실성이 현저히 결여된 자로서 다음의 경우에 해당하는

▸ 지능저하 또는 판단력 부족으로 경찰업무를 감당할 수 없는 경우

▸ 책임감의 결여로 직무수행에 성의가 없고 위험한 직무에 당하여 고의로 직무수행을 기피 또는 포기하는 경우(경찰공무원임용령 제47조 제1항)

㉤ 직무수행에 있어서 위험을 일으킬 우려가 있을 정도의 성격 또는 도덕적 결함이 있는 자로서 다음의 경우에 해당하는 때

▸ 인격장애, 알코올·약물중독 그 밖의 정신장애로 인하여 경찰업무를 감당할 수 없는 경우

▸ 사행행위 또는 재산상의 낭비로 인한 채무과다, 부정한 이성관계 등 도덕적 결함이 현저하여 타인의 비난을 받는 경우

㉥ 당해 경과에서 직무를 수행하는 데 필요한 자격증의 효력이 상실되거나 면허가 취소되어 담당직무를 수행할 수 없게 된 때

③ 직권면직의 효력

㉠ 경찰공무원에 대하여 직권면직을 하는 경우에는 처분사유를 기재한 증명서를 교부해야 한다(국가공무원법 제75조).

㉡ 이에 대하여 불복이 있는 경우에는 처분설명서를 받은 날로부터 30일 이내에 소청심사위원회의 심사를 청구할 수 있다.

㉢ 직권면직사유 중 전술한 ②의 ㉢㉣㉤의 경우로 직권면직 시킬 경우에는 징계위원회의 동의를 얻어야 한다.

4. 경찰공무원의 권리

가. 의 의

경찰공무원은 일반국민이 지지 아니하는 특별한 의무와 책임을 부담하는 반면에 경찰

공무원으로서 일반국민에게 인정되지 아니하는 각종의 권리를 향유한다. 이에는 신분상의 권리와 재산상의 권리로 나누어지는데 이는 경찰공무원이 국가에 대하여 가지는 개인적 공권에 속한다.

나. 신분상의 권리

(1) 일반공무원과 공통으로 갖는 권리

(가) 신분 및 직위보유권

경찰공무원은 형의 선고, 징계처분 또는「국가공무원법」및「경찰공무원법」에 정하는 사유에 의하지 아니하고는 그 의사에 반하여 그 신분 및 직위를 상실당하지 아니한다. 단 시보임용 중인 자, 치안총감 및 치안정감 제외

(나) 직무집행권

경찰공무원은 자기가 담당하는 직무를 집행할 권리가 있으며, 이를 방해하면「형법」상 공무집행방해죄를 구성한다.

(다) 쟁송제기권

경찰공무원은 위법・부당하게 권리가 침해된 경우에는 소청, 기타 행정상 쟁송을 제기할 권리가 있다. 행정소송에 있어 경찰청장을 피고로 하고, 임용권을 위임한 경우에는 그 위임을 받은 자를 피고로 한다.

(2) 경찰공무원의 특수한 권리

(가) 제복착용권

권리이며 의무이다.

(나) 무기휴대 및 사용권

휴대는「경찰공무원법」제20조, 사용은「경찰관직무집행법」제10조의 4에 규정되어 있

는 대인적 즉시강제 행위이다.

(다) 장구의 사용(경찰관직무집행법 제10조 2)

① 현행범인인 경우
② 사형, 무기 또는 장기 3년 이상의 징역이나 금고에 해당하는 죄를 범한 범인의 체포·도주의 방지
③ 자기 또는 타인의 생명·신체에 대한 방호
④ 공무집행에 대한 항거의 억제를 위하여 필요하다고 인정되는 상당한 이유가 있을 때

다. 재산상의 권리

(1) 보수청구권

보수는 봉급과 기타 각종 수당을 합산한 금액이다. 경찰공무원의 보수 규정은 대통령령인 「공무원보수규정」이다.

보수청구권은 공법상 권리이므로 그에 관한 분쟁은 행정쟁송인 당사자소송에 의하여야 하며, 보수청구권의 소멸시효는 3년이다.

보수에 관한 압류는 1/2 이내로 제한한다.

참고▸ 공무원 보수청구권 소멸시효

그동안 시중의 책들이 "공법상의 권리로서 또는 원칙적으로 5년이고 사법상의 권리는 3년"이라고 하여 많은 학생들을 혼란에 빠트렸다. 특히 대형학원 등 일부 수험서들은 인용출처도 밝히지 않은 채 남의 책 베끼기 급급하여 이런 오류를 범한 것으로 보여, 학생들을 위해 이를 바로 잡는다. 「국가재정법」 제96조(금전채권·채무의 소멸) 제2항에 의해 국가에 대한 권리로서 금전의 급부를 목적으로 하는 것은, 다른 법률에 규정이 없는 것은 5년 동안 행사하지 않으면 시효로 인하여 소멸된다고 하였다. 따라서 공무원의 보수는 급료에 속하고 급료에 관한 채권시효는 「민법」 제163조(3년의 단기 소멸시효) 1호에 규정되어 공무원 보수청구권의 시효는 3년간 채권을 행사하지 아니하면 시효로 소멸한다. 판례도 이와 같다.

(2) 연금청구권

연금은 공무원의 퇴직 또는 사망과 공무로 인한 부상·질병·폐질의 경우에 본인 및 그 유족의 생활안정과 복리향상에 기여함을 목적으로 지급하는 급여이다.

연금은 행정안전부장관이 결정하고 연금관리공단이 지급하는데, 현재 행정안전부장관의 결정권은 연금관리공단에 위탁되어 있다(공무원연금법 제26조).

소멸시효는 단기급여(공무상 요양비, 재해부조금, 사망부조금) 3년, 장기급여(퇴직급여, 장해급여, 유족급여, 퇴직수당) 5년이다.

(3) 실비변상・실물대여청구권

경찰공무원은 공무집행상 특별한 비용을 요할 때에는 따로 실비변상을 받는다.

또한 제복 기타 물품의 급여・대여를 받는다.

(4) 보상청구권

경찰공무원이 질병・부상・폐질・사망 또는 재해를 입었을 때에는 본인 또는 그 유족에게 법률이 정하는 바에 따라 적절한 급여를 지급한다(국가공무원법 제77조 제1항).

경찰공무원으로 전투, 기타 직무수행 또는 교육훈련 중 사망한 자 및 상해를 입고 퇴직한 자와 그 유족 또는 가족은 「국가유공자 등 예우 및 지원에 관한 법률」 및 「공무원연금법」 등이 정하는 바에 의하여 예우 및 보호를 받는다.

5. 경찰공무원의 의무

경찰공무원은 주권을 가진 국민의 수임자(사회계약설)이며 국민 전체에 대한 봉사자(헌법 제7조)로서 일반국민이 지지 아니하는 다음과 같은 의무를 지니고 있다.

가. 선서의무

공무원은 취임 시 소속기관장 앞에서 선서를 하여야 한다. 다만 불가피한 사유가 있을 때에는 취임 후에 선서를 할 수 있다(국가공무원법 제55조).

나. 성실의무

최대한으로 공공의 이익을 도모하고 그 불이익을 방지하기 위하여 전인격과 양심을 바쳐서 성실히 직무를 수행할 의무가 있다(동법 제56조).

공무원의 기본적 의무로서 모든 의무의 원천이 된다.

다. 직무상의 의무

(1) 법령준수의 의무

경찰공무원은 성실히 법령을 준수해야 한다.

경찰공무원의 법령위반은 위법행위 또는 불법행위로서 무효 또는 취소의 원인이 되고, 경찰공무원은 그로 인한 징계책임 · 형사책임 또는 민사상의 배상책임을 지게 된다(동법 제56조).

(2) 복종의 의무

공무원은 직무를 수행함에 있어서 소속 상관의 직무상의 명령에 복종하여야 한다(동법 제57조). 소속 상관이란 직무상의 상관을 말하는 것으로서 당해 경찰공무원의 직무에 관하여 지휘 · 감독할 수 있는 정당한 권한을 가지고 있는 상관을 말한다.

직무명령이 형법에 저촉되는 등 그 하자가 중대하고 명백하여 무효가 아닌 한 공무원은 상관의 직무명령에 복종하여야 한다. 만약 위법함을 알고도 복종하였으면 비록 상사의 명령이 있었다고 하더라도 이에 복종한 공무원에게 책임이 있다.

(3) 직장이탈금지

공무원은 소속 상관의 허가 또는 정당한 이유 없이 직장을 이탈하지 못하며(동법 제58조), 수사기관이 공무원을 구속하고자 할 때에도 현행범인을 제외하고는 사전에 그 소속 기관의 장에게 통보하여야 한다.

(4) 친절 · 공정의 의무

공무원은 국민 전체의 봉사자로서 친절하고 공정하게 직무를 수행하여야 한다(동법 제59조).

(5) 종교중립의 의무

국가공무원의 복무조항에 종교중립의 의무를 신설하고, 종교중립의무에 위배되는 상관의 직무상 명령을 거부할 수 있도록 하였다(동법 제59조의 2).

(6) 허위보고금지의무

경찰공무원은 직무에 관하여 허위보고나 통보를 하여서는 안 되며, 또한 직무를 태만히 하거나 유기하여서는 안 된다(경찰공무원법 제18조).

(7) 지휘권남용금지의무

전시·사변, 기타 이에 준하는 비상사태에 처하거나 작전수행 중인 경우 또는 많은 인명손상이나 국가재산손실의 우려가 있는 위급한 사태가 발생한 경우에 경찰공무원을 지휘·감독하는 자는 정당한 사유 없이 그 직무수행을 거부 또는 유기하거나 경찰공무원을 지정된 근무지에서 임의로 전출·퇴각 또는 이탈하게 해서는 안 된다(동법 제19조).

라. 신분상의 의무

(1) 비밀엄수의 의무

공무원은 재직 중은 물론 퇴직 후에도 직무상 지득한 비밀을 엄수하여야 한다(국가공무원법 제60조). 의무위반에 대해서는 형사벌 및 징계처분이 가능하며, 퇴직 후라도 형사벌에 의한 제재가 가능하다.

여기서 비밀이란 실질적으로 비밀로 보호할 가치가 있는 것을 말한다.

(2) 청렴의 의무

공무원은 직무와 관련하여 직접 또는 간접을 불문하고 사례·증여 또는 향응을 수수(授受)할 수 없으며, 직무상의 관계 여하를 불문하고 그 소속 상관에 증여하거나 소속 공무원으로부터 증여를 받아서는 안 된다(동법 제61조).

참고▶ 「공직자윤리법」상 재산등록 · 공개

재산등록의무	경사 이상(공직자윤리법 제3조 및 동 시행령 제3조)
재산공개의무	치안감 이상(공직자윤리법 제10조)

(3) 품위유지의무

공직의 체면 · 위신 · 신용을 유지하기 위한 것으로(동법 제63조) 축첩 · 도박 · 알코올 중독 등과 같이 공직의 체면에 직접적으로 영향을 미치는 경우를 제외하고는 공무원의 사생활에까지 미치지 아니한다.

(4) 영예의 제한

공무원이 외국정부로부터 영예 또는 증여를 받을 경우에는 대통령의 허가를 받아야 한다(동법 제62조).

(5) 정치운동금지의무

경찰공무원은 정치적 중립을 견지하여야 하며, 정당, 기타 정치단체의 결성에 관여하거나 이에 가입할 수 없다(동법 제65조).

(6) 집단행위의 금지

공무원은 사실상 노무에 종사하는 공무원을 제외하고, 노동운동, 기타 공무 이외의 일을 위한 집단적 행위를 해서는 안 된다(동법 제66조).

6. 경찰공무원의 책임

가. 의 의

경찰공무원은 근무관계의 질서유지를 위하여 경찰공무원의 행위에 대하여 그 책임을 추궁하여 제재를 가하는데 이를 징계책임이라고 한다. 징계책임이란 경찰공무원의 의무위반에 대하여 경찰공무원관계의 질서를 유지하기 위하여 국가가 사용자로서의 지위에서 과하는 제재를 말하는 것으로서, 그 제재로서의 벌을 징계벌이라 하고 이 벌을 받아야 할 책임을 징계책임이라 한다.

나. 징계벌과 형벌의 차이

징계벌과 형벌은 공무원의 동일한 비위행위에 대하여 둘 다 과하여지는 수도 있으나, 양자는 다음과 같이 그 성질상 차이가 있다.

(1) 권력의 기초

여기에는 국가가 경찰공무원에게 책임을 묻는 수단으로 징계벌과 형벌이 있으나 그 권력의 기초에 따라 성격을 달리 한다.

징계벌(懲戒罰)은 특별권력관계에 따라 국가가 징계대상자인 경찰공무원과의 관계에서 사용자의 지위에서 가지는 권한의 행사로 과하여진다. 반면에, 형벌(刑罰)은 국가의 일반통치권의 발동으로서 과하여진다는 점에서 차이가 있다.

(2) 목적 · 대상 · 내용

징계벌과 형벌을 목적 · 대상 · 내용별로 다음과 같다.

(가) 목 적

공무원의 책임을 묻는 직접적인 제재수단으로 징계벌이 있다. 징계벌은 공무원 근무관계에서 내부적 질서유지를 목적으로 마련되었다. 이에 대해 「형법」상의 형벌은 공중을 대상으로 질서유지 목적으로 행하여 진다.

(나) 대 상

징계벌의 대상은 공무원이다. 이에 대해 「형법」상의 형벌은 법규범을 위반한 모든 행위자를 대상으로 한다.

(다) 내 용

징계벌은 그 내용과 성질에 따라 제재를 가하는데, 다음의 징계의 종류와 내용에서 설명한다. 공무원의 책임을 묻는 사유로는 고의 또는 과실을 요하지 않는다. 이에 대해 형벌은 자유형이나 자격형, 또는 벌금, 추징금 등의 재산형으로 의무위반자에게 제재를 가하며, 그 위반행위에 대해 고의 또는 과실을 요한다.

구분	징계벌	형벌
목적	공무원관계의 내부적 질서유지 목적	일반의 질서유지 목적
대상	공무원법상의 의무위반을 대상	「형법」상의 의무위반을 대상
내용	공무원의 신분상 이익의 일부 또는 전부를 박탈하는 것(고의·과실을 요하지 않음)	신분상의 이익뿐만 아니라 재산적 이익이나 신체적 자유의 박탈도 그 내용으로 함(고의·과실을 요함)

(3) 병 과

징계벌과 형벌은 그 성질을 달리하기 때문에 병과(倂科)할 수 있으며, 병과하더라도 일사부재리의 원칙에 반하지 않는다. 한편, 수사 중인 사건에 대하여 징계절차를 진행시킬 수 있다. 그러나 수사 중인 사건에 대해서는 수사가 종결할 때까지 징계절차를 중지할 수 있다(국가공무원법 제83조).

감사원에서 조사 중인 사건에 대해서는 조사개시의 통보를 받은 날로부터 징계의결의 요구, 기타 징계절차를 진행하지 못한다(감사원법 제32조의 2 제1항).

※「국가공무원법」 제83조 제3항

"감사원과 검찰·경찰, 그 밖의 수사기관은 조사나 수사를 시작한 때와 이를 마친 때에는 10일 내에 소속 기관의 장에게 그 사실을 통보하여야 한다."

다. 징계원인

경찰공무원에 대한 징계원인으로는 다음과 같다.

① 「국가공무원법」 및 동법에 따른 명령에 위반한 경우
② 직무상의 의무를 위반하거나 직무를 태만히 한 때
③ 직무의 내외를 불문하고 체면 또는 위신을 손상하는 행위를 한 때
④ 상기 ①②③과 같은 징계원인이 발생한 경우 인사권자 및 인사제청권자는 징계처

분하여야 한다(국가공무원법 제78조 제1항).

라. 징계의 종류와 내용

「국가공무원법」 제79조에서 징계의 종류를 파면, 해임, 강등, 정직, 감봉, 견책으로 나누고, 제80조에서 징계의 효력에 대해 상세히 규정하고 있다. 또한 동조 제7항에 따라 「경찰공무원법」의 적용을 받는 경찰공무원도 다음에서 정리한 내용의 징계를 적용받는다. 이를 표로 정리하면 다음과 같다.

징계의 종류		내용	효력
중징계	파면	– 공무원관계 소멸 – 탄핵 또는 징계에 의하여 파면된 자의 퇴직급여는 재직기간이 5년 미만인 경우 1/4을, 5년 이상인 경우 1/2을 감액하여 지급하고, 퇴직수당은 재직기간 상관없이 1/2을 감액	5년간 공무원 결격(경찰공무원의 경우는 재임용 결격사유에 해당)
중징계	해임	– 공무원관계 소멸 – 금품 및 향응수수, 공금의 횡령・유용으로 징계 해임된 자의 퇴직급여는 재직기간이 5년 미만인 경우 1/8을, 5년 이상인 경우 1/4을 감액하여 지급하고, 퇴직수당은 재직기간 상관없이 1/4을 감액	3년간 공무원 결격(경찰공무원의 경우는 재임용 결격사유에 해당)
중징계	강등	– 1계급 강등 및 정직 3월 – 정직기간 중 신분보유, 급여 2/3 감액	– 정직 3개월과 추가로 18개월(승진임용제한기간)이 승진소요 최저근무연수에서 제외됨 – 정직 3월 종료 후 18개월 동안 승진과 호봉승급 제한 – 강등 시 강등 이전의 계급정년을 그대로 유지
중징계	정직	1~3월 직무정지, 신분보유, 급여 2/3 감액	– 정직기간과 추가로 18개월(승진임용 제한 기간)이 승진소요 최저근무연수에서 제외됨 – 정직 기간 종료 후 18개월 동안 승진과 호봉승급 제한
경징계	감봉	1~3월 급여 1/3 감액	– 감봉기간과 추가로 12개월(승진임용 제한 기간)이 승진소요 최저근무연수에서 제외됨 – 감봉 기간 종료 후 12개월 동안 승진과 호봉승급 제한
경징계	견책	잘못에 대해 훈계하고 회개하는 것	– 6개월(승진임용제한기간)이 승진소요 최저근무연수에서 제외됨 – 6개월간 승진 및 호봉승급 제한

참고▶ 「국가공무원법」 및 「경찰공무원법」 개정내용

개정 국가공무원법은 1) 징계의 종류에 '강등' 신설, 2) 소청심사위원회 또는 법원에서 징계처분에 대하여 무효·취소의 결정·판결을 할 경우 3개월 이내 의무적 재징계요구, 3) 금품 및 향응 수수, 공금의 횡령·유용에 대한 징계시효를 현행 3년에서 5년으로의 연장과 해당 징계 외에 금품 및 향응수수액, 공금의 유용액의 5배내의 징계부가금 부과 의결을 징계위원회에 요구하는 내용 등을 규정함.
최근 개정 경찰공무원법은 '강등' 징계에 있어서 '계급정년'의 경우에는 '계급정년을 산정함에 있어서 강등 이전 계급의 근무연수와 강등된 이후의 근무연수를 합산하도록' 규정함으로써 강등 징계가 오히려 정년을 늘려 주는 부당한 결과를 사전에 방지하고자 함.

마. 징계권자

징계권은 임용권에 포함되는 것이 원칙이므로 임용권자가 징계권자로 되는 것이 원칙이다. 그러나 법률이 징계권을 임용권으로부터 분리한 경우도 있으며, 그 예로 총경의 정직은 경찰청장이 행한다.

바. 징계양정

공무원에게 징계사유가 발생하면 징계를 요구하여야 하지만(국가공무원법 제78조 제1항), 징계의 종류의 선택은 재량적이다.

사. 징계위원회 관할

(1) 경무관 이상: 국무총리 소속하에 설치된 징계위원회(중앙징계위원회)
(2) 총경 및 경정: 경찰공무원중앙징계위원회
(3) 경감 이하: 경찰공무원보통징계위원회

참고▶ 징계위원회 종류

징계위원회	대상
국무총리실 소속 징계위원회	경무관 이상
경찰청 소속 중앙징계위원회	총경(경정)
보통징계위원회	· 경찰청, 지방경찰청, 경찰대학, 경찰교육원, 중앙경찰학교 경찰수사연수원, 경찰병원 : 경감 이하 경찰서, 경찰기동대 : 경위 이하 전투경찰대 : 경사 이하

아. 징계절차

징계는 징계의결요구권자의 요구에 의하여 징계위원회의 의결을 거쳐 징계권자가 행한다. 징계위원회가 징계사건을 심의할 때에는 당해 공무원 또는 대리인에게 반드시 진술의 기회를 부여해야 하고, 이를 거치지 않은 징계는 절차상의 중대한 하자로서 무효이다.

징계의결 등의 요구는 징계 등의 사유가 발생한 날부터 3년(금품 및 향응 수수, 공금의 횡령・유용의 경우에는 5년)이 지나면 하지 못한다(국가공무원법 제83조의 2).<개정2012.3.21>

자. 징계에 대한 구제

징계처분을 받은 자는 처분사유설명서를 받은 날로부터 30일 이내에 소청심사위원회에 심사를 청구할 수 있다(국가공무원법 제76조 제1항).

소청심사위원회의 결정에 불복이 있는 때 또는 소청제기 후 60일이 지나도록 위원회의 결정이 없는 때에는 행정법원(행정법원이 설치되지 아니한 지역에서는 지방법원 합의부)에 행정소송을 제기할 수 있다.

제4절 | 경찰작용법

1. 서 설

가. 의 의

경찰작용법이란 종래의 이론에 의하면 사회공공의 안녕·질서유지라는 경찰의 목적을 달성하기 위하여 일반통치권에 의거하여 국민에게 명령·강제하는 권력적 행위를 규율하는 법을 말한다. 이는 여러 개의 경찰법규 성질에서 통일된 원리를 찾아내어 하나의 학문으로 연구하는 법이므로 경찰작용법은 하나의 실정법이 아니라 여러 개의 이론으로 이루어지는 학문적 개념으로서의 법이다.

나. 성 질

경찰작용은 권력적 작용으로서 이에는 행정 주체의 의사표시에 의하여 특정인 또는 일반인에게 행하는 경찰처분과 특정인에게 의무부과 시 이를 불이행하는 경우에 경찰목적 실현을 위하여 행하는 강제집행이 있으며, 성질상 의무를 부과해서는 경찰목적달성이 어려울 경우와 목전의 긴급성 때문에 의무의 부과 없이 행하는 즉시강제, 그리고 경찰의무 위반시 제재를 가하는 경찰벌 등이 있다.

2. 경찰권 발동의 근거와 한계

가. 경찰권 발동의 근거

국민의 권리·자유를 규제하는 경찰권은 '법률유보의 원칙'에 따라 원칙적으로 국회가 제정한 법률에 근거하여 법률에 따라서만 발동될 수 있다. 다만, 이에 대한 예외로서 경찰권은 명령·조약·자치법규(조례·규칙)에 근거하여서도 발동될 수 있다. 「대한민국헌법」 제76조 제1항 대통령의 긴급 재정·경제상의 처분 및 명령과 제2항 대통령의 국가를 보위하기 위하여 발하는 긴급명령권은 법률의 효력이 있기에 당연히 경찰권의 근거가 된다. 우리나라의 경찰권 발동에 관한 일반법으로는 「경찰관직무집행법」이 있으며 그 외의 수많은 개별법이 있다.

(1) 일반적·개괄적 수권조항에 의한 경찰권 발동

법률에 의한 개별적 수권 없이 경찰권의 발동권한을 포괄적으로 수권하는 규정으로 「경찰관직무집행법」 제2조 제5호의 '공공의 안녕과 질서유지'가 있다. 판례는, 입법기관이 미리 경찰권의 발동사태를 상정해서 모든 요건을 법률에 규정하는 것은 불가능하여, 개별적 조항이 없는 때에 한하여 제2차적·보충적으로 적용할 수 있다고 본다. 이는 개괄조항에 의거한 경찰권 발동과 관련된 법원칙(조리상의 한계)이 충분히 발달되어 있고, 개괄조항의 확대해석이나 그에 근거한 권한의 남용 등의 법원의 심판으로 통제가 가능하다고 한다.

(2) 개별적 수권조항에 의한 경찰권 발동

개별적·구체적 사안에 관하여 특정한 종류·내용의 조치에 관한 법적 근거를 규정한 경우로서 「경찰관직무집행법」 제3조(불심검문)부터 제10조의 4(무기사용)에 이르기까지 등이 있다.

(3) 경찰개입청구권에 관한 이론

(가) 경찰재량의 '0으로의 수축'

경찰위반상태가 있는 경우에도 경찰권은 반드시 발동해야 하는 것은 아니고 발동의 여부 또는 수단의 선택은 당해 경찰관청이 의무에 합당한 재량에 따른다.

경찰권 행사의 편의주의원칙상 경찰관청이 현존하는 위험에 대하여 개입하지 않더라도 반드시 위법한 것은 아니지만, 학설·판례는 예외적인 상황하에서는 오직 하나의 결정만이 의무에 합당한 재량권행사로 인정된다고 보고, 이것을 '재량권의 0으로의 수축이론'이라 한다.

재량권이 0으로 수축되는 경우 당해 재량행위는 내용적으로는 기속행위로 전환되고 부작위에 대해서는 의무이행심판 및 부작위위법확인소송, 그로 인하여 손해가 발생한 경우에는 손해배상소송을 제기하여 구제받을 수 있다.

(나) 반사적 이익론

① 전통적 반사적 이익론

행정관청의 규제권한의 행사를 오로지 공익목적만을 위한 것으로 보고, 설령 이로 인하여 어떠한 이익을 향유하더라도 그것은 반사적 이익(反射的 利益)에 불과하여 법률상의 권리로 인정하지 않았다. 따라서 법이 국가 또는 개인의 작위・부작위・급부 등의 의무를 규정하고 있는 결과 그 반사적 효과로서 발생하는 이익인 반사적 이익, 다시 말해서 법의 보호를 받지 못하는 사실상의 이익은 행정소송상 원고적격이 인정되지 아니하고, 「국가배상법」상 보호의 대상으로도 되지 않았다. 여기서 판례는 목욕장업을 하는 원고가 부산시장의 영업허가에 대한 취소를 구하는 소송에서 경남도지사가 부산시장에게 내린 지시(당시 경상남도가 상급기관임)나 「공중목욕장업법」 시행세칙 제4조(목욕장의 적정분포)는 모법위반이므로 무효에 해당되어 다른 영업장의 허가에 대하여 원고의 상고는 이유없다고 판결하면서, 영업장 허가는 경찰금지의 해제에 따른 반사적 이익으로 판시하였다.

※ 대판 1963.8.31. 63누101 공중목욕장영업허가 취소

"공중목욕장업 경영허가는 사업경영의 권리를 설정하는 형성적 행위가 아니라 경찰금지를 해제하는 명령적 행위로 인한 영업자유의 회복에 불과하므로 원고가 본건 허가행정처분에 의하여 사실상 목욕장업에 의한 이익이 감소된다 하여도 원고의 이 영업상 이익은 단순한 사실상의 반사적 이익에 불과하고 법률에 의하여 보호되는 이익이라 할 수 없다."

② 반사적 이익의 보호이익화

종래 반사적 이익으로 보았던 것도 관계법규가 공익과 동시에 개인적 이익도 보호하는 것으로 해석함으로써 당해 이익에 법적으로 보호되는 이익 또는 공권으로서의 성격이 인정되는 경우가 점차 증대하고 있다.

경찰개입청구권을 인정한 판결의 효시는 독일의 '띠톱판결'로서 동 판결은 '반사적 이

익론'의 극복과 '재량권의 0으로의 수축법리'를 모두 채용하고 있어서 주목된다. 한편, 우리나라에서도 버스운송사업자가 노선연장 인가 가처분에 대하여 당해 노선에 관한 기존의 자동차운송업자가 그 취소를 구할 소의 이익이 있는지에 대한 행정처분 취소소송에서 법에 의하여 보호되는 이익이라고 적극(인정) 판결하였다.

※ 대판 1974.4.9. 73누173 행정처분 취소

"자동차운수사업법 제6조 제1호에서 당해 사업계획이 노선 또는 사업구역의 수송수요와 수송력 공급에 적합한 것을 면허의 기준으로 한 것은 주로 자동차운수사업에 관한 질서를 확립하고 자동차운수의 종합적인 발달을 도모하여 공공복리의 증진을 목적으로 하고 있으며 동시에 한편으로는 업자 간의 경쟁으로 인한 경영의 합리화를 보호하자는 데도 그 목적이 있다. 따라서 이러한 기존업자의 이익은 단순한 사실상의 이익이 아니고 법에 의하여 보호되는 이익이라고 해석된다."

※ 띠톱판결(1960.8.18. 독일연방재판소 Bands & auml, geurteil, BVerw GE 11.95)

주거지역 인근 석탄제조업체에서 사용하는 띠톱에서 배출되는 먼지·소음으로 피해를 받고 있던 인근주민이 행정청에 건축 경찰상의 금지처분을 발할 것을 청구한 것에 대해 연방재판소가 경찰법상의 일반수권조항의 해석에 있어 인근주민의 무하자재량행사청구권을 인정하고, 재량권의 영으로의 수축이론에 의거하여 원고의 청구를 인용한 판결로서 경찰개입청구권을 인정한 판결의 효시로 평가된다.

나. 경찰권 발동의 한계

보통 경찰권의 한계라고 할 때에는 조리상의 한계를 의미하며, 여기에는 경찰소극목적의 원칙, 경찰공공의 원칙, 경찰비례의 원칙, 경찰책임의 원칙, 경찰평등의 원칙 등이 있다.

(1) 경찰소극목적의 원칙

경찰권은 사회공공의 안녕과 질서유지를 위한 위해방지라는 소극목적을 위해서만 발동될 수 있고, 복리증진이라는 적극목적 또는 재정·군정과 같은 국가목적을 위하여 발동될 수 없다. 이것을 소극목적의 원칙이라고 한다.

(2) 경찰공공의 원칙

경찰은 사회공공의 안전의 확보와 질서의 유지를 목적으로 하는 작용이므로, 공공질서에 직접적인 관련이 없는 개인의 사익에 관한 사항(사생활·사주소·민사상의 법률관계)

에는 경찰권은 원칙적으로 관여할 수 없고, 그것이 사회공공의 안녕과 질서에 영향을 미치는 경우에 한하여 그 범위 안에서만 발동될 수 있다.

(가) 사생활 불가침의 원칙

사회공공의 질서와 직접 관계없는 개인의 생활이나 행동에는 간섭하여서는 안 된다는 원칙이다.

사생활이라 함은 그 생활관계가 일반사회생활과 직접 관계되지 아니하고, 특정인 등의 생활범위에 한정되는 생활활동을 말한다.

다만, 개인의 생활활동이라도 동시에 사회공공의 질서에 영향을 미치는 경우에는 그 범위 안에서 부득이 질서행정권이 발동된다. 예로써, 정신착란 또는 주취로 인하여 자기 또는 타인의 생명 · 신체 또는 재산에 위해를 미칠 우려가 있는 자의 보호조치(경찰관직무집행법 제4조 제1항), 감염병환자 등이 있다고 인정되는 주거시설, 선박 · 항공기 · 열차 등 또는 그 밖의 장소에 들어가 필요한 조사나 진찰을 할 수 있으며, 그 진찰결과 감염병환자 등으로 인정될 때 동행하여 강제 치료나 입원조치(감염병의 예방 및 관리에 관한 법률 제42조)등이 있다.

(나) 사주소 불가침의 원칙

일반사회와 직접 접촉되지 않는 가택 내의 생활활동은 원칙적으로 사생활의 범위에 속하며, 함부로 이러한 생활 장소, 즉 사주소를 침해하여서는 안 된다는 원칙이 사주소 불가침의 원칙이다.

사주소라 함은 직접 공중과 접촉되지 않는 장소를 의미하는데, 그것이 개인의 거주용의 주택인지 공장 · 사무소 등인지를 가리지 아니한다. 그러나 이른바 '경찰상 공개된 장소' 즉 흥행장 · 여관 · 음식점 · 역 등과 같이 불특정다수인이 항상 출입하는 장소는 공적 장소와 다름이 없으므로 사주소와는 구별된다.

사주소 내의 행위라도 그것이 직접 사회공공의 안녕과 질서에 영향을 미쳐 그에 대한 장해가 되는 경우에는 그 한도에서 경찰권발동의 대상이 된다(예: 공중의 눈에 뜨이는 장소에서 신체를 과도하게 노출하는 행위의 금지 등).

(다) 민사관계 불간섭의 원칙

개인 재산권의 행사, 친권의 행사, 민사상의 계약 등과 같은 민사상의 법률관계는 특정한 당사자의 개인적 이해에 관계되는 데 그치고 또 그 형성이나 유지는 사법권의 작용에 속하므로 경찰권이 관여할 바가 아니라는 것이다. 사인 간의 가옥 임대차 또는 채권 집행에 관여하는 것, 근친 간의 결혼, 입장권 없는 자의 주차장에의 무단입장 등이 그 예이다.

민사상의 법률관계라 할지라도 그것이 당사자 간의 개인적 이해에 관계되는 데 그치지 아니하고 동시에 사회공공의 질서에 영향을 미치는 경우에는 그 한도 내에서 경찰권의 대상이 된다. 예로서 경기장 등 일정한 요금을 받고 입장시키는 장소에서 입장료를 초과한 가격으로 입장권을 전매하는 자를 단속하는 것이 있다.

(라) 사경제 자유의 원칙

사경제적 거래는 개인의 자유영역에 속해 경찰권이 관여하지 못한다는 원칙이다. 즉 시장에 거래되고 있는 상품의 가격 결정이나 품질, 영업의 종류와 방법 등에 대해 경찰권은 개입할 수 없다.

(3) 경찰비례의 원칙

경찰작용은 경찰목적의 실현을 위하여 발동되는 정도와 그로 인하여 개인의 자유와 권리가 제한되고 침해되는 정도와의 적정한 비례관계가 형성되어야 한다. 다시 말해서 경찰목적을 달성하기 위한 경찰권 발동은 경찰장해의 제거에 필요한 범위 내에서 행해져야 하되, 그로 인한 개인의 자유와 권리에 대한 침해가 장해제거에 필요한 범위를 초과해서는 안 된다. 경찰권 발동의 조건과 정도는 질서유지의 필요 정도에 비례하여 사회통념상 적당하다고 인정되어야 한다는 원칙이다.

(가) 경찰권 발동의 조건

경찰권에 의한 개인의 자유·권리의 제한은 사회질서유지상 묵과할 수 없는 장해를 제거하기 위하여서만 허용된다.

묵과할 수 없는 장해라 함은 사회통념상 그 장해를 방치함으로써 생기는 사회적 불이익의 정도가 그 장해를 제거함으로써 생기는 사회적 불이익보다 크다고 평가되는 장해를 말한다.

경찰권은 묵과할 수 없는 장해가 발생되어 있는 경우(진압경찰의 경우) 또는 그 발생이 확실히 예측되는 경우(예방경찰의 경우)에만 발동될 수 있다. 예컨대, 장래 홍수가 날 경우 위험성이 있을지도 모른다는 이유로 현재 아무런 위험도 없는 교량의 통행을 금지하는 것은 허용되지 않는다.

(나) 경찰권 발동의 정도

경찰권의 행사와 경찰상의 필요 사이에는 반드시 적당한 비례가 유지되어야 한다. 즉 경미한 사회적 장해를 제거하기 위하여서는 그에 비례하는 경미한 제한만이 허용된다 할 것이다(경찰관직무집행법 제1조 제2항).

① 적합성의 원칙

적합성의 원칙은 경찰기관이 취한 조치 또는 수단이 그가 의도하는 바 목적을 달성하는 데에 적합해야 함을 의미한다. 어떠한 조치 하나만으로 목적을 달성할 수 있는 것이 아니고, 다른 조치·수단과 합쳐져서 목적을 달성할 수 있는 경우에도 동 원칙은 충족되는 것으로 볼 수 있다. 어떤 조치의 적합성이 불확실한 경우에는 이미 알려져 있는 수단 또는 사회상규에 비추어 그 적합성이 심사될 필요가 있으며, 그러한 심사가 행해졌다면 그 요건은 충족되는 것으로 볼 수 있다.

② 필요성의 원칙

필요성의 원칙은 경찰권의 발동은 경찰목적을 위하여 필요한 한도 이상으로 나아가서는 안 됨을 의미한다. 일정한 목적을 달성할 수 있는 수단이 여러 가지 있는 경우에, 경찰기관은 관계자에게 가장 적은 부담을 주는 수단을 선택해야 함을 의미한다. 따라서 필요성의 원칙은 '최소 침해의 원칙'이라고도 일컬어진다. 예컨대, 위험한 건물에 대하여 개수명령으로써 목적을 달성할 수 있음에도 불구하고 철거명령을 발하는 일, 음식점영업허가의 신청이 있는 경우에 부관으로서의 부담을 붙이게 되면 공익목적을 달성할 수 있는 경우임에도 불구하고 그 허가를 거부하는 일, 공공시설의 사용료 등을 부과함에 있어 사용자의 수익을 상회하는 정도의 사용료를 부과하는 일 등은 그 필요성의 원칙에 위배되는 것으로 보고 있다.

③ 상당성의 원칙

어떤 경찰기관의 조치가 경찰목적을 위하여 필요한 경우라도 그 행정조치를 취함에 따른 불이익이 그것에 의해 초래되는 사회적 이익보다 큰 경우에는 동 행정조치가 취해져서는 안 된다는 원칙을 말한다. 오늘날 상당성(相當性) 또는 수인가능성(受忍可能性)의 원칙으로도 불리는 이 원칙은 종래 협의의 비례원칙이라고 불렸다. 이 원칙에서의 문제는 특히 자동차의 견인에 있어서 중요한 의미를 갖는다. 독일판례(이하 서정범, 2008, p.185)는 장애자전용 주차 공간, 보행자전용구역, 주차미터기와 같은 교통시설이 갖는 기능을 손상한 경우에는, 그것이 다른 사람에게 구체적인 장해가 되거나 위험을 초래할 가능성이 있는지를 심사함이 없이 견인조치의 적법성을 원칙적으로 긍정하고 있다. 이전에는 위법하게 보도에 주차되어 있지만 교통소통에 아무런 장해도 초래하지 않는 자동차의 견인이 비례의 원칙에 반하는 것으로 간주되어 왔던 것이(OVG NW, MDR 1980, 874; 또한 Götz, NVwZ 1994, 652, 661), 이제는 이 같은 경우에도 그것이 부정적 선례(先例)로 되는 것을 고려하여 원칙적으로 비례의 원칙에 반하지 않는 것으로 보는 경향에 있다(BVerwG, NJW 1990, 931; Schoch, JuS. 1994, 758).

(4) 경찰책임의 원칙

(가) 의 의

경찰책임의 원칙은 경찰권 발동의 대상에 관한 문제로, 경찰권은 원칙적으로 경찰위반상태에 대하여 책임 있는 자에 대해서만 발동할 수 있고, 그 밖에 제3자에 대해서는 발동할 수 없다는 원칙을 말한다. 다만, 예외적으로 경찰책임이 없는 자에게도 경찰권이 발동될 수 있다. 경찰책임자는 자연인은 물론, 사법인뿐만 아니라 권리능력 없는 사단도 해당된다.

(나) 책임의 종류

① 행위책임

행위책임이란 자기 또는 자기의 보호・감독하에 있는 자의 행위로 인하여 질서 위반의 상태가 발생한 경우에 지는 경찰상의 책임을 말한다. 예로써 자기가 일으킨 교통사고로 인한 부상자 구호책임, 친권자 또는 사용자의 책임 등이 있다. 타인을 보호・감독할 지위에 있는 자는 그 범위 안에서 보호감독자로서 그 행위자의 책임에 대한 대위책임(代位責任)이 아니라, 자기의 보호·감독권 내에서 질서위반의 상태가 발생한 데에 대한 자기책임(自己責任)이라 할 것이다. 경찰상 위해의 상태를 발생시킨 행위는 작위뿐만 아니라 부작위도 포함한다. 부작위란 질서위반 상태의 발생을 방지할 법적 의무가 있는 자가 그 의무를 이행하지 않고 있는 것을 말한다.

② 상태책임

상태책임이란 물건 또는 동물의 소유자, 점유자, 기타 이를 사실상 관리하고 있는 자가 그 범위 안에서 그 물건 또는 동물로 말미암아 질서위반의 상태가 발생한 경우에 지게 되는 책임을 말한다. 예로 붕괴위험이 있는 축대의 소유자가 부담하는 경찰상 책임 등이다. 점유자, 관리자 등은 사실상 지배권자로서 1차적으로 책임을 지게 되며, 소유권자는 통상 2차적인 책임자가 된다. 그러나 물건이 도난된 경우와 같이 사실상 지배력을 미치고 있는 자가 소유자의 의사와 관계없이 지배력을 행사하고 있는 경우에는 소유자는 상태책임을 지지 않는다. 한편, 소유권을 포기한 경우 원칙상 경찰책임에서 배제되지만, 예외적으로 그 포기가 경찰책임을 면하기 위한 것이면 소유권자의 상태책임은 배제되지 않는다.

③ 다수자 책임

다수자 책임이란 하나의 질서위반의 상태가 다수인의 행위 또는 다수인이 지배하는 물건의 상태에 기인하였거나, 행위책임과 상태책임의 중복에 기인한 경우를 말한다. 예로써 오수를 소량씩 배출하는 다수의 행위가 결합하여 질서위반의 비위생상태를 초래하는 경우가 있다. 경찰책임자가 다수인 경우에는 경찰상 '위해제거의 효율성'과 '비례의 원칙'을 고려하여 경찰권 발동의 대상자를 결정하여야 한다. 여기에서 누구에게 발동할 것인가는 경찰권 발동자의 재량에 속한다고 본다. 또한 행위책임과 상태책임이 경합하는 경우에는 일반적으로 행위책임이 우선한다.

(다) 경찰책임의 예외

경찰책임의 예외란 긴급한 필요가 있는 경우에 경찰 책임이 없는 제3자에 대하여 경찰권을 발동하는 경우라 긴급권이라고도 하며, 화재현장의 소화 작업 동원이 그 예이다. 경찰긴급권에 대한 일반법은 없으나, 개별법으로는 「경찰관직무집행법」(제5조 제1항 제3

호), 「경범죄처벌법」(제1조 제36호), 「도로법」(제47조), 「소방기본법」(제24조 제1항), 「수난구호법」(제7조 제1항) 등이 있다.

(라) 위반의 효과

경찰책임의 원칙을 위반하게 되면 위법행위로 무효 또는 취소의 사유가 된다.

(5) 경찰평등의 원칙

경찰평등의 원칙이란 경찰권을 행사함에 있어서 성별·종교·사회적 신분 등을 이유로 하는 차별대우를 하여서는 아니 된다는 원칙을 말한다. 이는 「대한민국헌법」(제11조 제1항)상의 이념으로 모든 법원칙에 적용된다.

(6) 한계이탈의 효과

경찰권 발동의 관계를 위반한 권한행사는 위법이 된다. 따라서 권한을 이탈한 행위는 무효·취소 등의 원인이 되고, 행위자는 형사상·민사상·징계상의 책임을 면할 수 없다.

3. 행정행위와 처분

가. 의 의

행정행위란 일반적으로 "행정청이 구체적 사실을 규율하기 위하여 대외적으로 공권력의 발동으로 행하는 공법상 단독행위"라고 학문적으로 정의하고 있으며, 처분이란 「행정심판법」 제2조 1호와 「행정절차법」 제2조 2호에서 "행정청이 행하는 구체적 사실에 관한 법집행으로서의 공권력의 행사 또는 그 거부, 그 밖에 이에 준하는 행정작용을 말한다"라고 정의하고 있으며, 「행정소송법」 제2조 제1항 1호에서는 위와 같은 처분개념을 받아들이는 동시에, 그 처분과 행정심판의 재결을 합쳐 '처분 등'이라고 하고 있다. 학문적 의미의 행정행위와 쟁송법상의 처분의 구별에 대해 일원설과 이원설을 제기되고 있으나, 어느 설에 의하더라도 행정행위는 행정심판이나 항고소송의 대상이 된다.

나. 행정행위의 개념적 요소

(1) 행정청

행정행위는 행정청의 행위이다. 「행정절차법」 제2조 1호와 「행정심판법」 제2조 4호에서 "행정청이라 함은 행정에 관한 의사를 결정하여 표시하는 국가 또는 지방자치단체의 기관, 기타 법령 또는 자치법규에 의하여 행정권한을 가지고 있거나 위임 또는 위탁받은 행정기관, 공공단체나 그 기관 또는 사인을 말한다"라고 정의하고 있다. 또 「행정소송법」 제2조 제2항에 "행정청에는 법령에 의하여 행정권한의 위임 또는 위탁을 받은 행정기관, 공공단체 및 그 기관 또는 사인(私人)이 포함된다"고 하여 행정청의 범위에 대하여 규정하고 있다.

(2) 구체적 사실

행정행위는 행정청이 발하는 '구체적 사실에 관한 법집행작용'이다. 행정행위는 행정청의 개별적・구체적 규율이라는 점에서 일반적・추상적 규율인 법규명령과 구별된다. 여기서 규율대상자가 특정인 또는 특정할 수 있는 인적 범위일 경우 '개별적'이라 하고, 불특정다수인을 대상으로 할 경우에는 '일반적'이라고 한다. 또한 시간적・공간적으로 특정한 사안에 대하여 적용되는 것을 '구체적'이라 하고, 불특정다수의 사안에 대하여 적용되는 것을 '추상적'이라고 한다.

(가) 일반적・추상적 규율과 개별적・구체적 규율

「청소년보호법」 제24조(청소년의 고용금지 및 출입제한 등)에 근거하여 법규명령에서 "시장・군수・구청장은 유흥업소가 미성년자를 고용할 경우에는 영업허가의 취소 또는 영업의 정지를 할 수 있다"라고 규정한 경우에는 당해 법규명령은 불특정다수인과 불특정한 다수의 사안을 대상으로 하고 있다. 이러한 일반적・추상적 규율과 달리, OO유흥업소가 미성년자를 고용한 사실이 적발되어 관할 자치단체장이 OO유흥업소에게 영업조치를 내리는 경우 이때는 이것이 개별적・구체적 규율로서의 행정행위가 된다.

(나) 개별적・추상적 규율

2006년 서울시는 '서울시 건축물 관리자의 제설・제빙에 관한 조례'를 제정하여 관할

구청장이 특정 건축물에 대하여 공공의 안전을 위하여 건축주에게 눈이 내릴 때에는 제설을 하도록 명령을 하였을 경우 등이 해당된다. 규율대상자는 특정인이지만, 장래의 불확실한 내용을 규율하기에 개별적·추상적 규율의 행정행위가 된다.

(다) 일반적·구체적 규율

「대통령 등의 경호에 관한 법률」 제4조(경호대상)에 의한 외국국빈이 특정한 지역을 방문하는 경우에, 그 방문지역을 동법 제5조(경호구역의 지정 등)에 따라 안전구역으로 설정하고, 경찰은 그 지역에서의 집회·시위를 자제하고 해산할 것을 명령하는 경우 등이 해당된다. 규율대상자는 불특정다수인인 점에서 일반적이지만, 시간적·공간적으로 특정한 사안에 대하여 규율하는 점에서 구체적이라 할 수 있다. 이러한 일반적·구체적 규율을 일반처분이라 하며 행정행위의 일종으로 보고 있다.

(라) 물적 행정행위

물적 행정행위(物的 行政行爲)란 사람을 규율대상자로 하는 것이 아니라 물건에 대한 상태규율로 이를 일반처분에 귀속시켜 행정행위로 보고 있다. 이른바 행정청의 특정 도로구간을 주·정차금지구역으로 지정하거나 특정물건을 문화재로 지정하는 행위, 교통표지판(일방통행, 속도제한 등)을 이용한 도로사용규제행위 등이 해당된다. 이러한 물적 행정행위는 그 대상이 물적 상태규율이나 이용하는 사람에게 권리나 의무에 영향을 주는 데 그 특질이 있다.

(3) 규 율

행정행위는 '규율'로서의 성격을 갖는다. 다시 말해서 법적 효과를 발생·변경·소멸시키는 행정행위를 말한다. 여기에는 경찰하명, 경찰허가, 경찰면제 등이 있으며, 경찰상 법적 효과의 발생을 목적하지 않는 사실행위, 즉 불법 주·정차 차량의 견인 등 경찰상 강제집행·즉시강제와 운전면허 행정처분처리대장에 기재하는 벌점의 배점 등과 같은 어떤 권리나 의무를 제한하는 법적 효과를 발생하는 요건이 아닌 단순한 최종적인 결정을 위한 준비행위에 불과한 행위 등과 구별된다.

(4) 외부적 효과

행정행위는 외부에 대하여 직접 법적 효과를 발생하는 행위이다. 따라서 행정 주체와 행정의 상대방인 개인 간의 관계에서의 행위이기 때문에 행정조직 내부에서의 행위는 원칙적으로 행정행위로서의 성질을 가지지 않는다. 예를 들어 행정조직 내부에서 발하는 훈령이나 지시 등은 행정행위가 아니며, 행정규칙 역시 행정행위에서 제외된다.

(5) 공법상 단독행위

행정행위는 행정청이 공권력의 발동으로서 행하는 일방적 공법행위만을 의미한다. 즉 행정 주체가 행정 객체에 대하여 우월한 지위에서 발하는 공권력 행사로서의 성질을 갖는다. 따라서 행정행위는 사법의 규율을 받는 행정청의 사법행위와 구별된다. 즉 물자조달을 위한 계약행위, 행정청 내의 재물을 관리하는 행위 등은 행정행위에 해당하지 않는다.

다. 행정행위의 특수성

행정행위는 행정 주체가 행정 객체에 대하여 우월한 지위에서 발하는 공권력의 일방적인 행사이기 때문에 대등한 당사자 사이의 행위인 사법상의 법률행위와 구별되는 만큼 여러 가지 특수성을 가지고 있다.

(1) 법적합성

행정행위는 공권력의 행사이므로 법에 엄격하게 적합하여야 한다. 여기에는 법률뿐만 아니라 합법적인 법규명령 · 조례 · 규칙도 해당되며, 특히 경찰법의 일반원칙인 평등의 원칙, 비례의 원칙, 신뢰보호의 원칙 등 조리상의 원칙에도 위배되어서는 아니 된다.

(2) 공정성

행정행위는 그 성립에 하자가 있다고 하더라도 그것이 중대하고도 명백하여 당연히 무효가 되는 경우를 제외하고는 권한 있는 기관(처분청 · 감독청 · 재결청 · 행정심판위원회 · 수소법원)에 의하여 취소되기까지는 유효한 것으로 통용되는 성질을 말한다.

(3) 구성요건성

유효한 행정행위가 존재하는 이상 다른 국가기관은 그의 존재를 존중하며 스스로의 판단기초 내지 구성요건으로 삼아야 한다는 성질을 말한다. 이러한 성질은 권한을 서로 달리하는 행정기관은 상호 타 기관의 권한을 존중하여야 한다는 데에서 비롯된다.

(4) 존속성(또는 확정력)

무효 아닌 하자가 있는 행정행위에 대해 쟁송기간이 경과했거나 심급을 모두 거친 경우에는 더 이상 다툴 수 없게 된 것을 불가쟁력(不可爭力)이라 하고, 처분청일지라도 일단 행한 행정행위는 임의로 취소・변경하지 못하는 것을 불가변력(不可變力)이라고 한다. 이 두 성질을 합하여 존속성 또는 확정력이라 한다.

(5) 행정행위의 실효성(또는 집행력)

행정행위의 실효성 또는 집행력이란 행정행위에 의하여 부과된 행정상의 의무를 상대방이 이행하지 않는 경우에 행정청이 스스로의 강제력을 발동하여 그 의무를 실현시키는 힘을 말하며, 여기에는 경찰상의 강제집행, 경찰벌(경찰형벌 또는 경찰질서벌) 등이 있다. 오늘날에는 '경찰법상 의무이행의 확보수단' 또는 '경찰행정의 실효성확보수단'이라고도 부르며, 공급거부, 인・허가의 제한, 명단의 공표, 과징금 등 매우 다양한 수단을 활용하고 있다.

(6) 행정행위에 대한 권리구제의 특수성

위법・부당한 행정행위로 인하여 권익을 침해받은 자는 「행정심판법」과 「행정소송법」상의 항고쟁송제도를 통하여 구제받을 수 있다. 또한 적법한 공권력의 행사로 인하여 재산권의 침해를 받은 자는 손실보상제도를 통하여 구제받을 수 있으며, 위법한 행정행위로 인하여 손해를 받은 자에게는 국가배상제도가 마련되어 있어 권리를 구제받을 수 있다.

4. 행정행위의 종류

행정행위는 여러 가지 기준에 따라 분류할 수 있다. 법률의 기속 여부에 따라 기속행위와 재량행위, 법적 효과에 따라 부담적 행정행위와 수익적 행정행위 및 이중적 효과의 행정행위가 있고, 행정행위 대상에 따라 대인적 행정행위・대물적 행정행위・혼합적 행정행위, 행정행위의 내용에 따라 법률행위적 행정행위와 준법률행위적 행정행위, 행정행위의 상대방의 동의나 신청을 요하는지에 따른 직권적 행정행위와 협력을 요하는 행정행위, 행정행위가 일정한 요식을 요하는지에 따른 요식행위와 불요식행위, 행정행위가 상대방의 수령을 요하는지에 따라 수령을 요하는 행정행위와 수령을 요하지 않는 행위로 구분할 수 있다.

가. 기속행위와 재량행위

기속행위(羈束行爲)란 행정청은 법이 정한 요건이 충족되면 법이 정한 효과로서의 일정한 행위를 반드시 하거나 해서는 안 되는 경우의 행정행위를 말한다. 우리는 실무상 표현에서 기속재량행위라는 말을 사용하기도 하는데, 기속행위란 위와 같이 행정청에 어떤 행정행위를 할 수 있고 안 하고의 자유가 인정되지 않는 반면, 기속재량이란 무엇이 법인가를 판단하는 재량을 말한다. 즉 법규가 행정행위의 성질과 내용에 대해 행정청에 판단의 여지를 남겼다 하더라도 이는 입법취지의 의미와 해석에 대한 판단의 여지를 남겼을 뿐이므로, 기속재량행위라 하더라도 기속행위에 속하며 그 법률적 판단의 재량을 그르치게 되면 위법성이 인정되어 사법심사의 대상이 된다.

재량행위(裁量行爲)란 법규가 행정청에 법적 효과를 스스로 결정할 수 있는 권한을 위임한 경우를 말한다. 즉 행정청은 법규에서 주어진 스스로의 권한을 갖고 합목적적이며 행정편의적인 재량을 갖고 합리적인 결정을 하는 행정행위로서 사법심사의 대상이 되지 않고 행정청의 자율적인 시정대상이 될 뿐이다.

나. 부담적 행정행위, 수익적 행정행위, 이중적 효과의 행정행위

부담적 행정행위(負擔的 行政行爲)란 행정청이 발하는 일체의 명령이나 금지, 건축허가의 불허, 장학금의 지급거부결정 등 상대방의 자유와 권리를 침해하거나 혹은 상대방에게 권리를 제한하고 의무를 과하는 등의 행정행위를 말한다. 수익적 행정행위(授益的 行政行爲)는 상대방에 대하여 권리나 이익을 부여하거나 또는 각종 부담적 행정행위의 철회 등

권리나 이익의 제한을 없애는 행정행위를 말한다. 후술할 하명, 금지, 수익적 행정행위의 취소, 철회 등이 전자의 예이고, 허가, 특허, 면제, 인가, 부담적 행정행위의 취소, 철회 등이 후자의 예이다.

부담적 행정행위와 수익적 행정행위의 구별은 쟁송의 형태, 취소・철회권의 제한, 행정절차 등과 관련하여 실익이 있다.

한편, 이중적(二重的) 효과 또는 복효적(複效的) 효과의 행정행위란 하나의 행위가 수익과 부담이라는 복수의 효과가 있는 행정행위를 말한다. 이는 이중적 효과가 동일인에게 주어지는 경우와 또는 한 사람에게는 이익을, 다른 사람에게는 불이익을 주는 상반된 효과를 발생하는 경우가 있다.

다. 대인적 행정행위, 대물적 행정행위, 혼합적 행정행위

행정행위는 사람의 전문지식・기술・경험 등 주관적 사정에 착안하여 행하여지는 경우(의사면허, 자동차 운전면허 등)와 물건의 객관적 사정에 착안하여 행하여지는 경우(건축허가, 자동차검사증 교부 등)에 따라 대인적(對人的) 행정행위와 대물적(對物的) 행정행위로 나뉜다. 또한 양자의 요소를 모드 갖춘 것을 혼합적(混合的) 행정행위라고 부른다. 다만, 대물적 행정행위와 구별되어야 할 것은 물적(物的) 행정행위가 있다.

대물적 행정행위는 물건의 객관적 상태와 관련하여 물건의 소유자나 관리자에게 직접 권리를 부여하거나 의무를 부과하는 반면, 물적 행정행위는 주차금지구역의 지정, 공물의 공용지정처럼 직접적으로는 행정행위의 효과가 당해 물건에만 미치고, 사람에 대해서는 간접적인 효과를 미친다.

라. 법률행위적 행정행위와 준법률행위적 행정행위

(1) 법률행위적 행정행위

법률행위적 행정행위는 행정청의 의사표시를 요소로, 그 법률효과의 내용에 따라 명령적 행위(命令的 行爲)와 형성적 행위(形成的 行爲)로 나누어진다.

명령적 행위(命令的 行爲)는 국민에 대하여 일정한 작위・부작위・급부・수인 등의 의무를 명하거나 또는 이들을 면제하는 행정행위를 말한다. 이러한 명령적 행위는 공공의 필요에 의하여 개인의 자연적 자유를 제한하거나 그 제한을 해제시켜 주는 행위라는 점에서, 개인의 권리나 능력을 설정・변경・소멸시키는 행위인 형성적 행위와 구별된다.

명령적 행위는 그 내용에 따라 다시 하명・허가・면제로 나누어진다. 형성적 행위(形成的 行爲)는 국민에 대하여 특정한 권리・권리능력・행위능력 또는 포괄적인 법률관계 기타 법률상의 힘을 설정・변경・소멸시키는 행정행위를 말한다. 형성적 행위는 제3자에 대항할 수 있는 법률상의 힘을 부여하거나 또는 그것을 부정하는 목적으로 하는 행위라는 점에서 자유의 제한 또는 그 해제를 목적으로 하는 명령적 행위와 구별된다.

(2) 준법률행위적 행정행위

준법률행위적 행정행위는 법률행위적 행정행위와 달리 의사표시를 그 요소로 하는 것이 아니라 의사표시 이외의 정신작용, 즉 판단・인식・관념 등을 표시하고 그 법률적 효과는 행위자의 의사에 관계없이 직접 법규가 정하는 바에 따라 발생하는 행위를 말한다. 여기에는 확인, 공증, 통지, 수리 등이 있다.

마. 직권적 행정행위와 협력을 요하는 행정행위

행정청의 행정행위는 공권력을 이용한 단독행위이기는 하나 때로는 상대방의 신청・동의 등의 협력을 요하는 경우가 있다. 이렇게 행정행위의 전제로 상대방의 아무런 협력을 요하지 않는 경우를 직권적(職權的) 행정행위 또는 단독적(單獨的) 행정행위라고 하며(조세부과처분, 경찰하명 등), 협력을 요하는 행정행위를 쌍방적(雙方的) 행정행위(건축허가, 공무원임명 등)라고도 한다.

협력을 요하는 쌍방적 행정행위는 다시 동의(同意)를 요하는 행정행위(공무원임명 등)와 신청(申請)을 요하는 행정행위(공무원의원면직, 허가, 특허 등)로 나눌 수 있다.

바. 요식행위와 불요식행위

행정행위가 일정한 형식을 요하는 것이냐 아니냐에 의한 구별이다. 「행정절차법」 제24조에서 문서주의를 취하고 있는데 내용을 살펴보면, "행정청이 처분을 하는 때에는 다른 법령 등에 특별한 규정이 있는 경우를 제외하고는 문서로 하여야 하며, 전자문서로 하는 경우에는 당사자 등의 동의가 있어야 한다. 다만, 신속을 요하거나 사안이 경미한 경우에는 구술, 기타 방법으로 할 수 있으며 이 경우 당사자의 요청이 있는 때에는 지체 없이 처분에 관한 문서를 주어야 한다"라고 규정되어 있다. 개별법에서도 이와 유사한 규정이 있는데 「행정심판법」 제19조에서 대표자・관리인・선정대표자 또는 대리인의 자격은 서면으로 소명하여야 한다고 하는 등 일부 법규에서 찾아볼 수 있다.

사. 수령을 요하는 행정행위와 수령을 요하지 않는 행정행위

행정행위가 그 상대방에게 수령(受領)될 것을 요하는지에 따른 구분이다. 행정행위가 효력을 발생하기 위해서는 원칙적으로 상대방에 의해 수령될 것을 요하는바, 이때에 도달주의의 원칙이 적용되어 상대방이 그 행위의 내용을 현실적으로 알 수 있는 상태에 이르면 충분한 것으로 판단된다. 반면에 행정행위의 상대방이 불특정다수이거나 또는 주소・거소가 불분명한 경우에는 일정한 기준어 의한 공시・공고로써 송달에 갈음하게 되며, 이때에는 상대방에 대한 개별적 수령이 없더라도 행정행위의 효력은 발생한다고 보아야 한다.

5. 법률행위적 행정행위

가. 명령적 행위

(1) 경찰하명

(가) 의 의

경찰하명(警察下命)이란 경찰목적, 즉 사회공공의 안녕과 질서유지를 위하여 일반통치권에 의거하여 개인에게 특정한 작위, 부작위, 급부, 수인 의무를 과하는 행정행위를 말한다. 이 중에서 부작위의무를 명하는 것을 특히 금지라고 한다.

(나) 성 질

① 경찰하명은 새로운 의무를 과하는 것을 내용으로 하므로 부담적 행정행위에 속하며, 따라서 법령의 근거가 있어야 한다. 또한 하명은 부담적 행위이기 때문에 기속행위에 속한다.

② 경찰하명은 법률행위적 행정행위이다. 따라서 권력적 사실행위인 경찰강제(강제집행과 즉시강제)와 구별된다.

③ 경찰하명은 명령적 행위이다. 따라서 형성적 행정행위와 다르다.

④ 경찰하명은 경찰상의 목적(사회목적작용)을 위한 하명이다. 따라서 재정목적상 발하는 재정하명과 군정목적상 발하는 군정하명 등과 구별된다(재정하명·군정하명은 국가목적적 작용임).

⑤ 경찰하명은 일반통치권에 의거하여 발하는 명령인 점에서 특별권력관계에서 발하는 하명과 구별된다.

⑥ 경찰하명은 법률행위적 행정행위로서 준법률적 행정행위와는 달리 불요식행위가 원칙이다.

(다) 종 류

경찰하명의 종류는 내용·대상·형식 등에 따라 나눌 수 있다.

① 내용에 의한 분류

㉠ 작위하명(作爲下命)

작위하명이란 보통 특정인에게 일정한 행위를 행할 것을 명하는 내용의 경찰하명이다.

㉡ 부작위하명(不作爲下命)

부작위하명이란 일정한 부작위, 즉 적극적인 행위를 하지 않을 것을 명하는 내용의 경찰하명이다(경찰금지). 예로 극장 내에서의 흡연금지 등이다.

㉢ 급부하명(給付下命)

급부하명은 금전, 기타 재화의 급부의무를 내용으로 하는 경찰하명이다. 예로써 경찰작용에 따르는 수수료의 지급을 명하는 것 등이다.

㉣ 수인하명(受忍下命)

수인하명은 경찰권의 발동으로 인하여 자기의 신체·재산에 가하여지는 사실상의 침해를 항거하지 말고 받아들이라는 의무를 과하는 경찰하명이다. 예컨대 미성년자가 유흥주점에 출입하는 경우, 경찰목적상 조사를 위하여 출입하는 경우에 업소 주인은 수인해야 한다.

② 대상에 의한 분류

㉠ 하명의 대상이 사람인가 물건인가에 따른 구분은 대인적 하명(예: 보호시설 통행금지 등), 대물적 하명(예: 주·정차금지 등), 혼합적 하명으로 구분된다(예: 총포·도검·화약류 등 영업금지).

㉡ 하명의 대상자가 특정인인가, 불특정인인가에 따른 구분에는 개별하명과 일반하명이 있다.

③ 형식에 의한 분류

㉠ 법규하명

법규하명이란 법령에 의하여 직접 일정한 경찰의무를 발생하게 하는 경찰하명을 말한다. 예컨대 법규하명은 일반적인 경찰금지의 경우에 그 예(계엄포고령에 의한 야간통행금지 등)가 많다.

㉡ 경찰처분

경찰처분에 의한 하명은 법규하명과는 달리 법령에 의거하여 특정한 경찰의무를 과하기 위하여 특정인에게 행하는 구체적인 행정행위를 말한다. 이러한 경찰처분은 법령의 수권범위 내에서 행하여야 한다. 즉 경찰권의 한계에 관한 원칙의 구속을 받는다.

(라) 하명의 효과

① 경찰 의무의 발생

경찰하명은 그 내용에 따라 특정인 또는 불특정다수인에 대하여 일정한 공법상 의무를 지게 되는데, 경찰하명의 효과로서 발생되는 의무를 경찰의무라고 한다.

경찰하명을 받은 수명자는 행정 주체(국가·공공단체)에 대하여 작위의무(일정한 행위를 행할 의무), 부작위의무(일정한 행위를 하지 않을 의무), 급부의무(금전·물품·노력을 제공할 의무), 수인의무(경찰권에 의한 실력행사를 감수하고 이에 저항하지 않을 의무)를 지는 것이며, 그 의무를 이행하지 않는 경우에는 강제집행 또는 경찰벌의 대상이 된다.

경찰하명에 의하여 과해지는 의무는 행정 주체에 대한 것이며, 제3자에 대한 것은 아니다.

② 경찰하명의 효과의 범위

(a) 대인적 하명

㉠ 대인적 하명은 특정인의 인적 사정에 중점을 두고 행하여진 것(예: 택시운전사에 대해 취하여진 면허취소)으로서, 일신전속적(예로써 특정인에 대한 면허취소는 그 사람에게만 효력이 있는 것이다)인 성질을 가지고 있다.

㉡ 대인적 하명에 의해 발생된 경찰의무는 그 상대방 이외의 사람에게는 이전 또는 승계되지 않는 것이 원칙이다.

(b) 대물적 하명

㉠ 대물적 하명은 경찰하명이 특정한 물건이나 설비 등 물적 사정에 착안하여 행하여진 경우이다.

㉡ 하명의 효과는 그 요소가 되는 물건이나 설비 등에 미치며 제3자에게 이전되거나 승계된다.

㉢ 정비불량 차량의 사용정지 명령은 그 자동차의 양수인・승계인에게도 그 효과가 미치는 것 등이 그 예이다.

(c) 혼합적 하명

혼합적 하명은 경찰하명이 특정한 인적 및 물적 사정에 착안하여 행하여진 경우다. 이는 위의 대인적 하명과 대물적 하명이 혼합적으로 행하여진 하명이다.

③ 경찰하명의 효과가 미칠 수 있는 지역적 범위

㉠ 원 칙

당해 하명을 한 경찰관청의 관할구역 내에서만 그 효력이 미친다.

㉡ 예 외

경찰하명의 내용·성질에 따라 당해 하명을 한 경찰관청의 관할구역 밖에까지 그 효과가 미치는 경우도 있다. 예로써 경찰서장의 자동차운전면허정지 등이 있다.

(마) 경찰하명 위반의 효과

경찰하명에 대한 위반은 의무불이행이나 의무위반으로 나타난다. 이렇게 하명에 의하여 과하여진 의무를 이행하지 않는 자에 대해서는 경찰상의 강제집행이 행해지거나 또는 의무위반 시에 그 제재로서 경찰벌이 과해질 뿐, 경찰하명위반의 법률행위의 효력 자체는 부인받지 않음이 보통이다. 예로써 경찰관청에 의한 물품판매금지명령(부작위하명)에 위반하여 물품을 판매하였을 경우 강제집행 대상이 되거나 경찰벌이 과해질 뿐, '물건의 매매'라고 하는 법률적 효력까지 부인되지는 않는다. 다만, 사례에서의 물건 중 금제품(禁製品)에 관해서는 논란의 소지가 있다. 금제품이란 소유 또는 점유(소지)가 법률상 금지된 물건을 말한다, 이에는 단순히 소지가 금지되어 있는 상대적 금제품(예를 들어 불법무기, 마약)과 소유 자체가 금지되어 소유권의 객체로 될 수 없는 절대적 금제품(예를 들어 위조통화, 위조유가증권, 아편흡식기)이 있다. 판례는 금제품도 절도죄의 객체가 된다는 입장이다.

(바) 경찰하명의 하자

① 경찰하명의 무효

경찰하명의 무효란 경찰하명이 중대하고도 명백한 법규위반이 있는 경우에 당연무효가 되는 것을 말한다. 따라서 당연무효인 경찰처분상의 하명의 대상자는 경찰강제나 경찰벌의 대상이 되지 않는다.

② 경찰하명의 취소

경찰하명의 취소란 일단 유효하게 성립된 행정행위(중대하고도 명백한 하자가 아닌 경우)를 하자를 이유로 소급하여 소멸시키는 것을 말한다. 따라서 경찰하명에 단순한 위법, 특히 경찰권의 한계를 일탈한 위법만이 있는 경찰하명은 취소할 수 있음에 그친다.

(사) 경찰하명에 대한 구제

① 적법한 경찰하명에 대한 구제

적법한 경찰하명에 의하여 수명자(대상자)에게 과중한 손실을 과하거나 경찰책임 없는 자에게 손실을 과한 경우에는 그 특별한 손실이 그 수명자에게 부담시킴이 공평의 원칙에 배치(특별희생)된다고 인정될 때에는 그에 대한 '손실보상'을 한다.

② 위법·부당한 경찰하명에 따른 구제

㉠ 위법한 경찰하명

위법한 경찰하명에 대한 구제는 행정심판이나 행정소송을 제기하여 그 취소 또는 변경을 청구할 수 있고, 위법한 경찰하명으로 인하여 손해를 받은 자는 국가에 대하여 손해배상을 청구할 수 있다.

㉡ 부당한 경찰하명

부당한 경찰하명에 대한 구제는 행정심판만을 청구할 수 있다.

(2) 경찰허가

(가) 의 의

경찰허가(警察許可)라 함은 경찰목적을 위해 일반적·상대적 금지를 특정한 경우에 해제하여 적법하게 특정행위를 할 수 있도록 자연적 자유를 회복시켜 주는 경찰처분을 말한다.

허가라는 용어는 학문상의 개념으로, 법령상으로는 허가라는 말 외에 면허, 인허, 특허, 지정 등 용어가 쓰이는 경우가 많다.

(나) 경찰허가의 법적 성질

① 일반적·상대적 금지의 해제행위

경찰허가는 일반적인 경찰금지 중에서 누구에게나 또 어떤 경우에도 해제할 수 없는 절대적 금지(아편의 흡입)에 대해서가 아니라, 상대적 금지를 해제하여 주는 것이다.

경찰허가는 부작위의무(금지)의 해제라는 점에서 작위·수인·급부의무의 해제인 면제와 구별된다.

② 명령적 행정행위

경찰허가는 일반 국민에 대하여 의무를 해제하는(자유를 회복시켜 주는) 명령적 행정행위인 점에서, 일정한 권리·능력을 발생·변경·소멸시켜 주는 것을 내용으로 하는 형성적 행정행위인 특허와 구별된다.

③ 기속재량행위

경찰법규가 허가 여부에 대하여 일정한 기준을 정하지 않고, 경찰기관이 그 허가 여부를 결정하기 위해 판단을 가할 여지가 있는 경우에는 그 경찰허가는 재량행위에 속하는 것이다. 그러나 이 경우의 재량처분은 자유재량이 아니고 기속재량으로 보아야 하며(통설), 거부하여야 할 정도의 사회적 장해가 발생할 우려가 없는 한 허가를 거부하는 것은 위법이다.

④ 쌍방적 행정행위

경찰허가는 공익상의 필요보다 당사자의 이익을 위한 것이 보통인 까닭에 당사자의 신청을 필요로 하는 쌍방적 행정행위인 것이 원칙이다.

예외적으로 야간통행의 허가와 같이 상대방의 신청이 없이도 직권에 의해 일반적 허가로 이루어지는 경우도 있다.

⑤ 법률행위적 행정행위

경찰허가는 행정 주체의 의사표시를 구성요소로 하는 법률행위적 행정행위인 점에서 사실적 행위인 경찰강제와 구별된다.

(다) 경찰허가의 종류

① 대인적 허가

사람의 경력·기능·성행·지식, 기타 신청인의 개인적 사정을 심사하여 행하여지는 경찰허가이다(예: 의사면허, 운전면허, 마약류취급면허, 총포류소지허가 등).

대인적 허가의 효과는 허가를 받은 자의 일신에 전속하여 타인에게 이전될 수 없으며, 본인의 사망에 의하여 당연히 소멸된다.

② 대물적 허가

신청인이 갖추고 있는 물적 설비, 지리적 환경, 기타의 객관적 사정을 심사하여 행하여지는 경찰허가이다(예: 건축허가, 자동차검사합격처분, 목욕장 영업허가 등).

대인적 허가와는 달리 객관적 사정을 기준으로 행하여진 것이기 때문에 물적 설비, 영업 등의 양도 또는 상속에 의하여 승계인에게 당연히 허가의 효과가 승계된다.

자동차의 사용자가 변경된 경우에는 검사증에 기재사항 변경을 받아야 하지만, 이와 같은 공증행위는 양도의 효력요건은 아니다.

③ 혼합적 허가

신청인의 주관적 사정과 객관적 사정을 아울러 고려하여 행하여지는 경찰허가이다(예: 자동차 운전학원의 허가, 총포류제조·판매허가, 풍속영업허가 등).

유기장영업허가는 개인적 성행(전과사실 유무 등)이라는 개인적 사정과 장소라는 객관적 사정의 혼합으로 이루어지는 허가이다.

혼합적 허가의 경우에는 물적 설비, 영업 등의 양도나 상속으로 인해 허가의 효과가 이전될 수는 없고, 다만 상속인 또는 양수인에게 새로운 허가를 받게 하는 예가 많다.

(라) 경찰허가와 신청

경찰허가는 상대방의 신청에 의하여 행하여지는 것이 원칙이나, 예외적으로 통행금지의 해제나 보도관제의 해제와 같이 신청에 의하지 않는 허가도 있다. 허가는 원칙적으로 신청 시가 아니라 허가처분 시의 법령에 따라야 하며, 허가신청 후 법령이 개정되어 허가기준이 변경이 있게 되면 원칙적으로 개정법령에 따라야 한다.

(마) 경찰허가의 효과

① 경찰금지의 해제

경찰허가는 경찰금지를 해제하여 자연의 자유를 회복시켜 주는 반사적 이익에 그치며,

그로 인하여 권리·능력, 기타의 힘을 설정하거나 법률행위의 효력에 영향을 미치지는 아니한다. 이런 점에서 경찰허가는 독점적 이익을 부여하는 특허기업의 특허(자동차운수사업 등)나 공기업의 특허(조폐사업 등)인 형성적 행위와 다르다.

② 타 법률과의 관계

경찰허가는 법률상의 경찰금지를 해제하는 데 그치며, 다른 법률상의 경찰금지 또는 경찰 이외의 목적을 위해 금지를 해제하는 것은 아니다.

③ 경찰허가와 법률행위의 효력

허가를 받아야 할 행위를 허가 없이 행하였다고 하더라도, 처벌이나 강제집행의 대상이 될 수는 있으나 사법상 법률행위의 효력발생에는 영향이 없다. 다만, 경찰허가의 간접적 효과로서 사법관계의 형성에 영향을 미치는 경우가 있다. 즉 화약류 양수에 관한 경찰서장의 허가를 받지 못하면 양수인은 화약류를 소지할 수 없으므로 양수 계약은 이행 불능이 된다.

④ 지역적 범위

경찰허가의 효과는 원칙적으로 당해 경찰관청의 관할 구역 내에 한정되고 있다. 중앙경찰관청의 허가는 전국에 미치고 지방경찰관청의 허가는 그 지역 내에만 미친다. 그러나 법령에 규정되어 있거나, 허가의 목적인 행위가 허가관청의 관할 구역 내에 한정시킬 것이 아닌 경우는 그 허가의 효과는 허가관청의 관할 구역 밖에까지 미치게 된다. 그 예로 자동차운전면허는 지방경찰청장의 허가이나 그 효력이 전국에 미친다.

⑤ 시간적 범위

법규 또는 부관에 의해서 시간적 효과를 한정할 수 있으나 일반적으로 특별규정이 없는 한 경찰허가가 소멸될 때까지 그 효과가 지속된다.

(3) 경찰면제

(가) 의 의

경찰면제(警察免除)란 법령 또는 경찰처분에 의하여 일반적으로 과하여진 경찰상의 작위·급부·수인의 의무를 특정한 경우에 해제하여 주는 경찰상의 행정행위를 말하며, 이는 경찰상의 의무를 해제하여 주는 행위이므로 명령적 행위에 속하며, 경찰면제의 발급여부를 결정하는 것은 원칙적으로 경찰행정청의 기속재량에 속한다고 한다.

(나) 경찰허가와의 구별

경찰면제는 일반적인 경찰의무를 특정한 경우에 해제한다는 점에서 경찰허가와 같다. 경찰허가가 부작위의무를 해제하는 것에 반하여 경찰면제는 경찰상의 작위·급부·수인의 의무를 해제하는 행위로서 해제되는 경찰의무의 종류가 경찰허가와 다르다. 그 예로 병역면제, 체납처분의 집행면제, 조세납부면제 등이 있다.

작위의무나 급부의무의 이행을 연기하거나 유예하는 것에 대해서는 하명의 변경이라는 견해와 의무의 일부해제 역시 면제의 일종으로 보는 견해가 갈리고 있다.

나. 형성적 행위

(1) 특 허

(가) 의 의

특허(特許)란 특정인을 위하여 새로운 법률상의 힘을 부여하는 행정행위를 말한다. 여기에는 공기업의 특허, 공물사용권의 특허, 토지수용권의 설정, 광업권의 허가 등과 같이 권리를 설정하는 행위와 공법인을 설립하는 것과 같이 권리능력을 설정하는 행위, 공무원의 임명·입학 또는 귀화허가와 같은 포괄적인 법률관계를 설정하는 행위 등을 말한다.

(나) 특허의 성질과 효과

① 특허는 상대방에게 권리 등을 설정하여 주는 행위인 점에서 형성적 행위에 속하며,

금지된 자연적 자유를 회복시켜 주는 명령적 행위인 허가와 구별된다.

② 특허는 상대방에 대하여 일정한 권리나 능력 등의 법률상의 힘을 발생시키므로, 특허를 받은 자가 당해 권리나 능력에 대하여 침해를 받았을 경우 제3자에 대하여 법적으로 대항할 수 있다.

③ 특허에 의하여 설정된 권리는 보통 공권이나 광업권의 허가처럼 사권인 경우도 있다.

④ 특허의 효과는 그것이 일신전속적인 경우에는 이전성이 없으나, 대물적인 경우 즉 토지형질의 변경이나 도시계획의 필요상 공유수면매립면허나 토지수용권의 설정 등은 일정한 조건하에 이전될 수 있다.

(다) 특허와 신청

특허는 상대방의 신청을 필요요건으로 한다는 것이 다수설의 견해이다. 만일 신청의 유무에 관계없이 특정인에게 일정한 법률상의 힘을 부여하는 경우 행정의 불공정 문제가 대두하게 된다.

(라) 허가와의 구별

① 특허는 특정인에게 새로운 법률상의 권리・능력이나 기타 법률상의 힘을 설정시켜 주는 형성적 행위이며, 반면에 허가는 헌법상 보장되어 있는 자연적 자유를 회복시켜 주는 데 그치는 명령적 행위라는 점에서 구별된다.

② 특허는 공익상의 필요에 따라 특정인에게 법률상의 힘을 부여하는 것이기 때문에 특허를 할 것인지는 행정청의 재량에 속하는 것이 일반적이지만, 허가는 상대방의 신청된 행위가 법률요건을 충족시키는 경우 금지된 자연적 자유를 해제하는 행위로서 원칙적으로 기속행위에 속한다.

(2) 인 가

(가) 의 의

인가(認可)란 행정청이 제3자의 법률적 행위를 보충하여 그의 법률상의 효과를 완성시키는 행정행위를 말하며, 이를 보충행위라고도 한다. 이는 행정청은 원래 행정의 상대방과 제3자와의 관계에서 성립하는 법률관계에는 관여를 요하지 아니하고 효력을 발생시키는 것이 원칙이지만 공익보호의 차원에서 일정한 법률적 효력의 완전한 발생을 위해서는 행정청의 인가를 요하도록 하는 법 규정이 적지 않다. 인가 역시 허가나 특허와 같이 실정법상으로 허가·특허·승인·인가 등으로 혼용되고 있다.

(나) 인가의 성질

인가는 인가의 대상이 되는 기본행위의 효력을 완성시켜 준다는 점에서 형성적 행위이다.

(다) 인가의 대상

인가의 성질상 법률적 행위만이 인가의 대상이 되며, 그 법률적 행위에는 공법상의 성질을 가지는 것으로 공공조합의 설립인가 등이 있고, 사법상의 성질을 가지는 것으로 사업의 양도나 투기대상지역의 토지거래허가 등이 있다.

(라) 인가와 신청

인가는 기본이 되는 법률적 행위를 하려는 당사자의 신청이 있는 경우에만 행하여진다. 따라서 행정청은 인가신청에 대하여 신청의 내용과 다른 내용의 인가, 즉 수정인가를 할 수 없다.

(마) 인가의 효과

인가가 행해지면 신청자의 법률적 행위의 효과가 완성된다. 인가의 효과는 타인에게 이전되지 않음이 원칙이다. 또한 요인가행위를 인가받지 않고 한 행위는 무효로 보아야 할 것이다. 다만, 인가받지 않고 행한 요인가행위는 법률의 특별한 규정이 없는 한 처벌이나 강제집행의 대상이 되지 않는 것이 일반적으로, 적법요건으로서의 무허가행위는 처벌의 대상이 되는 것과 구별된다.

(3) 대 리

대리(代理)란 제3자가 해야 할 일을 행정청이 대신하여 행함으로써 제3자가 행한 것과 같은 법적 효과를 일으키는 행정행위를 말한다. 「국세징수법」 제61조(공매) 제5항에 의한 국세의 강제징수를 위한 압류재산의 한국자산관리공사에 의한 공매의 대행 등이 있으며, 여기서의 대리란 '행정행위로서의 공법상 대리'를 뜻하기 때문에 행정조직 내부에서 행해지는 행정기관의 대리(법정대리·임의대리)와는 구별된다.

6. 준법률행위적 행정행위

가. 확 인

(1) 의 의

확인(確認)이란 특정한 사실 또는 법률관계의 존부(存否) 또는 적부(適否)에 관해 의문이나 다툼이 있는 경우에 행정청이 이를 공적으로 확정하는 행위를 말한다. 선거에 있어서 당선인의 결정, 도로・하천 등의 구역결정, 행정심판의 재결 등이 그 예이다.

(2) 확인의 성질

확인은 특정한 사실 또는 법률관계의 존부 또는 적부에 관한 분쟁을 전제로 하는 판단작용이라는 점에서 법원의 결정과 그 성질이 유사한 점이 있다. 따라서 확인을 준사법적 행위라고도 한다. 확인은 판단작용이기 때문에 일정한 사실 또는 법률관계가 존재하거나 정당하다고 판단하는 경우에 확인을 하지 않으면 안 되는 기속행위이다.

(3) 확인의 형식

확인은 언제나 구체적인 처분의 형식으로 행하여지며, 일정한 형식이 요구되는 것이 보통이다.

(4) 확인의 효과

확인은 특정한 사실 또는 법률관계의 존재 여부 또는 적부 여부를 공적으로 확정하는 효과를 발생시킨다. 따라서 확인행위에는 새로운 사유의 발생을 이유로 하여 취소・변경이 제한되는 불가변력이 발생한다. 그 밖에도 확인은 법령에서 정한 효과를 발생시킨다는 점에서 법률행위적 행정행위와 구별된다.

나. 공 증

(1) 의 의

공증(公證)이란 특정한 사실 또는 법률관계의 존부를 공적으로 증명하는 행위를 말한다. 각종 등기·등록·원부 등에 등재, 증명서의 발급 등이 그 예이다. 확인은 특정한 법률사실이나 법률관계에 관한 의문이나 분쟁이 있음을 전제로 하는 데 대하여, 공증은 의문이나 분쟁이 없는 것을 전제로 하는 점에서 구별된다. 또한 확인은 특정한 사실이나 법률관계의 존부나 적부에 관해 다툼이 있을 때 확정해 주는 판단표시행위이나 공증은 특정한 법률사실이나 법률관계의 존재를 증명하는 인식표시행위라는 점에서 차이가 있다.

(2) 공증의 형식

공증은 특정한 사실 또는 법률관계의 존재를 공적으로 증명하는 것이기 때문에 원칙적으로 문서에 의해야 하며, 일정한 형식(등기·등록 등)이 요구되는 요식행위이다.

(3) 공증의 효과

공증의 효과는 공증된 사항에 대하여 공적 증거력을 발생시키는 데 있다. 증거력에 따라 어떤 법적 효과를 발생시키는가에 대해서는 개별법령에 의하여 결정된다. 또한 공증의 효과는 그 증명된 증거력에 대한 다툼이 있을 때까지 공정력이 있다고 본다. 판례는 자동차운전면허대장상에 등재행위의 처분성에 대해 부적법(소극)하다고 판결하였으나(대판 1991.9.24. 91누1400), 지적공부상에 지목변경신청 반려행위의 처분성에 대해서는 항고소송의 대상이 되는 행정처분에 해당(적극)한다고 판결하였다(대판 2004.4.22. 2003두9015).

다. 통 지

통지(通知)란 특정인 또는 불특정다수인에 대해 특정한 사항을 알리는 행위를 말한다. 토지수용에 있어서의 사업인정의 고시, 대집행의 계고, 납세의 독촉 등이 그 예이다. 통지는 그 자체로서 독립된 행정행위이므로 이미 성립한 행정행위의 효력의 발생요건으로서 특정인에게 하는 통지나 고지와 불특정다수인에게 하는 공고 등과는 구별된다.

라. 수 리

수리(受理)란 타인의 행정청에 대한 행위를 유효한 행위로서 수령하는 행위를 말한다. 사직원의 수리, 혼인신고서의 수리 등이 그 예이다. 수리는 타인의 행위를 유효한 행위로 수령하는 인식의 표시행위인 점에서 단순한 문서의 도달이나 접수와 다르다.

참고▸ 준법률행위적 행정행위(準法律行爲的 行政行爲)

구분	확인	공증	통지	수리
의의	의문·다툼이 있는 경우 공적 권위로써 그 존부·정부를 확인하는 행위	의문·다툼이 없는 사실을 공적으로 증명	특정사실 또는 의사를 알리는 행위	개인의 행정청에 대한 행위를 유효한 행위로 받아들이는 행위
성질	판단의 표시	인식의 표시	통지행위	인식의 표시
효과	불가변력	공적 증명력	각 법령에 따라	각 법령에 따라
종류	– 조직법상확인(예: 당선인결정, 국가시험 합격자결정 등) – 복리행정법상 확인(예: 도로구역결정, 발명특허, 교과서의 검인정 등) – 행정쟁송법상 확인(예: 이의신청, 행정심판재결 등)	– 등기·등록(예: 부동산등기, 외국인등록, 광업권등록 등) – 등재(예: 토지대장에 등재 등) – 기재(예: 의사록, 회의록에 기재 등) – 발명서발급, 합격증 서발급 – 영수증교부 – 여권 등의 발급 – 검인, 증인 등의 날 인 등	– 관념의 통지(토지세목의 공고, 특허출원의 공고, 귀화의 고시 등) – 의사의 통지(납세독촉, 대집행 계고 등)	– 원서·신고서·행정심판청구서·소장 등의 수리

7. 행정행위의 부관

가. 의 의

행정행위의 부관(附款)이란 행정행위의 효과를 제한 또는 보충하기 위하여 행정기관에 의하여 주된 행위에 부가된 종된 규율을 말한다. 종래에는 부관이란 행정행위의 효과를 제한하기 위하여 주된 의사표시에 부가된 종된 의사표시라고 정의하였다. 그러나 부관은 의사표시를 요소로 하는 법률행위적 행정행위에 부관을 붙일 수 있을 뿐 아니라 의사표시를 요소로 하지 않는 준법률행위적 행정행위인 확인·공증에 기한이 붙는 경우가 많이 있어 종래의 학설이 비판을 받고 있다. 여기서 일반적인 부관의 사례를 들면, '○○영업을 허가한다. 다만, 허가일로부터 1년까지로 한다'는 내용의 허가처분을 하였을 경우 앞의 부분은 주된 행위 또는 규율(의사표시)이고 뒤의 단서가 종된 규율(의사표시)이다. 이와 같은 경찰허가의 부관은 행정기관의 의사를 기초로 하여 붙인 것이므로 행정법규가 직접 특정한 허가의 효과를 제한하기 위해 붙이는 이른바 법정부관(예: 연습운전면허기간 · 종포소지 유효기간 등)은 여기서 말하는 부관에 포함되지 않는다.

나. 부관의 종류

(1) 조 건

조건(條件)이라 함은 행정행위의 효력의 발생 또는 소멸을 장래의 '불확실한 사실'의 성부(成否)에 의존하게 하는 의사표시를 말한다.

(가) 정지조건

정지조건(停止條件)이란 행정행위의 효력이 발생하지 않고 있다가 조건이 성취되면 비로소 발생하는 경우를 말한다.

예로써 도로보수공사를 조건으로 자동차운송사업을 허가하는 경우와 완전한 시설의 건물을 완성함을 조건으로 한 호텔영업허가 등이 이에 해당된다.

(나) 해제조건

해제조건(解除條件)이란 행정행위의 효력은 처음부터 발생하지만 조건이 성취되면 효력이 소멸되는 것을 말한다.

그 예로 일정한 기간 내에 공사에 착수할 조건으로 한 공유수면매립면허를 하는 경우 등이 있다.

(2) 기 한

(가) 의 의

기한(期限)이라 함은 행정행위의 효력의 발생 또는 소멸을 '도래가 확실한 장래'의 사실에 의존하게 하는 행정기관의 의사표시를 말한다. 그 장래의 사실이 반드시 도래한다(발생한다)는 점에서 효력발생이 불확실한 조건과 구별된다.

(나) 시기와 종기

기한에는 시기(始期)와 종기(終期)가 있는데 기한이 도래하면 행정행위의 효력이 비로소 발생되는 경우를 시기라 하고, 반대로 기한이 도래하면 행정행위의 효력이 소멸되는 경우를 종기라고 한다.

참고▶ 조건과 기한의 비교

구분	효력발생(效力發生)	효력소멸(效力消滅)
정지조건(停止條件)	조건성취 시	–
해제조건(解除條件)	–	조건성취 시
확정기한(도래시기확정)	시기	종기
불확정기한(도래시기 불확정)	시기	종기

(3) 부 담

(가) 의 의

부담(負擔)이란 행정행위의 주된 행위에 부가하여 그 효과를 받는 상대방에 대하여 일정한 의무(작위・부작위・급부)를 과하는 행정기관의 의사표시를 말한다. 부담은 허가・특허 등과 같이 상대방에게 권리나 이익을 주는 수익적 처분에 붙여지는 것이 보통으로, 부관으로서 가장 실례가 많으며 직접 행정소송의 대상이 될 수 있는 행정행위의 부관이다.

(나) 내 용

부담은 본체인 행정행위에 부수해서 상대방에게 일정한 의무를 과할 뿐이며, 부담이 붙여져도 행정행위의 효력은 처음부터 완전히 발생한다. 따라서 부담은 행정행위의 효과를 제한하는 요소를 갖고 있지 않다. 다시 말해 주된 행정행위의 효력과는 무관하므로 그 자체가 하나의 독립된 행정행위의 성질을 가진다.

부담의 내용인 의무에는 작위・부작위 또는 급부의 의무가 있는데, 지급의무를 부가하는 것이 보통이다. 그러나 이러한 의무의 불이행은 행정행위의 취소원인이 된다.

조건이 붙은 행정행위는 조건인 사실의 성부가 미정인 경우 행정행위의 효력 그 자체가 불확정한 상태에 놓여 있음에 반하여, 부담이 붙은 행정행위는 행정행위의 효력 그 자체는 확정적으로 발생하고 그에 부수하여 별도로 일정한 의무를 과하는 것이다.

(다) 행위양태

① 영업허가를 하면서 종업원의 건강진단 의무를 부과하는 경우(식품위생법 제40조), ② 도로사용허가를 하면서 점용료의 납부를 명하는 경우(도로법 제41조) 등이 있다.

참고▶ 조건과 부담의 비교

구분	조건(條件)	부담(負擔)
성질	조건 자체는 행정행위 아님	부담 자체가 독립된 행정행위
효력발생	정지조건 성취 시 당연 효력발생	처음부터 완전히 효력발생
효력소멸	해제조건 성취 시 당연 효력소멸	부담 불이행 시 당연 효력 소멸되지 않음

(4) 철회권의 유보

(가) 의 의

철회권의 유보란 행정행위의 주된 행위에 부가하여 특정한 경우에 행정행위를 철회할 수 있는 권리를 유보하는 행정기관의 행위(의사표시)를 말한다. 자동차 사업면허를 부여하면서 만일 3회 이상 사고를 내면 면허를 철회하겠다고 하는 것과 같은 경우이다.

(나) 철회권의 유보와 부담

철회권의 유보도 부담의 경우처럼 수익적 처분인 허가·특허 등에 그 예가 많으며, 사용료를 납부하지 아니한 때에는 도로사용허가를 철회할 권리를 유보하는 경우와 같이 양자가 함께 행하여질 때도 있다.

(다) 해제조건과의 구별

철회권의 유보는 행정행위의 효력의 소멸에 관한 것이라는 점에서 해제조건과 비슷하다. 그러나 해제조건은 조건이 성취됨과 동시에 당연히 행정행위의 효력이 소멸됨에 반하여, 철회권의 유보의 경우에는 행정행위의 효력을 소멸시키기 위한 별도의 의사표시를 필요로 한다는 점에서 서로 구별된다.

(라) 행위양태

공기업의 특허를 내면서 특허명령서에 따른 내용을 위반하면 특허를 취소할 수 있다고 한 경우 등이다.

참고▶ 공기업의 특허

특허기업이란 사인(私人)이 행정청으로부터 특허를 받아 경영하는 공익사업을 말한다. 단, 법령에 의하여 직접 설립되는 특수법인(대한주택공사 등)을 특허기업에 포함시키는 견해도 있다. 특허기업의 경영주는 사인이다. 이런 의미에서 특허기업을 공기업으로보는 견해에 대해 의문을 제기하고 있으나, 현재의 다수설은 특허기업을 공기업에 해당하는 것으로 보고 있으며, 이런 점에서 공기업의 경영권의 전부 또는 일부를 사인에게 부여하는 행위를 '공기업의 특허'라고 부른다.

(5) 법률효과의 일부배제

(가) 의 의

법률효과의 일부제한(배제)이라 함은 행정행위의 주된 행위에 부가하여 법령이 그 행정행위에 대하여 일반적으로 부여하고 있는 법률효과의 일부를 제한하는 행정기관의 의사표시를 말한다. 즉 관계법령에 명시적 근거가 있는 경우에만 허용된다.

(나) 행위양태

① 택시영업허가를 해 주면서 격일제 운행을 부관으로 하는 경우
② 10부제 운행을 부관으로 하여 택시영업허가를 하는 경우
③ 도로사용을 허가하면서 사용시간을 야간에 한정하는 경우
④ 버스노선을 지정하여 자동차운수업을 허가하는 경우 등이 있다.

(6) 부담권의 유보

부담권의 유보란 사후에 부담을 부과하거나 이미 부과된 부관의 내용을 변경・보충할 수 있는 권한을 유보시키는 의사표시로서, 행정행위 사후변경의 유보라고도 한다. 이는 상황의 변화 내지는 기술의 진보와 가장 관련이 큰 부관이다.

(7) 수정부담

(가) 의 의

수정부담(修正負擔)이란 일정한 의무의 부과가 아니라 행정행위의 내용 자체를 상대방의 신청과 다르게 수정・변경하는 행태의 부관으로 이 경우 상대방의 승낙이 필요하다.

(나) 행위양태

① 집단시위행진의 허가신청에 대하여 신청된 것과는 다른 진로를 지정하여 허가처분을 부여하는 경우

② 현재 무역업은 신고업종이지만, 과거 특정국가와의 무역역조를 해소하기 위하여 A국가에서 수입신청된 것을 B국가에서 수입하도록 하는 경우 등이다.

참고▶ 부관의 종류 정리

부관에 속하는 것	부관에 속하지 않는 것
조건, 기한, 부담, 수정부담, 철회권의 유보, 부담권의 유보, 법률효과의 일부배제(이설 있음)	기간, 법정부관, 기일, 통지, 도달, 부담금, 공용부담, 법률효과의 전부배제, 해제권의 유보

다. 부관의 한계

(1) 부관의 가능성

(가) 준법률행위적 행정행위에 대한 부관의 가능성

종래의 통설은 부관은 법률행위적 행정행위에만 붙일 수 있다고 본다. 이는 부관이란 행정청의 의사에 기하여 주된 행정행위의 내용을 제한하기 위한 것이므로 그 법적 효과가 법률의 규정에 의하여 발생하는 준법률행위적 행정행위에는 관계법상의 수권규정이 없는 한 붙일 수 없다고 보는 것이다.

이에 대하여 준법률행위적 행정행위에도 확인・공증의 경우에는 부관으로서 기한을 붙일 수 있는 사례가 많아 종래의 견해에 대해 비판을 가하고 있다.

(나) 기속행위에 대한 부관의 가능성

종래에는 부관은 법률행위적 행정행위 중에서도 재량행위에만 붙일 수 있다고 한다. 기속행위(羈束行爲)는 법규에 엄격히 기속되므로 행정청도 그 효과를 제한하는 부관은 붙일 수 없기 때문이다.

이에 대해 기속행위의 경우에도 요건충족을 위한 부관은 허용된다는 유력한 견해가 있다. 예를 들어 건축설계에 일정한 주차장시설이 구비되지 않아 건축허가를 발급해 줄 수 없지만, 이들 시설의 구비조건으로 건축허가를 발급할 수 있는 경우가 그 예이다. 반면에 재량행위에 있어서도 성질상 부관이 허용되지 아니하는 행위가 있을 수 있는바, 귀화허가는 포괄적 신분설정행위이므로 부관이 허용되지 않는다.

(2) 부관의 자유성

부관의 자유성에 대해 행정행위에 부관을 붙일 수 있는 경우에도 어느 정도까지 붙일 수 있는가가 문제이다. 일정한 행정행위에 부관을 붙일 수 있는 경우에도 그에 대한 부관은 일정한 한계 내에서만 적법하게 성립할 수 있다고 본다. 이렇게 적법하게 성립하기 위해서는 부관은 법령에 위배되지 않는 한도에서 붙일 수 있다. 즉 부관의 내용이 직접·간접으로 법령의 규정에 위배되어서는 안 된다. 또한 부관은 주된 행정행위가 추구하는 목적에 위반하여 붙여질 수 없다.

부관은 비례의 원칙, 평등의 원칙, 부당결부금지의 원칙과 같은 법의 일반원칙에 적합하여야 한다. 일례로, 부관을 필요로 하는 공익과 상대방이 그로 인하여 받은 불이익과의 사이에는 상당한 비례관계가 유지되어야 한다.

(3) 사후부관의 문제

(가) 부정설

부관은 주된 행정행위에 부가한 부대적 규율로서 그 독자적 존재를 인정할 수 없으므로 사후에 부관만을 따로 붙일 수는 없다고 한다.

(나) 제한적 긍정설

사후에 부관을 붙이는 것은 당해 행위를 철회하고 새로운 부관의 행정행위를 하는 것과 같으므로 원칙적으로는 인정되지 않는다. 그러나 법령에 근거가 있거나 상대방의 동의가 있는 경우 또는 부담이 유보되어 있는 경우에는 가능하다고 본다.

(다) 판례는 (나)와 같은 것이 원칙이지만, 사정변경으로 인하여 당초에 부담을 부가한 목적을 달성할 수 없게 된 경우에도 그 목적달성에 필요한 범위 내에서 예외적으로 허용된다고 판결하여 동의가 없어도 사안에 따라서 가능한 것으로 보고 있다.

※ 1997.5.30. 대판97누2627(부관의 사후변경이 허용되는 범위)

행정처분에 이미 부담이 부가되어 있는 상태에서 그 의무의 범위 또는 내용 등을 변경하는 부관의 사후변경은, 법률에 명문의 규정이 있거나 그 변경이 미리 유보되어 있는 경우 또는 상대방의 동의가 있는 경우에 한하여 허용되는 것이 원칙이지만, 사정변경으로 인하여 당초에 부담을 부가한 목적을 달성할 수 없게 된 경우에도 그 목적달성에 필요한 범위 내에서 예외적으로 허용된다.

라. 부관의 하자와 행정행위의 효력

부관이 법령에 위배하여 하자가 있게 된 경우에는 행정행위 하자의 법리에 따라서 판단하면 된다. 즉 하자가 중대하고 명백하여 무효원인인 하자가 있는 부관은 무효에 해당하고 그 밖의 하자는 취소할 수 있는 부관에 해당한다. 부관이 하자가 있는 경우에 주된 행정행위에 어떠한 효력이 미치는가는 부관과 행정쟁송과 관련하여 중요한 문제가 되고 있다.

부관의 무효는 본체인 행정행위에는 영향이 없는 것으로 당해 행위는 원칙적으로 부관이 없는 단순행정행위가 되나, 부관이 그 행위에 없어서는 안 될 본질적인 요소를 이루는 것인 때에는 부관의 무효는 본체인 행위 자체를 무효로 한다는 것이 통설·판례이다.

마. 위법한 부관에 대한 쟁송

부관은 행정행위의 주된 행위에 부가된 부수적 규율이라는 점에서 일반적으로 부관 그 자체를 행정쟁송의 대상으로 할 수는 없다고 할 것이다. 그러므로 위법한 부관을 쟁송으로 다투기 위해서는 부관부 행정행위 전체를 쟁송의 대상으로 할 수밖에 없다. 그러나 예외적으로 부담은 형식적으로 본체인 행정행위에 부가되어 있으나 그 자체의 독자적 규율성·처분성이 인정되어 부담만으로도 행정쟁송의 대상이 될 수 있다. 판례도 인정하고 있다.

참고▸ 부관(附款)과 관련된 판례 모음

1. 도로점용허가의 점용기간은 행정행위의 본질적 요소에 해당하는 것이어서, 부관인 점용기간을 정함에 위법이 있으면 도로점용허가 전부가 위법이 된다(대판 1985.7.9. 84누604; 지하상가점용기간 등 처분취소).

2. 어업면허의 유효기간 1년은 그 면허처분에 붙인 부관이며 이러한 부관에 대해서는 독립한 행정쟁송을 제기할 수 없다(대판 1986.8.19. 86누202; 행정처분취소).

3. 부담의 경우에는 다른 부관과는 달리 행정행위의 불가분적인 요소가 아니고 그 존속이 본체인 행정행위의 존재를 전제로 하는 것일 뿐이므로 부담 그 자체로서 행정쟁송의 대상이 될 수 있다(대판 1992.1.21. 91누1264; 수토대금부과처분취소).

4. 일반적으로 기속행위에 대해서는 법령상 특별한 근거가 없는 한 부관을 붙일 수 없고, 가사 부관을 붙였다 하더라도 이는 무효이다(대판 1993.7.27. 92누13998; 자동차운송알선사업계획변경신고, 수리취소처분무효확인 등).

5. 수익적 행정행위에 있어서는 지방자치단체가 사업자에 대해 토지기부채납토록 한 것은 부당결부금지원칙에 위배되어 적법하다고 볼 수 없지만, 기부채납과정에서 자치단체가 부관이 잘못되었다고 청구하는 것은 그 부관이 중대하고도 명백한 하자라고 볼 수 없어 당연무효라고 볼 수 없다(대판 1997.3.11. 96다49650; 소유권이전등기말소).

6. 재량행위에 있어서는 법령상의 근거가 없다고 하더라도 부관을 붙일 수 있는데, 그 부관의 내용은 적법하고 이행 가능하여야 하며 비례의 원칙 및 평등의 원칙에 적합하고 행정처분의 본질적 효력을 해하지 아니하는 한도의 것이어야 한다(대판 1997.3.14. 96누16698; 사용검사신청반려처분취소).

7. 행정처분에 이미 부담이 부가되어 있는 상태에서 그 위무의 범위 또는 내용 등을 변경하는 부관의 사후변경은 법률에 명문의 규정이 있거나 그 변경이 미리 유보되어 있는 경우 또는 상대방의 동의가 있는 경우에 한하여 허용되는 것이 원칙이지만, 사정변경으로 인하여 당초에 부담을 부가한 목적을 달성할 수 없게 된 경우에도 그 목적 달성에 필요한 범위 내에서 예외적으로 허용된다(대판 1997.5.30. 97누2627; 토지굴착 등 허가처분 중 부담무효확인).

8. 행정행위의 성립요건과 효력요건

가. 행정행위의 성립요건

(1) 주체에 관한 요건

행정청은 그에게 부여된 권한의 범위 내에서 행정행위를 발할 수 있다. 즉 행정권은 헌법과 법률에 의해서 국가·지방자치단체 등 여러 행정 주체에게 나누어져 있고, 그들 행정 주체의 의사를 결정하고 표시하는 기관인 행정청의 권한 또는 관할 역시 사항적·지역적으로 제한되어 있으므로 그 범위 내에서 행정행위가 행해져야 하는 것이다. 이와 관련하여 「행정절차법」 제6조(관할) 제1항에서 “행정청이 그 관할에 속하지 아니하는 사안을 접수하였거나 이송받은 경우에는 지체 없이 이를 관할행정청에 이송하여야 하고 그 사실을 신청인에게 통지하여야 한다. 행정청이 접수 또는 이송받은 후 관할이 변경된 경우에도 또한 같다”고 하고 제2항에서 “행정청의 관할이 분명하지 아니하는 경우에는 당해 행정청을 공통으로 감독하는 상급행정청이 그 관할을 결정하며, 공통으로 감독하는 상급행정청이 없는 경우에는 각 상급행정청의 협의로 그 관할을 결정한다”고 주관행정청과 관할에 대하여 규정하였다.

(2) 절차에 관한 요건

행정행위에 대하여 일정한 절차가 요구되는 경우에는 그에 관한 절차를 거치지 않으면 안 된다. 이러한 절차에는 상대방의 동의나 신청을 필요로 하는 경우, 당사자 및 이해관계인의 이해조정 및 권익보호를 위한 절차로서의 공청회, 의견제출 등이 있으며, 행정행위로 인하여 불이익을 받게 될 상대방에 대한 청문, 행정기관 간의 협의를 요하는 경우나 일정한 경우에 자문을 받게 되어 있는 경우 등이 이에 해당된다.

(3) 형식에 관한 요건

행정행위에는 특별히 형식을 요하지 아니하는 불요식행위가 있으나 행정행위의 내용을 명확히 하고 이해관계인이 그 내용을 알기 쉽게 하기 위하여 일정한 형식을 갖추는 요식행위(서면주의)가 일반적이다. 특히 전자문서로 하는 경우에는 상대방의 동의를 얻도록 하고 있어(행정절차법 제24조) 전자기기를 이용할 수 없는 이해관계인에 대하여 배려하고 있다. 또한 행정청이 행정행위를 하는 경우에는 원칙적으로 근거와 이유를 제시하도록 하고 있어(동법 제23조) 행정행위가 부당할 경우에 항고소송의 대상으로서의 성격을 갖고 있으며, 더불어 행정의 책임성·민주성을 표현하고 있다고 보겠다.

(4) 내용에 관한 요건

행정행위는 법률에 적합하여야 하며, 조리상의 원칙인 비례의 원칙, 신의성실의 원칙, 신뢰보호의 원칙, 평등의 원칙, 부당결부금지의 원칙 등 행정행위의 일반원칙에 위배되어서는 아니 된다. 또한 행정행위는 행정청이 발하는 행정행위의 상대방 또는 이해관계인이 그 내용을 명확히 알 수 있도록 하여야 하며, 그 행정행위는 사실상·법률상 실현 가능하여야 한다.

나. 행정행위의 효력발생요건

(1) 도달주의

행정행위는 경고나 교통신호처럼 표시와 동시에 효력을 발생하는 경우도 많이 있다. 그러나 상대방이 있는 행정행위는 외부에 표시되어 상대방이 알 수 있는 상태에 도달(到達)함으로써 효력을 발생하게 함이 일반적이다. 여기에서 도달이라 함은 반드시 상대방이 직접 수령하여야 한다는 뜻이 아니고, 상대방이 알 수 있는 상태에 놓이는 것을 의미한다.

(2) 송 달

송달(送達)은 우편・교부 또는 정보통신망 이용 등 방법에 의하되 송달받을 자의 주소・거소・영업소・사무소 또는 전자우편주소(이하 '주소 등'이라 한다)로 한다. 다만, 송달받은 자가 동의하는 경우에는 그를 만나는 장소에서 송달할 수 있다(행정절차법 제14조 제1항).

(3) 효 력

우편에 의한 송달은 송달받는 자에게 도달됨으로써 그 효력을 발생한다(동법 제15조 제1항). 정보통신망을 이용한 송달은 송달받을 자가 동의한 경우 송달받을 자가 지정한 컴퓨터 등에 입력된 때에 도달된 것으로 본다(동법 제15조 제2항).

한편, 행정처분을 송달받을 자의 주소 등을 통상의 방법으로 확인할 수 없는 경우 또는 송달이 불가능한 경우에는 송달받을 자가 알기 쉽도록 관보・공보・게시판・일간신문 중 하나 이상에 공고하고 인터넷에도 공고하여야 한다(동법 제14조 제4항). 이 경우에는 다른 법령 등에 특별한 규정이 있는 경우를 제외하고는 공고일로부터 14일이 경과한 때에 그 효력이 발생한다. 다만, 긴급히 시행하여야 할 특별한 사유가 있어 효력발생시기를 달리 정하여 공고한 경우에는 그에 의한다(동법 제15조 제3항).

이 이외에 개별법상의 공고 또는 고시가 있어 이에 해당하는 경우 개별법령에 따른다. 예를 들어 「국토의 계획 및 이용에 관한 법률」 제31조 제1항에 "도시・군 관리계획 결정은 제30조 제6항에 따른 고시가 된 날부터 5일 후에 그 효력이 발생한다"라고 규정되어 있다.

9. 행정행위의 효력

가. 의 의

행정행위란 행정 주체가 행정의 목적을 달성하기 위하여 특정인에게 의사표시로서 행하는 공법상 권력적 단독행위를 말하며 처분이라고도 한다. 즉 행정행위는 권력적 · 법률행위적 행위이다. 따라서 권력적 사실행위인 경찰강제와 구별되며, 의무위반 시 부과하는 경찰벌과도 구별된다. 행정행위는 강학상의 개념으로서 대륙법계 국가에서 성립 · 발달하였는데, 공법과 사법의 구별을 전제로 일정한 행정작용을 행정행위로 보아 행정재판의 대상으로 하였다. 이러한 행정행위는 다른 행정작용(예: 공법상계약, 사실행위 등)이나 사법행위와는 달리, 권력적 작용이라는 점에서, 공정력 · 강제력 · 확정력 · 자력집행력 등과 같은 우월한 힘이 인정되고, 특수한 구제제도(예: 손해전보, 행정쟁송)가 있다.

나. 행정행위의 효력

(1) 구속력

행정행위가 성립요건·효력요건을 구비하면 행위의 내용에 따른 법적 효과를 발생하여 행정청·상대방·관계인을 구속하는데, 이를 구속력이라 한다. 구속력은 모든 행정행위에 인정되는 실체법적 효력이다. 예컨대 조세부과처분이 행해지면 상대방에게 급부의무가 발생하는 것이 그에 해당하며, 이와 같은 내용적 구속력이 미치는 대상과 범위는 개개 행정행위의 내용에 따라 다르다.

(2) 공정력

(가) 의 의

행정행위의 공정력이란 "비록 행정행위에 하자(瑕疵)가 있을지라도 하자가 중대하고 명백하여 당연무효인 경우를 제외하고는 권한 있는 기관에 의하여 취소될 때까지는 유효한 것으로 보아 누구든지 그 효력을 부인하지 못하는 힘"을 말한다. 공정력은 다른 용어로서 예선적 효력 또는 잠정적 효력이라고도 한다.

(나) 근 거

공정력의 이론적 근거로는 공익실현 작용인 행정행위에 하자가 있다 하여 누구나 그 효력을 부인할 수 있다고 하면, 행정의 실효성이나 법적 안정성은 확보될 수 없게 되고 일반국민에 대해서도 행정행위에 대한 신뢰는 보호되어야 한다는 정책적 이유에서 공정력을 인정하는 법적안정설 또는 행정정책설이 통설이다.

(다) 구성요건적 효력과의 구별

공정력과 구성요건적 효력을 구분하는 입장에서는 공정력을 "행정행위가 무효가 아닌 한 상대방 또는 이해관계인은 행정행위가 권한 있는 기관(처분청, 재결청 또는 법원 등)에 의해 취소되기까지는 그의 효력을 부인할 수 없는 것"이라 한다. 이에 반해 구성요건적 효력은 행정행위의 취소권을 가진 기관(처분청, 감독청, 재결청 및 취소소송의 수소법원 등) 외의 다른 국가적 기관에 대한 구속력을 말한다.

(3) 구성요건적 효력

(가) 의 의

행정행위가 당연무효가 아닌 이상 처분청 이외의 국가기관은 그의 존재를 존중하여야 하며, 스스로 판단의 기초 내지는 구성요건으로 삼아야 하는 행정행위의 구속력을 말한다. 이는 제3의 국가기관은 적어도 유효한 행정행위가 존재하는 한 그러한 사실을 자기의 권한행사의 전제요건(구성요건)으로 삼아야 함을 말한다. 예컨대 김을병이라는 사람이 「국적법」 제4조 제1항에 근거하여 법무부장관으로부터 귀화허가를 받았다면, 그 귀화허가가 무효가 아닌 한 모든 국가기관은 김을병을 대한민국 국민으로 인정해야 함과 같다.

(나) 근 거

이에 대한 직접적인 실정법의 근거는 없으나 국가기관은 상호 간 권한이 분배되어 있고, 행정권과 사법권이 분립되어 있으며 또한 법원 상호 간에는 관할(행정사건, 민사사건, 형사사건 등)을 달리하고 있으므로 국가기관 간은 상호 다른 기관의 권한을 존중하지 않으면 안 된다. 따라서 구성요건적 효력의 근거는 「대한민국헌법」상의 권력분립의 원칙 그리고 국가기관 상호 간 권한 내지 관리를 달리함으로써 이를 서로 존중해야 한다는 데 있다.

(다) 공정력과의 구별

공정력은 현행법이 행정행위(처분)에 대한 취소쟁송제도를 취하고 있음을 근거로 하는 데 대하여, 구성요건적 효력은 국가기관은 각기 권한과 관할을 달리하므로 서로 다른 기관의 권한행사를 존중해야 한다는 것에 근거하고 있다. 공정력은 행정행위의 상대방이나 이해관계인에 대한 구속력인 데 대하여, 구성요건적 효력은 다른 국가기관(처분청과 취소소송의 수소법원은 제외)에 대한 구속력이다.

(4) 확정력 또는 존속력

(가) 불가쟁력

행정행위에 대하여 불복이 있는 경우에는 일정한 행정 불복 제기기간 또는 제소기간 내에 행정 불복 또는 행정소송을 제기하여야 하며, 그 기간이 경과되거나 쟁송수단을 마친 때에는 아무리 행정행위가 위법 또는 부당하더라도 상대방은 그 효력을 다툴 수 없게 되는바, 그 다툴 수 없게 되는 힘을 불가쟁력(Unanfechtbarkeit) 또는 형식적 확정력이라 한다. 이는 행정법관계를 신속하게 안정시키기 위하여 제소기간 등이 정하여진 데서 오는 절차법적 효력이며, 위법함이 확인된 경우에는 손해배상청구 및 직권취소가 가능하다. 그러나 무효인 행정행위는 쟁송제기기간의 제한을 받지 않으므로 불가쟁력이 발생하지 않는다.

(나) 불가변력

행정행위가 위법하거나 공익에 적합하지 아니한 때에는 행정청은 이를 취소 또는 철회할 수 있는 것이 원칙이다. 그러나 일정한 행정행위는 성질상 행정청도 이를 취소・철회할 수 없는 효력이 발생하는바, 이를 불가변력(Unabanderlichkeit) 또는 실질적 확정력이라 한다. 이러한 행정행위에는 준법률행위적 행위(확인적 행위)와 수익적 행정행위에 있어서 취소권이나 철회권이 제한되는 경우가 있다.

(다) 불가쟁력과 불가변력과의 관계

불가쟁력은 행정행위의 상대방 및 이해관계인에 대한 구속력, 불가변력은 처분청 등 행정기관에 대한 구속력이다. 불가쟁력이 발생한 행정행위라도 권한 있는 기관이 직권을 취소・

변경하는 것은 가능하다. 불가변력이 발생한 행정행위는 쟁송제기기간이 경과되지 않는 한, 상대방 등은 쟁송제기가 가능하다. 불가쟁력은 절차적 효력, 불가변력은 실체적 효력이다.

참고▶ 불가쟁력과 불가변력의 차이

구분	불가쟁력	불가변력
성질	절차적 효력	실체적 효력
대상	상대방 및 이해관계인 구속	처분청 등 행정기관 구속
범위	모든 행정행위(무효인 행정행위 제외)	일정한 행정행위(준법률행위적 행정행위)
관계	양자는 상호 독립적인 효력을 지님(양자는 무관)	

10. 행정행위의 하자

가. 행정행위의 하자

(1) 의 의

행정행위의 하자(瑕疵)란 행정행위가 유효하게 성립하기 위한 법정요건을 완전히 갖추지 못하여 완전한 효력을 발생하지 못하는 행정행위를 말하며, 이러한 행정행위에는 무효인 행정행위와 취소할 수 있는 행정행위가 있다.

(2) 행정행위의 무효와 취소

무효(無效)인 행정행위는 외형상 행정행위로서 존재하나 법적 효력이 전혀 없는 행위를 말하고, 취소(取消)할 수 있는 행정행위는 그 성립에 하자가 있지만 일단 유효한 행위로 효력을 가지며, 취소를 통하여 비로소 그 효력을 상실하는 행위를 말한다.

행정행위의 하자가 중대한 법규위반이고 명백한 것인 때에는 무효이고, 그에 이르지 않는 것인 때에는 취소할 수 있다(중대・명백설, 판례). 이 견해는 실질적 정의와 법적 안정성을 이론적 근거로 한다.

(3) 무효와 취소의 구별

(가) 효력과의 관계

무효인 행정행위는 처음부터 행정행위로서의 아무런 효력을 발생하지 않는데 대하여,

취소할 수 있는 행정행위는 권한있는 기관에 의해 취소될 때까지는 유효한 행위로서 인정된다.

(나) 공정력, 구성요건적 효력, 불가쟁력과의 관계

공정력과 구성요건적 효력은 취소할 수 있는 행정행위에만 인정되며, 무효인 행정행위에는 인정되지 않는다. 불가쟁력은 무효인 행정행위가 유효한 행정행위로 전환되지 않는 한 무효이므로 쟁송제기기간의 제한을 받지 않는다. 이에 대해 취소할 수 있는 행정행위는 쟁송제기기간내에 제기하지 않으면 불가쟁력이 발생하여 더 이상 다툴 수 없다.

(다) 쟁송형식과의 관계

취소할 수 있는 행정행위는 취소심판 또는 취소소송의 형식으로 취소를 구할 수 있는 데 비하여, 무효인 행정행위에 대해서는 무효확인심판 또는 무효확인소송의 형식으로 무효확인을 구할 수 있다.

(라) 제기기간과의 관계

취소소송은 제기기간 등의 제약을 받는 데 비하여, 무효확인소송은 그와 같은 제약을 받지 않는다. 그러나 판례는 행정행위의 무효선언을 구하는 형식의 취소소송의 경우에는 취소소송의 제기요건을 갖추어야 한다고 하였다.

(마) 사정판결과의 관계

처분이 무효인 경우에는 처음부터 유효한 처분이 없으며, 실정법(행정심판법 제33조, 행정소송법 제28조)에도 무효 등 확인쟁송에 대하여 취소소송의 사정판결규정을 준용하고 있지 않다는 것을 들어 무효인 행정행위에 대해서는 사정판결이 인정되지 않다는 것이 다수설과 판례의 입장이다.

(바) 선결문제와의 관계

행정행위의 위법성이 민사사건 및 형사사건 등의 선결문제가 되는 경우와 관련하여, 행정행위가 무효인 경우에만 본안사건의 관할법원이 무효인 것을 스스로 판단할 수 있으며, 취소할 수 있는 행정행위인 경우에는 그의 위법성에 대해 심사할 수 없다는 것이다.

(사) 하자의 승계와의 관계

일정한 행정목적을 실현하기 위하여 둘 이상의 행정행위가 연속적으로 행해진 경우, 선행행위의 하자가 후행행위에 승계되는가와 관련하여 취소할 수 있는 행정행위에만 가능하다고 본다. 다음에서 다시 논한다.

(아) 하자의 치유와의 관계

취소할 수 있는 행정행위만이 사후보완을 통해 치유될 수 있으며, 무효인 행정행위에는 인정하지 않는다는 것이다.

(자) 하자있는 행정행위의 전환과의 관계

무효인 행정행위에 대해서만 다른 행정행위로의 전환을 인정하고 있다.

참고▸ 무효와 취소의 구별

구분	무효	취소
발생원인	– 공무원이 아닌 자의 행위 – 내용이 실현 불가능이거나 불명확한 행위 – 필요한 서식에 의하지 아니한 행위 – 필요한 공고나 통지를 결여한 행위	– 사기·강박·착오에 의한 행위 – 단순 위법·공익위반의 행위 – 행위가 정당한 기관에 의해 행해졌음을 표시하는 등의 형식을 결여한 행위 – 행정의 능률·원활 등을 위한 편의적 절차를 위반한 때
효력	처음부터 효력이 발생하지 않음	취소될 때까지는 효력이 인정됨
공정력, 불가쟁력	인정되지 않음	인정
행정쟁송의 형식	– 무효확인심판·무효확인소송 – 무효선언을 구하는 의미에서의 취소 소송	취소심판·취소소송
행정심판전치주의·제소기간	불요	행정심판전치주의, 제소기간 준수
사정판결(事情判決)	불가(행정소송법제28조)	가능
선결문제	민·형사사건의 수소법원이 위법성심사 가능	부당이득반환청구 불가 국가배상청구 가능
하자의 승계	독립하여 별개의 효과가 있는 경우에도 하자의 승계 긍정	독립하여 별개의 효과가 있는 경우에는 하자의 승계 불가
하자의 전환과 치유	무효행위의 전환만 가능	치유만 가능

나. 하자의 승계

(1) 의 의

하자의 승계란 두 개 이상의 행정행위가 일련의 절차로 서로 연속하여 행하여지는 경우에 선행행위에 하자가 있으면 후행행위 자체에 하자가 없더라도 선행행위의 하자를 이유로 후행행위의 취소를 청구할 수 있는가 하는 문제이다. 즉 선행행위의 하자가 후행행위에 승계되는지에 관한 것이 '하자의 승계' 또는 '위법성의 승계' 문제이다.

(2) 하자승계론의 전제

(가) 후행행위는 선행행위를 전제로 한다.

(나) 선·후 행위 모두 항고소송의 대상이 되는 처분이어야 한다.

(다) 선행행위에는 당연무효가 아닌 취소사유에 해당하는 하자가 존재해야 한다.

(라) 선행행위가 당연무효라면 언제나 이를 다툴 수 있고, 후행행위는 당연히 원인무효가 되어 그 취소 또는 무효를 주장할 수 있다. 따라서 선행행위의 하자는 취소의 하자이어야 한다.

(마) 후행행위 자체에는 고유한 위법사유가 없어야 한다.

(바) 선행행위를 제소기간 내 다투지 않는 등 불가쟁력이 발생해야 한다. 종래에는 형식적 확정력이 발생한 판결은 기판력(실질적 확정력)을 발생시킨다. 그러나 판례는 형식적 확정력이 발생한 선행행위를, 후행행위와의 다툼에서 선행행위의 하자를 이유로 하여 서로 판결이 엇갈리고 있다.

(3) 하자의 승계 여부

(가) 종래의 다수설(김도창, 1993)과 판례에 의하면 선행 행정행위와 후행 행정행위가 결합하여 하나의 효과를 완성하는 경우에는 선행 행정행위의 하자가 후행 행정행위에 승계되는 반면, 선행 행정행위와 후행 행정행위가 서로 독립하여 별개의 효과를 발생시키는 경우에는 선행 행정행위가 당연무효가 되지 않는 한, 그 하자가 후행 행정행위에 승계되지 않는다고 한다.

(나) 두 행정행위가 별개의 효과와 하나의 효과를 목적으로 하는 경우의 판례

① 둘 이상의 행정행위가 서로 독립하여 별개의 효과를 목적으로 하는 경우에는 하자의 승계는 인정되지 않는다. 그러나 판례는 예외적으로 인정하는 사례가 있다.

※ 대판 1988.6.28. 87누1009 체납처분 취소

조세의 부과처분과 압류 등의 체납처분은 별개의 행정처분으로서 독립성을 가지므로 부과처분에 하자가 있더라도 그 부과처분이 취소되지 아니하는 한 그 부과처분에 의한 체납처분은 위법이라고 할 수는 없지만, 체납처분은 부과처분의 집행을 위한 절차에 불과하므로 그 부과처분에 중대하고도 명백한 하자가 있어 무효인 경우에는 그 부과처분의 집행을 위한 체납처분도 무효라 할 것이다.

② 선행행위와 후행행위가 결합하여 하나의 법률효과를 목적으로 하는 경우에는 하자의 승계가 인정된다.

※ 대판 1996.2.9. 95누12507 대집행영장발부 처분 취소

대집행의 선행처분인 계고처분이 하자가 있는 위법한 처분이라면, 비록 그 하자가 중대하고도 명백한 것이 아니라서 당연무효의 처분이라고 볼 수 없고, 행정소송으로 효력이 다투어지지도 아니하여 이미 불가쟁력이 생겼으며, 후행처분인 대집행영장 발부 통보처분 자체에는 아무런 하자가 없다고 하더라도 후행처분인 대집행영장발부통보처분의 취소를 청구하는 소송에서 청구원인으로 선행처분인 계고처분이 위법한 것이기 때문에 그 계고처분을 전제로 하여진 대집행영장발부 통보처분도 위법한 것이라는 주장을 할 수 있다.

다. 하자의 치유와 전환

(1) 하자의 치유

(가) 의 의

행정행위의 하자의 치유(治癒)란 행정행위가 성립 당시에 흠이 있었음에도 불구하고 일정한 요건 아래에서 행정행위를 유효하게 존속시키는 것을 말한다. 즉 사후에 그 요건이 보완되었다든가 또는 하자가 경미하거나 기타 사유로 취소할 필요성이 없는 것으로 인정되는 경우에 그 하자에도 불구하고 행위의 효력을 다툴 수 없게 유지하도록 하는 것을 말한다.

(나) 인정근거

하자의 치유가 인정되는 근거로는 일반적으로 이해관계인의 신뢰보호, 기득권의 존중, 법률관계의 안정성 도모와 행정행위의 불필요한 반복의 배제 등의 필요에 의해 인정되는 것으로 보고 있다. 그러나 하자의 치유를 널리 인정할 경우 결과의 타당성만을 중시하고 결과에 이르는 행정과정을 경시하게 될 수 있다. 따라서 하자의 치유는 제한적으로 인정되어야 할 것이며, 판례도 "하자 있는 행정행위의 치유와 전환은 원칙적으로 허용될 수 없는 것이지만, 행정행위의 무용한 반복을 피하고 당사자의 법적 안정성을 위해 이를 허용하는 때에도 국민의 권리와 이익을 침해하지 않는 범위에서 구체적 사정에 따라 합목적적으로 인정해야 할 것이다(대판 2002.7.9. 2001두10684: 대판 1983.7.26. 82누420)"라고 판시하여 예외적인 경우에 허용하고 있다. 따라서 하자의 치유를 인정하면 당사자에게 불이익하게 되는 경우 하자의 치유를 부인한다.

※ 대판 2001.6.26. 99두11592 개발부담금 부과처분 취소

선행처분인 개별공시지가결정이 위법하여 그에 기초한 개발부담금 부과처분도 위법하게 된 경우 그 하자의 치유를 인정하면 개발부담금 납부의무자로서는 위법한 처분에 대한 가산금 납부의무를 부담하게 되는 등 불이익이 있을 수 있으므로, 그 후 적법한 절차를 거쳐 공시된 개별공시지가결정이 종전의 위법한 공시지가결정과 그 내용이 동일하다는 사정만으로는 위법한 개별공시지가결정에 기초한 개발부담금 부과처분이 적법하게 된다고 볼 수 없다.

(다) 치유의 효과

치유의 효과는 소급적이어서, 처음부터 적법한 행위와 같은 효력을 발생한다.

(2) 하자의 전환

(가) 의 의

하자 있는 행정행위의 전환(轉換)이라 함은 하자 있는 행정행위를 하자 없는 다른 행정행위로서의 효력을 발생하게 하는 것을 말한다. 그리고 또 행정행위가 원래의 행정행위로서는 위법한 것으로 무효이나, 이를 다른 행정행위로 보면 그 요건이 충족되는 경우에 그러한 다른 행정행위로 보아 유효한 헝위로 취급하는 것을 말한다. 종래에는 무효인 행정행위에 대해서만 인정되었으나, 근래에는 독일 행정절차법의 영향을 받아 무효로 되지 아니하는 행위로서 절차 및 형식상의 하자의 치유에 관한 행정행위에 대해 인정하는 추세이다.

(나) 인정근거

우리나라 「행정절차법」에서 인정하는 근거규정은 없다. 따라서 하자 치유에서의 판례(대판 2002.7.9. 2001두10684: 대판 1983.7.26. 82누420)와 같이 구체적 사정에 따라 합목적적으로 인정하되, 이를 인정하는 경우에도 독일입법례서와 같이 내용의 전환은 불가하고 일정한 요건하에 절차와 형식상의 하자의 전환을 인정하는 것이 옳다고 본다.

(다) 전환의 요건

① 두 행정행위가 처분청・요건・효과에 있어서 실질적으로 공통성이 있어야 하고
② 전환되는 행위로서의 성립・효력발생요건을 갖추고 있어야 하며
③ 하자 있는 행정행위를 한 행정청의 의도에 반하는 것이 아니어야 하고
④ 당사자에게 원처분보다 새로운 불이익을 초래하는 것이 아니어야 하며
⑤ 제3자의 이익을 침해하는 것이 아니어야 한다.

(라) 전환의 효과와 쟁송

하자 있는 행정행위의 전환으로 인하여 생긴 새로운 행정행위는 종전의 행정행위 당시로 소급하여 효력을 발생한다. 전환은 그 자체가 하나의 새로운 행정행위이므로 이해관계인은 행정쟁송으로 전환의 위법성을 다툴 수 있다.

11. 행정행위의 취소와 철회

가. 행정행위의 취소

(1) 의 의

행정행위의 취소라 함은 일단 유효하게 성립한 행정행위가 하자가 있음을 이유로 또는 부당함을 이유로 행정청(처분청이 원칙이며, 법적 근거가 있는 경우에만 감독청)이 그 효력을 소멸시키는 행정행위를 말한다. 좁은 의미에서의 행정행위의 취소란 일반적으로 직권취소를 말한다. 행정행위의 취소는 그 성립 당시의 하자 또는 부당함을 이유로 효력을 소멸시키는 행위라는 점에서, 하자 없이 성립하였으나 후에 새로운 사정이 발생하였음을 이유로 장래에 향하여 효력을 소멸시키는 행위인 철회와 구별된다.

(2) 취소의 사유

행정행위의 취소사유는 법령에서 명문으로 규정되어 있는 경우[「정부조직법」 제11조(대통령의 행정감독권) 제2항, 동법 제16조(국무총리의 행정감독권) 제2항, 「지방자치법」 제169조(위법부당한 명령・처분의 시정) 제1항] 외에는 통칙적 규정이 없지만, 행정행위의 하자가 중대하고 명백하여 무효가 아닌 경우의 행정행위는 취소할 수 있다고 본다.

(3) 취소의 한계

행정행위를 취소함에는 법률생활의 안정성, 국민의 기득권 보호, 신뢰보호의 원칙 등을 고려하여 이익형량을 따져 당해 행정행위를 취소함으로써 얻어지는 가치가 취소하지 않음으로써 얻어지는 가치보다 더 큰 경우에 한하여 취소될 수 있는 것이다. 부담적 행정행위의 취소는 특별한 사정이 없는 한 원칙적으로 행정청의 재량이다. 또한 수익적 행정행위의 직권취소에 있어서는 공익과 사익의 형량을 비교하여 따져 봐야 한다. 그러나 공공의 안녕과 질서에 대한 중대한 위해의 방지, 위법·부당한 행위에 대한 행정행위는 취소의 사유 대상이 되지 않는다고 하겠다.

(4) 취소의 효과

부담적 행정행위의 직권취소에 있어서 소급효가 인정되는지는 원칙적으로 행정청의 재량에 따른다. 이에 대하여 행정행위의 직권취소에 있어서는 당사자에게 귀책사유가 있거나 법률관계 또는 법률사실을 없애지 아니하고는 취소의 목적을 달성하지 못하는 경우 외에는 원칙적으로 소급하지 않는다.

(5) 취소의 취소

직권취소에 하자가 있을 때에는 이를 직권으로 취소하여 원래의 행정행위를 회복시킬 수 있느냐에 대한 문제가 발생하는데 여기에는 취소에 무효원인인 하자가 있는 경우와 취소에 취소원인인 하자가 있는 경우로 구분할 수 있다.

(가) 취소에 무효원인이 있는 경우

취소가 지닌 하자가 중대하고 명백한 경우에는 취소처분은 당연무효가 되어 처음부터 취소의 효과가 발생하지 않는다. 이 경우에는 쟁송에 의하여 무효확인 또는 직권에 의한 무효선언이 가능하다.

(나) 취소에 취소원인이 있는 경우

취소처분에 취소원인인 하자가 있는 경우에는 그 취소처분을 다시 취소할 수 있느냐에 대해서는 학설이나 판례가 갈리고 있다. 여기서 구체적 사안에 따라 합목적적으로 판단하되, 직권취소도 행정처분의 성격을 갖는 한 직권취소도 가능하다고 본다.

나. 행정행위의 철회

(1) 의 의

행정행위의 철회라 함은, 하자 없이 성립한 행정행위의 효력을 그 후에 그 효력을 존속시킬 수 없는 새로운 사정이 발생하였음을 이유로 장래에 향하여 그 효력을 소멸시키는 행위를 말한다. 철회는 적법하게 성립된 행정행위의 효력을 사후에 발생된 새로운 사정에 의하여 그 효력을 소멸시킨다는 점에서 행정행위의 성립에 하자를 이유로 하여 그 효력을 소멸시키는 행정행위의 직권취소와 구별된다.

(2) 철회의 사유

부담적 행정행위의 철회는 상대방에게 수익적 효과를 주기 때문에 법적 근거가 불필요하다는 것이 일반적인 견해이나, 수익적 행정행위의 철회에 있어서는 다툼이 있다.

(가) 철회권이 유보된 경우

수익적 행정행위를 하면서 일정한 사실이 발생하게 되면 행정행위를 철회하겠다는 부관을 붙인 경우에 처분청은 유보된 사실이 발생되면 철회를 할 수 있으나, 이 경우에도 철회권의 행사가 적법하고 합리적이며 정당성이 있어야 한다.

(나) 부담의 불이행

수익적 행정행위를 처분하면서 일정한 작위, 부작위, 수인, 급부의무를 부과하였으나 이를 주어진 기간 내에 이행하지 아니하였거나 전혀 이행하지 않는 경우에도 철회권이 행사될 수 있다.

(다) 상대방의 의무위반

개별법령에 의하여 처분의 수익자가 직접 또는 행정청의 하명에 의하여 부과된 의무를 위반한 경우에 제재를 가하기 위하여 철회할 수 있다. 「건축법」 제79조(위반건축물에 대한 조치) 제1항. 「하천법」 제69조(법령위반자등에 대한 처분 등) 제1항이 그 예이다.

(라) 새로운 사정의 발생

수익적 행정행위의 사유가 되는 사실관계가 사후에 사정변경에 의하여 행정행위를 철회하지 않으면 공익이 침해될 경우에, 행정청은 이를 근거로 행정행위를 철회할 수 있다.

(마) 법령의 개정

수익적 행정행위의 근거가 되는 법령이 개정되어 행정행위가 변경된 법령에 더 이상 적합하지 않아 철회를 하지 않으면 공익이 침해되는 경우에 상대방의 수익이 침해되는 것을 고려하여 신중하게 결정하여야 한다. 다만, 부득이 철회하게 될 경우에 그로 인해 입게 될 손해에 대해서는 합리적인 보상이 따라야 한다.

(3) 철회의 한계

위와 같이 철회의 사유가 존재한다 하더라도 상대방이 입게 될 이익의 침해가 발생하는 만큼, 행정청은 철회권의 행사에 있어서 조리상의 원칙인 비례의 원칙, 신뢰보호의 원칙, 최소침해의 원칙 등 공익과 사익을 비교 형량하여 신중히 결정하여야 한다.

(4) 철회의 효과

철회의 효과는 장래에 미치는 것이 원칙이다. 다만, 상대방의 의무위반으로 인한 보조금지급결정의 철회와 같이 예외적으로 소급효를 인정하는 경우가 있다. 또한 철회의 부수적 효과로서 원상회복, 개수 등의 명령이 수반될 수 있으며, 행정행위와 관련된 문서나 물건의 반환도 요구할 수 있다.

(5) 철회의 취소

행정행위의 철회는 기 성립한 행정행위가 새로운 사정변경에 의하여 철회되는 행정행위이기 때문에 이 역시 행정행위의 성립요건과 효력요건을 갖추어야 한다. 만일 이를 충족시키지 못할 경우에는 하자의 일반원칙에 따라 철회행위가 무효로 되거나 취소할 수 있는 행위가 된다. 철회 자체의 위법을 이유로 이를 다시 취소하여 원 행정행위가 다시 성립할 수 있는지는 취소의 취소에 관한 논의와 같다.

참고▸ 행정행위의 취소와 철회의 구분

구분	취소	철회
권한자	처분청뿐만 아니라 감독청도 가능(다수설)	처분청만 가능, 감독청은 불가
사유	행정행위의 원시적 하자(본래 행정행위 자체에 부당, 단순위법인 하자)	후발적 사유(본래 행정행위에는 하자가 없는 경우)
대상	주로 직권취소의 경우에 논의	주로 수익적 행정행위의 경우에 논의
절차	–쟁송취소: 「행정심판법」, 행정소송　이 정하는 절차 –직권취소: 특별한 절차 없음	특별한 절차 없음
효과	원칙적으로 소급	원칙적으로 불소급
전보	손해배상의 문제	손실보상의 문제

12. 경찰강제

가. 서 설

(1) 의 의

경찰강제란 경찰상의 목적을 위하여 개인의 신체・재산 또는 가택에 실력을 가하여 경찰상 필요한 상태를 실현시키는 사실상의 작용을 말한다.

(2) 다른 작용과의 구별

경찰강제는 질서유지를 위하여 일반통치권에 의거해서 행하는 권력적 작용이라는 점에서는 경찰하명・경찰허가・경찰면제와 같지만 경찰하명 및 경찰허가는 경찰의무를 명하거나 의무를 해제하는 법률행위인 데 대하여 경찰강제는 실력으로써 일정한 상태를 실현시키는 단순한 사실행위라는 점에서 그들 작용과 구별된다.

경찰하명은 상대방에게 일정한 경찰의무를 과하고 그 의무의 이행을 기대하는 것이나 경찰강제는 상대방의 의무이행 의사의 유무는 불문하고 경찰권에 의하여 직접 일정한 경찰상태를 실현시킨다는 점에서 양자는 서로 다르다고 할 수 있다.

또한 경찰강제는 장래를 향하여 의무 내용을 이행시키거나 이행이 있는 것과 같은 상태를 실현하기 위한 강제수단인 점에서 과거의 의무위반에 대한 제재로서 과하는 경찰벌과도 구별된다.

(3) 종 류

(가) 경찰상의 강제집행

경찰상 강제집행(警察上 强制執行)의 수단으로는 대집행·집행벌·직접강제·경찰상 강제징수가 있다.

(나) 경찰상의 즉시강제

경찰상 즉시강제(警察上 卽時强制)는 대인적 강제·대물적 강제 및 대가택적 강제로 구분할 수 있다.

(다) 경찰상의 조사

경찰상의 조사(警察上 調査)는 조사의 대상에 따라 대인적 조사·대물적 조사 및 대가택적 조사로 나눌 수 있다.

(4) 구 제

(가) 적법한 경찰강제에 대한 구제수단

경찰강제가 적법한 경우라도 그로 인해 수인의 정도를 넘는 특별한 손실을 가했을 때에는 그에 대한 구제제도를 확립하는 것이 공평의 원리에 합치되므로 여기서 특별한 손실을 받은 자는 법률이 정하는 바에 따라 국가에 대하여 손실보상을 청구할 수 있게 하였다.

(나) 위법한 경찰강제에 대한 구제수단

① 행정상 구제

행정상 구제(行政上救濟)에는 감독권에 의한 취소·정지, 공무원의 징계책임, 행정상 쟁송(행정심판·행정소송) 등이 있다.

② 민사상 구제

민사상 구제(民事上 救濟)로서는 위법한 경찰강제로 인한 피해자는 국가배상법이 정하는 바에 따라 손해배상을 청구할 수 있다.

③ 형사상 구제

형사상 구제(刑事上 救濟)에는 공무원의 형사책임, 정당방위, 고소·고발 등이 있다.

④ 기 타

청원제도(請願制度)로서 헌법 및 청원법에 의한 청원제도가 있다.

나. 경찰상 강제집행

(1) 의 의

경찰상 강제집행은 경찰하명에 의한 경찰의무의 불이행에 대하여 경찰권이 강제적으로 의무를 이행시키거나 의무의 이행이 있었던 것과 동일한 상태를 실현하는 사실작용이다.

(2) 근 거

경찰상 강제집행은 전형적인 권력작용이므로 법률의 근거를 요한다. 「경찰관직무집행법」 제3조 이하의 경찰관의 직무행위는 강제집행의 근거로서 규정되어 있는 것이 많은데 그중에서 동법 제5조(위험발생의 방지) 위험발생의 방지를 위해 경고를 발하고, 그에 응하지 않는 경우에 억류·피난 등 조치를 취하는 작용이나 동법 제6조(범죄의 예방과 제지) 관계인에게 범죄예방을 위해 필요한 경고를 발하고, 그에 응하지 않는 경우에 행위를 제지하는 작용 또는 동법 제10조의 4(무기의 사용)에 범인 또는 소요행위자가 무기·흉기 등 위험한 물건을 소지하고 경찰관으로부터 3회 이상의 투기명령 또는 투항명령을 받고도 이에 불응하면서 계속 항거하므로 무기를 사용하는 경우 등이 있다. 이러한 강제조치는 직접강제의 성질을 가진다고 볼 수 있다. 앞서 설명하였듯이 경찰권 발동에 또 다른 근거로서 동법 제2조 제6호 '기타 공공의 안녕과 질서유지'의 개괄적 수권조항을 제2차적·보충적 수권조항으로 인정하는 입장에서, 이 조항에 의거하여 경찰책임자(행위책임자·상태책임자)에게 위해방지를 위한 경찰하명을 하였음에도 불구하고 경찰책임자(의무자)가 그 의무를 이행하지 않는 경우에는 경찰관은 책임자의 신체 또는 재산에 실력을 가함으로써 의무의 이행이 있었던 것과 같은 상태를 실현하거나 제3자로 하여금 경찰책임자의 의무를 이행하게 할 수 있다. 이러한 경우 전자를 직접강제라고 할 수 있으며, 후자를 대집행이라고 할 수 있다. 강제집행의 일반법으로는 「행정대집행법」과 「국세징수법」이 있고 그 밖에 개별법으로는 「도로교통법」, 「출입국관리법」, 「관세법」, 「공익사업을 위한 토지 등의 취득 및 보상에 관한 법률」, 「건축법」 등이 있다.

(3) 성 질

(가) 경찰의무의 존재 및 그 불이행을 전제로 하는 점에서 경찰상 즉시강제와 구별된다.

(나) 의사표시를 요소로 하지 않는 사실작용인 점에서 법적 행위인 경찰하명 및 경찰허가와 구별된다.

(다) 장래를 향하여 의무의 이행을 강제하는 점에서 과거의 의무위반에 대한 제재인 경찰벌과 구별된다.

(라) 경찰권이 자력으로 집행하는 점에서 민사상 강제집행에 의하는 사법상 강제집행(타력집행)과 구별된다.

(4) 수 단

수단에는 대집행, 직접강제, 집행벌 및 강제징수가 있다.

(가) 대집행

① 대집행의 의미

대집행(代執行)이란 대체적 작위의무 불이행의 경우의 강제수단으로서 대체적 작위의무를 불이행한 경우에 당해 경찰관청(경찰행정기관)이 의무자가 행할 작위를 스스로 행하거나 또는 제3자로 하여금 이를 행하게 하고 그 비용을 의무자로부터 징수함을 말한다. 그러나 가옥철거를 보통의 방법이 아니고 소각 또는 폭파하는 등 경찰관청(경찰행정기관)이 대체적으로 집행한다는 한계를 넘어서 실현한다면 이는 대집행이 아니고 직접강제라고 하여야 한다. 또한 의무자가 부작위의무에 위반한 경우에 그 결과의 제거의무를 명함이 없이 직접 강제적으로 제거하는 것도 직접강제이다.

② 대집행의 요건

경찰행정기관은 스스로 의무자가 하여야 할 행위를 하거나 또는 제3자로 하여금 이를 하게 하여 그 비용을 징수할 수 있는데, 개별법에서 이러한 내용의 대집행을 할 수 있음을 규정하고 있는 「도로교통법」 제35조(주차위반에 대한 조치)가 그 예이다. 일반적 대집행의 요건으로는 「행정대집행법」 제2조(대집행과 그 비용징수)에 "타인이 대신하여 행할 수 있는 행위를 의무자가 이행하지 아니하는 경우 다른 수단으로써 그 이행을 확보하기 곤란하고 또한 그 불이행을 방치함이 심히 공익을 해할 것으로 인정될 때에는 당해 행정청은 스스로 의무자가 하여야 할 행위를 하거나 또는 제삼자로 하여금 이를 하게 하여 그 비용을 의무자로부터 징수할 수 있다"고 규정하였다.

③ 대집행의 절차

㉠ 계 고

계고는 문서로 해야 하는 요식행위이다. 계고의 성질은 준법률행위적 행정행위이다. 계고 자체의 위법 여부, 즉 항고소송의 대상이 될 수 있다. 효과를 표준으로 한 때 계고는 작위의무를 부과하는 하명으로 볼 수 있다.

㉡ 대집행영장에 의한 통지

계고를 받고도 지정한 기한까지 그 의무를 이행하지 않을 때에 당해 행정청은 행정대집행영장으로서 대집행을 할 시기, 대집행책임자의 성명 및 대집행비용의 계산액을 의무자에게 통지하여야 한다. 단, 법률에 특별한 규정이 있는 경우 및 비상시 또는 위험이 절박하여 통지할 여유가 없는 경우에는 생략할 수 있다.

㉢ 대집행의 실행

대집행책임자는 대집행 실행 시 증표를 휴대하고 이해관계인에게 제시하여야 한다(행정대집행법 제4조). 대집행의 실행은 권력적 사실행위이므로 의무자는 대집행실행에 대하여 수인의무가 있다.

㉣ 비용의 징수

대집행에 소요되는 비용은 그 금액과 납부기일을 정하여 '문서'로 납부・고지함으로써 징수한다. 납부기일까지 납부하지 않을 때에는 국세체납처분의 예에 의하여 강제징수한다. 징수된 비용은 사무비의 소속에 따라 국고 또는 지방자치단체의 수입으로 한다.

(나) 직접강제

① 의 의

직접강제(直接强制)란 의무자가 의무를 이행하지 않는 경우에 직접적으로 의무자의 신체 또는 재산에 실력을 가함으로써 행정상 필요한 상태를 실현하는 작용을 말한다. 이때 대상이 되는 의무에는 제한이 없으므로 대체적 작위의무, 비대체적 작위의무, 부작위의무, 수인의무 등 모든 의무가 대상이 된다.

이 수단은 당사자의 신체나 재산에 대한 직접적인 실력행사인 점에서 마지막 수단으로서만 제한적으로 사용 가능하며, 법률의 근거에 의해서만 인정된다.

② 다른 강제수단과의 구별

직접강제는 의무자가 의무를 이행하지 않는 경우에 경찰관청이 직접적으로 의무자의 신체 또는 재산에 실력을 가하는 점에서 의무의 불이행이라는 전제 없이 즉시 경찰권을 행사하는 즉시강제와 구별된다. 또한 대집행에 따른 대상과 비용징수 면에서 구별되며, 금전적 급부의무의 강제수단인 재산의 압류·공매 등과도 구별된다.

③ 근 거

현행법으로서 이에 관한 일반법은 존재하지 않고, 개별법에서 규정하고 있는 것이 많다. 직접적인 실력행사를 규율하는 것으로서 예외적으로 인정되고 있다. 예로서 「식품위생법」 제72조(폐기처분), 「공중위생관리법」 제11조(공중위생영업소의 폐쇄 등), 「도로교통법」 제47조(위험방지를 위한 조치) 등이 있다.

④ 한 계

이러한 수단의 사용에 있어서는 특히 국민의 기본권이 침해될 가능성이 높기 때문에 비례의 원칙과 보충성의 원칙 등 조리상의 한계를 준수하여야 한다.

(다) 집행벌

① 의 의

집행벌(執行罰)이란 비대체적 작위의무 또는 부작위의무를 이행하지 않는 경우에 그 이행을 강제하기 위한 수단으로서 부과하는 금전부담이다. 이는 일정한 기간 안에 의무이행이 없을 때에는 일정한 과태료에 처할 것을 계고하여, 그 기간 안에 이행이 없는 경우에는 과태료에 처하는 것을 말한다.

② 적용 사례

㉠ 집행벌은 많이 이용되는 제도는 아니고 단행법규에서 예외적으로만 인정되고 있다. 즉 「건축법」 제80조에서 규정되어 있는 이행강제금이 이의 한 형태라 할 수 있다.

㉡ 「건축법」 위반의 건축물에 대해 시정명령을 발한 경우(건축법 제79조 제1항)에 이를 이행하지 않을 때 이행강제금을 부과·징수한다는 뜻을 미리 문서로써 계고하고(동법 제80조 제2항), 그 기한까지 이행하지 아니한 경우에 1년에 2회 이내의 범위 안에서 이행강제금을 부과할 수 있다(동법 제80조 제4항).

㉢ 「농지법」 제62조 이행강제금(농지소유상한 초과에 부과), 「장사 등에 관한 법률」 제43조 이행강제금 등이 있다.

(라) 경찰상 강제징수

① 의 의

경찰상 강제징수(警察上 强制徵收)란 행정 주체에 대한 공법상의 금전급부의무를 이행하지 않은 경우에 경찰행정기관이 의무자의 재산에 실력을 가하여 의무가 이행된 것과 같은 상태를 실현하는 강제집행을 말한다.

② 근 거

이에 관한 일반법으로서는 「국세징수법」이 있다. 이는 각 개별법인 「지방세법」(제28조 제2항), 「공익사업을 위한 토지 등의 취득 및 보상에 관한 법률」(제90조) 등 많은 법률에서 국세체납처분의 예에 따라 강제징수하도록 규정하고 있기 때문에 공법상 강제징수에 관한 일반법적인 지위가 인정되는 것이다.

③ 절 차

㉠ 독 촉

독촉장 또는 납부최고서 발부는 납부기한 경과 후 10일 이내 하며, 납부기한은 20일 이내의 기한을 정하여 통지한다. 독촉의 효과는 시효의 중단과 체납처분의 전제요건을 충족하게 된다.

㉡ 체납처분

압류, 매각, 청산, 배분의 순으로 한다. 여기서 매각은 공매가 원칙이며, 예외적으로 수의계약을 한다. 공매는 그 성질상 우월한 공권력의 행사로서 행정처분(판례)에 속한다. 한편, 배분은 체납처분비용을 제외하고 국세우선의 원칙에 따라 국세에 충당한 후 가산금의 순서로 하되 배분계산서를 작성한다.

㉢ 체납처분의 중지와 결손처분

강제징수권자가 체납처분의 유예를 할 수 있는 경우는 성실납세자, 정상 운영이 가능할 경우가 있으며, 체납처분비를 충당하고 잔여가 생길 여지가 없거나 기타 법정사유가 있을 경우 체납처분을 중지하여야 한다. 체납처분이 중지된 경우의 결손처분에도 납세의무는 소멸되지 않는다고 본다.

④ 강제징수의 한계

강제징수를 하는 경우에는 적정성의 원칙과 비례의 원칙이 적용되며, 적합성, 필요성과 상당성이 있어야 한다.

다. 경찰상 즉시강제

(1) 의 의

경찰상 즉시강제는 목전의 급박한 장해를 제거하기 위하여 의무를 명할 여유가 없거나 성질상 의무를 명하여서는 그 목적을 달성할 수 없는 경우에 직접 개인의 신체・재산・가택에 실력을 행사하여 경찰상 필요한 상태를 실현하는 작용이다.

경찰의무의 존재와 그 불이행을 전제로 하지 않고 즉시 실력을 발동한다는 점에서 경찰상 강제집행과 구별된다.

(2) 근 거

전형적인 권력 작용이므로 법규의 근거가 있어야 한다. 여기서도 「경찰관직무집행법」 제2조 6호의 경찰권발동에 관한 개괄적 수권조항에 의하여 경찰관이 2차적·보충적으로 즉시강제할 수 있다고 본다. 또한 동법 제3조 이하에서 경찰관의 직무집행이 규정되어 있다. 즉시강제의 일반법으로 「경찰관직무집행법」이 있고 그 외에 개별법인 「식품위생법」, 「마약류관리에 관한 법률」, 「소방기본법」, 「감염병의 예방 및 관리에 관한 법률」 등이 있다.

(3) 수 단

(가) 대인적 강제

① 경찰관직무집행법상 대인적 강제

경찰관직무집행법상 대인적 강제(對人的 强制)란 사람의 신체에 대하여 실력을 가함으로써 경찰상 필요한 상태를 실현시키는 즉시강제이다.

㉠ 불심검문(제3조)

㉡ 보호조치 등(제4조)

㉢ 위험발생방지조치(제5조)

㉣ 범죄예방·제지(제6조)

㉤ 경찰장구의 사용(제10조의 2)

㉥ 분사기 등의 사용(제10조의 3)

㉦ 무기의 사용(제10조의 4) 등이 있다.

② 특별법상 대인적 강제

㉠ 「마약류관리에 관한 법률」 제40조 마약류중독자의 치료보호

㉡ 「관세법」 제294조 제2항의 피의자, 증인, 참고인의 출석요구와 동행명령

㉢ 「소방기본법」 제24조의 소방활동 종사명령

㉣ 「감염병의 예방 및 관리에 관한 법률」 제46조 건강진단 및 예방접종, 제49조 감염병

의 예방조치로서 교통차단 등이 있다.

ⓜ「식품위생법」 제40조의 건강진단 등

(나) 대물적 강제

경찰관직무집행법상 대물적 강제(對物的 强制)란 타인의 물건에 대하여 소유권, 기타 권리를 실력으로 침해함으로써 경찰상 필요한 상태를 실현시키는 즉시강제이다.

①「경찰관직무집행법」

동법 제4조 제3항에 의한 무기・흉기・위험물의 임시영치와 제5조 위험발생의 방지조치 등이 있다.

② 특별법상 대물적 강제

㉠「형의 집행 및 수용자의 처우에 관한 법률」 제25조 휴대금품의 영치

㉡「식품위생법」 제72조의 식품의 폐기처분 등

㉢「총포・도검・화약류 등 단속법」 제47조 공공의 안전을 위한 조치 등에 따른 보관명령 등이 있다.

(다) 대가택 강제

경찰관직무집행법상 대가택 강제(對家宅 强制)에는 소유자 또는 관리자의 의사에 반하여 타인의 주거・영업소・창고 등에 출입하고 검사・수색하는 경우로, 이에는 가택출입・임검・검사・수색 등이 있다.

(4) 영장주의와의 관계

경찰상 즉시강제에 영장주의가 적용되는가에 관해서는 논의의 소지가 많다.「대한민국헌법」 제12조와 제16조에 개인의 신체・주거의 자유 및 재산을 보호하기 위하여 개인의 신체・재산 및 가택에 대한 침해에 법관의 영장을 얻도록 규정하고 있다.「대한민국헌법」의 입법취지에 따라 원칙적으로 영장이 필요하나 예외적으로 목전의 급박한 장해의 제거를 위하여 미리 의무를 명할 여유가 없는 경우는「대한민국헌법」 제12조 제3항의 단서인 "현행범인인 경우와 장기 3년 이상의 형에 해당하는 죄를 범하고 도피 또는 증거인멸의

염려가 있을 때에는 사후에 영장을 청구할 수 있다"라는 규정에 따라 사후영장제도가 인정될 뿐이다. 그러나 영장주의는 형사사법권의 남용을 방지하려는데 목적이 있고, 또 경찰행정목적 달성을 위한 경찰권의 행사는 규범화되고 있는 추세인데 대하여 경찰상 즉시강제는 예외적으로 목전의 급박한 장해를 제거하기 위한 성질을 갖기에 실무상 영장을 요하지 않는다고 본다.

(5) 한 계

(가) 법규상의 한계

경찰상 즉시강제의 발동은 법치주의의 요청인 예측가능성과 법적 안정성 보장을 위하여 엄격한 법규상의 근거가 있어야 하며, 법규의 수권이 있는 경우에도 당해 법규의 내용에 적합하도록 하여야 한다.

(나) 조리상의 한계

① 급박성(急迫性)

경찰상 장해가 목전에 급박하여야 한다.

② 보충성(補充性)

다른 수단으로는 경찰목적을 달성할 수 없어야 한다.

③ 비례의 원칙

㉠ 적합성(適合性)

경찰상 즉시강제는 경찰기관이 의도하는 목적을 달성하기에 적합하여야 함을 의미한다.

㉡ 필요성(必要性)

경찰상 즉시강제는 설정된 목적을 위해 필요한 한도 이상으로 행해져서는 안 된다는 것을 의미한다. 즉 경찰목적 달성에 적합한 다수의 수단이 있는 경우에, 경찰기관은 국민에게 가장 적은 부담을 주는 수단을 선택해야 한다는 것이다. 이런 의미에서 필요성의 원칙을 '최소침해의 원칙'이라고도 한다.

㉢ 상당성(相當性)

이는 경찰상 즉시강제가 경찰목적 달성을 위해 필요한 경우라 하더라도, 그 조치를 취함에 따른 불이익이 그 조치로 인해 발생하는 이익보다 큰 경우에는 그 조치를 취해서는 안 된다는 것을 의미한다. 이를 협의의 비례의 원칙이라고도 한다.

④ 소극성(消極性)

경찰상 즉시강제는 소극적으로 사회공공의 안녕・질서의 유지를 위해 필요한 한도 내에 그쳐야 한다.

라. 경찰강제에 대한 구제

(1) 의 의

경찰강제는 경찰처분에 의하여 상대방에 대하여 경찰의무부과 시에 불이행하는 경우 그 실효성의 확보 차원에서 하는 강제집행과 의무부과를 해서는 성질상 경찰목적 달성이 불가능한 경우에 즉시 실력을 행사하여 경찰목적 달성을 이루는 즉시강제가 있다.

경찰강제는 경찰목적을 위해 개인의 신체・재산에 실력을 가하는 작용이기 때문에 개인 권익 침해의 우려가 크다.

법지배의 원리를 실질적으로 보장하기 위해서는 흠결(欠缺) 있는 경찰강제에 대한 적절한 구제수단은 물론, 적법한 경찰강제에 대해서도 특별한 희생이 있을 경우에는 그에 대한 정당한 구제를 하는 것이 공평의 원리에 부합된다.

(2) 적법한 경찰강제에 대한 구제

경찰강제가 적법하게 행하여진 경우에도 귀책사유 없이 수인(受忍)의 정도가 넘는 특별한 손실을 입은 자에 대해서는 법률이 정하는 바에 따라 손실보상청구권이 인정된다.

(3) 위법・부당한 경찰강제에 대한 구제

(가) 청 원

「대한민국헌법」 제26조와 「청원법」의 규정에 따른 청원제도로서 침해된 권익을 구제받을 수 있다.

(나) 민사상 구제

위법한 경찰강제로 인하여 손해를 입은 자는 「국가배상법」의 규정의 의하여 손해배상을 청구할 수 있다.

(다) 행정상 구제

감독관청에 의한 취소 · 정지 또는 당해 공무원의 징계책임과 행정쟁송절차(행정심판 · 행정소송 등)를 통한 취소 · 변경을 구할 수 있다.

(라) 형사상 구제

위법한 경찰강제에 대한 관계공무원의 형사책임, 정당방위, 고소 · 고발 등에 의해 구제받을 수 있다.

마. 경찰상의 조사

(1) 의 의

경찰상의 조사는 경찰상의 필요한 자료나 정보를 얻기 위하여 행하여지는 권력적 조사작용을 말한다. 경찰상의 조사는 질서유지 목적으로 필요한 자료나 정보를 얻기 위하여 하는 권력적 조사 작용이기 때문에 경찰작용을 위한 준비적 · 보조적인 작용에 그치며, 그 자체로서 직접 일정한 경찰 상태를 실현시키는 작용은 아니다.

(2) 근 거

경찰조사의 근거로는 「경찰관직무집행법」 제2조 4호 치안정보의 수집 · 작성 및 배포를 규정하고 있으며, 동법 제3조에 경찰조사를 위한 불심검문과 동법 제8조의 사실의 확인 등에 대해 수권조항을 두고 있고, 개별법으로는 「총포 · 도검 · 화약류 등 단속법」 제44조 출입 · 검사 등, 「식품위생법」, 「소방기본법」, 「검역법」 등이 있다.

(3) 종 류

(가) 대상에 의한 구분

① 대인적 조사

「경찰관직무집행법」상의 불심검문, 「감염병의 예방 및 관리에 관한 법률」상의 강제건강진단과 같이 사람의 신체에 실력을 가하여 하는 조사이다.

② 대물적 조사

장부의 검사 및 물건의 검사・수거 등과 같이 개인의 부책, 기타의 물건에 실력을 가하여 하는 조사이다.

③ 대가택적 조사

㉠ 가택출입: 「경찰관직무집행법상」의 위험방지를 위한 가택출입과 같이 원칙적으로 공개 시간 내 또는 일출 후・일몰 전에 해야 하고 출입자는 증표를 휴대하고 제시하여야 한다.

㉡ 가택수색: 일정한 사실・물건 등의 상태나 유무 등을 검색・조사하는 것이다.

㉢ 출입조사: 「총포・도검・화약류 등 단속법」상의 제작소・저장소의 출입・조사와 같이 현장에 출입하여 일정한 상태 등을 검사하는 것이다.

(나) 방법에 의한 구분

① 적극적 조사

직접적으로 사람의 신체・재산에 실력을 가하여 경찰상 필요한 자료를 수집하는 것으로(예: 질문, 검사 등), 직접조사라고도 한다.

② 소극적 조사

직접적으로 사람의 신체・재산에 실력을 가함이 없이 일정한 사항에 대한 보고 또는 자료의 제출을 하게 하는 것으로, 간접조사라고도 한다.

(다) 성질에 의한 구분

성질에 의한 구분으로는 행정행위 또는 행정 강제의 수단에 의해 행해지는 권력적 조사와 비권력적 사실행위에 의해 행해지는 비권력 조사가 있다.

(4) 영장주의와의 관계

성질상 권력적 행정조사에 대하여 영장주의가 적용되는가에 대해서는 영장필요설, 영장불요설, 절충설 등이 있다. 경찰조사가 권력적으로 행하여지는 경우 즉 경찰행정기관이 영업장소 또는 주거의 출입·수색 및 장부나 물건의 압수·검사 등을 통하여 행하여지는 경우에는 원칙적으로 영장이 필요하나 자료나 장부의 제출 등이 동의 또는 자발적으로 경찰조사에 응하는 경우나 예외적으로 긴급한 경우 영장 없이 할 수 있다는 절충설이 타당하다고 본다.

(5) 경찰조사의 한계

(가) 개인정보의 보호

경찰목적을 위하여 정보 및 자료의 수집은 불가피하지만 이를 통하여 개인의 사생활이나 영업상의 비밀이 침해되어서는 안 된다. 특히 헌법상에 보장되어 있는 사상이나 종교·신념 등 개인의 기본권이 침해되지 않도록 각별한 주의가 요청된다.

(나) 증표 등의 제시

경찰공무원이 경찰조사를 행하는 경우에는 그 소속과 신분을 나타낼 수 있는 증표를 제시하여야 한다.

(6) 경찰조사에 대한 구제

(가) 행정쟁송

권력적 경찰조사는 상대방에 대하여 일정한 수인의무를 부과하기 때문에 처분성이 인정되어 그것이 위법하게 행하여지는 경우에는 취소의 심판과 소송의 대상이 된다. 그러나 불심검문과 같은 경찰조사는 시간적으로 짧아 취소를 구할 법률상 실익이 없게 되어 국가배상의 청구를 통하여 구제받을 수 있다.

(나) 행정상 손해전보

적법한 경찰조사에 대해서는 특별한 희생에 따른 손실보상을 받을 수 있으며, 위법한 경찰조사에 대해서는 국가배상법에 따른 손해배상을 청구할 수 있다.

(다) 기타 구제제도

청원, 행정상 징계책임이나 형사상 고소·고발 등이 있다.

13. 경찰벌

가. 의 의

경찰벌이란 법규에 의한 명령·금지 등의 의무위반에 대하여 일반 사인에게 과하여지는 제재로서 일반통치권에 의한 처벌을 말한다.

경찰법규는 경찰목적의 실현을 위하여 국민에게 각종 경찰 의무를 과하는 동시에, 그 의무를 위반한 때에 제재를 과할 것을 규정함으로써 경찰법규 실효성의 확보를 꾀하고 있다. 경찰벌도 죄형법정주의에 따라 법률에 근거가 있어야 하며, 법률은 또 경찰벌의 대상 및 처벌의 종류와 범위를 정하여 법규명령에 위임할 수 있다. 지방자치단체도 법률의 위임이 있는 경우에는 조례로서 벌칙을 정할 수 있다.

나. 경찰형벌

경찰형벌이란 경찰법규 위반에 대한 제재로서 사형, 징역, 금고, 자격상실, 자격정지, 벌금, 구류, 과료, 몰수 등 「형법」 제41조에 규정된 형을 과하는 경찰벌을 말한다.

경찰형벌에 관해서는 원칙적으로 형법총칙의 규정이 적용되며, 개별법에 특별한 규정이 있는 경우에는 그에 따른다. 또한 절차에 있어서 경찰형벌은 원칙적으로 형사소송법에 의한 절차를 따르되, 예외적으로 즉결심판절차 또는 통고처분절차에 의해서 과하여지는 경우도 있다.

다. 경찰질서벌

경찰질서벌(警察秩序罰)이란 경찰법상의 의무위반에 대한 제재로서 형법상의 형명이 없는 벌, 즉 과태료를 과하는 경찰벌을 말한다.

경찰질서벌은 신고・보고・등록・서류비치・장부기재의무 등의 위반과 같이 직접 경찰목적을 침해하는 것이 아니라 간접적으로 질서유지에 장해를 줄 위험이 있는 경우에 과하는 제재이며, 일종의 금전벌이다.

경찰질서벌에 관해서는「질서위반행위 규제법」,「비송사건절차법」에 따른다.

라.「질서위반행위규제법」

(1) 목 적

「질서위반행위규제법」은 법률상 의무의 효율적인 이행을 확보하고 국민의 권리와 이익을 보호하기 위하여 질서위반행위의 성립요건과 과태료의 부과・징수 및 재판 등에 관한 사항을 규정하는 것을 목적으로 한다(제1조).

(2) 적용범위

(가) 시간적 범위

① 질서위반행위의 성립과 과태료 처분은 행위 시의 법률에 따른다(제3조 제1항).

② 질서위반행위 후 법률이 변경되어 그 행위가 질서위반행위에 해당하지 아니하게 되거나 과태료가 변경되기 전의 법률보다 가볍게 된 때에는 법률에 특별한 규정이 없는 한 변경된 법률을 적용한다(제3조 제2항).

③ 행정청의 과태료 처분이나 법원의 과태료 재판이 확정된 후 법률이 변경되어 그 행위가 질서위반행위에 해당하지 아니하게 된 때에는 변경된 법률에 특별한 규정이 없는 한 과태료의 징수 또는 집행을 면제한다(제3조 제3항).

(나) 장소적 범위

① 대한민국 영역 안에서 질서위반행위를 한 자에게 적용한다(제4조 제1항)

② 대한민국 영역 밖에서 질서위반행위를 한 대한민국의 국민에게 적용한다(제4조 제2항).

③ 대한민국 영역 밖에 있는 대한민국의 선박・항공기 안에서 질서위반행위를 한 외국인에게 적용한다(제4조 제3항).

(3) 다른 법률과의 관계

과태료 부과・징수, 재판 및 집행 등의 절차에 관한 다른 법률의 규정 중 이 법의 규정에 저촉되는 것은 이 법으로 정하는 바에 따른다(제5조).

(4) 법정주의와 고의・과실

법률에 따르지 아니하고는 어떤 행위도 질서위반행위로 과태료를 부과하지 아니한다(제6조).

고의 또는 과실이 없는 질서위반행위는 과태료를 부과하지 아니한다(제7조).

(5) 책임연령과 형의 감면

14세가 되지 아니한 자의 질서위반행위는 과태료를 부과하지 아니한다(제9조).

심신장애자에 대해서는 과태료를 면제하며, 심신미약자에 대해서는 과태료를 감경한다. 다만, 스스로 심신장애 상태를 일으킨 경우에는 감면하지 아니한다.

(6) 법인과 수의 경합(法人과 數의 競合)

법인의 대표자, 법인 또는 개인의 대리인・사용인 및 그 밖의 종업원이 업무에 관하여 법인 또는 그 개인에게 부과된 법률상의 의무를 위반한 때에는 법인 또는 그 개인에게 과태료를 부과한다(제11조).

2인 이상이 질서위반행위에 가담한 때에는 각자가 질서위반행위를 한 것으로 본다(제12조 제1항).

하나의 행위가 2 이상의 질서위반행위에 해당하는 경우에는 각 질서위반행위에 대하여 정한 과태료 중 가장 중한 과태료를 부과한다(제13조 제1항).

(7) 소멸시효 및 제척기간(消滅時效 및 除斥期間)

(가) 과태료는 과태료 부과처분이나 과태료 재판이 확정된 후 5년간 징수하지 아니하거나 집행하지 아니하면 시효로 인하여 소멸한다(제15조).

(나) 질서위반행위가 종료된 날부터 5년이 경과한 경우에는 과태료를 부과할 수 없다(제19조).

14. 「경찰관직무집행법」

가. 서 설

(1) 제 정

우리나라는 프랑스법의 영향을 받은 일본의 '행정경찰규칙'을 모방하여 1894년 근대 경찰제도를 표방한 「행정경찰장정」을 제정하였다.

그 후 독일법의 영향을 받은 일본이 1900년 제정한 「행정집행법」을 모방하여 1914년 제정된 '행정집행령'이 1948년까지 존속되다가, 드디어 1953년 12월 14일 경찰작용법으로 「경찰관직무집행법」이 제정되었다.

(2) 목 적

「경찰법」이 규정하는 국민의 생명・신체 및 재산의 보호와 공공의 안녕과 질서유지라는 경찰의 기본적 임무수행을 위해서 필요한 즉시강제수단을 규정함으로써 모든 경찰직무수행을 위한 근거법이 된다.

(3) 적용범위

(가) 「경찰공무원법」상의 경찰공무원과 「전투경찰대설치법」상의 작전전투경찰순경 및 의무전투경찰순경의 직무수행에 적용한다.

(나) 해양경찰은 「경찰법」의 적용대상은 아니나 「경찰공무원법」의 적용대상이며, 해양에서의 경찰사무를 본 법에 의해 수행한다.

(다) 청원경찰은 그 경비구역 내에서 경비임무를 수행하기 위한 범위 내에서 본 법에 의한 직무를 수행한다.

(4) 직무의 범위

(가) 국민의 생명·신체 및 재산의 보호

종래 「경찰법」 제3조에만 규정되어 있던 것을 「경찰관직무집행법」 제2조 직무의 범위에도 규정하여 조직법과 작용법의 직무범위를 일치시켰다.

(나) 범죄의 예방·진압 및 수사

① 범죄예방을 위한 일반적 수단으로 「경찰관직무집행법」상의 불심검문·범죄의 예방과 제지 등이 있으며, 특별수단으로 「총포·도검·화약류 등 단속법」에서 총포·도검 등 소지 시 관할 경찰서장의 허가, 「집회 및 시위에 관한 법률」에서 옥외집회 및 시위의 신고 등이 있다.

② 범죄의 수사는 「형사소송법」 제196조에서 규정하고 있는바, 사법경찰활동인 수사를 직무로 규정하고 있는 것은 사물관할의 범위를 규정한 것으로 보인다.

(다) 경비·요인경호 및 대간첩작전의 수행

① 경비는 종래 구 「대통령경호실법」·경호규정 등에 근거하였으나, 본 법에서 경찰의 고유업무로 명시하고 있다.

② 대간첩작전 수행의 임무는 1970년 「전투경찰대설치법」에 근거를 두고 있었으나, 본 법에 직접 명시하였다.

(라) 치안정보의 수집·작성 및 배포

과거에는 관행이나 각종 법령에 단편적으로 규정되어 시행되어 오던 것을 명문화하여 경찰의 직무로 규정하였다.

(마) 교통의 단속과 위해의 방지

교통에 의해 발생될 위해를 예방하기 위한 단속·방지활동을 의미한다.

(바) 기타 공공의 안녕과 질서유지

위 네 가지를 모두 포괄하는 개념일 뿐만 아니라, 이에 예시되지 않은 사항일지라도 공공의 안녕과 질서유지에 관계되는 사항은 경찰의 직무범위에 포함된다.

(5) 주요 내용

(가) 경찰상 대인적 강제수단

불심검문(제3조), 보호조치(제4조), 범죄예방·제지(제6조), 경찰장구의 사용(제10조의 2), 분사기 등의 사용(제10조의 3), 무기의 사용(제10조의 4) 등이 있다.

(나) 경찰상 대물적 강제수단

무기, 흉기, 위험물의 임시영치(제4조 제3항)이 있다.

(다) 경찰상 대가택적 강제수단

위험방지를 위한 출입(제7조)이 해당한다.

(라) 경찰상 대인·대물·대가택적 강제수단

위험발생의 방지조치(제5조)가 있다.

(마) 직무수행을 위한 임의적 사실행위

경찰상 직무수행을 위한 사실 확인행위(제8조 제1항), 경찰상 직무수행을 위한 출석요구(제8조 제2항) 등이 있다.

(6) 「경찰관 직무집행법」상의 기본원칙

(가) 필요성의 원칙

본법에 규정된 직권은 직무수행을 위하여 필요한 최소한도의 범위 내에서 행사하여야 하기 때문에 최소침해의 원칙이라고도 한다.

(나) 상당성의 원칙

경찰관은 무기의 사용·보호조치 등의 경우에 그러한 조치를 취해야 할 상당한 이유가 있어야 즉시강제가 가능하다.

(다) 보충성의 원칙

① 경찰관은 무기의 사용 시에는 무기를 사용하지 않고는 다른 수단이 없을 때에 한하여 사용이 가능하다.

② 다만, 대간첩작전의 수행 시 무장간첩이 경찰관의 투항명령을 받고도 이에 불응하는 경우에는 보충성을 요하지 않는다.

참고▶ 경찰관직무집행법 개정 연혁

구분		내용
제정 (1953년)		불심검문, 보호조치, 위험발생의 방지, 범죄의 예방과 제지, 위험방지를 위한 출입, 무기의 사용 등을 규정
1차 (1981년)	개정 이유	제정 경찰관직무집행법은 제정 후 치안수요의 급증에 따른 다양한 경찰작용에 대한 근거를 제공하는 데 한계가 있음
	주요 내용	-경찰관의 직무범위를 구체적으로 규정하는 조항 신설 -경찰관이 긴급구호를 요하는 자에 대하여 보건의료기관 등에 구호를 요청한 때에는 정당한 이유 없이 이를 거절하지 못하도록 함 -대간첩작전 또는 소요사태의 진압을 위하여 필요한 때에는 일정한 지역에 대한 접근이나 통행을 제한·금지할 수 있도록 함 -범죄발생의 위험이 현저한 가택에 대한 방문·계도규정 신설 -국가기관 등에 대하여 직무수행에 관련된 사실을 조회할 수 있으며, 긴급을 요할 때에는 현장에 출장하여 그 사실을 확인할 수 있도록 함 -유치장 설치근거 마련 -경찰관이 경찰장구를 사용하는 것에 대한 근거규정 신설

2차 (1988년)	개정 이유	경찰권의 남용으로 인한 기본권침해의 소지가 있는 사항에 관하여 경찰권행사의 요건과 한계를 엄격하게 함으로써 경찰권행사의 적정을 도모하려는 것임
	주요 내용	–경찰관의 동행요구를 받은 자는 그 동행요구를 거절할 수 있도록 함 –불심검문·동행요구 시 신분증을 제시하면서 소속과 성명을 밝히고 그 목적과 이유를 설명하여야 하며, 동행의 경우에는 동행을 거부할 자유와 동행 후 언제든지 경찰관서로부터 퇴거할 자유가 있음을 고지하도록 함 –동행을 한 경우 당해인의 가족·친지 등에게 목적·이유, 변호인의 조력을 받을 권리 등을 고지하도록 함 –동행을 한 경우 당해인을 3시간을 초과하여 경찰관서에 머물게 할 수 없음(경찰관서 유치시한을 3시간으로 규정) –경찰관서에서의 보호는 24시간을, 임시영치는 10일을 초과할 수 없도록 함(임시영치기간을 30일에서 10일로 단축) –범죄발생의 위험이 현저한 가택에 대한 방문·계도규정 폐지 –경찰관의 직권남용에 대한 벌칙을 6월 이하에서 1년 이하의 징역·금고로 상향조정
3차 (1989년)	개정 이유	각종 불법집회 및 시위진압을 위하여 최루탄이 사용되고 있는바, 최루탄의 사용요건 등을 규정하여 그 피해를 예방하려는 것임
	주요 내용	–최루탄의 사용요건과 방법 규정(최루탄 사용의 근거조항 신설) –최루탄을 사용할 경우 그 일시 등 사용내용을 기록·보관하도록 함
4차 (1991년)	개정 이유	경찰관의 임의동행 및 경찰장구사용의 요건을 일부 완화하여 경찰의 민생치안활동의 효율적 수행을 뒷받침하려는 것임
	주요 내용	–임의동행 시 동행을 거부할 자유와 언제든지 경찰관서로부터 퇴거할 자유가 있음을 고지하도록 한 규정 삭제 –임의동행을 한 경우 3시간을 초과하여 경찰관서에 머물게 할 수 없도록 하던 것을 6시간으로 연장함 –경찰관의 경찰장구사용의 요건에 현행범을 추가(경찰장구 사용요건 완화)
5차 (2011)	개정 이유	동법 제2조(직무의 범위)와 경찰법 제3조(국가경찰의 임무)의 임무를 일치시키고자 함
	주요 내용	동법 제2조(직무의 범위)에 국민의 생명·신체 및 재산의 보호를 추가함

나. 불심검문(제3조)

(1) 의 의

불심검문(不審檢問)이란 경찰공무원이 '범죄의 예방 및 범인검거'의 목적으로 거동수상자를 정지시켜 직접 질문하여 조사하는 것을 말한다(제3조 제1항).

(2) 법적 성질

불심검문은 경찰공무원이 범인을 검거하고 범죄를 예방하는 데 가장 중요한 경찰상 즉시강제의 수단이다. 이는 경찰공무원의 직무상 권한으로서 동법에서 규율하는 대인적 즉시강제수단 중 하나이다.

(3) 불심검문 대상자(또는 거동수상자)

① 어떤 죄를 범하였거나 범하려 하고 있다고 의심할 만한 상당한 이유가 있는 자이다. 여기서 어떤 죄란 다음과 같다.

㉠ 형벌법규에 저촉되는 모든 행위를 말한다.

㉡ 객관적으로 구성요건에 해당하는 위법한 행위(예: 옷자락에 핏자국이 묻은 사람, 경찰관을 보고 깜짝 놀라며 자취를 감추려는 자 등)라고 추정할 만한 정황이면 족하다고 본다. 즉, 유책성을 묻지 않는다.

㉢ 범하였거나 범하려고 하는 자로서 이는 과거에 이미 범행을 종료하였거나 범죄에 착수할 것이 예상되는 자를 말한다.

㉣ 상당한 이유로서 객관적 또는 합리적으로 판단하여 범법자라고 단정할 수 있는 이유를 의미한다.

② 이미 행하여진 범죄 혹은 행하여지려고 하는 범죄에 관하여 그 사실을 안다고 인정되는 자이다.

㉠ 이미 행하여진 범죄에 관하여 그 사실을 안다고 인정되는 자는 직접 죄를 범하였거나 이미 완성된 범죄사실을 알고 있다고 인정되는 자를 말한다.

㉡ 행하여지려고 하는 범죄에 관하여 그 사실을 안다고 인정되는 자는 범죄실행의 착수가 예상되는 사실(예비・음모)을 알고 있다고 인정되는 자를 말한다.

(4) 불심검문 방법

불심검문에 임하는 경찰공무원의 심적 준비요소로는 기민성・침착성・치밀성・과감성 등이 요구된다.

① 정 지(停止)

경찰공무원은 거동수상자로 판단되는 자를 정지시킬 수 있으며, 정지요구에 불응하는 자에 대한 조치 또는 정지 방법은 다음과 같다.

㉠ 정지명령에 따르지 않는 자를 처벌하려면 특별한 법적 규정이 있어야 한다. 예컨대,

「도로교통법」 제6조 제1항(도로에서의 위험을 방지하고 교통의 안전과 원활한 소통을 확보하기 위하여 필요하다고 인정하는 때에는 구간을 정하여 보행자나 차마의 통행을 금지하거나 제한)·제2항·제4항 또는 제7조의 규정에 의한 금지·제한 또는 조치를 위반한 운전자에게 20만 원 이하의 벌금·구류·과료의 형을 부과할 수 있다.

㉡ 경찰공무원이 정지요구에 따르지 않는 자를 신체구속에 이르지 않는 정도로 실력으로써 정지하게 하는 것은 폭행에 해당하지 않는 한 공무집행의 범위에 속하는 방법으로 허용된다 할 것이다.

② 질 문(質問)

㉠ 여기에서의 질문은 수사의 전제 또는 범죄의 예방·제지조치의 전제로서 필요한 사실을 청취함을 말한다. 이때 당해인(피질문자)은 답변을 강요당하지 아니한다(제3조 제7항).

㉡ 질문 시에는 상대방의 명예를 존중하고 상대방의 저항이라든가 도주의 방지 및 범죄의 징표의 발견을 위해 세심한 주의를 하여야 한다.

③ 임의동행(任意同行)

(a) 임의동행의 의의

피질문자를 그 장소에서 질문하는 것이 당해인에게 불리하거나 교통에 방해가 된다고 인정되는 때에는 가까운 경찰관서에 동행을 요구할 수 있다. 여기에서의 동행요구는 강제동행이 아니라 임의동행임에 유의해야 한다. 이때 당해인은 경찰관의 동행요구를 거절할 수 있다(제3조 제2항).

(b) 임의동행의 법적 성격

종래에는 행정상 즉시강제 중에서 대인적 강제수단으로 보았으나 오늘날은 강제수단으로 보기는 어렵다. 즉 당사자의 동의에 의한 동행이라는 사실행위로 보는 점과 불심검문의 취지에서 볼 때 예비적·준비적 작용으로 경찰조사로 보는 견해가 유력하다.

(c) 임의동행의 절차

㉠ 동행요구

질문하거나 동행을 요구할 경우 경찰관 자신의 신분을 표시하는 증표를 제시하면서 소속과 성명을 밝히고 그 목적과 이유를 설명해야 하고(동법 제3조 제4항 전단), 동행의 경우에는 동행장소를 밝혀야 한다(제3조 제4항 후단).

구법에서는 동행의 경우에는 동행을 거부할 자유와 동행 후 언제든지 퇴거할 자유가 있음을 고지하였으나 1991년 3월 8일 고지규정을 삭제하였다.

동행요구는 질문을 하기 위한 것이므로 상대방의 동의를 얻어 임의적으로 하여야 한다. 다만, 「형사소송법」상의 긴급체포사유에 해당하는 경우에는 체포가 가능하다.

㉡ 동행한 경우

동행을 한 경우 경찰관은 피질문자의 가족 또는 친지 등에게 동행한 경찰관의 신분, 동행장소, 동행의 목적과 이유를 고지하거나 본인에게 즉시 연락할 수 있는 기회를 부여해야 하며 변호인의 조력을 받을 권리가 있음을 고지해야 한다(제3조 제5항).

동행을 한 경우 경찰관은 피질문자를 6시간을 초과하여 경찰관서에 머물게 할 수 없다(제3조 제6항).

㉢ 동행검문의 보고

경찰이 동행하여 검문한 때에는 동행검문결과보고서를 작성하여 소속관서의 장에게 보고하여야 한다.

④ 흉기조사(凶器調査)

㉠ 질문을 할 때 경찰관은 피질문자에 대하여 그 신체에 흉기의 소지 여부를 조사할 수 있다.

㉡ 이는 오로지 경찰관 자신의 위해방지와 피질문자의 자해방지를 위하여 흉기의 소지 여부를 조사하기 위한 것이다. 따라서 그 강제력도 이 목적을 위하여 필요한 한도 내에서 행사되어야 한다.

⑤ 주의사항

경찰관이 불심검문 대상자를 동행할 때에는 위해를 가하지 않도록 주의해야 하며, 특히 증거인멸방지, 자살・도주・자해방지, 불심 대상자로부터의 위해・공격에 대비해야 한다.

(5) 불심검문 후의 조치

① 경찰관이 불심검문 후 동법 제4조(보호조치)에 해당하는 자에 대해서는 필요한 보호조치를 하고 피질문자가 범죄를 행하려고 한 자이면 경고・제지한다.

② 경찰관이 불심검문 후 범죄혐의가 있다고 생각되면 범인을 수사할 수 있고 현행범이라 인정되면 「형사소송법」에 의해 체포할 수 있다.

③ 경찰관이 동행해서 검문한 때에는 24시간 이내에 동행검문결과보고서를 작성하여 소속 경찰관서의 장에게 보고하여야 한다. 다만, 검문결과 「형사소송법」에 의거하여 처리한 경우에는 그러하지 아니하다.

다. 보호조치(제4조)

(1) 의 의

보호조치(保護措置)라 함은 긴급구호의 수단으로서 경찰공무원이 긴급구호를 요하는 자를 발견한 때에는 공공구호기관 등에 긴급구호를 요청하거나 경찰관서에 일시적으로 보호조치하는 것을 말한다.

(2) 법적 성질

① 경찰상 즉시강제수단의 일종으로서 대인적 강제수단의 성질을 갖는다.

② 보호조치는 예방적 경찰의 실질적 의의를 살리는 것이다.

③ 일반적으로 응급적인 구호의 조치는 국민 누구든지 행할 수 있으나 경찰관의 긴급구호요청은 상대방에게 수인의 의무를 발생시킨다.

④ 이때 긴급구호요청은 즉시강제가 아니고 경찰관의 즉시강제에 수반한 후속적 조치

에 불과하다.

⑤ 보호조치는 국민의 생명·신체·재산의 보호성격 때문에 영미법계 사고의 영향을 많이 받았다.

(3) 보호조치의 대상자

(가) 강제보호 대상자

정신착란 또는 술 취한 상태로 인해 자기 또는 타인의 생명·신체와 재산에 위해를 미칠 우려가 있는 자 또는 자살을 기도하는 자 등이다.

(나) 임의보호 대상자

미아·병자·부상자 등 적당한 보호자가 없으며 응급의 구호를 요한다고 인정되는 자이다. 다만, 당해인이 이를 거절하는 경우 보호할 수 없다는 점에서 임의보호 대상자이다.

(다) 상당한 이유가 있는 자

정신착란자·주취자·자살기도자·미아·행려병자·부상자라고 해서 모두 보호대상자가 되는 것이 아님에 유의해야 한다. 즉 위에 해당하는 자 중 응급의 구호를 요한다고 믿을 만한 상당한 이유가 있는 자에 한한다. 여기서 상당한 이유의 판단은 경찰의 재량적 판단에 의하며, 이때의 재량은 자유재량이 아니라 기속재량에 속한다.

(4) 보호조치의 방법 및 보호장소

(가) 긴급구호요청

긴급한 구호를 요하는 자를 발견하면 보건의료기관·공공구호기관에 긴급구호를 요청할 수 있으며, 이때 요청당한 당해 기관은 정당한 이유 없이 거절하지 못한다. 그러나 「경찰관직무집행법」에서는 거절한 경우에 제재를 할 수 있는 규정이 없다는 것이 문제점이다.

(나) 보호장소

① 보건의료기관으로서 국·공립병원, 시·군 보건소, 사설의료기관 등이 있다.
② 공공구호기관으로서 미아보호소, 갱생원, 해당 수용시설 및 지방자치단체 등 모든 사회보장시설 등이 해당된다.

(5) 보호기간 및 무기·흉기 등의 임시영치

(가) 경찰관의 보호는 24시간을 초과할 수 없다.

(나) 피구호자가 휴대하고 있는 무기·흉기 등 위험을 야기할 수 있는 것으로 인정되는 물건을 경찰관서에 임시영치할 수 있다.

(다) 임시영치는 10일을 초과하지 못한다. 이는 경찰상 대물적 즉시강제의 일례이다. 또한 임시영치를 한 경우에는 즉시 그 물건의 소지자에게 임시영치증명서를 교부하여야 한다.

(6) 보호조치 후의 조치

(가) 연고자 등에 통지

① 경찰관이 긴급구호 요청 또는 경찰관서에 보호 조치하였을 때에는 지체 없이 피구호자의 가족·친지·기타의 연고자에게 그 사실을 통지해야 한다.
② 만약, 연고자가 발견되지 아니한 때에는 요구호자를 공중보건의료기관이나 공공구호기관에 즉시 인계해야 한다.

(나) 소속관서의 장에게 보고

① 경찰관이 피구호자를 공중보건의료기관 또는 공공구호기관에 인계할 때에는 즉시 그 사실을 소속경찰관서의 장에게 보고해야 한다.

② 무기・흉기 등을 임시영치한 때에는 24시간 이내에 임시영치보고서를 작성해 소속 경찰관서의 장에게 보고해야 한다. 이를 반환한 때에도 또한 같다.

라. 위험발생의 방지조치(제5조)

(1) 의 의

위험발생의 방지조치(危險發生 防止措置)란 인명・신체에 위해를 미치거나 재산에 중대한 손해를 끼칠 우려가 있는 위험한 사태가 발생하였을 때 경찰관이 관계자에 대하여 그 위험방지를 위하여 필요한 경고・억류・피난 기타의 조치를 취하게 하거나, 대간첩작전의 수행 또는 소요사태의 진압을 위하여 필요하다고 인정되는 상당한 이유가 있을 때에는 대간첩작전지역 또는 경찰관서, 무기고 등 국가 주요 시설에 대하여 경찰관이 접근・통행을 제한하거나 금지시키는 조치를 취하는 것을 말한다.

(2) 법적 성질

위험발생의 조치는 경찰강제 중 경찰상 즉시강제수단으로서 대인적 강제수단, 대물적 강제수단, 대가택적 강제수단이다.

(3) 요 건

(가) 위험사태의 존재

인명・신체에 위해를 미치거나 재산에 중대한 손해를 끼칠 우려가 있는 위험한 상태가 존재해야 한다(천재・사변・교통사고・위험물의 폭발 등).

(나) 위험사태의 절박성

이상의 위험사태가 현실적으로 발생하였거나 위험가능성이 절박한 경우에 한하여 경찰권이 행사되어야 한다.

(4) 조치의 수단

(가) 경고조치

① 경찰관이 위험상태의 발생현장에 집합한 자, 사물의 관리자와 기타 관계자에게 필요한 경고를 발하는 것을 말한다.

② '관계자'라 함은 직접·간접으로 위험한 사태에 관련이 있는 자로서, 그 위험한 사태로 인해 피해를 받을 우려가 있는 자이다.

③ 경고를 받은 상대방은 이에 따른 의무를 지며, 만일 이에 불응하면 강제수단에 의할 수 있음은 물론, 「경범죄처벌법」 제1조 제36호(공무원 원조불응)에 의해 처벌된다.

(나) 억류 또는 피난조치

특히 긴급을 요할 때에, 위해를 받을 우려가 있는 자에 대하여 필요한 한도에서 이를 억류시키거나 피난시키는 것을 의미한다.

(다) 위험방지조치

위험상태의 발생현장에 있는 자, 사물의 관리자, 기타 관계자에게 위해방지상 필요하다고 인정되는 조치를 취하게 하거나, 스스로 그 조치를 취하는 것을 말한다.

(라) 접근 또는 통행의 제한·금지조치

경찰관서의 장은 대간첩작전수행 또는 소요사태의 진압을 위해 필요하다고 인정되는 상당한 이유가 있을 때에는 대간첩작전지역 또는 경찰관서·무기고 등 국가 중요 시설에 대한 접근 또는 통행을 제한하거나 금지할 수 있다.

(마) 보고 및 필요한 조치

경찰관이 위험발생의 방지조치를 취했을 때는 지체 없이 소속 경찰관서의 장에게 보고하여야 하며, 이 보고를 받은 경찰관서의 장은 관계기관의 협조를 구하는 등 적절한 조치를 취하여야 한다.

마. 범죄의 예방과 제지(제6조)

(1) 의 의

범죄의 예방과 제지할 의무가 있는 경찰관이 범죄행위가 목전에 행하여지려 한다고 인정될 때에는 이를 미연에 방지하고자 관계인에게 필요한 경고를 발하고, 그 행위로 인하여 생명・신체에 위해를 미치거나 재산에 중대한 손해를 끼칠 우려가 있어 긴급을 요하는 경우에는 그 행위를 제지하는 것을 말한다.

(2) 법적 성질

범죄의 예방과 제지조치는 경찰상 즉시강제의 수단 중 대인적 즉시강제이다.

(3) 요 건

① 범죄행위가 목전에 행하여지려그 할 것

② 목전에 행하여지려고 하는 범죄행위로 인하여 인명・신체・재산에 중대한 손해를 끼칠 우려가 있어 긴급을 요할 것

(4) 수 단

(가) 경 고

범죄의 예방을 위하여 범죄행위로 나아가려고 하는 것을 중지하도록 통고하는 것으로서 경고는 그 방법에 제한이 없으며, 구두・신호・문서 등 사태에 따라 적당한 방법으로 하면 된다.

(나) 행위의 제지

목전에 행하여지려고 하는 범죄행우로 인해 인명・신체에 위해를 끼치게 하거나 재산에 중대한 손해를 끼칠 우려가 있어 긴급을 요하는 경우에는 그 행위를 제지할 수 있다.

(5) 제지의 한계 및 제지 후 보고

즉시강제의 성격상 법상・조리상 한계가 요구된다. 또한 제지한 때에는 지체 없이 소속 경찰관서의 장에게 보고하여야 한다. 다만 「형사소송법」에 의한 경우에는 그러하지 아니한다.

바. 위험방지를 위한 출입(제7조)

(1) 의 의

인명・신체와 재산에 대하여 위해 또는 중대한 손해가 일어나려고 할 때 범죄 또는 위해를 예방하기 위해 그 위해 또는 손해의 발생이 예상되는 장소에 출입할 수 있는 권한을 말한다.

(2) 법적 근거 및 성질

「경찰관직무집행법」 제7조에 규정되어 있으며, 경찰상 즉시강제수단(대가택적 강제수단)의 일종이다.

(3) 출입의 종류

(가) 긴급출입

① 요 건

㉠ 동법 제5조 제1항・제2항 및 제6조 제1항에 규정한 '위험한 사태가 발생하여 인명・신체 또는 재산에 대한 위해가 절박한 때'에 '그 위해를 방지하거나 피해자를 구조하기 위하여 부득이하다고 인정할 때에' 인정된다.

㉡ 여기서 위험한 사태란 다음의 내용을 말한다.

인명 또는 신체에 위해를 미치거나 재산에 중대한 손해를 끼칠 우려가 있는 천재・지변, 공작물의 손괴, 교통사고, 위험물의 폭발, 광견・분마류의 출현, 극단적 혼잡, 기타 위험한 사태(제5조 제1항)와 범죄행위가 목전에 행하여지려 한다고 인정될 때 그 행위로 인하여 인명・신체에 위해를 미치거나 재산에 중대한 손해를 끼칠 우려가 있어 긴급을 요

하는 경우(제6조 제1항)

㉢ '절박하다'란 위험발생이 목전에 급박함을 의미하는데 필요한 장소에 출입하여 위험발생방지(제5조), 범죄예방과 제지(제6조) 조치의 수단을 강구하지 않으면 그 목적을 달성할 수 없는 사태를 말한다.

㉣ '위해방지'란 범죄 및 위해발생의 예방이나 위해로 인한 손해확대의 방지 등의 경우를 말한다.

㉤ '피해자의 구조'라 함은 동법 제4조 또는 제5조의 경우에 피해를 받거나 또는 받으려고 하는 자를 구조한다는 의미를 말한다.

㉥ '출입목적'은 '그 위해를 방지하거나 또는 피해자를 구조하기 위하여'에 국한되고 그 외의 목적(예: 범죄수사의 경우)을 위해서는 긴급출입이 허용되지 않는다.

㉦ '부득이하다고 인정할 때'란 그 위해를 방지하거나 또는 피해자를 구조하기 위한 수단으로서 그 장소에 출입하는 것 이외에는 다른 적당한 수단이 없다고 인정되는 경우를 말한다. 따라서 경찰관이 직접 출입하지 않더라도 건물 밖에서 경고 등에 의하여 충분히 목적을 달성할 수 있는 경우는 출입할 수 없다.

② 내 용

㉠ 위해를 방지하고 피해자를 구조하는 데 목적이 있으므로 범죄수사를 위해서는 이용될 수 없다.

㉡ 긴급 출입할 수 있는 시간은 주야를 가리지 않고 제한받지 않는데 이때 상대방은 수인의 의무를 진다.

㉢ 긴급 출입할 수 있는 장소는 토지·건물·선박·차 등인데 관리자의 동의는 필요치 않으며 토지·건물·선박·기차 등은 예시적인 것에 불과하고, 우리나라 통치권이 미치는 범위에서는 자연인이든 법인이든 관리하는 장소적 제한을 받지 않는다. 긴급출입을 폭행 또는 협박으로 거부한 때에는 공무집행방해죄를 구성하며, 반대로 경찰관이 직권을 남용했을 때에는 1년 이하의 징역이나 금고에 처한다(제12조).

(나) 예방출입

① 요 건

PC방, 흥행장, 여관, 음식점, 역, 기타 다수인이 집합하는 장소의 공개시간 내에 범죄의 예방 또는 인명·신체와 재산에 대한 위험예방을 목적으로 행하는 경우이다. 다수인이 집합하는 장소란 공개된 장소를 말하며, 공개된 장소란 불특정다수인이 자유로이 출입할 수 있는 장소로서 이에는 시설도 포함한다. 따라서 한정된 사람만을 대상으로 하는 연구회, 강연회, 수업 중인 교실은 공개된 장소로 보기 어렵다.

② 내 용

㉠ 예방출입의 목적은 범죄의 예방과 위해방지에 있다. 그러므로 범죄수사 등에는 이용될 수 없다.

㉡ 출입할 수 있는 시간은 공개시간에 한한다.

㉢ 출입의 장소는 PC방, 흥행장, 여관, 음식점, 역, 기타 다수인이 출입하는 장소로서 경찰상 공개된 장소이다.

㉣ 관리자의 승인이 필요한지에 대하여 예방출입의 경우에는 관리자의 승인을 얻어야 한다고 본다.

동 조항에서의 출입은 경찰관의 범죄예방·위해방지 등 사회나 개인에 대한 추상적인 위험의 배제를 목적으로 하며, 관리자 등은 구체적인 위험이 절박한 경우가 아니므로 강제출입권은 인정하지 않고 있는 것이다.

폭행 또는 협박이 따른 때에는 공무집행방해죄가 성립되는 것은 긴급출입에서와 같다.

(다) 작전지역 안에서의 검색(긴급검색)

경찰관이 대간첩작전 수행에 필요한 경우 작전지역 내의 PC방, 흥행장, 여관, 음식점, 역, 기타 다수인이 출입하는 장소, 즉 공개된 장소 안을 검색하는 것을 말한다. 이러한 검색은 법관의 영장 없이 주간이나 야간을 가리지 않고 가능한 것으로 사생활보장에 대한 중대한 예외이다. 이는 대간첩작전 수행목적에만 국한된다.

(4) 출입 시 주의사항

(가) 정당한 업무를 방해하여서는 아니 된다. 따라서 관계인은 정당한 이유가 있으면 경찰관의 출입요구에 대해 거절이 가능하다고 본다.
(나) 이유고지 및 신분을 표시하는 증표를 제시하여야 한다.

(5) 소속경찰관서의 장에 보고

(가) 위험방지를 위한 출입의 보고
경찰관이 위험방지를 위해 다수인이 출입하는 장소를 공개시간 내에 출입한 때에는 지체 없이 위험방지 출입보고서를 작성하여 소속경찰관서의 장에게 보고하여야 한다. 다만, 정례적인 순찰이나 소속 경찰관서장의 지시에 의한 경우에는 구두로 보고하거나 근무일지 기재로 갈음할 수 있다.

(나) 작전지역안의 검색보고
경찰관이 작전지역 안을 검색한 때에는 지체 없이 작전지역 검색보고서를 작성하여 소속경찰관서의 장에게 보고해야 한다. 다만, 소속경찰관서의 장이나 지휘관의 지시에 의한 경우에는 구두로 보고하거나 근무일지 기재로 갈음할 수 있다.

사. 사실 확인 및 출석요구(제8조)

(1) 의 의
경찰관서의 장이 직무수행에 필요한 경우 국가기관 또는 공·사단체 등에 대하여 사실을 조회하거나 경찰관이 사실의 확인을 위해 관계인에게 출석을 요구하는 사실행위이다.

(2) 법적 성질
사실 확인 행위는 임의적 사실행위로서 법적 효과를 발생시키는 법률행위가 아니며 즉시강제수단도 아니다.

(3) 내 용

(가) 사실의 조회(동 조 제1항)

① 경찰관서의 장은 직무수행에 필요하다고 인정되는 상당한 이유가 있을 때 국가기관 또는 공사단체 등에 대하여 직무수행에 관련된 사실을 조회할 수 있다.

② 긴급을 요할 경우 소속경찰관으로 하여금 현장에 출장하여 당해 기관 또는 단체장의 협조를 얻어 그 사실을 확인하게 할 수 있다.

(나) 출석요구사유(동 조 제2항)

① 미아를 인수할 수 있는 보호자인가의 확인
② 사고로 인한 사상자의 확인
③ 교통사고조사상의 사실의 확인
④ 유실물을 인수할 권리자의 여부를 확인

(다) 출석요구사유에 해당하지 않는 경우

① 형사책임을 규명하기 위한 사실조사
② 범죄 피해내용 확인
③ 교통사고 시의 가해자와 피해자의 합의를 위한 종용
④ 고소사건처리에 대한 사실의 확인

(4) 소속관서의 장에게 보고

경찰관이 긴급을 요하여 현장에 출장, 사실을 확인한 경우에는(제8조 제1항 단서) 사실확인보고서를 작성해 소속경찰관서의 장에게 보고하여야 한다. 다만, 사실확인이 정기적인 경우에는 구두로 보고하거나 근무일지 기재로 갈음할 수 있다.

아. 경찰장비의 사용(제10조)

(1) 의 의

경찰관은 직무를 수행하기 위하여 필요한 경우에 경찰장비를 사용할 수 있다.

경찰장비라 함은 무기, 경찰장구, 최루제 및 그 발사장치, 감식기구, 해안감시기구, 통신기기, 차량・선박・항공기 등 경찰의 직무수행을 위하여 필요한 장치와 기구를 말한다(제10조 제2항).

(2) 사용요건

인명 또는 신체에 위해를 가할 수 있는 경찰장비에 대해서는 필요한 안전교육과 안전검사를 실시하여야 한다.

(3) 사용한계

경찰장비를 임의로 개조하거나 임의의 장비를 부착하여 통상의 용법과 달리 사용함으로써 타인의 생명・신체에 위해를 주어서는 아니 된다(제10조 제3항).

자. 경찰장구의 사용(제10조의 2)

(1) 의 의

경찰관은 범인의 체포 및 도주의 방지와 자기 또는 타인의 생명과 신체에 대한 방호나 경찰관의 공무집행에 대한 항거의 억제를 위하여 필요하다고 인정되는 상당한 이유가 있을 때에는 그 사태를 합리적으로 판단하여 필요한 한도 내에서 경찰장구를 사용할 수 있음을 말한다. 경찰장구의 사용은 경찰관의 무기사용 다음으로 인명・신체에 실력을 가하는 중요한 수단이다.

경찰장구라 함은 수갑・포승・경찰봉・방패 등 경찰관 직무활동을 위하여 몸에 지니는 것 중 무기를 제외한 「경찰장비의 사용기준 등에 관한 규정」 제2조(경찰장비의 종류) 제1호에 규정된 경찰장구를 말하며, 인명・신체에 실력을 가하는 데 사용되는 것을 말한다(제10조의 2 제2항).

(2) 법적 근거 및 성질

「경찰관직무집행법」 제10조의 2에 근거한 것으로서, 이 법리는 경찰상 즉시강제로서의 대인적 강제수단(불심검문 · 교통차단)에 해당한다.

(3) 사용요건

(가) 현행범인인 경우와 사형 · 무기 또는 장기 3년 이상의 징역형이나 금고형에 해당하는 죄를 범한 범인의 체포 및 도주의 방지상 필요한 때

(나) 자기 또는 타인의 생명 · 신체에 대한 방호를 위한 때

(다) 경찰관의 공무집행에 대한 항거의 억제 등을 위하여 필요한 때

(4) 사용한계

(가) 필요하다고 인정되는 상당한 이유가 있는 때로서 여기서 상당한 이유란 경찰관의 합리적 · 재량적 판단을 의미하지만 결과적으로는 충분한 이유를 말한다.

(나) 사태를 합리적으로 판단하여 필요한 한도 내에서 사용해야 한다.

① 경찰장구를 사용할 만한 상당한 이유가 존재하더라도 필요한 한도 내에서만 사용해야 한다.

② 객관적으로 수긍할 수 있는 합리적 판단에 의하여야 한다. 예컨대 경범피의자에게 수갑이나 포승을 사용하는 것은 필요한 한도를 벗어나는 것이다.

(5) 소속 경찰관서의 장에게 보고

경찰관이 경찰장구를 사용한 때에는 지체 없이 경찰장구사용보고서를 작성해 소속경찰관서의 장에게 보고해야 한다.

차. 분사기 등 사용(제10조의 3)

(1) 의 의

경찰관은 범인의 체포·도주의 방지 또는 불법집회·시위로 인하여 자기 또는 타인의 생명·신체와 재산 및 공공시설안전에 대한 현저한 위해의 발생을 억제하기 위하여 부득이한 경우(보충성) 현장책임자의 판단으로 필요한 최소한의 범위 안에서 분사기 또는 최루탄을 사용할 수 있다(제10조의 3 제1항).

분사기라 함은 「총포·도검·화약류 등 단속법」의 규정에 의한 분사기와 최루 등의 작용제를 말한다.

(2) 사용요건

분사기 또는 최루탄은 '범인의 체포·도주의 방지 또는 불법집회·시위'로 인한 자기 또는 타인의 생명·신체와 재산 및 공공시설의 안전에 대한 현저한 위해발생을 억제하기 위하여 사용할 수 있다.

(3) 한 계

분사기 또는 최루탄 사용은 '부득이한 경우'로서 '현장책임자의 합리적인 판단하'에 '필요 최소한의 범위 내'에서 행사하여야 한다.

① 부득이한 경우란 분사기 또는 최루탄을 사용하지 않고는 위해의 발생을 억제할 수 없는 경우이다.

② 현장책임자의 합리적인 판단은 분사기 또는 최루탄이 다중에게 일시적인 신체적·정신적 기능장애를 발생시키는 것이므로 경찰관 개개인의 개인적 판단이 아닌 현장책임자, 즉 현장지휘자의 판단하에서 사용되어야 한다.

(4) 기록·보관

분사기 또는 최루탄을 사용한 경우 그 책임자는 사용일시·사용장소·사용대상·현장책임자·종류·수량 등을 기록하여 보관하여야 한다.

카. 무기의 사용(제10조의 4)

(1) 의 의

경찰관은 국민의 생명·신체의 보호와 범죄의 예방 및 진압, 대간첩작전 수행이나 소요사태를 진압함에 있어서 부득이하다고 인정되는 상당한 이유가 있을 때 무기를 사용할 수 있다. 무기라 함은 인명 또는 신체에 해를 가할 수 있도록 제작된 권총·소총·도검 등을 말한다. 무기사용은 경찰관의 직무집행 중 가장 강력한 수단이고 국민의 생명·신체에 중대한 위해를 초래하기가 쉽기 때문에 신중히 행사되어야 하므로 「경찰관직무집행법」은 경찰관이 무기를 사용할 수 있는 조건을 엄격히 규정하고 있다.

(2) 상당한 이유의 존재

경찰관은 다음의 내용을 위하여 필요하다고 인정되는 상당한 이유가 있을 때에는 그 사태를 합리적으로 판단하여 필요한 한도 내에서 무기를 사용할 수 있다.

① 범인의 체포·도주의 방지
② 자기 또는 타인의 생명·신체에 대한 방호
③ 공무집행에 대한 항거의 억제

(3) 무기의 사용

(가) 위해를 수반하는 무기사용 조건

①「형법」 제21조(정당방위), 제22조(긴급피난)에 해당하는 경우
② 사형, 무기징역이나 금고, 장기 3년 이상의 징역이나 금고에 해당하는 범인의 체포·도주를 방지하기 위한 경우
③ 영장집행에 항거하는 경우
④ 대간첩작전수행에서 투항명령을 받고도 불응하는 경우
⑤ 경찰관의 무기 등 투기명령·투항명령에 불응하는 경우

(나) 위해를 수반하지 않는 무기사용 조건

① 자기 또는 타인의 생명·신체에 대한 방호
② 범인의 체포·도주방지
③ 공무집행에 대한 항거를 억제
④ 다중범죄 진압

그러나 실무상 현장경찰관(지휘관이 있는 경우는 현장지휘관)에게 판단의 재량이 주어지는 만큼 상황을 그 의무에 합당할 정도로 신중하고 합리적으로 판단하더라도 위급을 다투어 무기의 사용이 필요할 때는 무기를 사용할 수 있다고 보며, 다중의 집합을 요건으로 하는 군집범죄(Massedelikte)의 성질을 갖는 내란죄나 소요죄의 경우에는 최종 결정자(우리나라에서는 경찰청장)의 승인을 받아 무기를 사용할 수 있다고 본다.

(4) 기록·보관

무기를 사용하는 경우 그 책임자는 사용일시·사용장소·현장책임자·종류·수량 등을 기록하여 보관하여야 한다.

타. 유치장(제9조), 사용기록 보관(제11조), 벌칙(제12조)

(1) 유치장의 규정은 조직법적 규정이다. 「경찰관직무집행법」은 경찰작용법의 일반법이나 동법 제2조(직무의 범위)와 함께 동법 제9조(유치장)는 조직법적 성격을 지닌다.

(2) 제10조의 3(분사기 등의 사용)의 규정에 의한 분사기나 최루탄 또는 제10조의 4(무기의 사용)의 규정에 의한 무기를 사용하는 경우 그 책임자는 사용일시·사용장소·사용대상·현장책임자·종류·수량 등을 기록하여 보관하여야 한다.

(3) 「경찰관직무집행법」 제12조(벌칙)에 경찰관의 의무에 위반하거나 직권을 남용하여 다른 사람에게 해를 끼친 자는 1년 이하의 징역이나 금고에 처한다고 규정한 것은 경찰관의 직권남용으로 국민에게 침해를 주지 않도록 억제하여 국민의 자유와 권리를 최대한 보장하려는 제도적 규정이다.

06

경찰 관리

제1절 | 일반이론

1. 경찰경영의 이념

현대경찰은 소극적 개념에서 벗어나 적극적으로 고객만족을 위하여 경찰조직을 효율적으로 관리함으로써 경찰의 국민에 대한 서비스 활동을 효과적으로 수행하기 위하여 부단한 연구와 노력을 경주해 오고 있다. 여기서 고객이란 경찰행정기관에 근무하는 경찰공무원과 일반직·기능직 공무원을 대상으로 하는 내부적 고객과 국민을 대상으로 한 외부적 고객인 두 고객에 대하여 만족할 만한 서비스를 제공할 수 있도록 경찰경영을 고객만족, 능률성, 효과성에 두고 운영해야 한다.

가. 고객만족(Customer satisfaction)

고객은 서비스를 얻고자 조직과 접촉하는 개인 및 집단이다. 최고의 기업들은 고객만족을 궁극적인 경영목표로 내세우고 있으며, 피터 드러커(Peter Drucker, 1909~2005)는 이러한 기업의 경향을 "기업은 제품을 파는 것이 아니라 만족을 판다"고 표현하고 있다.

이와 같은 시대변화에 맞추어 우리나라 경찰 서비스는 단속이나 수사절차 과정에서 우선 질적으로 다른 행정서비스나 다른 나라의 경찰 서비스보다 우수해야 한다고 믿고 있다. 국민이 느끼고 바라보는 경찰서비스에 대한 기대는 업무처리과정의 속도, 품질, 경제성, 친절성 등으로 평가하고 있기 때문이다.

오늘날 경찰은 고객이 경찰을 방문하거나 최초의 신고처리 과정에서의 접촉과 고객이 바라는 업무를 신속하고 공정하게 처리해 주고 그 결과가 고객의 욕구를 충족하도록 노력하고 있다. 예를 들면, 112신고 처리과정에서의 만족도 청취, 수사진행절차의 중간 통지제도, 노약자에 대한 진술녹화제도를 도입하여 중복조사로 인한 2차 피해자화 방지와 성폭력 또는 가정폭력에 의한 상처의 치유와 조사절차를 전국의 지방경찰청별로 지정된 종합병원에 따로 마련된 사무공간에서 한 번에 처리하는 원스톱시스템(One－stop system) 등이 있다.

나. 능률성(Efficiency)

일반적으로 능률성은 투입과 산출의 비율을 의미한다. 경찰활동의 능률성을 판단하는 기준에는 '비용편익분석(Cost Benefit Analysis)'이 있다. 비용편익분석은 편익을 비용으로 나눈 백분율을 가지고 판단하는 방법이다. 경찰활동의 예를 든다면, 경찰의 음주운전을 단속하는 데 드는 인력, 시간, 장비, 시민들의 불편 등을 투입비용으로 환산하고 음주운전 측정건수나 음주운전단속건수를 산출로 환산하여 음주운전단속활동의 능률성을 계산한다. 그러나 투입과 산출 항목이 얼마나 적정한지에 따라 신뢰성이 따른다 하겠다.

다. 효과성(Effectiveness)

효과성은 목표의 달성 정도를 의미한다. 효율성이 산출에 대한 비용이라는 조직 내의 현상으로 보는 데 대해 효과성은 조직이 최종적으로 어떠한 결과를 외부에 산출하는가를 의미한다.

경찰의 범죄예방과 대응활동에 들어가는 비용, 시간, 자원, 정보지식 등은 비교적 측정이 쉽지만 목표달성 정도를 평가한다는 것은 어렵다. 전년도의 범죄발생 건수를 가지고 기준연도를 전년대비 범죄의 증감 정도를 계산한다고 하자. 여기서 이미 발생한 범죄 건수가 정확히 측정된 것인지 또는 범죄의 양보다 질적인 문제에 측정은 어떻게 할 것인지 등도 고려의 대상이 된다.

범죄발생은 경찰활동에만 의지하는 것이 아니라 경제문제, 사회문화의 갈등, 가정환경문제, 개인적인 성향과 집단 내의 영향 등 사회 전체적인 환경과 영향을 줄 수 있는 제반 요소들이 유기적으로 관련되어 있어 특정한 범죄의 증감과 경찰활동이 정확히 반영된다고 볼 수 없는 어려움이 있다.

2. 기획(Planning)과 정책결정(Policy making)

가. 기획과 정책결정의 의의

일반적으로 기획은 '계획을 세워 가는 과정'이라고 한다. 바꾸어 말하면 기획활동과정을 거쳐서 나온 최종 산출물이 계획이라는 것이다. 그러므로 기획은 계획을 세워 가는 절차와 과정을 의미하는 반면에 계획은 대체적으로 활동목표와 수단이 문서로 체계화된 것을 의미한다(김신복, 2001, P.3) 기획과 정책결정에 대해서는 논쟁이 있다. 즉 기획에 정책결정이 포함된다는 견해와 포함되지 않는다는 견해가 그것이다.

경찰의 경우에 참모(staff)와 계선(line)이 명확히 구분되지 않는 점을 감안할 때, 기획에 정책결정을 포함하는 것이 타당하다고 본다.

나. 기획과정

일반적으로 기획을 세우는 과정을 목표의 설정, 상황분석, 기획전제의 설정, 대안의 탐색과 평가, 최종안의 선택으로 나누어 이를 설명하면 다음과 같다.(김신복, 2001, PP.131-146)

(1) 목표의 설정

(가) 의 의

기획의 첫 단계는 달성하려고 하는 목적이 무엇인지를 규정하고 그것을 구체화하는 일이다. 기획은 목표를 성취하기 위한 수단을 강구하는 활동이다. 경찰목표는 범죄의 예방과 대응을 효과적으로 하는 데 있다.

(나) 목표의 요건

① 실제로 필요한 것이어야 한다.
② 현실 타당성이 있어야 한다.
③ 계획목표들 사이에는 서로 관련성과 일치성이 있어야 한다.

④ 계획목표는 구체적이어야 한다.

⑤ 계획목표는 실현 가능한 것이라야 한다.

(2) 상황분석(Situational analysis)

(가) 의 의

잠정적이지만 목표가 확인되면 목표를 달성하는 데 예상되는 장애요인과 문제점은 어떠한 것이 있는지를 분석하여야 한다. 우선 현황에 관한 정확한 진단이 필요하다, 현황파악과 문제점에 대한 인식 없이 목표를 설정할 수 없으므로 목표설정과 상황분석은 함께 이루어지기도 한다. 상황분석에서는 현재뿐만 아니라 미래에 예상되는 상황에 관한 예측도 병행된다.

(나) 상황분석의 방법

가장 먼저 해야 할 일은 정보와 자료를 수집하는 것이다. 정보에는 간행물, 연구문헌 등에서 얻을 수 있지만 현장조사를 통하여 가공되지 않은 자료를 수집할 수도 있을 것이다. 중요한 계획을 세우고 정책을 결정해야 하는 때에는 반드시 현장조사를 실시하는 것이 상황파악의 요체가 된다.

미래상황의 분석을 위해서는 우선 예상되는 장래에 대한 추정작업이 필요하다. 과거로부터 현재에 이르는 추세가 앞으로도 지속되는 경우에 나타날 것으로 예상되는 상황을 파악하는 일이다.

(3) 기획전제의 설정

(가) 의 의

기획전제(Planning premises)란 계획을 수립하는 과정에서 토대를 삼아야 할 기본적인 예측 또는 가정을 말한다. 상황분석이 주로 현실적인 여건을 대상으로 삼는 데 비해서 기획전제는 미래에 관한 예측 또는 전망이라는 점에서 서로 다르다.

(나) 종 류

기획전제는 일반적으로 외생변수들의 장래변화에 관한 가정이다. 기획전제는 경찰이 제한된 영향이라도 미칠 수 있는 변수와 미칠 수 없는 변수로 구분할 수 있다. 예를 들면 범죄에 대한 대응방법을 계획하는 데 있어서 실업률, 이혼율, 차량증가율 등은 경찰이 통제할 수 없지만 범죄나 사고발생에 영향을 주는 중요한 요인이 될 수 있다.

(다) 기획전제를 효과적으로 설정하기 위해서는 다음과 같은 점을 고려해야 한다.

첫째, 중대한 영향을 미치는 요소들 중에 빠진 것은 없는가

둘째, 발생가능성, 즉 확률이 가장 높은 상태를 전망 또는 가정을 하였는가

셋째, 예측하지 못한 불의의 상황까지도 고려하고 있는가

넷째, 전제를 설정함에 있어서는 이용 가능한 정보와 예측들이 충분히 수집・분석되었는가

(4) 대안의 탐색(Alternative exploration)과 평가(appraisal)

(가) 대안추출

목표에 맞추어 상황이 분석되고 기획전제가 설정되면 다음에는 여러 개의 가능한 행동노선을 탐색하고 그것들을 상호 비교, 평가하게 된다. 어떤 목표를 달성하는 데 취할 수 있는 행동노선, 즉 수단은 대부분 복수의 대안으로 존재하며 유일무이한 방법은 극히 드물다.

(나) 비교평가의 방법

① 각 대안의 효과분석: 그 대안을 채택했을 경우에 나타날 효과를 예측하여 비교 평가하는 데 초점을 두어야 한다.

② 개괄적 분석방법: 대안의 비교・평가에 있어 개괄적인 분석에 그치는 경우가 많다.

(5) 최종안의 선택

(가) 선택과정

기획과정의 마지막 단계는 비교・분석된 결과에 비추어 최선의 대안을 선택하는 것이다. 최종안의 선택은 곧 정책을 결정하는 작업이라고 할 수 있다.

(나) 선택의 검증

일단 최선의 대안을 선택하고 난 다음에 그것이 과연 합리적인 결정인지를 검증하는 과정이 필요하다. 이 검증은 여론탐색, 전문가의 논평을 구하는 것, 시험적으로 실시하고 평가해 보는 정책실험 등을 의미한다.

(7) 계획의 집행과 평가

보통 좁은 의미의 기획과정은 최종안의 선택단계에서 일단락된다. 그러나 넓은 의미의 기획과정 속에는 수립된 계획을 집행하고 그 결과를 평가하여 환류(feedback)시키는 일련의 순환과정이 모두 포함되는 것이다. 평가에 대해서는 다음에서 논의할 것이다.

다. 기획능력의 한계

(1) 미래예측의 한계
(2) 자료 및 정보의 부족
(3) 정치적 인식 및 행정적 지원의 미흡
(4) 기획가의 능력 여부
(5) 예산 및 관리제도의 지원과 효율성
(6) 시간과 비용의 제약 등이 있다.

3. 관리자의 리더십

가. 개 설

(1) 의 의

관리자는 조직목적을 달성하기 위해서 조직의 인적·물적 자원을 활용하여 업무를 추진해 가는 사람을 말한다. 경찰관리자는 경찰이 사회 환경 속에서 적응하고 활동하는 사회적 유기체이므로 사회로부터 이해와 협력을 이끌어 내고 경찰목적을 달성하는 데 최선의 노력을 다해야 한다. 그렇기 위해서 경찰관리자는 조직구성원에 대해 리더십을 발휘하고 조직구성원을 좋은 환경과 조건에서 일할 수 있도록 하여야 하며, 조직구성원의 자질 향상에도 노력해야 한다.(강욱 등, 2011, PP.32-39)

(2) 경찰조직의 관리자

경찰에서는 일반적으로 총경급 이상을 관리자로, 그 이하의 과장이나 계장, 팀장·반장(조직단위에 따라 경정·경감·경위가 맡는다) 등 관리자를 중간관리자로 부른다. 하지만 리더는 조직원을 지휘·통솔 또는 지도하는 특정조직의 구성원을 의미하기 때문에 관리자로만 국한하지 않고, 일반적으로 조직구성원을 지도하는 위치에 있는 사람이라고 보면 된다.

나. 관리자의 역할

관리자는 지역주민과의 협력관계에서부터 경찰의 목적을 합리적인 방침에 따라 구체적으로 실현하는 책임을 지고 있다. 여기에서 관리자의 중요한 역할들을 살펴보면 다음과 같은 것들이 있다.

(1) 비전(Vision)의 제시

관리자는 조직의 목적에 의거하여 기관의 비전을 제시하고 그에 따라 조직목적에 맞는 구체적인 목표를 제시하여 구성원들에게 이 목표에 따르도록 하여야 한다. 기본이 되는 목표는 구성원 전원에게 설명하여 이해시켜 두는 것이 무엇보다 중요하다. 또한 관리자는 목표의 집행과정에서 조직의 방침에서 벗어나는지 수시로 관심을 가져야 한다.

(2) 환경에 대한 적응성 확보

경찰조직의 관리자는 조직구성원에게 비전과 목표를 제시하고 효과적으로 집행해 나가는 것도 중요하지만 조직을 환경에 대해 신축적으로 적응하고 지지와 협력을 획득해 목적달성에 기여하도록 하는 것도 중요하다. 이는 관리자의 대외적 기능이라고 할 수 있다.

(3) 조정과 통합

관리자는 자기 부서나 기관의 경찰활동을 조정하고 통합하는 역할을 하여야 한다. 각 부서의 장이나 직원들은 각각의 부서가 갖는 하위목표에만 몰두하는 경우가 많기 때문에, 부서가 전문성을 가지고 업무를 수행하면서 모든 업무는 경찰목적에 이바지하도록 관리자에 의해 조정되어야 한다. 조정・통합을 위해서는 대립적인 갈등을 최소한으로 줄이고 관할권에 대한 분쟁을 해결하며 조직의 목표와 사업계획을 전 직원들이 명확하게 이해하도록 하여야 한다.

(4) 지도・육성

중요한 것은 조직원의 지도・육성이다. 관리자는 항상 일할 수 있는 환경조성에 유념하고 조직구성원에게 동기부여를 함으로써 적극적 참가의식을 높여 지시에 대해서도 열의를 갖고 수용하도록 하기 위해 많은 노력을 경주하여야 한다. 아울러 조직구성원이 갖고 있는 능력을 향상시키고 창조성까지도 가꾸어 나가도록 하기 위해서 적절한 직장 내 실습교육(OJT; on the job training)을 실시하여야 한다.

(5) 사기관리

경찰경영에서 제일 중요하다고 볼 수 있는 것이 사기관리이다.

조직관리에 있어서 이론이나 조직구성원이 훌륭하다고 해서 반드시 바람직한 효과를 올린다고는 할 수 없다. 조직구성원의 업무에 대한 의욕을 고취시켜야 한다.

구성원의 사기를 높이는 것은 리더의 중요한 책무이다. 그것은 성과에 직접 연결되기 때문이다. 따라서 다른 조직과 마찬가지로 경찰조직은 사기를 중시하고 있으며, 사기제고를 위한 다양한 정책 수단들을 개발하고 있다. 이 때문에 좋은 조건을 제공함과 동시에 사기를 침체시키는 원인을 찾아내어 이를 개선하는 방안을 강구하는 것이 중요하다.

다. 중간관리자의 역할

중간관리자는 중간적 위치에 있는 리더이므로 자신의 중간적 위치와 역할을 인식하고 상하 간에 원활한 관계의 형성과 조정역할을 충실히 하여야 한다.

(1) 상급관리자에 대한 보좌

중간관리자는 중간적 위치에 있는 리더이므로 자신의 중간적 위치와 역할을 인식하고 상하 간에 원활한 관계의 형성과 조정역할을 충실히 하여야 한다. 그래서 중간관리자 이하는 우선 상급관리자의 결정을 기다리는 경향이 있다. 관리자가 단지 상부의 결정이나 지시만을 기다려서는 의사결정의 합리성과 타당성 확보에 기여하지 못할 뿐 아니라 조직활동이 침체의 길을 걷게 되는 원인이 된다.

(2) 의사소통

중간관리자는 상하좌우의 의사소통이 잘 이루어지도록 노력하여야 한다. 직원들이 말하고자 하는 의미가 충분히 상달되고 있느냐가 실질적인 의사소통의 관건이다.

(3) 지도감독

업무를 추진하는 과정은 대체로 '계획수립－실시－평가'의 순인데, 실시로부터 평가단계까지 중간관리자는 지도감독업무를 충실히 수행해야 한다. 지도감독은 업무추진을 돕는 것은 물론이고 직원을 육성하는 기능도 있다.

라. 관리자의 요건

관리자는 그 사명이나 역할을 수행하기 위해서 일정한 자격과 능력을 갖추어야 한다는 데 누구나 동의한다. 이러한 관리자에게 요구되는 직무상 능력은 여러 가지인데 그중에서 중요한 것은 다음과 같다.

(1) 넓은 시야

관리자는 우선 조직을 전체적인 시야와 감각에서 파악하는 능력이 필요하다. 전문분야별로 그 분야의 업적 향상에 전념하는 그 자체는 비난되어야 할 것은 아니지만 때때로 자신이 맡은 업무영역에는 전력을 경주하지만 다른 사람과의 협력이나 팀워크(team work)에 무관심하거나 해가 되는 활동을 하는 경우에는 문제를 발생시킬 우려가 있다. 따라서 조직 내외의 변수가 증대할수록, 또한 조직의 전문화가 진행할수록 관리자에게는 넓은 시야가 필요하게 된다.

(2) 직관력

관리자는 예상하지 못하는 경우에도 앞으로 닥칠 위기상황 또는 긴급한 사태의 발생에 대비하여 신속한 대응을 할 수 있는 직관력이 요구된다. 직관력이란 사전적 의미로는 판단이나 추리 따위의 사유 작용을 거치지 아니하고 대상을 직접적으로 파악할 수 있는 능력을 말하는데, 보통 자질과 경험이 많은 관리자에게 나타난다.

(3) 기획능력

급속히 변화하는 사회 환경하에서 조직 목적을 달성하기 위해서는 이러한 변화에 잘 적응할 수 있는 대응책 마련이 필요하다. 장·단기 계획을 수립하여 실행에 옮겨 나가지 않으면 조직의 존속이 어려울 수 있기 때문에, 거의 모든 조직에서 기획을 전담하는 부서를 두기도 한다. 좋은 기획을 위해서는 조직과 인력이 뒷받침되어야 한다.

(4) 리더십

단지 지시하고 명령하는 것만으로는 직원들이 자발적으로 창의와 열성을 가지고 업무를 수행하게 할 수는 없다. 관리자가 솔선수범하면서 통솔함으로써 직원들을 움직이게 하는 능력이 필요하다. 특히 경찰업무는 많은 직원들 혹은 관련된 다른 부서의 사람들과 협력하면서 활동을 하는 경우가 많다. 이러한 조직의 관리자에게는 협력을 이끌어 내는 지도력이 불가결한 관리능력의 하나라고 보아야 한다.

(5) 집행력

집행력을 추진력이라고도 할 수 있다. 아무리 지식이 풍부하고 두뇌가 명석한 관리자라

하여도 방침이나 결정을 강력하게 추진하는 능력이 없다면 경찰업무를 효율적으로 수행해 나갈 수 없다. 그래서 집행력 또는 추진력은 리더십과 떨어질 수 없으며, 결정된 사항은 어떠한 어려움이 있더라도 적극적으로 실행하는 적극적이고 조직적인 행동이 필요하다.

(6) 섭외력

경찰 관리자가 상위직에 오를수록 조직 내외의 접촉면이 확대되고 권한과 책임도 더욱 커진다. 따라서 대내적으로는 조직 전체를 이해하고 인재를 적재적소에 배치하는 등의 판단능력이 요구되며, 대외적으로는 조직을 대표하여 경찰목적을 달성하기 위해 다른 기관이나 시민들의 협력을 얻어 내는 섭외능력이 필요하다.

(7) 판단력

경찰활동에 있어서 예상하지 못한 사건・사고가 발생하는 경우가 많으며, 그때마다 신속하고 정확하게 판단하고 결단을 내려야 하는 경우가 많다. 또한 짧은 시간 내에 많은 정보가 관리자에게 집중되는 경우가 있다. 관리자는 이러한 정보와 관련 자료에 의거하여 정확한 판단을 내려야 한다.

(8) 업무지식

관리자는 소관업무에 정통해야 한다. 일부 다른 부분에서 지식이 적다고 하는 것은 그 사람의 과거 경험이나 경력 때문에 어느 정도는 불가결한 것이나, 업무지식이 적어도 괜찮다는 의미는 아니다. 관리자는 자신의 약점을 보완하기 위해 자기 계발 노력을 지속해 나가야 한다.

마. 리더십

관리자는 조직 내에서 인간관계를 적극적으로 형성해 나가야 하기 때문에 리더로서의 자격인 리더십이 있어야 한다. 그러나 리더십은 지도자가 일방적으로 발휘할 수 있는 것이 아니라 조직구성원 또는 주변사람들과의 관계에서 존재하는 것이며 이들과의 상호작용에 의하여 리더의 능력과 영향력은 차이가 난다.

리더십이란 조직목표의 달성을 위하여 구성원이 자발적으로 행동하도록 동기를 부여하고 영향력을 미치며 개인과 집단의 협동을 유도하고 조직 외부로부터 지원과 협조를 확인하는 능력이나 기술을 의미한다.

리더십이론은 관리자가 리더가 되기 위해 갖추어야 할 조건에 관한 이론이라고 할 수 있으며, 크게 자질론, 행태론, 상황론으로 구분하여 볼 수 있으나 오늘날은 상황론이 지배적인 이론으로 되어 있다.

(1) 자질론(資質論, 1910s~1940s)

지도자 개인의 자질 및 특성에 따라서 리더십이 발휘된다고 보는 것으로 개인의 능력을 지도력의 원천으로 생각하는 접근방식이다.자질론은 지도자의 자질을 하나로 보느냐 아니면 복수로 보느냐에 따라 단일적 자질론과 성좌적 자질론으로 나누어진다.

단일적 자질론은 초기의 자질론으로 지도라는 하나의 단일적·통일적인 자질을 구비한다고 보고 이러한 자질을 가진 자는 어느 집단이나 어떤 상황 속에서도 지도자가 된다고 본다. 성좌적 자질론(Constellation theory of traits)은 후기의 자질론으로 몇 개의 자질 결합에 의하여 지도자의 성향이 특정지어진다고 봄으로써 자질의 복합성 및 가변성을 강조한다.

(2) 행태론(行態論, 1940s~1960s)

어떤 특성을 가진 사람이 지도자가 되는가 하는 문제보다는 성공적인 지도자들이 보이고 있는 리더십행태는 어떠한가를 분석함으로써 지도자가 갖고 있는 리더십에 대해 알고자 하는 접근방법이다. 리더십의 행동유형들을 발전시키고 여러 유형의 리더십행동과 부하의 업무성취 및 만족의 관계를 규명하려 하였다.

(3) 상황론(狀況論, 1965~)

어떤 사람이 지도자가 되느냐는 그가 처한 상황에 따라 지도에 적합한 행태를 보이기 때문이라고 전제하고 리더와 부하의 성격, 가치관, 욕구, 경험과 조직과 조직 내 집단, 업무 등과 관련된 상황적 요인을 고려하여야 함을 강조한다.

루단(Fred Luthan, 1988)이 미국의 과장급 이상의 관리자들을 대상으로 조사한 연구결과를 살펴보면, 일반적인 관리자, 성과를 많이 내는 관리자, 승진이 빠른 성공적인 관리자 3

분류로 나누어 그들이 매일 매일의 시간을 어떻게 사용하고 있는가를 조사하였다(Luthan, pp.127~132).

구분	내용	일반적인 관리자	성과창출형 관리자	성공적인 관리자
전통적 관리	의사결정 · 계획 · 통제	32%	19%	13%
커뮤니케이션	정보를 교환하고 문서를 처리	29%	44%	28%
인적 자원관리	동기부여 · 징계 · 갈등조정 · 배치 · 교육훈련	20%	26%	11%
네트워킹	다른 사람들과 사회적 · 정치적 교류	19%	11%	48%

결국 상황론은 리더의 자질과 함께 리더와 조직구성원 및 다른 리더가 처한 상황변수에 따라 리더십의 효과가 달라진다고 본다.

(4) 샤인(Edgar Schein)의 리더십

1980년대 중반부터 조직문화도 리더십의 한 요소로 부각되기 시작하였다.

에드가 샤인(E. Schein)은 "조직문화와 리더십"(*Organizational Culture and Leadership* 1992)에서 조직문화를 "어떤 조직이 외부적응과 통합의 문제(its problems of external adaptation and integration) 등을 해결해 나가기 위한 효과적이고 타당한 전략을 발굴함에 있어, 그 조직구성원들 모두가 공유하고 있는 기본적인 가정들(a pattern of shared basic assumptions)"이라고 정의하였다. 이러한 조직문화를 통해 새로운 조직원들은 조직 내외의 문제들을 처음 접하면서 기본적으로 어떤 사고방식과 마음가짐을 지녀야 하는지를 배울 수 있게 되며, 따라서 조직문화야말로 "가장 안정적이고 변하기 어려운 요소(most stable and least malleable)"라고 강조한다. 그러면서 E. Schein은 지도자들과 관리자들이 혁신 · 학습 그리고 변화의 관리에 대해 책임을 가지고 추진한다면, 그들 조직은 혁신과 학습과 끊임없는 변화를 지원하는 조직풍토가 된다고 하면서, 리더십에 대해 강조하였다.

바. 사기와 동기부여

흔히 사기는 인사 관리적 측면에서만 보는 견해가 지배적이지만 실제로 조직의 사기는 승진 · 보직 · 상벌과 같은 인사관리, 보수 · 휴가와 같은 복리후생, 그리고 관리층의 지도

력과 관련된 관리행태 등의 복합작용에 의해 영향을 받는다.(강욱 등, PP.42-43)

(1) 사기와 동기부여와의 관련성

사기는 구성원들 사이에 흐르는 전체적 분위기, 개인들의 욕구, 사회적인 평가, 관리층의 관리방식 등과도 깊은 관련이 있기 때문에 정의하기가 어렵다.

사기는 다른 말로 동기가 부여된 상태라고 볼 수 있다. 동기가 부여된 상태는 사람들이 무엇인가를 적극적으로 하려는 자세, 태도, 의욕 등이 있는 마음상태를 말한다. 따라서 동기를 부여하는 것과 사기는 밀접한 관계에 있으며 동기의 부여에 의해서 사기가 올라가는 것으로 보는 것이 타당하다.

(2) 사기와 생산성과의 관련성

일반적으로 인사관리, 복리후생, 리더십 등에 의해서 조직구성원의 사기가 제고될 때 생산성도 향상된다고 한다. 경찰의 경우에도 직원들의 사기가 낮은 부서는 업무에 대한 열의와 적극성이 부족하고, 심지어 직원 간의 불화가 나타나며, 업무성과가 저하되는 사례를 찾아볼 수 있다.

그러나 사기가 오른다고 해서 생산성이 반드시 향상된다고 보기는 어렵다. 생산성은 사기 외에도 여러 가지 요인의 영향을 받기 때문이다. 생산성은 사기 외에도 목표의 명확성, 조직의 업무프로세스, 사회의 협력 등 다른 수많은 요인들의 영향을 받는다. 개개 경찰관의 사기는 높더라도 조직구조나 업무처리과정에 근본적으로 비효율적인 요소가 있다면 경찰관은 비효율적으로 열심히 일을 했을 뿐 생산성은 높지 않을 수 있는 것이다. 따라서 생산성이 사기에만 의존하는 것으로 보는 것은 타당하지 않다.

(3) 사기와 동기부여 이론

동기에 관한 이론은 사람이 동기부여가 되는 과정에서 인간의 욕구가 무엇인가를 초점으로 보는 내용이론과 동기부여가 되는 과정을 초점으로 보는 과정이론으로 크게 나눌 수 있다. 그리고 근본적으로 관리자의 인간에 대한 신념에 따라 동기부여와 관리방식에도 차이가 있어야 한다는 인간관이론이 있다.

(가) 내용이론

사람을 움직이고 일하게 하는 구체적인 실체가 인간의 마음속에 있다는 이론이다. 내용이론의 대표적 학자는 매슬로우(Abraham Maslow, 1908~1970)인데 그는 인간의 마음속에서 사람을 활성화시키고 행동하게 하는 요인을 인간의 욕구(needs)라고 정의하였다. Maslow의 욕구 이론에 따르면 인간의 욕구는 5가지로 구성되며 이들 5가지 욕구가 상하로 계층(hierarchy)을 이루고 있다고 주장하였다. 5가지 욕구는 생리적 욕구(physiological needs: 수면, 목마름, 배고픔 등의 해결욕구, 성적욕구), 안전의 욕구(safety needs: 안전, 안정, 보호에 대한 욕구), 애정의 욕구(love needs: 사랑, 소속감, 타인과의 관계를 맺으려는 욕구), 존경의 욕구(esteem needs: 존경, 명예, 인정, 확신의 욕구), 자아실현욕구(self-actualization needs: 자신의 능력과 소질을 발휘할 수 있도록 성장하고 성숙하려는 욕구) 등이다.

(나) 동기부여 과정이론(성과만족 이론)

과정이론은 인간의 욕구가 곧바로 인간행동을 유발하는 것이 아니라 자신의 행동이 가져오는 결과를 고려하여 행동한다는 이론이다. 즉 사람이 어떤 행위를 하는 것은 자신이 원하는 결과를 얻을 수 있다고 생각할 때 가능하다는 것으로 단지 욕구가 인간에게 있다고 해서 행동으로 연결되는 것이 아니라고 본다.

대표적으로 포터와 롤러(Porter & Lawler)의 이론을 들 수 있다 1968년 Porter와 Lawler는 브룸(Victor Vroom)의 뒤를 이어 사람은 과거에 습득한 경험이나 미래에 대한 기대감에 의해서 동기부여가 된다고 하는 만족이론을 발표하였다.

이들은 생산성에 영향을 미치는 요인으로 동기부여의 과정을 설명하면서 먼저 브룸(Expectancy theory, 1964)은 기대이론을 설명하기 위해 일정한 노력은 성과를 가져오는데 그 성과의 기대감에 따른 보상에 대한 선호도를 각각 1차적, 2차적 유의성이라고 한다. 유의성(誘意性, valence)이란 개인이나 행위 등이 갖는 매력 즉 끌어당기는 힘을 말한다. 어떤 행동으로 기대되는 제 결과는 각각 상이한 매력을 지니고 있다. Porter와 Lawler는 Vroom의 영향을 받아 보완하여 노력은 개인의 능력 외에도 잠재적 보상의 가치에 의해서도 영향을 받는다고 설명한다. 또 실제 성과와 보상에 대한 만족은 이후 성과에 대한 기대감과 보상의 유의성에 영향을 주어 동기부여 과정이 되풀이된다고 한다(Lyman W. Porter & Edward E. LawlerⅢ, 1968).

(4) 샤인(Edgar Schein)의 인간관 이론

Edgar Schein(Sloan school of Management, c1980)은 조직에 있어서의 인간의 본질에 대한 가정을 다음 네 가지로 보면서 관리자는 직원에 대한 각 모형별 인간관에 대해 관리전략을 제시하였다.

(가) 합리적 경제인관(rational economic man)

① 인간모형

고전적 경제이론의 인간관으로 인간은 합리적·기계적으로 움직이며, 경제적 이득을 계산하여 행동한다고 본다. 즉 인간은 경제적 유인에 의해서 행동하며 자기 이익의 극대화를 추구한다.

② 관리전략

관리자는 공식조직의 보수나 수당 같은 경제적 유인과 통제를 수단으로 활용하며 리더십이나 사기보다는 적정한 보상을 주요 관리수단으로 이용한다.

(나) 사회적 인간관(social man)

① 인간모형

인간관계론의 인간관과 동일한 인간이라고 할 수 있는데 인간은 사회적 욕구(social needs)에 의해서 동기가 부여된다고 본다. 즉 직원은 업무나 경제적인 보상보다는 직장에서의 인정감·일체감·소속감 등 동료관계가 동기유발에 중요하다는 것이다.

② 관리전략

관리자는 직원의 인간관계욕구의 충족을 위해 노력해야 한다. 즉 직원이 인정감, 소속감, 동료의식, 일체감, 참여의식을 가질 수 있도록 하고 집단 내의 소집단을 활성화시킨다.

(다) 자기실현인관(self－actualizing man)

① 인간모형

인간은 자기의 능력이나 자질을 최대한 발휘하려고 노력한다. 즉 직원은 자아실현욕구를 가지고 있고 따라서 자기완성을 성취하기 위하여 스스로 자기 통제를 해 나간다는 것이다.

② 관리전략

관리자는 적극적인 동기부여자, 통제가가 아니라 직원이 일에 대해 소중하게 생각하고 일을 통해 자기 능력을 발휘하고 자부심과 보람을 느낄 수 있도록 관리하여야 한다.

(라) 복잡인간관(complex man)

① 인간모형

인간은 현실적으로 이상의 세 가지 인간형보다 더 복잡하고 다양한 특성을 가지고 있으며 욕구와 잠재력도 각양각색이다. 따라서 인간의 동기는 그가 처해 있는 상황이나 환경 등에 따라 고도의 가변성을 갖게 된다는 것이다.

② 관리전략

관리자는 우선 직원에 대한 진단을 하여 직원의 다양한 능력, 욕구를 감지할 수 있어야 한다. 직원 진단에 의해 감지한 개인차와 특성을 활용하여 유연한 관리전략을 구사해야 한다.

(5) 경찰의 사기와 동기부여

경찰공무원의 사기를 좌우하는 유인은 직무수행의 자율성, 물질적 보상, 근무환경(규제 여부, 근무시간 등), 직업의 안정감(신분보장), 인사관리의 공정성(예측가능성) 등이 지적돼 왔다. 더 구체적으로 살펴보면, 자기 권한과 책임에 의한 직무수행, 보수, 복리후생, 업무량, 신분보장, 연금제도, 포상제도, 승진제도, 보직관리 그리고 능력 발전의 기회제공(교육 특히 해외연수) 등으로 집약된다. 그러나 최근에는 조직의 사기를 좌우하는 요인으로 관리층의 리더십과 상벌의 공정성 그리고 승진기회가 되는 보직관리 등이 더 큰 요인으로 논의되고 있다. 경찰조직규모가 확대될수록 관리자의 효율적 관리는 어렵지만, 그래도 관리층의 리더십은 사기에 큰 영향을 미치게 된다.

한편, 경찰은 보상을 함에 있어서 외재적 보상에 의존하는 비중이 내재적 보상에 의존하는 비중보다 크다고 할 수 있다. 특진, 휴가, 승진, 호봉의 승급, 훈・포장, 표창, 보수와 급여 등은 대표적인 외재적 보상의 방법이다. 심리적인 보상을 의미하는 내재적 보상에 대해서는 인색한 경우가 많다. 다소 권위적인 분위기와 관리방식 그리고 예상되지 못하는 경찰 위기상황의 급박함으로 인해 마음의 여유를 찾기 어려운 현실 때문이다.

(6) 경찰 사기의 성격

(가) 개인적 성격(자발성・주체성)

사기는 조직구성원 개인이 자신의 조직이나 맡고 있는 직무에 대한 자발적이고 적극적인 근무 의욕을 말한다. 즉 개인의 주관적인 만족감과 관계되며, 나아가 적응력・창의력・책임감을 형성하게 된다. 여기에는 권한의 위임이 필수조건으로 분권화가 이루어져야 하며, 집권화가 높은 조직일수록 조직구성원의 사기는 저하되기 마련이다.

(나) 집단적・조직적 성격(조직목표 지향성)

사기는 개인적 성격 외에 조직의 목표달성을 위해서 상호 협조하에 행해지는 집단적 활동이라는 점에서 조직적・집단적 성격을 가진다.

(다) 사회적 성격(사회적 가치지향성)

사기는 집단적 성격에 더 발전하여 사회적 가치와 결부된 사회적 성격을 가진다. 개인과 집단의 사기가 아무리 높아도 반사회적 성격을 띨 때에는 정당한 사기라고 할 수 없다.

(7) 사기앙양 방안

(가) 보수의 적정화

공무원 특히 경찰공무원의 보수가 건강과 품위를 유지할 수 있는 수준이 되지 못하면 부정과 부패의 유혹을 배제할 수 없으며 공직의 신망과 능률이 저하되므로 사기앙양을 위해서 경찰공무원의 보수수준은 민간기업의 보수수준과 균형을 이루게 하는 것이 바람직하다고 할 수 있다.

(나) 민주적 공직관의 확립

공무원은 공공봉사자라는 민주적 공직관을 확립하고 공직에 대한 사회적 평가가 향상되도록 해야 한다. 더욱이 경찰공무원의 사기앙양은 정치발전의 수준이 높아질 때 진정한 민주적 공직관이 확립될 수 있어 바람직하다.

(다) 인사관리의 공정성

인사관리의 공정성과 합리성을 기하고 인사권자의 주관적 재량의 남용이 방지되어야 한다. 승진과 보직제도의 공정성은 공무원의 사기를 실질적으로 좌우하는 중요한 문제라 할 수 있다.

(라) 제안제도의 활성화

「국가공무원법」 제53조(제안제도) 제1항에 공무원의 창의적인 의견이나 고안(考案)을 계발하고 행정 운영의 개선에 반영하기 위하여 제안제도를 둔다고 하고 제2항에서 행정 운영 발전에 뚜렷한 실적이 있는 자에게는 상여금을 지급할 수 있으며 특별승진이나 특별승급을 시킬 수 있다고 하였다. 따라서 행정관리의 개선을 위한 중·하위직 공무원들에 대한 제안제도가 널리 활용되어 그중 우수한 안건을 채택하고 시행함으로써 조직이 활성화되도록 하여야 한다.

(마) 경찰공무원단체의 인정

공무원단체에 대한 종래의 소극적인 자세를 지양하고 공무원들의 권익을 보호하고 의사소통을 원활하게 하기 위해 경찰공무원 단체가 인정되어야 할 것이며, 나아가 경찰공무원단체가 활성화될 수 있도록 하여야 할 것이다. 현행 제도처럼 꼭 공무원노동조합 형태를 띨 이유는 없다고 본다. 경찰업무의 특성상 기능별 또는 계급별 직장평의회 형태를 갖추어 개인별·조직별 발전방안을 제안하고 토론함으로써 조직원의 의사가 반영되는 것만으로도 조직원은 자기만족 또는 대리만족을 통하여 직장에 대한 만족감과 기대감을 가질 수 있다.

(바) 고충처리·인사상담제도의 적극적 활용

「국가공무원법」 제76조의 2(고충처리) 제1항에서 "공무원은 누구나 인사·조직·처우 등 각종 직무 조건과 그 밖에 신상 문제에 대하여 인사 상담이나 고충 심사를 청구할 수 있으며, 이를 이유로 불이익한 처분이나 대우를 받지 아니한다"라고 규정하였고, 「경찰공무원법」 제25조(고충심사위원회) 제1항에서도 "경찰공무원의 인사상담 및 고충을 심사하기 위하여 경찰청, 해양경찰청, 지방경찰청, 대통령령으로 정하는 경찰기관 및 지방해양경찰관서에 경찰공무원 고충심사위원회를 둔다"라고 하여, 공무원의 사기진작을 위한 고충처리 및 인사상담 제도를 보다 적극적으로 활용하여야 할 것이다.

(사) 인간관계관리의 개선

공직의 사회적 평가향상과 인간관계관리의 개선에도 힘써야 한다. 즉 공무원의 사기에 가장 큰 영향을 미칠 수 있는 것은 구성원의 성취감 및 자기실현욕구 등 기본적 욕구를 충족시킬 수 있는 방향으로 인간관계관리를 개선해 나가야 할 것이다.

(아) 직무와의 관련성

공무원들의 능력을 인정하고 그들 공무원이 희망하는 직군 또는 직무에 접근하여 전념할 수 있도록 직무 배치에 신축적으로 대응함으로써 직무충실과 직무만족도를 높일 수 있다.

4. 평 가

정책결정기관이 하는 일은 의도한 대로 목적을 달성할 수도 있고 실패할 수도 있다. 경찰이 계획한 범죄예방에 관한 정책수단들은 계획대로 범죄예방과 대응에 기여할 것으로 기대하였다가 의외의 결과가 나오기도 한다. 경찰활동의 목적달성 여부와 집행과정의 문제점을 지속적으로 평가하고 환류(feedback)함으로써 실패의 원인을 명확히 하고 성과에 따른 보상을 공정히 할 필요가 있다.

가. 평가의 절차

정책평가는 그 유형이나 결과의 활용목적, 사용되는 평가의 방법, 평가이용자의 시간적 여유 등에 따라 평가절차가 달라질 수 있다. 그렇더라도 일반적으로 거쳐야 할 절차는 목표의 확인, 기준의 설정, 인과적 영향 모형의 설정, 적절한 연구 설계, 측정 자료의 수집 및 자료의 분석과 해석 등이 일반적으로 거쳐야 할 절차라고 할 수 있다.

나. 경찰정책 평가 시 고려사항

(1) 효과의 인과성

정책평가에 있어서 정책목표와 수단 간에 인과관계가 성립할 수 있는지 없는지, 즉 내적 타당성에 대한 고려가 필수적이다. 왜냐하면 설령 정책목표대로 선택된 수단이 결과를 산출했더라도 정책수행과정에서 다른 변수가 발생하여 나타나는 효과인지에 대해 확실히 할 필요가 있기 때문이다. 예를 들면 C경찰서가 비행청소년을 선도하기 위하여 경찰관과 멘토(mentor)와 멘티(mentee) 관계를 맺어 상담한 결과 그 비행청소년의 성품이 바뀌었는지 알았지만, 나중에 알아보니 학교 담임선생님의 진정 어린 지도에 순화되어 변화된 경우가 있다.

(2) 타당성 저해요인

정책집행과 정책효과 간의 인과관계 타당성을 위협하는 요소는 정책대상의 선택이나 정책을 집행하는 동안에 일어나는 사건의 개입, 측정도구에서 일어나는 변화, 그리고 정책실험에 대한 대상 집단의 반작용 효과 등이다. 그 주요 요인은 다음과 같다.(Julian C. Stanley & Donald T. Cambell, 1963, PP.13-19 : 강욱 등, PP.53-55 재인용)

(가) 선택효과(selection effect)

선택되었기 때문에 더 잘하려는 호의적 반응을 보일 수 있다.

(나) 역사효과(history effect)

음주운전의 가중처벌과 보험료 인상은 차후 음주억제 효과로 나타나는 예이다.

(다) 성숙효과(maturation effect)

비행청소년을 선도하는 과정에서 신체나 정신적 성숙으로 인하여 나타나는 효과를 말한다.

(라) 실험대상의 상실(experimental mortality)

선도대상인 비행청소년이 타 지역으로 이사했을 효과이다.

(마) 테스트 효과(test effect)

과거 테스트 경험 있는 사람들이 과거의 경험으로 좋은 성적을 내는 경우이다.

(바) 측정도구의 문제(instrumentation)

음주측정단위를 높였을 때 단속에 걸리는 사람이 줄어드는 효과이다.

(사) 회귀효과(regression effect)

일정시점에서는 측정치가 높았다가 다시 되돌아오는 현상을 외면했을 경우이다.

(아) 상호작용 효과(interaction effect)

선택과 성숙의 상호작용 또는 특정사안의 처리와 상실의 경우의 상호작용 등이 정책효과 측정에 착오를 일으키는 편견(bias)을 줄 수 있다.

다. 경찰평가 활용방안

사람들은 평가받는 것에 대하여 거부감을 가지는 경우가 많다. 그러나 평가 없이는 공정한 경쟁과 조직 활용의 개선이 이루어지기 힘들다.

(1) 평가활용을 저해하는 요인

(가) 조직의 저항

평가결과는 일반적으로 현존하는 조직과 관행에 대한 변화를 요구한다. 그런데 관료조직의 속성은 변화를 꺼리는 경우가 많다. 일반적으로 공무원들은 독점적 지위를 누리고 있으므로 성과를 향상시키는 것보다는 예산 획득, 승진, 관료제 내의 지위 등을 더 걱정한다.

(나) 방법론의 문제

평가방법이 타당성이나 신뢰성이 부족한 것이 많고 공무원들은 자신들이 생각하는 것과 다른 결과가 나오면 평가방법이 문제가 있는 것으로 주장하는 경우가 많다. 일부 경찰관은 분석적인 평가보다 오랜 경험과 직관이 더 정확하다고 믿는 경향이 있으나, 오히려 과학적 방법이라는 잘못된 선입견에 의해 접근되는 도식적인 평가방법도 경계해야 할 대목이다.

(다) 평가의 구체성 부족

전문가나 연구기관에 정책평가를 맡기면 평가결과는 추상적인 것이 많고 직접 이용하기 어려운 일반론으로 결론을 내리는 것이 많다. 그 결과 관리자들은 구체적이지 못한 대안이라는 인식하에 평과결과를 사장시키게 된다.

(라) 정보공유의 미흡

평가결과는 중요한 정보임에도 이것을 경찰기관 내에서 제대로 학습하거나 공유하도록 하는 작업이 거의 없다. 경찰시책의 평과결과가 일선에서도 활용되게 하는 노력이 필요하다. 그러나 최근에는 경찰청 통합포탈시스템의 '지식관리'라는 지식교류의 장(場)이 마련되어 많은 정보를 교류하고 있음은 눈여겨볼 만하다.

(2) 평가 활용의 방안

첫째, 경찰은 평가를 두려워하지 말고 적극적으로 이용하려는 자세가 필요하다.

둘째, 평가를 하는 사람들은 객관적이고 직접적인 자료를 얻도록 노력해서 평가의 적합성과 실효성을 높여야 한다.

셋째, 평가결과의 제시에 있어서 평가결과를 활용하는 고객의 입장을 고려하여 의사결정에 활용하기 쉽게 만들어야 한다.

넷째, 평가를 하는 목적을 분명히 하고 평가의 객관성을 높여야 한다.

5. 경찰혁신

선진 여러 나라들은 정부의 생산성을 높이고 국민위주의 행정으로 전환하려는 행정개혁을 계속적으로 펼쳐가고 있다. 진정 오늘날은 행정개혁의 시대라고 할 수 있다고 하겠다.(오석홍, 2003, P.3 : 강욱 등, PP.69-78)

가. 국민과 경찰 내부의 요구

(1) 국민의 요구

경찰은 날로 흉포화·지능화·전문화·조직화·기동화·광역화되어 가는 범죄에 공정하고 신속하게 대응하여 시민들이 안심하고 사회생활을 영위하도록 최선의 노력을 하여야 한다. 범죄에 대해 공정하고 신속한 대응을 하지 못하면 시민생활이 위협받고 경제활동 등 모든 사회부문에서 정상적인 생활을 영위할 수 없게 된다. 따라서 다음 몇 가지를 예시하면,

첫째, 국민은 신뢰할 수 있는 경찰을 원한다. 경찰은 본연의 임무에 충실함으로써 국민이 범죄와 사고로부터 위협받지 않고 각자의 삶을 안전하게 유지할 수 있도록 하여야 한다. 일관되고 공정한 공권력 행사가 필요한 측면이다.

둘째, 국민은 친근한 경찰을 원한다. 경찰은 전국적인 조직망을 갖추고 국민과 직접 맞닿아 있는 최일선 공무원이다. 국민은 일상에서 만나는 경찰이 좀 더 가깝고 친근한 서비스를 제공하는 집단이기를 원한다. 경찰의 입장에서도 친근하지 못하면 범죄에 효과적으로 대응할 수 없다. 왜냐하면 경찰임무수행을 원활하게 하기 위해서 국민의 협조가 필수적이기 때문이다. 경찰에 '고객관리'개념이 도입되어야 할 이유이기도 하다.

셋째, 국민은 공정한 경찰을 원한다. 치안서비스에 있어 가장 심각하게 지적되고 있는

문제는 서비스 질에 대해 공급자와 소비자가 갖고 있는 인식의 격차가 매우 크다는 것이다. 서비스 전달에 있어서 국민들의 신뢰를 받으려면 경찰 스스로 정당성·일관성·전달의 적시성·적절성·효율성을 갖추는 것도 중요하지만 경찰 서비스의 소비자인 일반시민들의 인식이 더욱 중요하다.

(2) 경찰 내부의 요구

경찰은 대표적인 관료제 조직이다. 관료제의 특성은 계층제와 분업, 업무절차의 법규화, 문서에 의한 관리, 직업인으로서의 구성원과 봉급에 의한 보상 등이다. 근대 관료제 조직은 국가의 형성과 발전에 기여하여 왔다. 그러나 관료제 역시 어두운 면을 가지고 있다. 예를 들면, 직책에 따른 부분적인 역할만을 담당하는 직원들은 단조로운 관료제에 매몰되어 무반응적이고 상상력과 적극성이 저하되는 경향이 있다.

따라서 관료제의 역기능 현상을 제거하기 위한 노력이 필요하다. 예를 들면 직무수행과정에서의 경직성을 완화할 필요가 있다. 경찰업무처리과정에서 다른 행정기관과 달리 전결제도의 확대에 따른 위임이 이루어지지 않아 많은 결재단계를 거쳐야 하고, 의사소통이 다소 원활하게 이뤄지지 않는다는 측면이 있기 때문이다.

한편, 경찰활동의 효율성을 높이기 위해서는 고유기능의 전문화와 아울러 보조적인 기능과 역할은 합리적인 통제가 가능한 범위 내에서 수익자부담원칙, 경영기법, 책임경영제 등을 도입할 필요가 있다.

나. 혁신전략

기업들은 무한경쟁시대에서 살아남고 승리하기 위하여 새로운 경영기법을 개발하거나 다른 우수한 기업의 경영방식을 모방하는 전략을 구사하고 있다. 민간기업의 경영혁신방법을 경찰에 도입하였을 때 기대할 수 있는 효과는 무엇이며 성공적인 도입을 위한 방안은 무엇인가를 살펴볼 필요가 있다.

(1) 비전 만들기(vision making)

(가) 비전의 의의

비전은 미래의 조직모습에 대한 꿈이다. 비전이 없이는 거대한 조직을 운영하기 어렵다. 여기서 비전이란 등대와 같은 조직의 길잡이 혹은 추진력이라고 할 수 있다. 비전이 스스로 문제를 해결해 주는 것은 아니지만 올바른 목표와 방향을 제시해 준다는 점에서 그렇다고 볼 수 있다.

(나) 비전의 구조

① 통찰력

비전은 미래에 환경이 어떻게 변화할 것이며 그러한 환경변화가 조직에 미치는 영향은 무엇인가를 판단할 수 있는 능력을 말한다. 리더 혹은 관리자는 자신이 가지고 있는 독창적 통찰력을 통해 조직과 자신을 둘러싼 환경의 변화를 파악하고 예측하여 나아갈 방향을 결정하여야 한다.

② 보편적 가치

비전이 미래조직의 모습을 담고 조직원에게 방향을 제시하기 위해서는 시민이나 조직구성원 모두가 공감할 수 있는 보편적인 인간의 가치를 담고 있어야 한다. 보편적 가치는 구성원들의 공유된 선호에 바탕을 둔 규범의 형태를 띤다. 따라서 가치는 모든 구성원들에게 공통적인 방향감각과 일상 행동의 가이드라인을 제공하는 역할을 한다.

③ 정보와 지식

미래의 변화하는 환경에 적응하고 대응할 수 있는 비전은 순간적인 발상이나, 영감에 의해 우연히 발생하는 것이 아니라 방대한 정보의 수집과 분석, 다양한 경험과 지식의 습득을 통해 형성된다. 즉 비전은 무한한 가능성의 세계인 미래에 대한 끊임없는 물음과 이에 대한 해답을 구하기 위해 정보와 지식을 수집하고 축적하는 과정에서 창조된다.

④ 비전의 실현

비전은 통찰력·보편적 가치·정보와 지식을 담고 있는 것이지만 이것이 스스로 실현되는 것은 아니므로 최고경영자를 비롯한 모든 구성원들의 공감을 얻어 내고 이것을 실현해 가는 노력이 있어야 한다. 그리고 일단 비전이 만들어지면 실행하는 과정에서 여러 가지 저항이 나타날 수 있는데 최고경영자 또는 관리자는 이러한 저항을 극복하는 리더십을 갖추어야 한다.

(2) 벤치마킹(bench marking)

(가) 벤치마킹 도입의 필요성

벤치마킹은 다른 회사나 국가의 조직과 자기 조직을 비교하여 다른 조직의 장점을 취하기 위하여 경영혁신을 이루어 가는 과정이다. 벤치마킹은 전략을 수립하는 과정에서 여러 분야의 정보를 수집하는 데 이용할 수 있는 유용한 도구이다. 벤치마킹을 통해 얻은 정보는 조직의 혁신을 위한 새로운 아이디어와 평가의 기준을 제공해 준다.

(나) 벤치마킹의 도입방안

벤치마킹은 예측 불가능한 환경의 급속한 변화에 대응할 수 있기 위해 유사한 환경변화에 적절히 대처한 경험을 가지고 있는 조직으로부터 배운다는 것이다. 성공한 조직으로부터 긍정적인 교훈을 얻고, 실패한 조직으로부터는 피해야 할 함정에 대한 교훈을 얻을 수 있다.

벤치마킹 역시 궁극적으로는 고객의 기대에 부응하기 위한 개혁전략의 하나이다. 벤치마킹을 위한 정보 수집이나, 벤치마킹 결과의 실행에 있어서 항상 고객 위주로 생각할 필요가 있다. 그렇지 않으면 내부의 개선에 그치고 고객으로부터 외면당하는 경우가 나타날 수 있기 때문이다.

(3) 학습조직(learning organization)

첫째, 학습조직을 통해서 변화시키고자 하는 조직의 바람직한 모습에 대한 조직구성원 간의 '공유된 비전'이 있어야 한다. 학습조직이 우리 조직을 어떻게 바꿀 수 있는가에 대한 직원 간의 공통된 목적을 가져야 학습에 참여하고 생산적인 토론이 가능해진다.

둘째, 학습조직의 성공을 위한 조직의 '하부구조'가 있어야 한다. 하부구조는 학교나 교육기관을 의미하는 것은 아니다. 직장 내에서 수시로 건설적인 토론과 서로의 정보를 주고받을 수 있는 만남의 시간·장소를 제공하고 관리자가 학습에 적극 참여하는 조직문화를 의미한다.

셋째, 개개인의 학습노력이 낭비되지 않고 조직의 공동목표를 위해 공헌할 수 있도록 하기 위해서는 '팀 학습'이 활성화되어야 한다. 팀 학습의 핵심적인 요소는 대화와 토론문화의 정착이다. 팀 학습은 서로 대조적인 관점이 제시되지만 보다 생산적인 대화와 토론이 전개될 수 있는 방법을 중심으로 진행되어야 한다.

(4) 신인사제도(new personnel planning)

(가) 의 의

'인사는 만사다'라는 격언이 있다. 일을 맡길 때는 그 사람의 기본 자질이나 경험·품성·인격 등을 종합적으로 평가하여 가장 적합한 인물을 써야 하며 잘못된 인사운영은 만사를 그르친다는 말이다. 무한경쟁에 직면한 기업들이 새로운 경영혁신기법으로서 신인사제도를 전략적으로 도입하고 있다. 최근 기업들이 채택한 신인사제도는 서열 위주의 연공서열보다는 능력중시, 직급체계의 단일화, 연봉제 및 성과급제의 도입, 고과방식의 개선 등이라고 할 수 있다.

(나) 연봉제(annual salary system)

연봉제는 개인의 능력이나 실적 및 공헌도를 평가하여 계약에 의해 연간 임금액이 결정되는 능력 중심의 임금시스템으로 빠른 속도로 확산되고 있다.

① 장 점

㉠ 연봉제 급여를 시행함으로써 관리자 또는 일반직원들에게도 관리자에 준하는 책임감을 심어 줄 수 있다.

㉡ 업적목표가 명확해지고 일한 만큼의 보상을 받으며 자기의 노력은 급여로 이어진다

는 생각이 강해지면 근무의욕도 높아진다.

㉢ 경직적인 연공서열과 호봉기준의 임금체계에 얽매이지 않기 때문에 유연하게 우수 인재를 확보할 수 있다.

㉣ 임금관리가 간소화된다. 연봉제를 완전한 형태로 실시하면 수없이 많은 각종 수당 등 복잡한 급여체계를 단순화시킬 수 있다.

㉤ 공정한 평가문화가 조성된다. 명확한 기준의 설정, 평가와 합의에 의한 급여액 결정 등이 이루어지다 보면 자연스럽게 공정한 평가문화가 조직 내에 조성된다.

② 단 점

㉠ 연봉제는 우리나라의 고유한 사회・문화적 전통인 유교의 장유유서(長幼有序) 의식과 선임자 우대 원칙에 맞지 않다. 따라서 연봉제를 민간기업과 같이 완전 능력주의로 채택하는 경우, 기존 단일호봉제와 성과가 반영된 성과금제도의 근간을 흔들게 되어 새로운 갈등을 조장할 가능성이 있다.

㉡ 연봉액이 늘지 않는 경우 조직원의 사기가 저하될 소지가 있으며, 조직원 상호 간 과당 경쟁을 유발시켜 협력에 지장을 줄 수 있다. 현행 민간기업에서는 개인별 연봉액에 대해서 비밀을 유지하도록 하고 있으나 현실적으로는 그렇지 않아 사기저하의 요인이 되고 있다.

㉢ 관리자가 개인의 능력 및 실적에 대한 객관적이고 공정한 평가를 하지 못하면 연봉제는 정실주의로 흐를 수 있다. 연봉제 도입의 성패는 바로 평가의 공정성과 상호 이해 정도에 달려 있다. 즉 평가 및 보상시스템의 변화가 전제되어야만 성공할 수 있다.

(다) 인사고과제도의 개선

기업에서 인사고과는 배치, 승진, 보상의 결정기준이 되기 때문에 고과가 차지하는 중요성이 매우 크다. 그러나 현실적으로 근속연수에 따라 인사결정이 이루어지는 풍토와 공식적인 관계에 있는 타인을 평가하는 데 익숙지 못한 경찰 관리자는 전통 때문에 근무성적을 형식적으로 평가하고 활용하는 데도 적극적이지 않았다. 이제 경찰활동의 효율성을 높이기 위해서 능력과 성과를 보다 객관적으로 측정하고 보수와 인사에 반영해야 하는 단계에 와 있다. 다만, 아직도 능력과 성과를 객관적으로 측정 가능한 것으로 믿어질 만큼의 지수개발이 되지 않았다는 데 문제가 있다.

(라) 발탁인사

승진관리에서는 사무직과 외근직 간에 또한 직급과 직책 간에 경계구분이 무너지고 있으며 최소승진연한만 근무하면 근무기간에 관계없이 능력승진이 확산되고 있다.

사기업의 발탁인사제도를 예로 들면, 승진연한이 차지 않더라도 자격이 있다고 판단되면 과감하게 발탁하는 제도이다. 이러한 발탁인사제도는 조기승진이나 인사의 유연성에 대한 제도적 장애를 제거한 것으로, 특히 승진연한 때문에 제한을 받고 있는 능력 있는 인재를 적재적소에 활용할 수 있다는 장점을 가진다. 뿐만 아니라 전시효과가 뛰어나 조직 내 다른 직원들에게도 동기를 부여하는 이점이 있다.

그러나 우리나라의 경우 전시행정의 일환으로 본보기형이나 연고관계로 인한 발탁인사 등 공정성 시비 문제가 대두될 가능성이 크다고 볼 수 있어 경찰공무원 제도에 도입할 경우 조직원의 동요가 매우 크기 때문에 신중한 결정이 요구된다 하겠다.

(5) 전사적 품질경영

(가) 의 의

전사적 품질경영(TQM, Total Quality Management)에 대한 정의를 최초로 시도한 학자는 피겐바움(Armand V. Feigenbaum, 1961)으로 그에 의하면 TQM이란 "소비자가 만족할 수 있는 제화와 서비스를 제공하기 위해 조직 내 품질개발, 유지, 개선노력들을 통합하는 효과적 시스템"이다. 그의 개념에 따르면 소비자라고 표현되어 있는 고객의 만족이 가장 중요한 평가기준임을 알 수 있다.

전사적 품질관리는 다음과 같은 특징을 갖고 있다.

첫째, 고객 지향적이다.

둘째, 단순한 능률성을 지양한다는 점이다.

셋째, 예방적 차원의 품질관리이다.

넷째, 통계적 · 체계적 공정관리를 지향한다.

참고▸ Armand V. Feigenbaum(1922~)

미국 MIT에서 석·박사학위를 받은 A. V. Figenbaum은 1958~1968년간 General Electric에서 Director of Manufacturing Operations로 일하면서 미국 최초로 'Total Quality Control'을 주장하였으며, 후에 'Total Quality Management' 로 알려지게 되었다(*Total Quality Control*, McGraw Hill, 1961).

(나) 경찰에의 도입방안

경찰에 전사적 품질경영을 도입하려 할 때에는 민간부문의 경우와는 달리 특별히 고려해야 하는 사항이 있다. 그것은 공공브문의 조직을 둘러싼 모든 환경이 민간부문의 그것과는 현저히 달라 조직의 임무 및 목표, 구성원의 행태, 향상된 성과에 대한 보상 메커니즘 등에서 큰 차이를 보여 주고 있기 때문이다. 가장 간단한 예로서 경찰 서비스는 성과의 향상이 있다고 하더라도 이를 금전적으로 직접 직원에게 연결시키는 데에 많은 법적·제도적 문제가 존재함을 지적할 수 있다. 경찰에서의 전사적 품질경영을 위해서는 우선 다음 몇 가지를 들 수 있다.

첫 번째, 가장 먼저 해야 하는 일은 고객을 명확히 규정해야 하는 일이다. 고객은 어떠한 차원에서 분석하느냐에 따라 매우 복잡하고 다양한 개념을 가지고 있다. 특히 공공부문에서의 고객은 상품으로서의 서비스를 소비하는 소비자임과 동시에 공공서비스 생산의 궁극적인 책임자이기도 하기 때문이다.

두 번째로 지적할 수 있는 것은 특정 경찰 서비스의 질을 측정하는 일이다. 전술한 바와 같이 공공서비스의 질은 민간부문의 서비스와는 많은 점에서 차이를 보여 주고 있다. 공공부문의 관리자들에게 서비스 질과 관련하여 쟁점이 되는 사항들을 살펴보면 다음과 같다. 먼저 성과평가의 문제이다. 공공부문에서는 서비스의 질을 측정하기가 간단치 않아 가시적인 결과만으로는 성과를 평가하기가 쉽지 않다. 통계적 사실에 기초한 지속적인 과정개선 노력이 핵심인데 경찰에서 객관적 자료를 구하는 데에 제약이 있다는 것이다.

또한 경찰조직의 구성원들은 변화에 대한 두려움을 전통적으로 보여 주고 있다. 정치적으로 중립적이고 신분이 보장되어 있는 이들에게 있어서 현 질서의 총체적인 변화는 자칫 개인의 장래에 심각한 신분상의 변화를 가져올 수도 있다는 우려를 낳는다.

세 번째로는 전사적 품질경영은 신축적인 팀 활동에 크게 의존하고 있다. 즉 Task-Force나 프로젝트팀 등을 운용해서 보다 전략적이고 신축적인 성격을 띠고 있다. 그에 반해 경찰은 계층제의 역기능인 전통적인 부서이기주의나 부처할거주의, 그리고 횡적 교류의 부족 등으로 인해 상대적으로 경직성을 갖고 있다.

네 번째로는 조직문화에 대한 고려를 해야 한다. 공공조직은 민간조직과 달리 전술한 제도적・법적 제약조건 이외에도 무형의 중요한 차이를 나타내고 있다. 그것은 구성원들 사이에서의 비공식적 규범 및 규칙, 지배적인 가치관, 동료와의 사이에서 존재하는 잠재적 규약 등으로 이를 총괄적으로 조직문화라고 할 수 있다(경찰부패의 원인 중 조직적 요인 참조). 한국의 조직은 서구의 그것들과는 달리 상대적으로 개인보다는 전체의 책임을 묻고, 금전적인 보상이나 징계 이외에도 명예를 중요시하며 잦은 이직보다는 한 직장에서 평생 일하고자 하는 조직 문화를 갖고 있다.

다. 혁신의 저항과 극복

모든 변화에는 찬성과 저항이 동시에 따른다고 할 수 있다. 저항이 적은 것은 개혁이나 혁신이 현실과 차이가 없는 변화에 그치기 때문일 것이다. 혁신은 현재의 상태로부터 극적인 변화, 근본적인 변화 또는 패러다임의 변화를 의미하기 때문에 항상 저항이 크게 나타난다.(오석홍, PP.39-40,47-50)

(1) 저항의 원인

저항은 개혁이나 혁신에 반대하는 적대적인 태도와 행동을 의미한다. 혁신에 대한 저항은 혁신에 따른 피해를 의식하여 이기적이고 보수주의적인 행동을 보이는 데서 나타나는 현상으로 볼 수 있다. 하지만 저항이 단지 피해인식 때문에 나오는 것은 아니다. 여기에는 여러 가지 이유가 있다. 개혁의 내용을 모른다거나, 감정적으로 저항할 수도 있으며, 정책의 가정과 논리에 대해 동의하지 않기 때문에 나타날 수도 있다. 또한 저항은 소극적으로 무관심이나 비협조적 태도로 나타나기도 하고 적극적인 불만토로나 적대적 행동으로 나타나기도 한다.

(2) 저항의 기능

개혁에는 저항이 따른다고 할 때, 저항은 항상 혁신에 방해역할만을 하는 것인가? 학자들은 저항은 때때로 긍정적인 기능도 한다고 보고 있다. 나아가 저항의 순기능을 옹호하는 사람들도 있다. 즉 저항은 안정유지와 혁신의 상충되는 요구를 조정하는 역할을 한다는 것이다. 저항의 순기능은 혁신을 성공시킬 때 더 커질 수 있을 것이다.

(3) 에치오니(Amitai W. Etzioni)의 저항의 극복방안

(가) 공리적 전략(utilitarian strategy)

공리적 전략은 경제적 보상을 이용하는 것이다. 관련자들이 혁신으로 인해 받는 손실 인식 때문에 저항하는 경우에는 피해를 보상하는 인센티브를 제공하여 저항을 무마하는 전략이라고 할 수 있다. 그런데 희생비용이 많이 들고 효과는 장기간이 지난 후에 나타나는 혁신의 경우에는 비용만 많이 들고 겉으로만 혁신에 따라오는 현상도 나타날 수 있다.

(나) 규범적 전략(normative strategy)

규범적 전략은 직원들의 윤리규범이나 가치에 호소하는 전략이다. 상징조작과 심리적인 지지를 얻기 위한 전략이다. 개혁지도자의 카리스마, 개혁의 논리와 당위성에 대한 여론, 교육과 훈련을 통한 의식의 개혁 등을 이용해 잠재적 저항심리를 완화하거나 혁신에 동조하도록 하는 전략이다.

(다) 강제적 전략(coercive strategy)

강제적 전략은 혁신에 저항하는 행위에 대해 제재를 위협함으로써 혁신에 동참시키는 전략이다. 그런데 이러한 강제적 전략은 제재위협에 대한 반감이나 오해를 부를 수도 있다. 강제적 전략은 긴급을 요하는 때에 신속하게 저항을 극복할 수 있는 방법으로 혁신의 주창자나 집행자가 강한 리더십을 가지고 통제할 수 있을 때 이용할 수 있을 것이다. 그러나 강제적 전략은 다른 전략에 비해서 혁신대상자들이나 집행자들의 자발적 동의를 유도하기 어렵다는 점에서 최후의 수단으로 한정적으로 사용하는 것이 바람직하다.

참고▶ Amitai W. Etzioni(1929~)

1958. Univ. of California, Berkeley에서 Ph.D. in sociology를 받았다.
대표 저작으로 *A Comparative Analysis of Complex Organizations on Power, Involvement, and Their Correlates* (Free Press, 1961)이 있다.

제2절 | 경찰조직 관리

1. 서 설

가. 조직의 개념

인류가 모여서 생활하기 시작하면서부터 서로의 필요에 의하여 공동체를 구성하게 되었고, 그 공동체는 살아가는 데 또한 필요한 질서를 갖추기 위해 많은 조직들이 들어서게 되었다. 이와 같이 조직은 인간이 살아가는 데 여러 가지 형태로 나타날 수 있기에 그 조직의 개념이나 유형도 다양해질 수밖에 없다.

버나드(Chester I. Barnard, 1938)는 "조직이란 어떤 목적을 달성하기 위하여 둘 이상의 인간들이 협동하는 시스템이며, 또한 협동하면서 사람들이 의식적으로 조정하는 시스템"이라고 하였다. 다시 말해서 조직이란 일정한 목표를 달성하기 위해 형성된 분업과 통합의 활동체계를 사회적 단위 또는 특정한 목적을 달성하기 위하여 배열되고 결합된 인간의 협동적 행위체제로서 일정한 사회체제를 구성하는 단위라고 말할 수 있다. 이러한 조직을 구분하여 보면, ① 목표가 존재하고 ② 인간의 협동적 행위체제로서 ③ 사회적 구성단위를 갖추며 ④ 체계화된 내부구조를 가지고 ⑤ 환경 속에 적응하는 유기체로서의 성질을 가지며 ⑥ 사회단위로서 움직이는 체제라고 볼 수 있다.

나. 경찰조직의 의의

경찰조직이란 경찰목적을 달성하기 위하여 만들어진 조직이며, 경찰권이 그 기능을 수행하기 위하여 편성한 조직을 말한다. 조직은 일반적으로 사회에서 목적으로 가지고 활동하는 하나의 유기체적 단위이며 경찰조직은 다양한 분야에서 본래의 목적을 달성하기 위하여 고도의 합목적적인 수단으로서의 환경의 변화에 영향을 받는 유기체로서의 성격이 강하다고 하겠다. 따라서 경찰조직을 경찰의 성격과 관련지어 그 특성을 살펴보면 다음과 같다. 첫째, 경찰이 공공의 안녕과 질서를 유지하는 것을 임무로 하기 때문에 본질적으로 현상의 변경과 발전보다는 현상을 유지하려는 보수성을 가지고 있다. 둘째, 경찰은 공권력을 행사하는 조직으로서 정치성과 강제성을 띠고 있는 권력적인 성질을 가진다. 셋째, 경찰은 범법자를 색출하고 규제하는 기능을 수행하므로 항상 대상자에 대한 불신을 가진다. 넷째, 경찰은 시민들 사이에서 존재하고 활동하는 조직이므로 고도의 윤리도덕이 전제되어야 하며 청렴성이 경찰권 행사의 정당성을 주게 된다.

다. 경찰조직상의 이념

경찰은 민주적인 관리·운영과 효율적인 임무수행을 위하여 조직되어야 하고, 직무범위가 정해져야 한다.

여기에서「경찰법」제1조는 "이 법은 경찰의 민주적인 관리·운영과 효율적인 임무수행을 위하여 경찰의 기본조직 및 직무범위, 기타 필요한 사항을 규정함을 목적으로 한다" 라고 하여 경찰조직의 이념을 명확히 하고 있다.

또한「경찰법」은 그 운영에 있어서도 민주적 통제장치인 경찰위원회를 도입하고, 경찰청장과 지방경찰청장의 관청화를 통한 실질적인 권한과 책임을 부여하고 있다.

2. 경찰조직의 편성원리

가. 의 의

경찰조직의 편성원리는 경찰조직을 합리적인 설계와 능률적인 관리를 통하여 경찰목적을 효율적으로 달성하는 데 적용할 수 있는 일반적이고 보편적인 근거 기준을 말한다. 경찰청은 이와 같은 편성원리를 받아들여「경찰청과 그 소속기관 직제」제1조(목적)에서 "경찰청과 그 소속기관의 조직과 직무범위 기타 필요한 사항을 규정함을 목적으로 한다" 고 하여 경찰청과 부속기관, 그리고 전국의 지방경찰관서를 합리적이고 합목적적으로 설치하여 조직관리에 능률성과 효율성을 꾀하고 있다. 경찰조직의 편성원리로서 일반적으로 널리 알려진 것으로는 계층제의 원리, 통솔범위의 원리, 분업의 원리, 명령통일의 원리,

조정과 통합의 원리 등이 있다.

나. 계층제의 원리(Principle of hierarchy)

(1) 의 의

계층제(hierarchy)란 조직목적 수행을 위한 구성원의 임무를 책임과 난이도에 따라 상하로 나누어 배치하고, 상위로 갈수록 권한과 책임이 무거운 임무를 수행하도록 편성하는 것을 말한다. 이러한 계층제는 상명하복을 기본원리로 수용하고 있으며 경찰과 군대조직의 편성에 핵심적인 원리이다. 그러나 이 원리는 조직의 모든 부서에 적용되는 것은 아니다. 계층제적 구조를 가지고 있지만 상하계층 간의 상명하복과 함께 수평적으로 움직이는 부서들도 많이 있다.

(2) 계층제의 순기능은 다음과 같다.

(가) 명령・지시, 권한의 위임이나 의사소통의 통로가 된다.
(나) 경찰행정목표를 설정하고 업무를 분담하는 통로가 된다.
(다) 조직 내의 분쟁, 갈등의 해결, 조정과 내부통제의 확보 수단이다.
(라) 지휘・감독을 통하여 경찰의 질서와 통일성을 확보할 수 있다.
(마) 경찰행정의 능률성과 책임의 명확성을 보장하는 수단이다.
(바) 경찰승진의 경로가 되어 사기를 앙양시킨다.

(3) 계층제의 역기능으로는 다음과 같다.

(가) 조직의 경직화를 초래하고 동태적인 인간관계의 형성을 저해한다.
(나) 계층이 많아질수록 의사소통의 단계가 늘어나고 처리시간이 길어진다.
(다) 자율성이 강한 경찰관은 계층제의 권위와 대립・갈등을 빚는다.
(라) 계층제를 능률적인 업무수행보다 비합리적 인간지배의 수단으로 인식하기 쉽다.
(마) 집단기능보다 개인에게 의존하게 되어 쇄신적・창조적 활동이 어렵다.
(바) 인간의 자아실현욕구나 성취욕구의 추구와 잘 조화되지 않는다.

(사) 조직이 환경변동에 신축성 있게 적응하기 어렵다.

다. 통솔범위의 원리(Span of contro principle)

(1) 의 의

통솔범위란 1인의 상관 또는 감독자가 효과적으로 직접 통솔할 수 있는 부하의 수를 말한다. 관리자의 통솔범위로 적정한 부하의 수는 어느 정도인가는 관리의 효율성을 좌우하는 중요한 원리이다.

(2) 특 징

(가) 조직의 크기에 따라 통솔의 범위는 달라진다. 즉 조직의 규모가 클수록 통솔의 범위는 좁아지는 데 반하여, 그것이 작을수록 통솔의 범위는 일반적으로 넓어진다.

(나) 업무 종류의 다양성에 따라 통솔의 범위는 달라진다. 즉 업무의 종류가 단순할수록 통솔의 범위는 넓어지며, 그것이 복잡할수록 통솔의 범위는 좁아진다.

(다) 공간상으로 어떤 조직이 한 지역 내에 집중되어 있는 경우에는 분산되어 있는 경우보다 통솔의 범위는 넓어진다.

(라) 시간적인 면에서 기성조직의 책임자는 신설조직의 책임자보다 통솔의 범위가 넓다.

(마) 감독자 또는 피감독자의 행정능력 등에 의하여 통솔범위가 영향을 받는다. 즉 감독자가 유능하면 통솔의 범위가 넓어지고, 이와 반대의 경우에는 좁아진다. 감독을 받는 사람들이 유능할 경우에는 많은 수의 인원을 통솔할 수 있다.

라. 분업의 원리(Division of work or specialization principle)

(1) 의 의

분업의 원리란 조직의 종류와 성질, 그리고 업무의 전문화의 정도에 따라 기관별・개인별로 업무를 분담시키는 원리를 말한다. 분업의 원리를 기능의 원리 또는 전문화의 원리라고도 한다. 경찰업무는 대부분 여러 명의 협동을 요구하는 경우가 많은데, 각자의 임무를 명확히 나누어 부과하고 협력하도록 하는 것은 인간능력의 한계를 극복함은 물론 전문화를 추구하여 업무의 효율성을 높이기 위한 것이다.

(2) 분업의 순기능

(가) 경찰조직의 목표달성을 위한 능률적인 수단이 된다.
(나) 사람이 습득할 수 있는 지식이나 기술에는 한계가 있으므로 특정업무에만 전속시켜 반복적인 업무습득은 전문화가 가능하여 효과가 있을 수 있다.
(다) 업무를 세분화하여 수행하면 업무를 습득하는 데 걸리는 비용과 시간을 절약할 수 있다.

(3) 분업의 역기능

(가) 분업화는 정형화된 업무를 반복시켜 일에 대한 흥미를 잃게 하고, 분업화의 정도가 높아질수록 조정과 통합이 어려워진다.
(나) 업무의 지나친 세분화는 업무관계의 예측가능성을 저하시켜 불확실한 환경을 조성하게 된다.
(다) 분업화에 의하여 자기 분야는 잘 알지만 시야가 좁아지고 경찰문제를 전체적인 입장에서 보는 넓은 통찰력을 가지기 어렵다.

마. 명령통일의 원리(Unity of command principle)

(1) 의 의
명령통일의 원리란 조직의 구성원 간에 지시나 보고를 주고받는 과정에서 지시는 한 사람만이 할 수 있고 보고도 한 사람에게만 하여야 한다는 원칙이다.

(2) 명령통일 원리의 순기능

(가) 둘 이상의 사람으로부터 지시나 명령을 받는 경우 모순된 지시 등으로 업무수행의 혼선과 비능률이 발생할 수 있는데, 명령통일의 원리는 이를 막아 주는 기능을 한다.

(나) 경찰조직의 구성원으로 하여금 누구에게 보고하여야 하며 누구로부터 보고를 받는가를 명시해 줌으로써 지위의 안정감을 갖게 한다.

(다) 경찰조직의 관리책임자로 하여금 전체적인 조정을 가능케 하여 준다. 판단이나 행동상의 잘못에 대한 책임을 분명히 함으로써 부하에 대한 통제를 가능케 한다.

(3) 명령통일 원리의 역기능

(가) 명령통일의 원리를 너무 철저하게 지킨다면 실제 업무수행에 더 큰 지체와 혼란을 야기할 수 있다.

(나) 경찰 관리자는 대리나 위임제도를 적절하게 활용함으로써 계층제의 통솔범위나 명령통일의 원리를 적절하게 현실에 응용하고 업무의 공백이나 지휘 및 업무수행에 혼란이 없도록 하여야 한다.

바. 조정과 통합의 원리(Coordination and integrate principle)

(1) 의 의

분업, 계층제, 명령통일, 통솔범위의 원리는 모두가 조직의 목적을 합리적이고 효율적으로 달성하기 위한 것이다. 위와 같은 원리들이 조직의 목적을 달성하는 데 기여하기 위해서는 각 조직의 원리를 잘 활용하여 조직의 목표에 공헌하도록 원리 간의 충돌은 물론이고 부서 간 · 계층 간 · 구성원 간의 갈등을 조정해야 한다.

(2) 갈등(conflict)의 원인

갈등의 가장 큰 원인은 분업의 원리로서, 업무의 과다한 분화와 이로 인한 의사소통의 단절은 조직목적 달성에 장애가 된다. 또한 목표나 이해관계의 상충, 인적 자원 또는 물적 자원에 대한 경쟁, 가치관이나 신념의 차이, 지위나 신분이동의 불공정성, 의사전달의 왜곡, 대안선택의 선택기준의 차이, 자기 역할의 애매성 등이 갈등의 원인이 되기도 한다. 경찰조직의 경우 특히 나타나기 쉬운 갈등은 인적 자원에 대한 경쟁, 지위나 신분 이동의 불공정성에 대한 것이 많다.

(3) 갈등의 조정과 통합방법

갈등은 조직 내부의 문제를 알려주는 중요한 정보가 될 수 있으므로 갈등을 묵살하거나 갈등을 야기하는 사람을 나쁘다고 보아서는 안 된다. 오히려 갈등의 원인을 진단하고 갈등이 생기는 원인을 근원적으로 찾아내어 이를 슬기롭게 해결해 주는 리더십과 조정통합능력을 발휘해야 한다.

갈등의 원인이 세분화된 업무처리에 있다면 업무처리과정을 통합한다든지 연결하는 장치나 대화채널을 확보해 주는 것이 필요하다. 또한 부서 간의 갈등이 일어나고 있을 때는 더 높은 상위목표를 서로 이해하고 양보하도록 하여야 하며, 한정된 인력이나 예산을 가지고 갈등이 생기는 경우에는 가능하면 예산과 인력을 확보하고 업무추진의 우선순위를 관리자가 정해 주어야 한다.

문제해결이 어려울 때에는 갈등을 완화하거나, 양자 간의 타협을 이끌어 내거나, 관리자가 갈등을 초래할 수 있는 결정을 보류하거나 회피하는 방법을 쓸 수도 있다.

갈등에 관한 장기적인 대응방안으로는 조직의 구조, 보상체계, 인사 등의 문제점을 제도개선을 통해 해결하는 것이 필요하고, 조직원의 행태를 협력적이고 합리적으로 변화시키는 노력도 필요하다.

3. 경찰조직의 환경변화

경찰은 소극목적의 행정작용이라는 논리에 얽매여 오랜 기간 동안 조직의 안주와 정태성·경직성에서 벗어나지 못했으나, 오늘날의 경찰은 외부의 빠른 환경변화에 맞추어 조직 내부적으로 많은 변화를 갈구하고 또한 추진하여 왔다. 경찰은 방대한 조직과 인력 그리고 막대한 예산을 운영 관리하는 데 있어서 기업의 관리방식과 생산성 향상을 벤치마킹하고 있으며, 직원들도 가치관의 긍정적인 변화와 함께 조직관리 방식에서 과거와는 근본적으로 다른 변화양상을 나타내고 있다.

가. 경찰조직의 평면화 요구

경찰의 조직과 관리에 있어서 우리나라 경찰은 한 사람에게 모든 권한이 집중되어 있는 현행 중앙집권제하에서 근본적으로는 한계를 가지기 때문에 관료적・권위적 상명하달의 피라미드 계층구조가 여전히 자리하고 있다. 그러나 미미하나마 평면화 조직으로 변화하는 모습을 보이고 있다. 이러한 현상은 종래 국가안전보장 관념과 자유민주주의 체제 수호라는 임무를 효과적으로 수행하기 위해 도입된 권위적인 상명하복 관계에서 탈피하여, 우리나라 경찰은 대국민 치안서비스 제공 기능으로서의 역할 전환과 함께 새로운 조직관리에서의 리더십은 지시 명령자가 아닌 부하직원과 함께 조직의 공동목표를 달성하려는 패러다임의 변화가 이를 증명하고 있다. 새로운 패러다임은 직원들의 자율성이 보장된 발언권과 독립적인 활동영역의 확대와 정책결정과정에서의 참여권이 크게 신장되어야만 성과를 가져올 수 있고, 또 업무성과에 따른 인사와 상훈 등 성과보상의 공정성 등도 긍정적인 작용을 가져올 수 있다고 하겠다.

나. 경찰사무의 자동화・정보화

경찰의 사무자동화는 사무행정의 양적・질적인 변화를 가져왔고, 세계에서 가장 뛰어난 IT 강국인 우리나라의 국력신장과 더불어 경찰도 정보화 시대에 맞추어 정보통신망을 확대 운영하고 있다. 경찰은 수많은 정보와 자료를 수집하고 배분하며 종합적으로 운영하는 경찰종합정보시스템을 갖추고 있으며, 인터넷이나 스마트폰을 이용한 정보통신망 관련 범죄 등 각종 범죄에 대처하기 위한 조직적이고 체계적인 조직 개편들이 앞으로 전개될 경찰활동, 즉 범죄예방활동이나 수사활동을 비롯한 경찰작전 등 다방면에 걸쳐 시민의 안전과 직결된 문제에 대해 신속하게 효과적으로 대응하게 될 것이다.

다. 경찰행정의 선진화

경찰의 존재는 범죄의 예방과 진압에 목적을 두고 있다. 이러한 목적적 활동을 수행하기 위해서는 먼저 능력을 갖춘 재능 있는 인적 자원을 확보하기 위하여 우선 교육훈련을 잘 시키는 것에 투자해야 한다. 다음으로는 발생범죄와 새로운 범죄양상에 대한 연구와 대책을 강구함으로써 빠르게 변화하는 수사환경을 능동적으로 관리하기 위한 수사체제의 과학화・현대화를 이루어야 한다. 또한 선진경찰이 되기 위해서는 무엇보다도 인권중시의 경찰활동이 요구되며, 이러한 활동은 적절한 근무여건과 보수 및 장비의 개량 등 근무환경의 개선이 뒤따라야만 가능하게 된다. 궁극적으로 경찰행정의 선진화를 가져오기 위해서는 조직관리의 변화가 필연적으로 요구된다고 하겠다.

라. 의사소통의 활성화

조직이 활성화되기 위해서는 조직구성원 간의 격의 없는 의사소통이 최우선적으로 고려되어야 한다. 그간 효율성과 능률성을 위해서 관료제나 조직편성의 원리 등을 도입하여 조직목표를 오직 효과적으로 달성하는 데 조직을 관리하여 왔다. 그러나 이러한 조직 관리는 항상 구성원 간의 갈등을 수반하여 왔다. 따라서 갈등요인을 해소하고 경찰에 대한 시민들의 욕구를 충족시키기 위한 경찰조직 관리는 우선적으로 조직 내부에서부터 의사소통을 원활하게 하여 조직구성원의 사기를 고양하고 업무 의욕이 우러나게끔 수평적인 소통문화가 활성화되도록 요구하고 있다.

제3절 | 경찰인사 관리

1. 서 설

가. 인사행정(Personnel administration)

인사행정은 정부조직의 인적 자원의 관리를 자칭하는 개념인 데 비해 인사관리는 민간기업의 인적 자원의 관리를 가리키는 개념으로 사용된다. 인사관리는 인사행정과 마찬가지로 조직의 효율적인 목표달성을 지원하기 위해 그에 적합한 인재를 충원하고, 적소에 배치하며, 능력발전을 도모하고, 근무의욕을 고취시키는 활동을 말한다.

그러나 인사행정은 정부목표의 실현을 위한 관리활동이라는 점에서 기업목표의 달성을 위한 인사관리와는 정부활동의 공공성(公共性)에 기인한 근본적인 차이가 있다.

민간기업은 기업(조직)이 갖고 있는 능동적 구성요소인 인적 자원의 잠재능력을 최대한으로 발휘케 하여 그들 스스로가 최대한의 성과를 달성하도록 하며, 그들이 인간으로서의 만족을 얻게 하려는 일련의 체계적인 관리활동을 인사관리 또는 노무관리라고 한다. 오늘날 인적 자원 관리에 있어 인사행정이나 인사관리는 민주성과 효율성을 내세우며 함께 연구 발전시켜 나가는 점에서 큰 차이 없이 혼용되고 있는 추세이다.

나. 인사행정과 경찰

어떤 사람에게 어떤 일을 맡기느냐에 따라 일의 성패가 많은 영향을 받기 마련이다. 인사행정은 국민에게 재화나 서비스를 효과적으로 제공하기 위하여 인적 자원을 어떻게(how to) 동원하고 관리를 할 것인가의 구체적인 방법과 기술에 관한 것이다. 그러므로 인사행정은 계층구조의 수직선상의 장에게 요구되는 관리의 일반지식이 아니라 인사에 관한 전문화된 지식과 기술을 필요로 한다.

오늘날 우리나라 경찰은 과거의 소극적 임무에서 벗어나 적극적으로 고객만족(국민만족)을 조직의 최우선 목표로 두고 활동하고 있다. 이러한 목표에 성공적으로 접근하기 위해서는 조직구성원인 경찰관이 얼마나 자발적인 근무의욕을 가지고 그 직무를 성취할 수 있도록 지원하고 운용하는 일련의 체계가 중요할 수밖에 없다고 생각할 것이며 그것이 바로 경찰인사행정이다. 앞서 공공부문에서는 인사행정으로 부르고, 민간기업은 인사관리라고 하였으나 오늘날에는 구별의 실익이 없어 여기서는 일반적으로 많이 사용하고 있는 인사관리로 표기하고자 한다.

2. 인사관리

가. 의 의

경찰인사관리는 다른 관리기능과의 유기적인 협조 아래 경찰목적을 효과적으로 달성하기 위하여 경찰인력을 효율적이고 공정하게 운용하는 동태적인 과정으로서, 경찰관을 체계적이고 합리적인 기준에 따라 분류·모집·채용·관리 등을 해 나가는 활동을 말한다.

인사관리의 구체적인 과정을 보면 경찰활동의 수요와 공급에 관한 예측을 통해 최적의 경찰관수급방안을 수립하는 것부터 시작한다.

적정한 경찰관 수급계획을 세우는 것은 현재 경찰이 수행하고 있는 업무의 증가나 감소에 대한 예측과 장래에 필요한 경찰활동의 내용 및 전문성에 대한 예측을 통해 이루어진다. 즉 인력규모와 질에 대한 장기적인 계획을 세워야 합리적인 인사가 가능하다.

경찰의 인사관리는 모집, 채용 외에 배치전환, 교육훈련, 동기부여, 행정통제 등을 통해 경찰관이 직업인으로서 경찰업무를 의욕적으로 수행할 수 있도록 하는 활동이다.

나. 인사관리의 중요성

경찰업무는 기술이라기보다는 고도의 서비스산업 및 대인적 측면이 강하므로 경찰업무의 성공은 경찰장비에 의해 결정되는 것이 아니라 경찰관 개개인의 자질과 다른 사람과의 상호작용 능력에 의해 결정되는 것이다.

경찰인사관리는 시민의 권리와 생명에 직접 관련된 업무를 담당하는 경찰조직의 인력자원을 관리하기 때문에 그 중요성이 더욱 강조된다 하겠다. 따라서 양질의 치안서비스를 제공하는 인적 자원의 효율적인 활용을 위해서 인사부서의 계속적인 발전노력이 필요하다.

3. 인사관리의 목적

경찰인사의 기준이나 관리에 불합리한 점이 있거나 부정이 개입된다면 아무리 유능한 인재가 경찰이 되더라도 경찰목적을 달성하는 데 기여하지 못하고 사기를 저하시키는 요인이 될 것이다. 따라서 합리적이고 객관적인 인사기준, 효율적 경찰인력의 운영 등으로 인사를 관리한다면 사기 높은 경찰관들이 경찰조직에서 개개인의 능력을 최고로 발휘하여 범죄의 예방과 그 대응은 순조롭게 이루어질 수 있을 것이다. 여기에서 인사관리의 목적을 말한다면 다음과 같다.(강욱 등, PP.149-150)

가. 효율적인 경찰인력의 운영이다.

경찰관을 적재적소에 필요한 때에 지원해 주고 이들의 근무의욕과 사기가 높은 수준을 유지하도록 하는 데 있다.

나. 인사운영을 합리적이고 객관적인 기준을 중심으로 공정하게 하는 데 있다.

임기응변식이나 정치성 또는 개인적 친분에 의한 정실주의, 특정한 지역이나 출신학교 등에 의한 연고주의에 의존하기 보다는 객관적이고 실적에 기반을 둔 인사관리가 경찰관의 동기부여나 사기관리에 기여하게 된다.

다. 경찰조직과 경찰관 개개인의 욕구를 잘 조화시키는 것이다.

경찰조직에서 경찰조직체계 그 자체보다 경찰관 개인의 능력과 의욕이 더 중요하다고 볼 수 있다. 조직에 있어서 개인의 만족을 좌우하는 요인은 성취감, 상사를 비롯한 동료들로부터의 인정, 일 그 자체에 대한 만족, 권한과 책임, 승진 그리고 성장으로 밝혀지고 있다.

라. 우수한 사람들을 확보하여 그들의 능력을 계속적으로 발전시키고, 또한 그들이 근무의욕을 갖고 열심히 일하게 함으로써 조직의 효과성을 높이는 데 있다.

개인의 성장과 조직의 효과를 조화시켜 가는 작업이 인사관리의 핵심이라고 할 수 있다.

마. 환경변화에 대한 적응성이다.

인간은 과거의 규칙에 매달리는 속성이 있다. 그러나 사회 환경은 어느 한 곳, 어느 한 시점에 머물지 않고 주변과 서로 적응해 가며 빠른 변화를 보이고 있다. 이러한 변화에 대응하기 위해서는 과거의 규칙에서 탈피하여 새로운 사회변동에 적합한 인사기준을 만드는 작업을 하여야 한다.

참고▶ 인간의 욕구이론

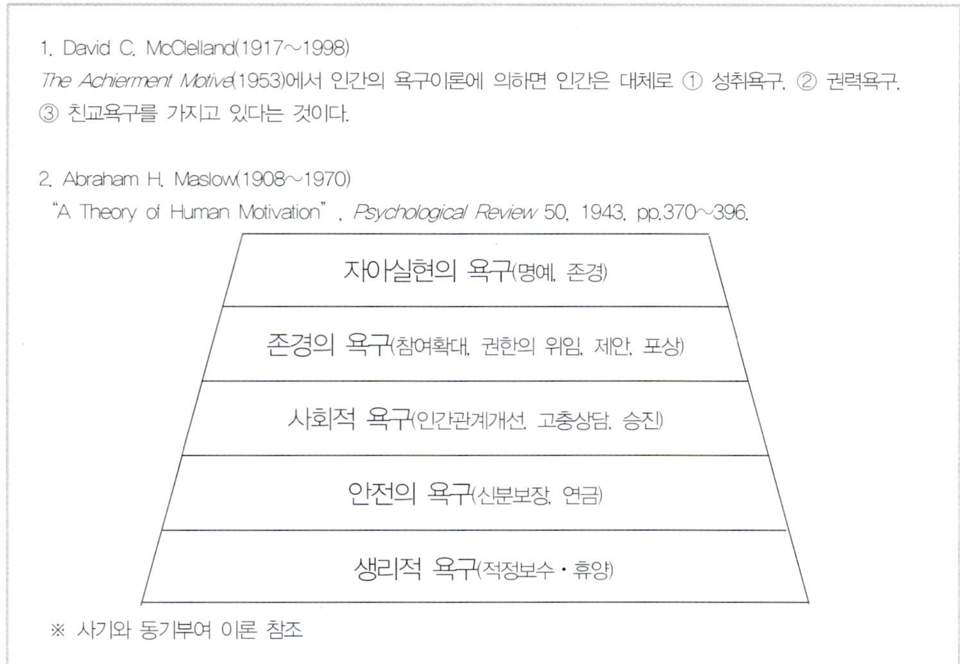

1. David C. McClelland(1917~1998)
The Achierment Motive(1953)에서 인간의 욕구이론에 의하면 인간은 대체로 ① 성취욕구, ② 권력욕구, ③ 친교욕구를 가지고 있다는 것이다.

2. Abraham H. Maslow(1908~1970)
"A Theory of Human Motivation", *Psychological Review* 50, 1943, pp.370~396.

※ 사기와 동기부여 이론 참조

4. 공무원의 구분

가. 경력직과 특수경력직 구분의 의의

1981년 4월 20일 개정 · 공포된 「국가공무원법」은 직업공무원제의 확립과 직위분류제의 점진적 확산을 도모하기 위하여 종래 모든 공무원을 일반직과 별정직으로 구분하던 것을 직업공무원인 경력직공무원과 비직업공무원인 특수경력직공무원으로 구분하고 있다. 여기서 경력직공무원이라 함은 실적과 자격에 의하여 임용되고 그 신분이 보장되며 평생토록 공무원으로 근무할 것이 예정되는 공무원(직업공무원)을 말하며, 특수경력직공무원은 경력직공무원 이외의 공무원으로서 보수 및 복무에 관한 규정을 제외하고는 원칙적으로 「국가공무원법」의 적용을 받지 않는다.

이러한 구분은 영국의 항구직((established)과 비항구직(unestablished), 미국의 경쟁직(competitive service)과 제외직(excepted service), 일본의 일반직과 특별직의 구분과 유사하다(신두범 등, 2010).

이와 같이 공무원을 구분하는 이유는 양자가 국가와 국민을 위한 봉사자라는 점에서는 동일하다고 하겠으나, 임명과정이나 직무의 특수성 등으로 인하여 똑같이 규제하기가 어렵기 때문이다.

나. 경력직공무원

「국가공무원법」 제2조 제2항에서 경력직공무원을 일반직공무원 · 특정직공무원 및 기능직공무원 세 가지로 나누고 있다.

(1) 일반직공무원

일반직공무원이란 기술 · 연구 또는 행정일반에 대한 업무를 담당하고 직군 · 직렬별로 분류된 공무원을 말한다.

(2) 특정직공무원

특정직공무원이란 경찰공무원 · 교육공무원 · 소방공무원 · 군인 · 군무원 및 국가정보원 직원 · 법관 · 검사 · 외무공무원 그리고 특수분야의 업무를 담당하는 공무원을 말한다.

(3) 기능직공무원

기능직공무원이란 기능적인 업무를 담당하고, 기능별로 분류된 공무원을 말한다.

다. 특수경력직공무원

「국가공무원법」 제2조 제3항에서 특수경력직공무원은 정무직공무원, 별정직공무원, 계약직공무원 및 고용직공무원 네 가지로 분류되고 있다.

(1) 정무직공무원

정무직이란 동법에서 다음의 두 가지로 나누고 있다.

(가) 선거에 의하여 취임하거나, 임명에 있어서 국회의 동의를 요하는 공무원

(나) 고도의 정책결정업무를 담당하거나 보조하는 공무원으로서 법률이나 대통령실의 조직에 관한 대통령령에서 정무직으로 지정하는 공무원

(2) 별정직공무원

특정한 업무를 담당하기 위하여 별도의 자격기준에 따라 임용되는 공무원으로서 법령에서 별정직으로 지정하는 공무원을 말한다.

(3) 계약직공무원

계약직공무원이란 과거에 전문직공무원이라 하던 것으로(부칙 제4조 1981.4.20.) 국가와의 채용계약에 의하여 전문지식이 요구되는 업무에 종사하는 공무원과 임용에 신축성이 요구되는 업무에 일정기간 종사하는 공무원을 말한다.

(4) 고용직공무원

고용직공무원이란 단순한 노무에 종사하는 공무원을 말한다.

참고▶ 경찰공무원의 특정직 의미

경찰공무원은 경력직공무원으로서 특정직공무원으로 분류되고 있다. 경찰직은 다른 특정직공무원과 같이 특별한 임무를 수행하기 위하여 특별한 경험이 요구되기 때문에, 특별한 자격요건을 갖춘 사람을 선발한다. 그러나 근래 경찰의 특수한 사정에 반영되는 특별한 경험 없이 단순히 사법시험 또는 행정고시나 외무고시에 합격하였다는 이유로 경찰고위관리직으로 특채되는 사례가 나타났다. 경찰관리상 이들이 필요하다면, 일반직공무원으로 경찰에서 받아들여 운용하면 되고, 경찰상 필요한 경험도 없는 특채는 국가공무원법 취지에 어긋나기 때문에 허용되어서는 안된다. 따라서 사법시험법이 폐지되고, 외무고시가 폐지된 지금에는 변호사 자격을 갖춘 법률인이 경찰직을 희망할 경우 희망자를 대상으로 경찰대학졸업생, 간부후보희망자 등과 같이 공개채용시험을 거쳐 경위로 들어와 각종 수사업무와 진압과 작전업무 등의 교육과 경험을 필요조건으로 경찰공무원으로의 채용이 바람직하다고 본다. 참고로, 미국 FBI는 2003년 총 3만명의 직원 중 수사업무를 맡는 특별수사관 15,000명과 행정업무를 담당하는 일반직공무원 15,000명으로 구분하여 운용하고 있다.

참고▶ 경찰청 소속 공무원 현황(2011.7.31)

경찰공무원 101,403명, 일반직공무원 1,622명, 기능직공무원 2,264명, 교육직공무원 16명, 별정직공무원 15명, 계약직공무원 43명, 총 105,363명

5. 공무원제도의 분류 – 직위분류제와 계급제

정부조직 내에는 수많은 직위와 공무원이 있다. 이러한 수많은 직위와 공무원을 개별적으로 관리한다는 것은 인사행정상 여러 가지 불편과 낭비 및 혼란을 초래한다. 따라서 정부조직 내에 있는 수많은 직위와 공무원을 일정한 기준과 원칙에 따라 질서 있게 분류하고 배열하는 것은 인사행정에서 가장 기본적이고 필수적인 요소이다.

그 요소는 일하는 사람의 특성, 즉 그의 지위, 신분 등을 기준으로 하는 분류제도인 계급제와 직무 또는 직위의 특성에 의한 것인 직무분류제로 분류할 수 있다.

계급제는 전통적인 계급사회에 근원을 두고 있기 때문에 그 역사가 직위분류제보다 깊다. 직위분류제는 1909년 미국 시카고 시의 공무원제도에서 찾아볼 수 있고, 제도의 발달도 주로 미국에서 다루어졌다.

가. 직위분류제(Job classification system)

(1) 의 의

직위분류제란 조직에 있는 수많은 직위를 직무의 종류와 수준에 따라 분류하여 관리하는 제도이다. 직위분류제는 각각의 직위가 내포하고 있는 직무의 내용이나 직무의 상대적 가치에 따라 직무를 수직적이고 수평적으로 분류하여 체계화하는 것이다. 「국가공무원법」에 제3장 직위분류제를 도입하고 제22조(직위분류제의 원칙)에서 "직위분류를 할 때에는 모든 대상 직위를 직무의 종류와 곤란성 및 책임도에 따라 직군・직렬・직급 또는 직무등급별로 분류하되, 같은 직급이나 같은 직무등급에 속하는 직위에 대해서는 동일하거나 유사한 보수가 지급되도록 분류하여야 한다"라고 규정하여 계급제 공무원제도의 보완을 꾀하였다.

(2) 직위분류제의 특징

직위분류제는 다음과 같은 특징을 가지고 있다.

(가) 직위분류제는 사회적 출신배경이나 학력 등에 관계없이 개인이 지니고 있는 담당 직무의 수행능력과 지식・기술을 중시한다.

(나) 직위분류제는 직무수행의 적격자를 공직의 내부에서만 찾지 않고, 모든 계층에서 외부인사의 임용이 자유로운 구조적 다공성(多孔性)을 가진 개방형 인사제도이다.

(다) 직위분류제는 노동의 분화를 기본으로 하는 전문화의 분류체제이기 때문에 일반 행정가보다 전문 행정가를 선호한다.

(라) 직위분류제는 직무분석과 직무평가를 통한 직무의 정확한 평가와 거기에 적합한 인물을 임용하므로 인사행정의 능률성과 합리화를 도모할 수 있다.

(마) 직위분류제의 직급이나 등급은 직무의 책임도나 곤란도에 의하여 구분된 것이기 때문에 직위를 점하고 있는 사람의 사회적 신분이나 지위를 나타내지 않는다.

(3) 직위분류제의 장단점

(가) 장 점

① 보수체계를 합리화시켜 준다.
② 인사행정에의 합리적 기준을 제공해 준다.
③ 훈련수요를 명확히 해 준다.
④ 근무성적평정의 기준을 제공해 준다.
⑤ 행정의 분업화·전문화를 기할 수 있다.
⑥ 인건비에 관한 예산의 통제기준을 마련할 수 있다.
⑦ 권한·책임의 한계를 명백히 할 수 있다.

(나) 단 점

① 유능한 일반 행정가를 확보하는 것이 곤란하다.
② 인사배치가 탄력적이지 못하다.
③ 장기적인 공무원의 능력발전에 부적합하다.
④ 신분보장이 약해진다.
⑤ 행정상의 조정이 곤란하다.

나. 계급제(Ranking system)

(1) 의 의

계급제는 공직에 취임할 사람을 중심으로, 공무원이 가지는 학력·경력·자격을 기준으로 유사한 개인적 특성을 가진 공무원을 하나의 범주나 집단으로 구분하며, 종적으로 계층을 만들고 여기에 행정업무를 수준별로 구분하여 담당하게 하는 인간 중심적 제도이다.

(2) 계급제의 특징

계급제는 다음과 같은 특징을 지니고 있다.

(가) 일반 행정가의 원리

특정 계급 내 소속된 공직자는 해당 계급 안에서 직렬·직무를 막론하고 동일한 능력을 가진 것으로 가정하여 같은 계급에 소속된 공직자는 해당 계급의 모든 직무를 다 수행 가능한 것으로 간주한다. 즉 여러 방면에서 능력발휘가 가능한 일반 행정가를 강조하고 있으며 실제 업무 현장에서도 1년 내지 2년 간격으로 부서를 이동하게 하여 구성원들이 다양한 능력을 배양하도록 하고 있다.

(나) 계급군 간의 폐쇄성과 차등성

계급제는 자격과 능력의 질적 수준이 유사한 것을 하나로 묶어 하나의 계급 군으로 구분하여 이해할 수 있다. 계급제의 특성은 계급 군 간의 경계가 엄격히 구분되어 있기 때문에 타 계급 군으로의 이동이 폐쇄적일 뿐만 아니라 차등이 심하다.

우리나라의 일반 공무원의 경우 공채로 임용된 6급 이하와 행정고시(기술고시 포함)로 임용된 5급 이상의 두 계급 군 간에 보이지 않는 경계가 존재하며 현실적으로도 차별이 있는 것으로 여겨진다.

(다) 고급계급의 '엘리트'화

계급 간의 차이가 심한 국가에서는 고급공무원의 수는 적게 하고 이들에 대해서는 교육 및 대우 면에서 특별한 고려를 하고 있다. 우리나라 경찰에서도 경찰대학 졸업자들이 경찰고위직의 주류를 이루고 있기 때문에 다른 입직(入職)경로로 채용된 경찰관들과의 차별성이 보이지 않는 갈등으로 여러 차례 표출된 바 있다. 경찰청에서도 여러 경로로 입직한 경찰관들의 승진과 보직관리 등에 있어 차별성을 최소화하면서 능력 위주의 인사배치와 함께 다양한 사기방안을 마련하는 데 고심하고 있다.

(라) 폐쇄형 충원

공직에서 공석 발생 시 그 공석을 내부인사이동 또는 승진을 통해 채우는 방식을 폐쇄형 충원이라고 한다. 특정직공무원인 경찰직에서 특히 많이 나타나고 있다.

(마) 계급의 신분화

직업공무원제에서는 계급과 신분을 일치시키는 경향이 있다. 이는 계급과 보수가 일치되는 것과도 일맥상통하는데 같은 급수에 있는 공직자는 담당자의 직무를 막론하고 동일한 보수를 받아 계급을 신분화하는 요소가 되고 있다.

(3) 계급제의 장단점

(가) 장 점

① 폭넓은 교양과 능력 있는 자를 채용할 수 있다.
② 인사배치의 융통성을 발휘할 수 있다.
③ 신분보장으로 인하여 직업공무원제를 확립시킬 수 있다.
④ 행정의 안정성을 가져올 수 있다.
⑤ 각 부서 간의 조정과 협조가 상대적으로 용이하다.

(나) 단 점

① 시험 및 인사배치에 있어서 합리성이 결여된다.
② 보수제도가 동일직무·동일보수의 원리가 적용되기 힘들어 불합리해진다.
③ 행정의 전문성이 저해된다.
④ 행정에 대한 민주통제가 저해된다.
⑤ 권한·책임이 불명확해진다.

참고▶ 직위분류제와 계급제의 비교

구분	직위분류제	계급제
임용형태	개방형	폐쇄형
인사운용	비신축적	신축적
승진범위	작음	큼
보수정책	합리적	비합리적
교육내용	직무교육 중심	일반행정능력 배양
업무조정	곤란	용이
외국사례	1909년 미국 시카고에서 최초 실시	독일, 프랑스, 일본 등에서 실시

6. 실적주의와 직업공무원제도

가. 서 설

우리나라는 공무원시험을 통해 공무원을 선발하면 그 선발된 공무원은 정년이 보장되고 일정한 보수의 급여가 보장되는 등 여러 가지 혜택을 받게 된다. 이것이 단편적인 실적주의와 직업공무원제도의 예이다. 「국가공무원법」 제2조(공무원의 구분) 제1항에서 "국가공무원은 경력직공무원과 특수경력직공무원으로 구분한다"고 하고 제2항에서 "경력직공무원이란 실적과 자격에 따라 임용되고 그 신분이 보장되며 평생토록 공무원으로 근무할 것이 예정되는 공무원을 말한다"라고 하였으며, 동법 제26조(임용의 원칙) "공무원의 임용은 시험성적 · 근무성적, 그 밖의 능력의 실증에 따라 행한다"라고 하여 직업공무원제와 실적주의를 천명하였다.

이러한 실적주의와 직업공무원제도는 현대의 대부분 국가에서 인사평정의 근간으로 삶고 있는 제도이기도 하다.

실적주의의 가장 본질적인 내용은 공직에의 기회균등, 공개경쟁채용시험, 공무원의 정치적 중립, 공무원의 신분보장이라 할 수 있다. 실적주의는 처음에는 엽관주의의 병폐를 극복하기 위하여 도입되었으나, 오늘날에는 우수인력의 확보 차원에서 보다 적극적인 성격으로 발전하고 있다.

나. 정실주의(Patronage system)와 엽관주의(Spoils system)

정실주의(情實主義)와 엽관주의(獵官主義)는 거의 같은 의미로 사용되는 것으로, 공직에의 임면(任免)을 개인의 자격이나 능력에 두는 것이 아니고 당파성이나 인사권자와의 개인적인 충성, 혈연관계, 지연 · 학연 등을 기준으로 하는 제도를 말한다.

양자는 모두 공직에의 임면이 실적 이외의 요소에 의하여 이루어졌다는 점에서 다르지 않으나 정실주의는 1688년 명예혁명 이후 주로 영국에서 행해지고, 엽관주의는 1829년 미국의 잭슨(Jackson) 대통령에 의해 주창되었다는 것이 큰 차이점이다.

영국의 정실주의는 군주에 의한 은혜적 정실주의와 의회에 의한 정실주의로 나누어진다. 한편 엽관주의는 선거에서 승리한 정당이 자기 정당에 충성한 사람을 공직에 임용하게 되는 것이다.

(1) 엽관주의의 장점

(가) 정당이념의 실현과 정당정치의 발달에 도움이 된다.

(나) 국민의 지지를 받는 정당의 당원이 공직에 임용됨으로써 민주적 통제의 강화와 행정의 민주화에 기여한다.

(다) 공직경질(公職更迭)을 통하여 관료의 특권화, 침체화, 관료주의화를 방지할 수 있다.

(라) 관료의 특권화를 배제함으로써 평등의 이념에 부합한다.

(마) 공무원의 적극적인 충성심을 확보할 수 있다.

(2) 엽관주의의 단점

(가) 인사행정에 있어서 유능한 인물이 배제되어 행정능률이 저하된다.

(나) 관료가 정당의 사병화(私兵化)가 되어 관료의 대표성, 책임의 확보가 어렵다.

(다) 공무원의 불안전한 신분보장으로 행정의 안정성, 계속성, 중립성이 저하되고 전문성, 기술성의 확보 및 유지가 어려워진다.

(라) 정치와 행정의 결탁으로 정치, 행정의 부패와 행정기강의 문란을 초래한다.

(마) 위인설관(爲人設官)의 현상과 예산의 낭비를 초래한다.

다. 실적주의(Merit system)

(1) 의 의

실적주의란 인사행정의 기준을 당파성이나 정실・혈연・지연이 아니라 개인의 능력・자격・성적에 두는 제도를 말한다. 실적주의의 대두요인으로는 행정국가의 성립, 정당의 변질, 엽관제도의 폐해, 행정능률화와 중립성의 요청 등이 있다.

일반원칙으로는 공직취임에 있어서의 기회균등, 개인의 능력・적성・자격・실적을 기준으로 한 인사임용, 공무원의 정치적 중립, 공무원의 신분보장 등이 있다.

(2) 성립과정

(가) 영국의 경우

영국은 18세기 중엽 산업혁명의 영향으로 정부의 기능이 확대·강화되었다. 당시 정실주의하의 무능력하고 비능률적인 인사행정제도로서는 도저히 이러한 행정기능을 감당할 수 없었다. 이러한 배경 속에서 영국의 근대적 공무원제도는 1853년 「노스코트와 트레벨리안 보고서(Northcote & Trevelyan Report)」가 제시한 개혁안을 기초로 1855년 추밀원령을 거쳐 1870년 추밀원령이 제정됨에 따라 일단 확립되었다.

(나) 미국의 경우

미국 상원의원 펜들턴(G. H. Pendleton)은 1883년 미국 최초의 실적주의 인사행정의 기초를 확립한 연방공무원법(Federal Civil Service Act)을 제정하였다. 이 법은 제안자의 이름을 따서 '펜들턴법(Pendleton Act)'이라고도 불리며, 법률의 주요 내용은 다음과 같다.

① 초당적인 인사위원회의 설치, 즉 인사위원회는 대통령이 임명하고 상원의 인준을 받은 3명의 의원으로 구성되었는데 이 중 2명 이상은 동일 정당에 속하는 것을 금지하였다.
② 공개경쟁채용시험을 채택한다.
③ 채용과정 일부로서의 시보기간을 설정한다.
④ 능력을 상실한 제대군인은 이미 부여받고 있던 특혜를 계속 향유한다.
⑤ 공무원은 정치헌금을 제공할 의무를 지지 않으며 정치활동에 참여해서도 안 된다.
⑥ 인사위원회는 인사행정 개선을 위한 조사를 자발적으로 실시할 수 있는 권한을 가지며, 이에 대한 연례보고서를 대통령을 거쳐 의회에 제출하여야 한다.

(3) 실적주의 장단점

(가) 장 점

① 공직에의 임용 기회가 균등하여 사회적 평등이 실현된다.
② 정실적·정치적 인사행정이 극복되고 신분이 보장된다.

③ 개인의 능력과 실적에 의하여 임용된다.
④ 공무원의 정치적 중립과 부패가 방지된다.

(나) 단 점

① 모든 인사가 기준에 얽매이거나 소극화되기 쉽다.
② 독립적 중앙인사기관의 권한을 강화함으로써 인사행정의 지나친 집권화를 초래한다.
③ 객관적인 인사행정에 주력한 나머지 융통성 있는 인사행정을 저해한다.
④ 시대상황에 적절한 대응을 하지 못하고 책임을 지려고 하지 않는다.

(4) 실적주의의 한계 및 개선방향

(가) 실적주의의 한계

실적주의는 정책의 효과 면에서 정책결정자와 집행자와의 이념의 불일치성으로 인하여 갈등이 초래할 수 있으며, 정책의 수립과 집행에 있어서 엽관주의에 비해 충성심이 부족하다.

(나) 개선방향

엽관주의를 극복하기 위하여 실적주의가 대두되었으나 그 부작용으로 공무원은 지나치게 소극화, 형식화, 인사의 집권화가 되었다. 이에 적극적으로 인사행정의 실적주의를 과학적으로 검토하여 개선하는 것이 당면과제라고 하겠다.

라. 직업공무원 제도(Career civil service system)

(1) 의 의

직업공무원제란 공직에 봉사하는 것을 공무원들이 전 생애에 걸쳐 보람 있는 일로 생각하고 공직생활에 전념할 수 있도록 조직・운영되는 인사제도를 말한다. 다시 말하면 공직을 명예로운 직업으로 알고 학교를 갓 졸업한 젊은 나이에 공직에 들어가 그 안에서 성장하고 상급직에 진출하면서 노동능력이 있는 동안의 전 생애를 보낼 수 있도록 마련된 인사제도를 직업공무원제라 한다.

이와 같은 직업공무원제도는 행정의 안정성 확보와 행정의 능률성 확보를 위하여 필요하다.

(2) 직업공무원제도의 중요성

(가) 개인의 능력을 중시하여 전문성을 확보하고 실적주의를 확립한다.

(나) 능률성을 추구한다.

(다) 신분보장을 통해 장기적인 행정의 안정성과 계속성을 확보한다.

(라) 정치적 중립을 보장해서 당파적 이익에 치우치지 않고 국민 자체의 이익을 반영하게 된다.

(3) 직업공무원제도의 확립요건

직업공무원제도가 확립되기 위하여 공무원이 공직을 보람 있는 생애의 일로 생각하며 봉사할 수 있도록 다음과 같은 요건을 갖추어야 한다.

(가) 공직에 대한 사회적 평가가 높아야 한다.

공직이 개인의 특권소유나 정당의 수단으로서가 아니라 공공봉사의 명예로운 직업으로서의 높은 사회적 평가를 받을 수 있도록 하여야 한다.

(나) 유능한 젊은이들을 끌어들일 수 있어야 한다.

유능하고 젊은 사람을 채용하고 이들을 합리적으로 관리하여야 한다. 젊은 사람들을 공직에 적극적으로 끌어들여 채용함으로써 이들이 상위직에 올라가기 위해 일생 동안 공직에 머물 수 있어야 한다.

(다) 적정한 보수제도가 확립되어야 한다.

보수가 생활의 안정을 보장할 수 있는 정도로 적정화되어야 하며, 특히 보수의 대외적 균형이 이루어져야 한다. 아무리 공직에 대한 사회적 평가가 높다고 해도 공무원의 경제적인 안정이 없이는 장기근무를 기대할 수 없는 것이다.

(라) 적절한 연금제도가 확립되어야 한다.

공직을 떠난 후에 생계의 위협을 받지 않을 정도의 연금지불이 보장되어야 공무원의 높은 근무의욕을 고취하고 직업화를 촉진시킬 수 있다.

(마) 재직자의 능력개발을 위한 기회가 주어져야 한다.

재직공무원의 잠재적 능력을 계발시키고 새로운 기술과 지식을 습득시키기 위하여 재직자의 교육훈련이 필요하며, 전직이나 부처 간, 중앙과 지방 간의 인사교류도 동력 개발의 기회로 삼을 수 있다.

(바) 장기적인 인력수급계획이 수립되어야 한다.

정부는 장기적인 인력수급계획을 수립하여 미래와 불확실한 인력난을 극복하고 인사의 불공평·침체화를 방지하여야 한다. 이러한 계획을 세우려면 이직률, 공무원의 연령구조, 직급별 평균 근무연한, 정부의 사업계획 등을 파악해야 한다.

(4) 직업공무원제도의 장단점

(가) 장 점

① 행정의 정치적 중립성이 확보된다.
② 행정의 안정성 및 계속성을 유지할 수 있다.
③ 신분보장으로 인하여 재직자의 사기가 앙양된다.
④ 이직률이 낮아진다.

(나) 단 점

① 학력과 연령제한으로 기회균등이 저해된다.
② 행정의 전문성이 저해된다.
③ 관료제가 특권집단화될 우려가 있다.
④ 책임이 확보되기 곤란하다.

(5) 직업공무원제도의 최근의 경향

직업공무원제도는 공무원의 신분보장, 유능한 인재의 확보, 행정의 안정성과 계속성 유지, 공무원과 국민의 일체감 형성 등 장점을 지니고 있으나, 직업공무원제도의 속성상 민주적 통제의 곤란, 행정의 전문화 저해 등 단점도 지니고 있다. 이러한 이유로 직업공무원제도의 성격이 강한 유럽 여러 나라의 인사행정은 이 성격을 일부 완화하여 실적주의와 개방적 공무원제의 요소를 도입하는 방향으로 나가고 있으며, 반면에 실적주의를 확립한 미국에서는 점차적으로 채용·승진·전직·교육훈련 면에서 폐쇄형(closed system)적인 직업공무원제도의 성격을 가미하고 있어, 양자가 서로 접근하는 경향을 보이고 있다.

7. 경찰공무원의 교육훈련

가. 의 의

교육훈련은 경찰공무원의 능력을 발전시키기 위해서 직무수행에 필요한 지식과 기술을 계발하고 연마하며 경찰공무원이 지니고 있는 가치관이나 태도의 변화를 촉진시켜 나가는 과정을 의미한다. 즉 경찰공무원의 일반능력을 계발하고 직무수행에 필요한 지식과 기술을 연마하여 경찰공무원 자신의 발전적 변화를 촉진하는 활동으로 능력발전과 자기계발을 의미하는 포괄적 개념으로 파악된다.

경찰공무원 교육훈련은 신규 채용자는 물론 각 계층별 경찰공무원의 지식, 기술, 가치관 및 행태를 발전시키는 모든 과정을 포함한다.

나. 필요성

경찰조직에는 일정한 자격을 갖춘 자이어야만 경찰관으로 임명되도록 법률상 규정되어 있으나(경찰공무원법 제7조, 제8조), 아무리 우수하고 유능한 자가 임명되더라도 빠르게 변화하는 사회 환경에 대응할 능력을 갖추기 위해 다양하고 반복적인 교육훈련이 요청된다.

다. 교육훈련의 종류

(1) 학교교육

(가) 신규채용자의 교육훈련

① 신규로 채용된 순경, 경찰간부후보생들에게 실시하는 기초교육훈련으로서 신임교육과정이다. 경찰간부후보생은 경찰교육원에서 1년간 간부로서의 자질을 갖출 수 있도록 필요한 각종 소양과 기능에 대한 전문교육을 받고 있으며, 차후 간부양성의 일원화 계획에 따라 2015년에 이전이 완료될 충남 아산시 소재 경찰대학에서 교육받는 것으로 추진되고 있다. 순경은 6개월간 충북 충주시 소재 중앙경찰학교에서 교육훈련을 받는다.

② 신규채용자 교육훈련은 일반적으로 조직의 목적·구성·규칙 등을 포함하여 임용 후 맡아야 할 직무를 수행하는 데 요구되는 기초적 전문지식과 능력을 갖추도록 하는 것이 목적이다. 즉 형사법을 공정하게 집행할 수 있는 능력, 기본적인 행정업무 처리능력 그리고 충실한 대민봉사자로서 갖추어야 할 자질을 고루 겸비한 직업경찰관을 탄생시키기 위한 기초적 교육훈련이라 하겠다.

(나) 일반재직자 교육훈련

① 이 훈련은 재직 경찰공무원을 대상으로 새로운 지식·규칙·법령의 내용을 습득시키기 위하여 정기적 또는 수시로 실시하는 훈련이다. 경감 및 경위를 대상으로 하는 전문화 교육과정이 그 예에 속한다.

② 이러한 과정이 실효성을 확보하기 위해서는 교육내용이 일선경찰관에게 필요한 것이어야 할 것이다.

(다) 중간관리자 교육훈련

① 일선 업무에 대한 구체적인 관리·감독의 중요성이 증대됨에 따라 각 조직의 책임자급을 구분하여, 계장이나 과장과 같은 중간관리자들을 위한 교육훈련이 마련되어 있다.

이는 계급별 기본적으로 받아야 하는 필수교육과정이다.

② 이 과정에서 고급간부 교육과정은 경정・경감을 대상으로 경찰대학에서 실시되며, 초급간부 교육과정은 경위・경사를 대상으로 경찰교육원에서 실시된다. 이들에 대한 교육훈련의 내용은 일선 경찰들의 업무수행을 관리・감독할 수 있는 정도의 지식, 즉 공직윤리, 국가안보, 바람직한 경찰상, 지역사회 경찰활동, 수사지휘, 중견간부론 등이 있다.

(라) 경찰고위간부과정(치안정책과정)

2000년 1월부터 종래의 강의이론중심교육을 탈피하고 참여식 교육으로 수업방식을 전환하여 해외연수까지도 시행하고 있으며, 견문확대의 기회부여와 함께 다양한 수업방식을 채택함으로써 관리자들의 재충전의 기회로 활용하고 있다. 특히 2011년 7월 제24기 치안정책과정(1기 개방형 과정)부터 타 부처 고위간부들에게도 교육기회를 부여하여 중앙 9개 부처, 지방자치단체 3개 기관 및 공공기관 6개 기관이 참여하여 경찰고위정책과정의 위상을 높이고 있다.

(2) 직장훈련

(가) 경정 이하의 경찰공무원의 직무수행능력을 향상시키기 위하여 일상 업무를 통하여 행하는 훈련으로, 이 훈련은 직장교육・체력단련 및 사격훈련으로 구분되어 실시된다(경찰공무원 직장훈련 시행규칙 제7조).

(나) 직장훈련은 소집, 순회, 과제, 실습, 시청각 및 직접지도 등의 방법에 의하여 실시된다(동 규칙 제8조).

구분	내용
직장교육	–기관단위 소집교육: 월 1회 –부서별 자체교육: 월 1회
무도훈련	무도훈련: 월 2회 이상 실시
사격훈련	–정례사격: 연 2회(2, 3분기 각 1회) –특별사격: 외근요원 연 2회(1, 4분기 각 1회)

(다) 직장훈련은 주로 현장훈련(OJT, On the Job Trainning)으로서 경찰업무에 내실을 기하

기 위하여 중추적인 역할을 하고 있다. 특히 현장훈련은 신임경찰관에 대한 조언자·후견인·역할 모형자·교정자·평가자인 교관의 자질과 동기부여에 따라 그 성공이 좌우된다.

(3) 특수교육(위탁교육)

계급과는 상관없이 조직의 특수한 업무나 직책을 담당해야 할 전문인을 필요로 할 때 적임자를 선발하여 국내·외의 교육기관에 위탁하여 특수한 교육훈련을 실시하는 것으로 특수교육훈련이 있다.

(4) 체력검정실시

치안감 이하 전 경찰관(단, 경무관 이상이나 만 55세 이상은 참여자율실시)을 대상으로 연 1회 관서별 자체계획을 수립하여 매년 10월 실시하는 체력검정이 있다.

여기에는 1,000m 달리기, 윗몸일으키기, 팔굽혀펴기, 악력 등 4종목으로 구성되며, 성별·연령별로 구분하여 평가한다.

제4절 | 경찰예산 관리

1. 예산의 일반이론

가. 예산의 의의

예산이란 일정기간 내에 있어서 국가의 수입과 지출의 예정적 계획을 말한다. 국가의 주요 정책이나 사업계획은 예산을 통하여 구체화되고 실제 행동에 옮겨지게 된다.

예산은 국가의 정책이념이나 사업계획을 구체화하는 일련의 계획과정이라 할 수 있다. 여기에는 실질적 의미의 예산과 형식적 의미의 예산으로 구분하여 볼 수 있다.

(1) 실질적 의미의 예산

예산의 실질적 개념이란 그 내용 · 성질에서 본 개념으로서 국가의 재정수요와 이에 충당할 재원을 비교하여 배정한 1회계연도에 있어서의 세입 · 세출의 예정적 예산을 말한다.

(2) 형식적 의미의 예산

형식적으로 본다면, 국가의 예산은 「대한민국헌법」과 「국가재정법」에 의거하여 편성되어 국회의 심의 · 의결을 거친 1회계연도 간의 재정계획이라고 할 수 있다. 보통 예산이라고 하면 형식적 의미의 예산을 가리킨다.

나. 경찰예산의 기능

경찰예산은 국민의 세(稅) 부담을 전제로 하여 적정 재원을 동원하고 동원된 재원의 배분을 통하여 경찰의 범죄예방과 수사 등 범죄에 대처하는 경찰활동을 조장하고 유도하는 역할을 한다. 한편 경찰의 보수, 교육훈련, 물적 시설 제공, 근무환경 개선 등 기본 수요를 충족시켜 나감으로써 범죄에 대한 대응력을 높여 궁극적으로는 국민생활의 안전과 질서

유지를 지원하게 된다.

경찰예산관리자는 경찰활동을 위한 재원의 확보는 물론이고 배정된 예산의 효율적인 배분과 조정을 통하여 재정지출의 생산성을 최대한 높여야 한다.

다. 예산편성 체계

현재 정부예산은 품목별로 편성되고 배정되는 시스템이다. 경찰예산관리 역시 이러한 품목별 예산체계를 따라 편성, 배정, 지출, 감사활동이 이루어진다.

품목별 예산체계는 대분류부터 소분류로 세분되어 있으며 장, 관, 항, 세항, 목으로 짜인다. 예산편성과 집행의 기본이 되는 분류는 목이라고 할 수 있다. 목은 예산의 편성과 집행에 있어서 구체적으로 예산의 용도를 정해 준다. 목 간 전용은 원칙적으로 금지된다.

라. 예산의 분류

(1) 일반회계와 특별회계

(가) 일반회계

일반회계예산이란 일반적인 국가활동에 관한 세입·세출을 포괄적으로 편성한 예산으로서 그 세입을 주로 조세수입으로 충당하고, 세출은 국가의 존립과 유지를 위한 기본적 지출로 구성한다. 따라서 일반회계예산은 항구적이며 현금주의 원칙에 입각하고 있다. 경찰예산의 대부분은 일반회계에 속한다.

(나) 특별회계

① 특별회계는 국가에서 특정한 사업을 운영하고자 할 때, 특정한 자금을 보유하여 운용하고자 할 때, 특정한 세입으로 특정한 세출에 충당함으로써 일반회계와 구분하여 계리할 필요가 있을 때에 법률로써 설치한다. 따라서 세입을 조세수입에 의존하는 일반회계와는 차이가 있다.

② 특별회계는 예산단일성(통일성)의 원칙에 대한 예외가 된다. 특별회계는 원칙적으로

설치 소관부서가 관리하며 기획재정부의 직접적인 통제를 받지 않는다.

최근에는 조세 이외의 정부수입과 사업적 성격을 지니는 행정 분야의 증대에 따라 이들 분야의 경영합리화를 위해 특별회계의 적용이 점차 늘어 가고 있는 경향이다.

③ 경찰특별회계로는 책임운영기관 특별회계 등이 있다.

참고▶ 경찰책임운영기관

경찰책임운영기관으로는 「책임운영기관의 설치 · 운영에 관한 법률」에 의하여 경찰병원이 있다. 과거 운전면허관리단이 있었으나, 도로교통공단에 편입됨으로써 해제되었다. 책임운영기관이란 정부가 수행하는 사무 중 공공성을 유지하면서도 경쟁원리에 따라 운영하는 것이 바람직하거나 전문성이 있어 성과관리를 강화할 필요가 있어, 행정 및 재정상의 자율성을 부과하고 그 성과에 대하여 책임을 지도록 하는 행정기관을 말한다.

(2) 예산 성립 과정상의 분류

(가) 본예산

정부는 회계연도마다 예산안을 편성하여 회계연도 개시 90일 전까지 국회에 제출하고 국회는 회계연도 개시 30일 전까지 이를 의결하여 예산을 확정하는데, 이렇게 성립된 예산을 본예산이라 한다(헌법 제54조 제2항).

(나) 수정예산

수정예산이란 예산심의 중(국회 제출 후 성립 전) 부득이한 사유로 수정하여 제출하는 예산을 말한다(국가재정법 제35조).

수정예산은 예산의 편성이 종료된 후에 변경한다는 점에서는 추가경정예산과 유사하나, 추가경정예산은 예산안이 국회를 통과하여 성립된 후에 변경하는 것을 요건으로 하고 있기 때문에 예산안이 국회를 통과하기 전에 수정하는 수정예산과는 차이가 있다.

(다) 추가경정예산

예산이 확정된 이후에 생긴 사유로 인하여 필요한 경비의 부족이 생길 때 본예산에 추가 또는 변경을 가한 예산을 말한다(단일성의 원칙의 예외)(헌법 제56조).

(라) 준예산

① 준예산이란 새로운 회계연도가 개시될 때까지 예산안이 성립되지 못할 경우 정부가 국회에서 예산안이 의결·확정될 때까지 전년도 예산에 준하여 지출하는 예산을 말한다(헌법 제54조 제3항). 이는 예산집행의 신축성을 부여하고 예산 불성립으로 인한 행정중단의 방지를 도모한다.

② 준예산제도가 적용되는 경비는 ㉠ 헌법이나 법률에 의하여 설치된 기관 또는 시설의 유지비·운영비, ㉡ 법률상 지출의 의무가 있는 경비(공무원의 보수와 사무 처리에 관한 기본경비 등), ㉢ 이미 예산으로 승인된 사업의 계속을 위한 경비 등이다.

③ 준예산에 의하여 집행된 예산은 당해 연도의 예산이 성립되면 그 성립된 예산에 의하여 집행된 것으로 간주한다.

(3) 형식적 내용상의 분류

「국가재정법」 제19조(예산의 구성)에 예산은 예산총칙·세입세출예산·계속비·명시이월비와 국고채무부담행위를 총칭한다.

(가) 예산의 구분(동법 제21조)

① 세입세출예산은 필요한 때에는 계정으로 구분할 수 있다.

② 세입세출예산은 중앙관서의 조직별로 구분한 후 소관 내에서 일반회계·특별회계로 구분한다.

③ 세입예산은 제2항의 구분에 의하여 그 내용을 성질별로 관·항으로 구분하고, 세출예산은 제2항의 구분에 의하여 그 내용을 기능별·성질별 또는 기관별로 장·관·항으로 구분한다.

(나) 예비비(동법 제22조)

정부는 예측할 수 없는 예산 외의 지출 또는 예산초과지출에 충당하기 위하여 일반회계 예산총액의 100분의 1 이내의 금액을 예비비로 세입세출예산에 계상할 수 있다. 다만, 예산총칙 등에 따라 미리 사용목적을 지정해 놓은 예비비는 본문의 규정에 불구하고 별도로 세입세출예산에 계상할 수 있다.

제1항 단서의 규정에 불구하고 공무원의 보수 인상을 위한 인건비 충당을 위해서는 예비비의 사용목적을 지정할 수 없다.

(다) 계속비(동법 제23조)

완성에 수년을 요하는 공사나 제조 및 연구개발사업은 경비의 총액과 연부액(年賦額)을 정하여 미리 국회의 의결을 얻은 범위 안에서 수 년도에 걸쳐서 지출할 수 있다(동 조 제1항).

제1항의 규정에 의하여 국가가 지출할 수 있는 연한은 당해 회계연도로부터 5년 이내로 한다. 다만, 필요하다고 인정할 때에는 국회의 의결을 거쳐 다시 그 연한을 연장할 수 있다.

(라) 명시이월비(동법 제24조)

세출예산 중 경비의 성질상 연도 내에 그 지출을 끝내지 못할 것이 예측될 때에는 특히 그 취지를 세입세출예산에 명시하여 미리 국회의 승인을 얻어 다음 연도에 이월하여 사용할 수 있다.

(마) 국고채무부담행위(동법 제25조)

법률에 의한 것과 세출예산금액 또는 계속비 총액 범위 안의 것 이외에 국가가 채무를 부담하는 행위를 할 때는 미리 예산으로서 국회의 의결을 얻어야 한다.

제1항에 규정된 것 외에 재해복구를 위하여 필요한 경우, 회계연도마다 국가는 국회의 의결을 얻은 범위 안에서 채무를 부담하는 행위를 할 수 있다. 이 경우 그 행위는 일반회계 예비비의 사용절차에 준하여 집행한다.

국고채무부담행위는 사항마다 그 필요한 이유를 명백히 하고 그 행위를 할 연도 및 상환연도와 채무부담의 금액을 표시하여야 한다.

마. 예산제도

(1) 품목별 예산제도

(가) 의 의

품목별 예산제도란 예산의 품목별로 분류하는 방식으로서 행정책임의 소재와 회계책임에 대한 감독부서 및 국회의 통제가 용이하도록 하기 위한 제도이다. 즉 이 제도는 예산집행의 낭비와 부당집행 방지를 위해서 예산을 품목별로 구체적으로 명시하여 그 집행결과를 결산으로 확인하려는 제도이다. 현재 우리나라 경찰의 예산제도이다.

(나) 장 점

① 비교적 운영하기 쉽고, 회계책임을 명확히 할 수 있다.
② 지출의 합법성에 치중하는 회계검사가 용이하다.
③ 인사행정에 유용한 자료와 정보를 제공할 수 있다.
④ 행정의 재량범위를 축소한다.

(다) 단 점

① 계획과 지출이 일치하지 않는 경우가 많다.
품목별 예산제도는 기존의 조직과 활동 때문에 재정구조의 경직화를 초래하는 경향이 있어 계획에 맞도록 지출하기에 어려움이 있다.
② 기능의 중복을 피할 수 없다.
조직별로 일을 추진할 때에는 사업활동이 중복될 가능성이 많으므로 사업의 효율적 추진 및 타 사업과의 연계성에 문제점이 있다.
③ 의사결정을 위한 충분한 자료를 제시하지 못한다.
품목별 예산제도는 지출만을 문제 삼기 때문에 효율성을 따지기에는 문제점이 많다.
④ 품목과 비용을 따지는 미시적 관리로 정부 전체 활동의 통합조정에 필요한 수단을 제공하지 못한다.

(2) 성과주의 예산제도(performance budgeting system)

(가) 의 의

성과주의 예산제도는 사업수행의 성과와 그 책임을 명확히 하는 예산제도로서 ① 예산과목을 사업별·활동별로 분류하여 편성하고 ② 목표달성에 적절한 경비를 계산할 수 있도록 사전에 사업별·활동별로 업무량을 측정하고 업무단위당의 원가를 산출하며 ③ 정부계획의 성과 및 그 수행 상태를 미리 설정된 성과표준에 의하여 분석·평가한다.

(나) 편성방법

예산과목의 편성은 정부의 각 계획내용을 명확히 할 수 있도록 사업별·활동별로 분류된 예산과목을 사용한다. 따라서 정부의 계획을 ① 기능별로 대분류하고 ② 계획을 담당하여 수행하는 조직단위의 기능 아래 수 개의 사업계획으로 중분류하고 ③ 사업계획은 수행과정, 활동절차 또는 사업세분에 따라 성과단위로 재분류하고 ④ 세부계획이나 활동을 모두 경비품목으로 표시할 수 있는 예산과목으로 분류한다.

단위원가 × 업무량 = 예산액

※ 단위원가란 업무측정단위 한 개를 산출하는 데 소요되는 경비를 말하는데, 그것이 재화로서 시장가격이 형성되지 않았거나 용역의 경우에는 측정하기 어렵다.
※ 업무량이란 업무측정단위에 의하여 표시된 업무의 양을 말한다.

(다) 장 점

① 국민의 입장에서 볼 때 예산을 통하여 경찰의 활동을 쉽게 이해할 수 있다.
② 예산편성에 있어서 자원배분을 합리화할 수 있고, 예산의 집행에 있어서도 신축성을 부여할 수 있다.
③ 정부정책이나 계획수립을 용이하게 하고 있을 뿐 아니라 입법부의 예산심의를 간편하게 하는 장점이 있다.
④ 예산집행 결과에 대한 평가를 통하여 해당 부서의 업무능률을 측정할 수 있으며 다음 연도의 예산에 반영할 수 있다.

(라) 단 점

① 업무측정단위 선정 및 단위원가 계산에 어려움이 있다.
② 투자사업 등에 소요되는 예산에는 적용이 용이하나, 공무원의 봉급 등 인건비에 들

어간 행정 기본경비에의 적용에는 어려운 점이 있다.

(3) 계획예산제도(PPBS: planning programming budgeting system)

계획예산제도는 종래의 관리 중심 예산기능을 지양하고 상대적으로 경시되어 왔던 예산편성에 있어서의 계획기능을 중시하는 예산제도이다. 이는 일명 프로그램 예산이라고도 한다.

계획예산제도는 한마디로 정책결정자의 욕구를 충족시켜 주기 위한 예산제도이다. 재정에 대한 수요는 많고 이를 뒷받침해 줄 수 있는 사업에 재원이 할당되어야 하는데 이러한 과제를 계획예산제도가 충족시킬 수 있다는 것이다. 따라서 계획예산제도의 첫 출발점은 조직의 목적을 가능한 한 정확하게 설정하는 데서 시작하여야 한다. 그 다음에 이러한 목적달성을 위하여 취하여야 할 대안들을 검토하여야 하며, 이들 대안에 대한 비용과 편익을 분석하여 그 분석을 토대로 예산 배분이 이루어지게 된다.

계획예산제도는 이상적이기는 하나 실제적으로는 실패하였다. 그 이유는 예산의 정치적 성격과 실현에 필요한 비용부담 및 분석의 곤란 때문이라고 할 수 있다.

(4) 영점기준예산제도(zero_base budgeting system)

(가) 의 의

영점기준예산제도는 예산편성을 할 때 전년도 예산을 기준으로 하여 점증적으로 예산액을 책정하는 폐단을 시정하려는 데서 나온 예산제도로서 전년도 예산대비 개념을 탈피하기 위하여 전년도와 유사한 사업이라도 그 사업의 수행목적, 수행방법, 수행효과, 소요경비 등을 새로 사업을 시작하는 수준, 즉 '영의 수준'에서 판단하여 우선순위를 새롭게 결정하고 그에 따라 예산을 책정하는 방법을 의미한다.

(나) 장 점

① 산출 및 결과 지향적 예산제도로서 예산의 경직성을 타파할 수 있다.
② 우선순위에 입각한 사업의 폐지 또는 삭감을 통한 재원의 합리적 배분을 유도할 수 있다.
③ 재정압박에 대비하고 감축관리에 적합한 제도적 장치이다.

④ 하의상달 및 조직구성원의 참여를 촉진할 수 있고, 기존의 어떠한 예산제도와도 공존할 수 있다.

⑤ 운용상의 신축성을 발휘할 수 있는 장점도 있다.

(다) 단 점

① 우선순위 결정에 많은 어려움이 수반된다.

② 새로운 사업을 제안하는 것이 곤란하고 예산편성이 통제 지향으로 흐를 가능성이 있다.

③ 장기적인 목표가 경시될 수 있는 우려도 있다.

④ 기득권자들의 저항, 매몰비용의 문제, 시간부족 등으로 인하여 여전히 점증적 예산결정 행태가 존속된다는 것이다.

(5) 일몰법(sunset Laws, 한시법)

일몰법 예산이란 특정 행정기관이나 사업이 일정기간(3년~7년)이 지나면 국회의 재승인을 얻지 못하는 한 자동적으로 폐지되게 하는 법률을 말한다. 일몰법의 기본이 되는 것은 정책의 자동적 종결과 주기적 재심으로 영기준예산적 사고이다.

PPBS 등으로 의회의 예산심의가 약화된 데 따른 대응으로 의회에 의한 예산개혁의 일환으로 1976년 미국 콜로라도 주에서 처음 채택되었다.

(6) 자본예산제도(capital budgeting system)

세입과 세출을 경상적인 것과 자본적인 것으로 나누어 경상적 지출은 경상적 수입으로 충당하고, 자본적 지출은 공채 발행 등 차입으로 충당하는 복식예산제도(double budgeting)의 한 양식을 말한다.

이러한 자본예산제도는 정부가 경제에 깊이 개입하게 되면서 채택되기 시작했다.

1930년대의 공황기에 스웨덴에서 개발된 자본예산제도는 제2차 세계대전 후 공공시설의 투자자금을 조달하기 위한 방편으로 미국의 도시정부들에서도 채택되었던 예산제도이다. 경제적 불황기에 직면했을 때 자본예산제를 채택할 경우, 적자재정 즉 공채 발행을 정당화할 수 있고, 이것을 재원으로 하여 유효 수요를 창출하고 고용을 증대시켜 경기를 회복할 수 있다.

2. 예산의 편성 · 심의 · 의결

가. 예산의 편성(국가재정법)

(1) 신규 사업 및 중기사업계획서 제출(동법 제28조)

각 중앙관서의 장은 매년 1월 31일까지 당해 회계연도부터 5회계연도 이상 기간 동안의 신규 사업 및 기획재정부장관이 정하는 주요 계속사업에 대한 중기사업계획서를 기획재정부장관에게 제출하여야 한다.

(2) 예산안 편성지침의 통보(동법 제29조 제1항)

기획재정부장관은 매년 4월 30일까지 국무회의의 심의를 거쳐 대통령의 승인을 얻은 다음 연도의 예산안편성지침을 각 중앙관서의 장에게 통보하여야 한다.

(3) 예산요구서의 제출(동법 제31조 제1항)

각 중앙관서의 장은 예산안편성지침에 따라 그 소관에 속하는 다음 연도의 세입세출예산 · 계속비 · 명시이월비 및 국고채무부담행위요구서를 작성하여 매년 6월 30일까지 기획재정부장관에게 제출하여야 한다.

(4) 정부안의 확정 및 국회제출(동법 제32조, 제33조)

기획재정부장관은 예산요구서에 따라 예산안을 편성하여 국무회의의 심의를 거친 후 대통령의 승인을 얻어야 한다. 정부는 예산안을 회계연도 개시 90일 전까지 국회에 제출하여야 한다.

참고▶ 예산편성과정 정리

예산일정	중앙관서의 장이 기획재정부장관에게 중기사업계획서 제출	1월 31일까지
	기획재정부장관이 중앙관서의 장에게 예산편성지침 통보	4월 30일까지
	중앙관서의 장이 기획재정부장관에게 예산요구서 제출	6월 30일까지
	정부가 국회에 예산안 제출	회계연도 개시 90일 전까지
	국회의 예산 심의 완료	회계연도 개시 30일 전까지
결산일정	중앙관서의 장이 기획재정부장관에게 결산보고서 제출	다음 연도 2월 말까지
	기획재정부장관이 감사원에게 결산보고서 제출	다음 연도 4월 10일까지
	감사원이 기획재정부장관에게 결산검사보고서 제출	다음 연도 5월 20일까지
	기획재정부장관이 국회에 결산보고서 제출	다음 연도 5월 31일까지
	국회의 결산심의 완료	정기회 개회 전

나. 예산의 심의 · 의결

정부는 회계연도마다 예산안을 편성하여 회계연도 개시 90일 전까지 국회에 제출하고, 국회는 회계연도 개시 30일 전까지 이를 의결하여야 한다(헌법 제54조 제2항).

3. 예산의 집행

가. 의 의

예산의 집행은 당해 연도의 예산으로 지출하고 모든 수익금은 국고에 납부하여야 하며 직접 사용하지는 못하며 예산은 예산서에 명시된 목적 이외에는 사용하지 못한다. 다만, 특별한 사유가 있는 경우에 예산과목 중 항(項) 이상의 것은 국회의 승인을 얻어 이용이 가능하며 세항(細項), 목(目)은 기획재정부장관의 승인을 얻어 전용 집행할 수 있다.

나. 예산의 배정(「국가재정법」 제43조)

기획재정부장관은 일정한 기준에 의한 분기별 예산배정계획에 의거하여 각 부처에 예산을 배정하며 경찰청은 기획재정부에서 배정받은 예산을 지방경찰청 및 소속기관에 재배정한다.

다. 경찰예산의 배정절차

(1) 예산이 성립되면 경찰청장은 사업운영계획 및 이에 의한 세입 · 세출예산, 계속비와 국고채무부담행위를 포함한 예산배정요구서를 기획재정부장관에게 제출하여야 한다.

(2) 기획재정부장관은 월별자금계획에 의하여 분기별 예산배정계획을 작성하고, 이를 국무회의의 심의를 거쳐 대통령의 승인을 얻어야 한다.

(3) 예산배정은 기획재정부장관이 한다.

(4) 각종 정부사업의 수행과 경비지출을 위한 지출원인행위는 배정된 예산의 범위 내에서 하도록 되어 있어 국회를 통과하여 예산이 확정되었더라도 해당 예산이 배정되지 않은 상태에서는 지출원인행위를 할 수 없다.

구분	예산배정방법
정기배정 (제43조 제1항)	4분기별 연간배정계획에 의거 정기적으로 예산을 배정하는 것을 말한다.
긴급배정 (제43조 제3항)	회계연도 개시 전에 예산을 배정하는 것을 말한다. [긴급배정할 수 있는 경비(동법시행령 제16조 제5항)] –외국에서 지급하는 경비] –선박의 운영·수리 등에 소요되는 경비] –교통이나 통신이 불편한 지역에서 지급하는 경비 –각 관서에서 필요한 부식물의 매입경비 –범죄수사 등 특수활동에 소요되는 경비 –여비 –경제정책상 조기집행을 필요로 하는 공공사업비 –재해복구사업에 소요되는 경비
조기배정 (제43조 제4항)	–경제정책상의 필요에 의하여 사업을 조기에 집행하고자 할 때 연간 정기배정계획 자체를 1/4 또는 2/4분기에 앞당겨 집중 배정하는 것을 말한다. –사업의 집행과정에서 계획의 변동이나 여건 변화로 인하여 해당 사업에 대한 예산을 분기별 정기배정계획에 관계없이 앞당겨 배정하는 것을 말한다.
배정유보 (제43조 제5항)	–경제정책이나 재정운용상의 필요에 의해 그 사업에 대한 예산배정을 유보하는 것을 말한다. –분기별 정기배정에 관계없이 수시배정의 요구를 받아 해당 사업의 추진상황, 문제점 등을 검토한 후 예산을 배정하는 것을 말한다.
감액배정	일단 배정된 예산에 대하여 사업계획의 변동 또는 차질이나 재정운용상의 필요에 의하여 배정을 감액하는 것을 말한다.

라. 예산의 전용(동법 제46조), 이용·이체(동법 제47조), 이월(동법 제48조)

예산의 전용은 법령이 정하는 바에 의하여 각 정책사업 내의 예산범위 안에서 행정과목인 각 단위사업의 금액을 전용할 수 있다. 또한 예산의 이용은 정책사업간에 예산을 상호 융통하여 사용하는 것으로써, 정책사업은 입법과목에 해당하기 때문에 국회의 승인을 얻어야 하는 사항이므로, 각 부처의 장은 국회의 사전 승인을 받지 아니하고는 세출예산에 정한 목적 외에 경비를 사용하거나 세출예산이 정한 각 정책사업간에 서로 이용할 수 없다.

구분	내용	
예산의 전용	예산의 세항 또는 목의 경비를 기획재정부장관의 승인을 얻어 상호 이용하는 것을 말한다.	
예산의 이용	예산 집행상 필요에 따라 미리 예산으로써 국회의 의결을 얻은 때에는 기획재정부장관의 승인을 얻어 장·관·항 간에 예산금액을 상호 이용하는 것을 말한다.	
예산의 이체	정부조직 등에 관한 법령의 제정, 개정 또는 폐지로 인하여 중앙관서의 직무와 권한에 변동이 있는 때에 예산을 이에 따라 변경하여 사용하는 것을 말한다.	
세출예산의 이월	명시이월	세출예산 중 연도 내에 그 지출을 하지 못할 것이 예측될 때에 미리 국회의 승인을 얻어 예산을 다음 연도에 넘겨서 사용하는 것을 말한다.
	사고이월	연도 내에 지출원인행위를 하고 불가피한 사유로 인하여 연도 내에 지출하지 못한 경비와 지출원인행위를 하지 아니한 그 부대경비의 금액을 다음 연도에 이월하여 사용하는 것을 말한다.

참고▶ 세입예산 과목과 세출예산 과목 사례

구분	입법과목				행정과목		
세입예산	관		항		목		
	내국세		소득세		원천분		
세출예산	(부문)	장	관	항	세항	(세세항)	목
	경제개발	과학기술	연구활동 지원	연구개발 지원	과학진흥	과학산업연구단지 조성	시설비

4. 지 출

가. 용어의 정의(「국고금관리법」 제2조 및 동법 시행령 제2조)

지출	세출예산 및 기금운용계획의 집행에 따라 국고에서 현금 등이 지급되는 것을 말한다.
지출원인행위	재무관이 세출예산·계속비·국고채무부담행위 및 기금운용계획에 따라 지출의 원인이 되는 계약 등을 행하는 것을 말한다.
지급원인행위	관서운영경비출납공무원이 지출관으로부터 교부받은 관서운영경비에 의하거나 국고금운용계정 출납명령관이 국고금에 의하여 지급의 원인이 되는 행위를 하는 것을 말한다.
계정	국고금의 수급액을 기록하기 위하여 한국은행에 설치된 것을 말한다.

나. 지출의 총괄과 관리(동법 제19조)

기획재정부장관은 지출에 관한 사무를 총괄하고, 중앙관서의 장은 그 소관에 속하는 지출원인행위(국고금지출의 원인이 되는 계약 그 밖의 행위를 말한다. 이하 같다)와 지출에 관한 사무를 관리한다.

다. 지출원인행위의 준칙(동법 제20조)

지출원인행위는 중앙관서의 장이 법령, 국가재정법 제43조의 규정에 따라 배정된 예산 또는 기금운용계획의 금액 범위 안에서 하여야 한다.

라. 지출의 절차(동법 제22조)

(1) 중앙관서의 장 또는 재무관이 그 소관에 속하는 세출예산 또는 기금운용계획에 따라 지출하고자 하는 때에는 지출관에게 지출원인행위 관계서류를 송부하여야 한다.

(2) 지출원인행위에 따라 지출관이 지출하고자 하는 때에는 채권자 등의 계좌로 이체하여 지급하여야 한다.

(3) 지출관은 정보통신장애 그 밖의 불가피한 사유로 인하여 채권자 등의 계좌로 이체할 수 없는 경우에는 현금 등을 채권자에게 직접 지급할 수 있다.

마. 지출의 제한(동법 제23조)

지출관은 채권자 등을 수취인으로 하는 경우 외에는 지출할 수 없다. 다만, 출납공무원에 대하여 자금을 교부하는 경우에는 그러하지 아니하다.

바. 관서운영경비

관서운영경비는 목에 해당하므로 여기에서는 적합하지 않으나 경찰예산 집행과정에 대한 이해를 돕기 위해, 지면관계상 인건비, 사업비 부분을 생략하고 설명한다.

(1) 지출업무를 담당하는 출납공무원을 두기 곤란한 관서 또는 재외관서의 경비를 그 관서의 장의 책임하에 사용하도록 지급되는 공금을 말한다.

(2) 경찰의 경우 지급관서는 지구대, 파출소, 전투경찰중대, 해외주재관서 등이다.

(3) 관서운영경비는 관서운영경비출납공무원이 아니면 지급할 수 없다(동법 제24조 제3항).

(4) 관서운영경비출납공무원은 관서운영경비를 금융기관에 예치하여 관리하여야 한다(동법 제24조 제4항).

(5) 관서운영경비출납공무원이 관서운영경비를 지급하고자 하는 때에는 정부구매카드(여신전문금융업법 제2조의 규정에 따른 신용카드로서 대통령령이 정하는 바에 따라 관서운영경비의 지급을 위하여 사용되는 것을 말한다. 이하 같다)를 사용하여야 한다. 다만, 경비의 성질상 정부구매카드를 사용할 수 없는 경우에는 대통령령이 정하는 바에 따라 현금지급 등의 방법으로 지급할 수 있다(동법 제24조 제5항).

(6) 관서운영경비출납공무원은 매 회계연도의 관서운영경비의 사용 잔액을 다음 회계연도 1월 15일까지 당해 지출관에게 반납하여야 한다. 단, 지급원인행위를 하고 지급하지 아니한 금액, 직전 회계연도에 사용한 정부구매카드사용금액 중 그 대금을 지급하지 아니한 금액, 재외공관의 시설비 중 지급원인행위를 하고 지급되지 아니한 경비의 사용 잔액은 다음 연도로 이월하여 사용할 수 있다(동법 시행령 제37조 제1항 · 제4항).

(7) 관서운영경비는 일부 세목조정이 가능하나 공공요금은 다른 비목으로 세목조정이 불가능하다.

(8) 관서운영경비의 증빙서류, 현금출납부 등은 회계연도 종료 후 5년간 보존하여야 한다.

사. 회계연도 개시 전의 관서운영경비의 교부(동법 제25조)

(1) 중앙관서의 장 또는 재무관은 관서운영경비에 한하여 회계연도 개시 전에 필요한 자금을 관서운영경비출납공무원으로 하여금 지출관으로부터 교부받아 지급하게 할 수 있다.

(2) 기획재정부장관은 회계연도 개시 전에 교부하고자 하는 자금에 대해서는 회계연도

의 일시차입금 최고액의 범위 안에서 일시 차입할 수 있다.

(3) 회계연도 개시 전의 관서운영경비의 교부에 관하여 필요한 사항은 대통령령으로 정한다.

※ 회계연도 개시 전에 관서운영경비출납공무원에게 자금을 교부할 수 있는 경비 (동법시행령 제38조)

1. 운영비(복리후생비, 시험연구비 중 연구개발비, 학교운영비, 위탁사업비는 제외)
2. 업무추진비 및 특수활동비
3. 외국에서 지급하는 경비
4. 국내여비

5. 결산 및 회계검사

결산이란 1회계연도의 국가의 세입·세출 실적을 확정적 계수로 표시하는 행위로서 검사를 거친 결과보고서는 국회에 제출된다.

회계검사는 정부기관의 재정활동과 회계에 관한 계산서나 증거서류 및 기타 관계서류를 공권에 의해 검사하고 확인하는 행위로 감사원이 담당한다.

참고▶ 예산 편성 과정 흐름도

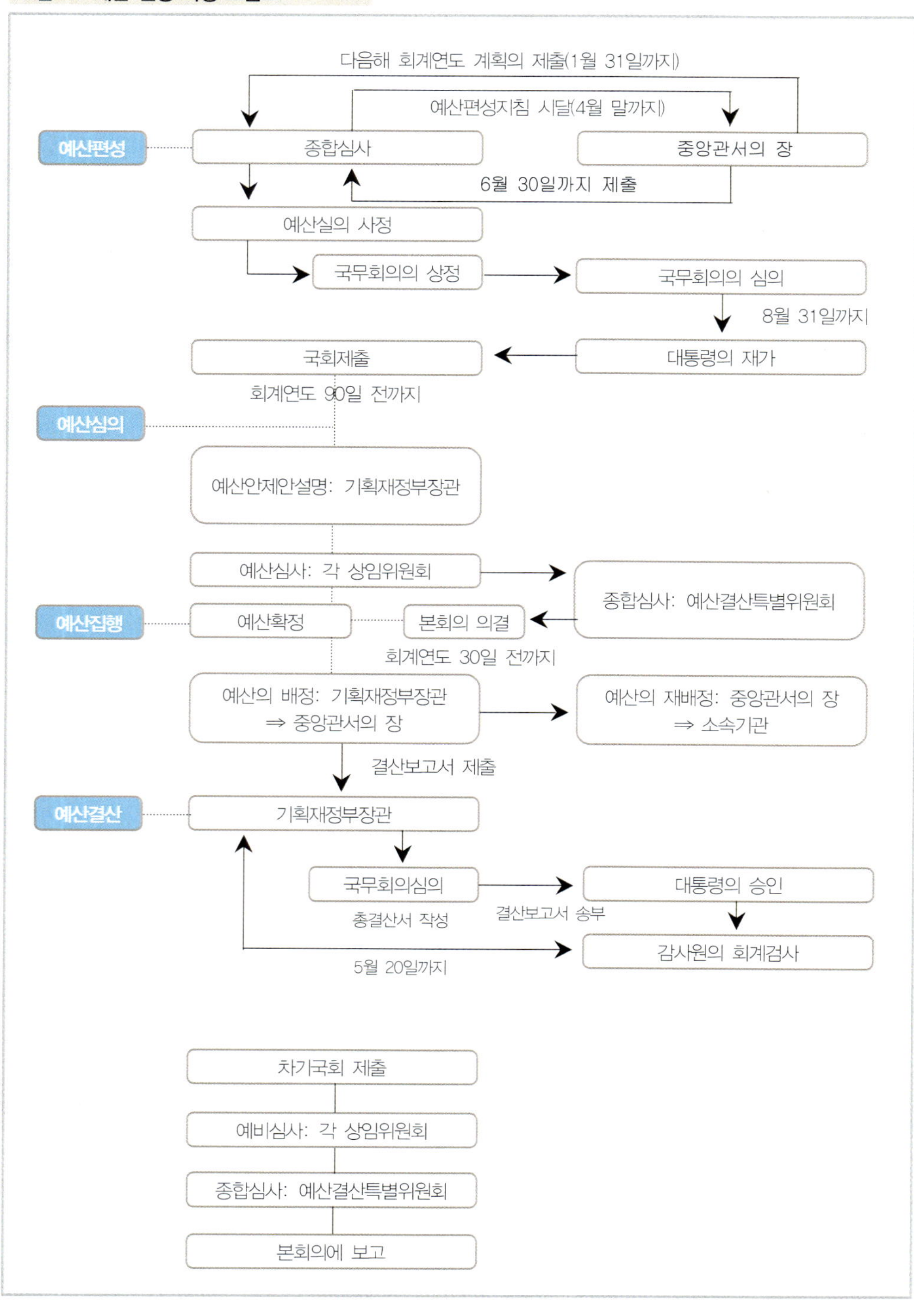
다음해 회계연도 계획의 제출(1월 31일까지)
예산편성지침 시달(4월 말까지)
예산편성
종합심사
중앙관서의 장
6월 30일까지 제출
예산실의 사정
국무회의의 상정
국무회의의 심의
8월 31일까지
국회제출
대통령의 재가
회계연도 90일 전까지
예산심의
예산안제안설명: 기획재정부장관
예산심사: 각 상임위원회
종합심사: 예산결산특별위원회
예산집행
예산확정
본회의 의결
회계연도 30일 전까지
예산의 배정: 기획재정부장관
⇒ 중앙관서의 장
예산의 재배정: 중앙관서의 장
⇒ 소속기관
결산보고서 제출
예산결산
기획재정부장관
국무회의심의
대통령의 승인
총결산서 작성
결산보고서 송부
감사원의 회계검사
5월 20일까지
차기국회 제출
예비심사: 각 상임위원회
종합심사: 예산결산특별위원회
본회의에 보고

6. 회계 관계 공무원의 변상책임

회계 관계 공무원이 직무상 업무에 위배하여 국가에 손해를 끼친 경우에는 고의 · 중과실이 있는 경우이므로 변상책임이 있다. 물품 · 출납회계 관계 직원의 변상책임은 선량한 관리자로서의 주의의무를 다하지 못한 경우이므로 변상책임이 있다.

제5절 | 장비와 물품 관리

1. 서 설

가. 장비관리의 의의

경찰의 장비관리 목표는 능률성·효과성·경제성에 있으므로 절약과 능률을 근간으로 과학적인 관리기법을 적용하여 경찰업무 수행의 원활한 지원과 사용에 낭비적 요소를 제거함으로써 국가예산과 물자를 절약해야 한다.

나. 법적 근거

물품관리 또는 장비관리는 경찰업무를 수행하는 데 필요한 물품을 취득하여 효율적으로 보관·사용하고 사용 후에 합리적으로 처분하는 과정이다. 이러한 과정을 규정한 법이 기본법으로서 「물품관리법」이 있고, 규칙으로 「경찰공무원 급여품 및 대여품 규칙」(행정안전부령 제172호) 및 시행규칙(경찰청 훈령 제607호)과 「경찰장비 관리규칙」이 있다.

다. 용어의 개념

(1) 장구(裝具)

경찰관이 휴대하여 범인검거와 범죄진압 등 직무수행에 사용하는 것 중 무기를 제외한 물건을 총칭하는 개념이다. 경찰관직무집행법 제10조 2(경찰장구의 사용) 제2항에서 수갑, 포승, 경찰봉, 방패 등을 예시하고 있으나 그 외에도 경적, 호신용구, 진압장구를 포함한다.

(2) 장비(裝備)

무기, 경찰장구, 최루제 및 그 발사장치, 감식기구, 해안 감시기구, 통신기기, 차량・선박, 항공기 등 경찰의 직무수행을 위하여 필요한 장치와 기구(경찰관직무집행법 제10조 제2항), 기동, 피복, 총포, 범죄수사, 행정공용장비 등을 총칭하는 개념이다.

(3) 급여품(給與品)・대여품(貸與品)

경찰관에게 업무수행을 위하여 급여하는 물품과 대여하는 물품을 의미하며, 급여품에는 경찰모, 경찰제복, 경찰화, 휘장류, 부속물 등이며 급여품의 종류・수량・사용기간 등이 있고 대여품에는 표지장, 장구류, 전투장구, 안전장구, 진압장구 등이 있다.

2. 장비의 종류와 규정

가. 장비의 종류

「경찰장비관리규칙」 제4조에 의하면 작전, 해안 감시장비, 경호장비, 대테러장비, 진압장비, 생활안전장비, 교통장비, 수사・과학수사 장비, 기동장비, 무기・탄약・최루탄장비, 정보화장비, 정보통신장비, 항공장비, 의료장비 등 총 13종을 규정해 놓고 있다.

나. 장비관리규정

「경찰장비관리규칙」(경찰청훈령 제606호, '10.11.4.)은 「물품관리법」, 「경찰관직무집행법」 및 「경찰장비의 사용기준 등에 관한 규정」의 시행을 위하여 필요한 사항을 정하고 기타 경찰장비의 관리에 관한 기본적인 사항을 규정하고 있다.

그 외 개별장비와 관련된 규칙들을 살펴보면 다음과 같다.

기동장비	공용차량관리규정 (대통령령 제21077호, '08.10.8.)
무기·탄약 및 화학장비	화학장비관리(경찰업무편람) ※ 무기탄약관리규칙(경찰청 훈령 제22호)은 폐지
일반장비	–경찰공무원 급여품 및 대여품 규칙 (행정안전부령 제172호, '10.11.11.) –경찰복제에 관한 규칙 (행정안전부령 제120호, '09.12.9.)
진압장비	경찰기동대 운영규칙 (경찰청훈령 제504호, '07.4.23.)
전투장비	전투경찰순경 등 관리규칙 (경찰청훈령 제583호, '10.1.1.)
대테러장비	–국가대테러활동지침 (대통령훈령 제223호, '08.8.18.) –국가대테러활동 세부운영규칙 (경찰청훈령 제456호)
경호장비	경호편람 (경찰청 훈령 제12호, '04.7.2.)
교통장비	교통단속처리지침 (경찰업무편람, '03.9.3.)
수사·과학수사장비	거짓말탐지기 운영규칙 (경찰청예규 제403호, '09.8.25.)
정보화·정보통신	경찰정보통신 운영규칙 (경찰청예규 제426호, '10.9.27.)
생활안전장비	경찰순찰정 관리운영규칙 (경찰청예규 제393호, '09.7.31.)
항공장비	경찰항공 운영규칙 (경찰청훈령 제595호, '10.6.30.)

다. 급여품·대여품 지급기준과 변상

급여품·대여품은 「경찰공무원 급여품 및 대여품 규칙」에 의해 지급하며, 급여품의 경우 경찰청장은 특히 필요하다고 인정할 때에는 급여품의 수량과 사용기간을 변경할 수 있다. 급여품은 현품으로 하지만, 특별한 직무에 종사하는 자로서 제복을 착용하지 않는 자에 대해 현금으로 지급할 수 있다. 한편, 경찰관이 급·대여품을 분실하거나 훼손하였을 때에는 대품을 지급한다. 이 경우 경찰관의 고의·중대한 과실의 경우 그 대가를 변상하여야 한다.

라. 피 복

피복은 제복·제모·계급장·단추·허리띠·제화 등 경찰관의 기본 피복인 개인피복과 이에 속하지 아니하는 공용피복을 의미한다. 현재 「경찰관 피복류 희망품목 구매 보급제도」를 실시하고 있는바, 피복류 39종 등에 대하여 경찰관이 자신에게 배정된 포인트 내에서 필요한 품목을 온라인상에서 직접 선택할 수 있는 제도이다. 필요한 물품이 없을 경우 포인트를 사용하지 아니하고 다음 연도로 이월할 수도 있다.

3. 무기·탄약관리

가. 용어의 정의(경찰장비관리규칙 제112조)

(1) '무기'란 인명 또는 신체에 위해를 가할 수 있도록 제작된 권총, 소총, 도검 등을 말한다.

(2) '집중무기고'란 경찰인력 및 경찰기관별 무기책정기준에 따라 배정된 개인화기와 공용화기를 집중 보관·관리하기 위하여 각 경찰기관에 설치된 시설을 말한다.

(3) '탄약고'란 경찰탄약을 집중 보관하기 위하여 타 용도의 사무실, 무기고 등과 분리 설치된 보관시설을 말한다.

(4) '간이무기고'란 경찰기관의 각 기능별 운용부서에서 효율적 사용을 위하여 집중무기고로부터 무기·탄약의 일부를 대여받아 별도로 보관·관리하는 시설을 말한다.

(5) '무기·탄약관리책임자'란 경찰기관의 장으로부터 무기·탄약관리 업무를 위임받아 집중무기고 및 간이무기고에 보관된 무기·탄약을 총괄하여 관리·감독하는 자를 말한다.

(6) '무기・탄약 취급담당자'란 무기・탄약 관리에 관한 업무를 분장받아 해당 경찰기관의 무기・탄약의 보관・운반・수리・입・출고 등 무기・탄약관리 사무에 종사하는 자를 말한다.

나. 무기고 및 탄약고 설치(동 규칙 제115조)

(1) 집중무기고는 경찰청・지방경찰청・경찰대학・경찰교육원・중앙경찰학교 및 경찰수사연수원・경찰서・경찰기동대・방범순찰대 및 경비대・전투경찰대・경찰특공대, 기타 경찰청장이 지정하는 경찰관서에 설치한다.

(2) 무기고와 탄약고는 견고하게 만들고 환기・방습장치와 방화시설 및 총가시설 등이 완비되어야 한다.

(3) 탄약고는 무기고와 분리되어야 하며, 가능한 한 본 청사와 격리된 독립 건물로 하여야 한다.

(4) 무기고와 탄약고의 환기통 등에는 손이 들어가지 않도록 쇠창살 시설을 하고, 출입문은 이중으로 하여 각 1개소 이상씩 자물쇠를 설치하여야 한다.

(5) 무기・탄약고 비상벨은 상황실과 숙직실 등 초동조치가 가능한 장소와 연결하고, 외곽에는 철조망장치와 조명등 및 순찰함을 설치하여야 한다.

(6) 간이무기고는 근무자가 24시간 상주하는 지구대, 파출소, 상황실 및 112타격대 등 경찰기관의 장이 필요하다고 인정하는 상당한 이유가 있는 장소에 설치할 수 있다.

(7) 탄약고 내에는 전기시설을 하여서는 아니 되며, 조명은 건전지 등으로 하고 방화시설을 완비하여야 한다. 단, 방폭설비를 갖춘 경우 전기시설을 설치할 수 있다.

다. 무기·탄약의 보관(동 규칙 제116조)

(1) 무기·탄약은 종류별·제조연도별로 구분 관리하며, 그 품명과 수량이 표시된 현황판과 격납배치도, 무기출입 및 점검 확인부를 비치하여야 한다.

(2) 간이무기고에 권총과 소총을 함께 보관할 경우에는 견고한 분리보관 장치를 하고, 소총은 별도 잠금장치를 설치하여야 한다.

(3) 무기고에는 가스발사총(분사기)을 보관할 수 있고, 최루탄은 보관함에 넣어 탄약고에 함께 보관할 수 있으나, 무기·탄약고에 인화물질 및 기타 장비를 보관하여서는 아니 된다.

(4) 간이무기고에 탄약을 함께 보관할 경우에는 반드시 튼튼한 상자에 넣어 잠금장치를 하고 분리 보관하여야 한다.

라. 무기·탄약고 열쇠의 보관(동 규칙 제117조)

(1) 무기고와 탄약고의 열쇠는 관리책임자가 보관한다.

(2) 집중무기고의 경우 일과시간은 경무과장(운영지원과장), 일과 후는 상황관리(담당)관, 상황실 간이무기고는 상황(부)실장, 지구대 등 간이무기고는 지역경찰관리자, 기타 간이무기고는 설치부서 책임자(야간은 당직관 등 열쇠 인수 책임자)가 보관·관리한다. 다만, 휴가·비번 등으로 관리책임자가 공백 시는 별도 관리책임자를 지정하여야 한다.

(3) 간이무기고 소총용 열쇠는 관리책임자가 별도 관리하여야 하고, 지구대 등 무기고의 경우 관리책임자가 부재 시는 이중문 열쇠를 소내 근무자 등에게 관리상 책임을 알린 뒤 각각 분리 보관하게 하여야 한다.

마. 무기·탄약 등의 대여(동 규칙 제118조)

(1) 경찰기관의 장은 공무집행을 위해 필요할 때에는 관리하고 있는 무기·탄약을 대여할 수 있다.

(2) 무기·탄약을 대여하고자 할 때에는 무기·탄약 대여신청서에 따라 경찰관서장의 사전허가를 받은 후 감독자의 입회하에 대여하고 무기탄약출납부, 무기탄약 출·입고서에 이를 기재하여야 한다.

(3) 상황실 등의 간이무기고에 대여 또는 배정받은 무기탄약을 입·출고할 때에는 휴대사용자의 대여 신청에 따라 소속부서 책임자의 허가를 받아 무기탄약 출·입고부에 기록한 후 관리책임자 입회하에 입·출고하여야 한다.

(4) 지구대 등의 간이무기고의 경우는 소속 경찰관에 한하여 무기를 지급하되 감독자 입회(감독자가 없을 경우 반드시 타 선임 경찰관 입회)하에 무기탄약 입·출고부에 기재한 뒤 입·출고하여야 한다. 다만, 긴급상황 발생 시 경찰서장의 사전허가를 받은 경우의 대여는 예외로 한다.

(5) 무기탄약을 대여받은 자는 그 무기를 휴대하고 근무하는 경우를 제외하고는 무기고에 보관하여야 하며, 근무 종료 시에는 감독자 입회 아래 무기탄약 입·출고부에 기재한 뒤 즉시 입고하여야 한다.

(6) 경찰기관의 장이 평상시에 소속경찰관에게 무기의 실탄을 대여할 때에는 다음 기준에 따라야 한다. 다만, 기능별 임무나 상황에 따라 이를 가감할 수 있다.

① 소총은 정당 실탄 20발 이내
② 권총은 정당 실탄 8발 이내

바. 무기고 감독순시 및 점검(동 규칙 제119조)

무기・탄약이 비치된 모든 경찰기관의 무기・탄약고는 다음 기준에 따라 감독순시 및 점검을 실시하여야 한다.

구분	담당	계장급	과장급	관서장
지방청 부속기관	담당자 1일 1회	장비보급계장 주 1회	경무과장(운영지원과장) 월 1회	–
경찰서	담당자 1일 1회	경리계장 주1회	경무과장 월 1회	분기 1회
간이 무기고	지역경찰 관리요원 상황실 근무자 중 지정된 자 1일 1회	지구대장(파출소장) 1일 1회 상황(부)실장 1일 1회	생안과장(경비과장) 월 1회	–
기동부대	담당자 1일 1회	중대장 주 1회	배속부대: 배속서 경비과장 월 1회(단, 방순대는 생안과장) 통합부대 기동단(대) 행정과장 월 1회	통합부대 기동단(대장) 분기 1회

사. 무기・탄약의 회수 및 보관(동 규칙 제120조)

경찰기관의 장은 무기를 휴대한 자 중에서 다음 각 호에 해당하는 자가 발생한 때에는 즉시 대여한 무기・탄약을 회수하여야 한다.

1. 직무상의 비위 등으로 인하여 징계대상이 된 자
2. 형사사건의 조사의 대상이 된 자
3. 사의를 표명한 자

또한, 경찰기관의 장은 무기를 휴대한 자 중에서 다음 각 호에 해당하는 자가 있을 때에는 대여한 무기・탄약을 회수 또는 보관할 수 있다.

1. 평소에 불평이 심하고 염세비관하는 자
2. 주벽이 심한 자
3. 변태성벽이 있는 자
4. 가정환경이 불화한 자
5. 기타 경찰기관의 장이 부적합하다고 판단한 자

경찰기관의 장은 무기를 휴대한 자 중에서 다음 각 호에 해당하는 경우에는 대여한 무기・탄약을 무기고에 보관하도록 하여야 한다.

1. 술자리 또는 연회장소에 출입할 경우
2. 상사의 사무실을 출입할 경우
3. 기타 정황을 판단하여 필요하다고 인정되는 경우

아. 대여무기 피탈 및 분실방지(동 규칙 제122조)

대여받은 총기는 서랍 등에 방치하지 못하도록 하여야 하며, 휴대하지 않을 경우에는 반드시 간이무기고 등에 보관토록 하여야 한다. 또한 총기 휴대 시에는 '피탈방지 연결고리'를 반드시 부착하도록 하며, 경찰기관의 장은 관리 중인 무기・탄약의 분실・도난・피탈 및 훼손 등의 변동사항이 있을 때 또는 소속경찰관의 오발사고가 발생하거나 이로 인하여 타인의 생명・신체 및 재산을 손상하게 한 때에는 소속지방경찰청장을 경유하여 경찰청장에게 지체 없이 보고하여야 한다.

자. 무기·탄약 취급상의 안전관리(동 규칙 제123조)

(1) 경찰관은 다음의 안전수칙을 준수하여야 한다.

권총	– 총구는 공중 또는 지면(안전지역)을 향한다. – 실탄 장전 시 반드시 안전장치(방아쇠울에 설치 사용)를 장착한다. – 1탄은 공포탄, 2탄 이하는 실탄을 장전한다. 다만, 대간첩작전, 살인, 강도 등 중요 범인이나 무기·흉기 등을 사용하는 범인의 체포 및 위해의 방호를 위하여 불가피한 경우에 1탄부터 실탄을 장전할 수 있다. – 조준 시는 대퇴부 이하를 향한다.
소총, 기관총, 유탄발사기	– 실탄은 분리 휴대한다. – 실탄 장전 시 조정간을 안전위치로 한다. – 사용 후 보관 시 약실과 총강을 점검한다. – 노리쇠 뭉치나 구성품은 다른 총기의 부품과 교환하지 않도록 한다. – 공포 탄약은 총구에서 6m 이내의 사람을 향해 사격해서는 아니 된다.
수류탄, 탄약류	– 수류탄을 투척할 경우 항상 철모를 착용한다. – 실탄 및 폭발류 등을 임의로 변형해서는 아니 된다. – 수류탄 등은 투척준비가 될 때까지는 안전핀을 뽑아서는 아니 된다. – 마찰 및 충격을 가해서는 아니 된다. – 불발탄 발생 시 폭발물처리반에 인계하여야 한다.
석궁	– 사격 목적 이외에 화살을 장전하지 않도록 한다. – 화살의 장착유무를 막론하고 사격목표 이외에 겨냥하지 않도록 한다. – 석궁을 놓아둘 때에는 반드시 장전을 해제하여야 한다. – 화살의 방향은 언제나 지면을 향해야 한다. – 공중을 향해 사격하지 않는다.
다목적 발사기	– 휴대 시 안전자물쇠 안전위치를 확인하여야 한다. – 안전위치에서 격발 여부를 확인하여야 한다. – 안전자물쇠가 안전위치임을 확인한 뒤에 실탄을 장전한다.
물발사분쇄기	– 특별한 경우를 제외하고는 폭발물처리 목적에만 사용하여야 한다. – 보호벽을 설치하고 사용하여야 한다.

(2) 총기 손질 시는 총구를 공중 또는 지면을 향하여 검사총을 실시하여야 한다.

(3) 무기·탄약고 출입 시는 화재요인이 되는 성냥·라이터 등을 휴대하여서는 아니 된다.

(4) 무기·탄약 등 위험물을 수송할 때에는 반드시 무장경찰관 1명 이상을 동승하여야 하고, 과속운행과 흡연을 하여서는 아니 된다.

(5) 개인이 휴대 운반 시에는 견고한 운반 전용대를 이용하여야 하며, 승차 시에는 분실

등 제반사고 예방을 위하여 항상 몸에 지니도록 하고, 다른 업무를 병행하여서는 아니 된다.

참고▶ 경찰장비의 사용기준 등에 관한 규정

총기사용의 경고 (제9조)	–경찰관이 경찰관직무집행법 제10조의 4에 의하여 사람을 향하여 권총 또는 소총을 발사하고자 하는 때에는 미리 구두 또는 공포탄으로 상대에게 경고하여야 함 ※ 예외 1. 경찰관을 급습하거나 타인의 생명・신체에 대한 중대한 위험을 야기하는 범행이 목전에 실행되고 있는 등 상황이 급박하여 경고할 시간적 여유가 없는 경우 2. 인질・간첩 또는 테러사건에서 은밀히 작전을 수행하는 경우
권총 또는 소총의 사용제한 (제10조)	–경찰관은 경찰관직무집행법 제10조의 4의 규정에 의하여 권총 또는 소총을 사용하는 경우에 있어서 범죄와 무관한 다중의 생명・신체에 위해를 가할 우려가 있는 때에는 이를 사용하여서는 아니 됨(제1항) ※ 예외 권총 또는 소총을 사용하지 아니하고는 타인 또는 경찰관의 생명・신체에 대한 중대한 위험을 방지할 수 없다고 인정되는 때에는 필요한 최소한의 범위 안에서 이를 사용(제1항 단서) –경찰관은 총기 또는 폭발물을 가지고 대항하는 경우를 제외하고는 14세 미만의 자 또는 임산부에 대하여 권총 또는 소총을 발사하여서는 아니 됨(제2항)

4. 기동장비 관리

가. 의 의

'기동장비'란 차량, 항공기, 선박, 자전거를 말한다. '차량'이란 자동차와 원동기를 장치한 이륜차를 말하며, '항공기'란 경찰항공대에서 관리・운용하는 헬리콥터를 말한다. '선박'이란 범죄예방 업무수행을 위하여 운영되는 순찰정을 말한다.

나. 차량의 구분(경찰장비관리규칙 제88조)

차량의 차종은 승용・승합・화물・특수용으로 구분하고, 차형은 차종별로 대형・중형・소형・경형・다목적형으로 구분한다.

차량은 용도별로 다음과 같이 전용・지휘용・업무용・순찰용・특수용 차량으로 구분한다.

전용	「공용차량관리규정」 제4조 제1항에 따른 차량 (경찰청장 및 경찰위원회 상임위원용 차량)
지휘용	치안현장 점검·지휘 등 상시 지휘체제 유지를 위해 경찰기관장이 운용하는 차량
업무용	각 경찰부서의 인력 및 물자 수송 등 통상적인 경찰 업무와 경찰위원회 업무에 공통으로 사용할 수 있는 일반적인 차량
순찰용	112순찰·교통·고속도로 및 형사순찰차량 등 기동순찰 목적으로 별도 제작 운용 중인 차량
특수용	경비·작전·피의자호송·과학수사·구급·식당·위생·견인, 특수진압차, 사다리차, 폭발물검색차, 방송차, 다중해산용 물포(「경찰장비의 사용기준 등에 관한 규정」 제2조의 살수차를 말함), 물보급차, 가스차, 조명차, 페이로다 등 특수한 업무에 적합하도록 필요한 설비를 부착하는 등 별도 제작된 차량

다. 차량의 관리(동 규칙 제96조)

(1) 차량열쇠는 지정된 열쇠함에 집중 보관하여 주간에는 경무(장비)과장, 일과 후 및 공휴일에는 상황관리(담당)관(경찰서는 상황(부)실장, 지구대는 지역경찰관리자)이 관리하고, 예비열쇠의 확보 등을 위한 무단복제와 전·의경 운전원의 임의 소지 및 보관을 금한다.

(2) 차량은 지정된 운전자 이외의 사람이 무단으로 운행하여서는 아니 되며, 운전자는 교통법규를 준수하여 사고를 방지하여야 한다.

(3) 차량을 주·정차할 때에는 엔진시동 정지, 열쇠분리 제거, 차량 문을 잠그는 등 도난방지에 유의하여야 하며, 범인 등으로부터의 피탈이나 피습에 대비하여야 한다.

(4) 근무 교대 시 전임 근무자는 차량의 청결상태, 각종 장비의 정상작동 여부 등을 점검한 후 다음 근무자에게 인계하여야 한다.

(5) 각 경찰기관의 장은 차고시설을 갖추도록 하되, 차고시설을 갖추지 못한 경우에는 눈·비를 가리는 천막 등 시설을 하여야 한다.

라. 특별관리(동 규칙 제97조)

(1) 각급 경찰기관의 장은 특수진압차·가스차·집회시위관리용 물포 등 사람의 생명·

신체에 위해를 가할 우려가 있는 장비는 특별한 관리를 하여야 한다.

(2) 장비 사용 시 안전수칙

특수진압차	–최루탄 발사대의 각도가 15도 이상인지 확인 후 사용 –가스액류는 화기에 주의
가스차	–최루탄 발사대의 발사각도가 15도 이상에서 발사되는지 확인 후 사용 –다연발탄 발사 시는 시위대 상공으로 발사 –가스액류는 인화성 물질이므로 화기에 주의 –최루액과 연막액은 3:1로 혼합하여 사용하는 것이 원칙 –가스차는 항상 진압부대의 보호 속에서 운용되어야 하며 후진 시에는 유도요원 의 유도에 따라 운용
다중해산용 물포	–물포를 사용하기 전에 경고방송과 경고살수를 통하여 자진해산을 유도 –물포 사용 시 시위대의 거리와 수압 등은 제반 현장상황을 고려하여 집회시위 관리에 필요한 최소 한도로 함

5. 최루제 및 그 발사장치 관리

가. 정 의(경찰장비관리규칙 제129조)

'최루장비'란 화학적 성질에 의하여 최루・자극・연막 또는 신호 등의 효과를 일으키거나 이를 제거하는 최루작용제를 장착하여 사용하는 장비 및 작용제를 말한다. '분사기'란 사람의 활동을 일시적으로 곤란하게 하는 최루 또는 자극(질식) 등의 작용제를 내장된 압축가스의 힘으로 분사할 수 있는 기기를 말한다. '가스발사총'이란 장약을 이용한 추진력에 의하여 가스작용제 또는 고무탄 등을 발사할 수 있는 장비를 말한다. '최루탄발사기'란 장전탄통에 최루탄을 장착하여 추진탄에 의한 가스방출력으로 발사할 수 있도록 장치된 장비를 말한다.

나. 최루장비의 종류(동 규칙 제130조)

(1) 분사기: 스프레이형・총포형・삼단봉(경봉)형・근접분사기형・배낭형・유색분사형 등
(2) 가스발사총: 가스발사권총・고무탄 겸용 가스발사권총 등
(3) 최루탄발사기(장전탄통 포함)
(4) 기타 최루탄류

다. 최루장비 보관 및 관리(동 규칙 제132조)

(1) 가스발사총 · 최루탄발사기 등은 무기고에, 최루탄류는 탄약고에 집중 관리하는 것을 원칙으로 한다. 다만, 운용부서에 대여하여 해당 부서장의 책임하에 관리 · 운용할 수 있으며, 이 경우에는 견고한 보관함에 넣어 보관하여야 한다.

(2) 최루장비 및 최루탄류를 출납할 때에는 무기탄약 출납부와 같은 양식의 대장에 기록하고, 사용 시에는 반드시 근무일지에 기재하여야 한다.

(3) 최루탄류는 항상 사용 가능한 상태로 유지 · 관리하여야 하며, 훈련탄 실사훈련으로 유사시에 대비할 수 있도록 하여야 한다.

(4) 최루장비 및 최루탄류를 별도의 창고에 보관할 경우는 다음 각 호와 같이 관리하여야 한다.

(가) 습기가 없고 통풍이 잘 되며 외벽이 튼튼한 장소에 보관하여야 한다.
(나) 직사광선을 피하고 지상 5cm 이상 깔판 위에 보관하여야 한다.
(다) 원 포장 상태로 보관하고 사용 시에만 개봉하여야 한다.
(라) 보관창고에는 상시 방화시설을 하고 품목 · 탄종 · 제조연도별로 구분 · 관리하며, 품명과 수량이 적힌 현황판과 격납배치도, 출입 · 점검 확인부를 비치하여야 한다.
(마) 최루장비의 정비 및 손질을 위하여 각종 부속과 부수기재를 확보하여야 한다.

라. 최루장비의 안전관리(동 규칙 제133조)

경찰관은 최루탄발사기, 분사기 등 최루장비를 휴대 · 사용하는 경우 다음의 안전수칙을 준수하여야 한다.

(1) 최루탄발사기

(가) 현장 지휘관의 지휘에 따라 발사하되 인화성 물질에 발사해서는 아니 된다.

(나) 밀폐된 공간에서는 사용을 피해야 한다.

(다) 최루탄 발사기는 30도 미만 각도에서 방아쇠가 격발되지 않도록 한다.

(라) 최루탄은 물 또는 습기에 젖어 있는지 확인 후 이상이 없을 때에만 사용한다.

(마) 장전탄통 고정 조임나사를 완전히 조인 후 사용하여야 한다.

(바) 상황출동 등으로 정비하지 못하거나 추가정비를 요하는 발사기는 자체정비 또는 무기창에 입고하여 수리 정비하여야 한다.

(사) 발사기는 훈련탄 실사훈련을 실시하여 안전장치(30도 이상 발사) 등 고장 여부를 수시 점검 각종 상황에 대비할 수 있도록 하여야 한다.

(아) 발사기는 사용 후 총구 및 약실 내부의 가스를 완전히 제거하여 보관하고, 장전탄통은 가스방출구 막힘을 방지하는 등 손질을 철저히 하여야 한다.

(2) 분사기

(가) 범인 검거 및 제압 등 유사시 정당한 공무수행 목적에 한하여 필요한 최소한도로 사용하여야 한다.

(나) 분사기를 사용하고자 할 때에는 사용에 관하여 미리 경고한 후 분사하여야 한다. 다만, 범인의 체포 등을 위해 긴급을 요하는 경우에는 그러하지 아니한다.

(다) 밀폐된 공간에서의 사용을 자제하여야 한다.

(라) 분사기의 사용 등에 관하여 이 장에서 정하지 아니한 사항은 「분사기 운용지침」에 따른다.

(3) 가스발사총(고무탄발사 포함)

(가) 1m 이내의 거리에서 발사해서는 아니 된다.

(나) 사용 시에는 반드시 안전장치 확인 후 발사하여야 한다.

(다) 밀폐된 공간에서의 사용을 자제해야 한다.

마. 최루장비 보유실태 정기점검 등(등 규칙 제134조)

(1) 지방경찰청에서 서·대 등 일선관서별로 탄종 및 제조연도별 보유량, 보관상태 등을 정기적으로 점검(분기 1회)하여야 한다.

(2) 오래된 최루탄을 먼저 사용할 수 있도록 탄종 및 제조연도별로 구분하여 보관하여야 한다.

(3) 최루탄보유 종합현황판 이외에 탄종·수량·제조연도를 기재한 별도의 소현황판을 최루탄별로 보관 위치마다 부착하여 관리하여야 한다.

(4) 초과보유 최루탄 유출 등 제반 문제요인을 사전 제거하기 위해 관리실태를 철저히 확인하고, 점검결과 장부 수량보다 초과 보유량은 장부에 등재하여야 한다.

6. 특별관리 대상 장비구분 및 관리

가. 구 분(경찰장비관리규칙 제157조)

특별관리 대상 장비는 경찰관의 직무수행 중 통상 용법대로 사용하는 경우 사람에게 위해를 가할 우려가 있어 관리 및 사용상 특별한 주의가 필요한 장비로, 다음과 같이 구분한다.

경찰장구	수갑, 포승, 호송용 포승, 경찰봉, 호신용경봉, 전자충격기, 진압봉, 방패 및 전자방패
무기	권총, 소총, 기관총, 산탄총, 유탄발사기, 박격포, 3인치포, 클레이모어, 수류탄, 폭약류 및 도검
분사기 등	근접분사기, 가스분사기, 가스발사총, 가스분사겸용경봉, 최루탄발사기 및 최루탄
기타장비	가스차, 다중해산용 물포, 특수진압차, 석궁, 다목적발사기(스펀지탄·고무탄·페인트탄·조명탄을 사용하는 경우)

나. 일반관리(동 규칙 제164조)

(1) 특별관리 대상 장비는 각 경찰기관의 장의 책임하에 집중 관리함을 원칙으로 하나, 운용부서에 대여하여 그 부서장의 책임하에 집중 관리할 수 있다. 다만, 수갑 등 경찰관 개인에게 대여한 장비는 개인이 관리・운용할 수 있다.

(2) 지구대 등에서 관리・운용하는 특별관리 대상 장비는 지역경찰 관리자의 책임하에 집중 관리한다.

(3) 경찰기관의 장은 장비담당자 중 1인을 특별관리 대상 장비담당자로 지정하여야 한다.

(4) 특별관리 대상 장비담당자는 특별관리 대상 장비를 경찰장구・무기・분사기 등 기타 장비로 구분하여 장비의 품명・수량・보유현황(대여・재고)・관리상태 등을 기재한 '특별관리 대상 장비관리대장'을 비치하여야 한다.

(5) 물품관리관은 고유번호가 새겨진 특별관리 대상 장비로 수갑 등 개인지급품에 대해서는 '특별관리 대상 장비대여관리대장'을 비치하여 관리하여야 한다.

(6) 특별관리 대상 장비담당자는 특별관리대상 장비를 일반장비와 같은 보관시설에 보관할 경우 일반장비와 구분될 수 있는 표찰을 부착하여야 한다.

(7) 지구대 등에서는 (4)의 '특별관리 대상 장비관리대장'을 '대여품 관리대장'으로 대체하고, 그 대장에 일반장비와 구분될 수 있는 특별관리 대상 장비 표식을 하여야 한다.

제6절 | 보안 관리

1. 서 설

가. 의 의

보안이란 국가의 안전보장을 위하여 국가가 보호를 필요로 하는 비밀이나 인원, 문서, 자재, 시설 및 지역 등을 보호하는 소극적 보안활동과 국가안전보장을 해치고자 하는 간첩, 태업이나 전복으로 국가를 위태롭게 하는 불순분자에 대하여 탐지·조사·체포하는 등의 적극적인 보안활동을 말하는바, 적극적 보안활동은 보안경찰에서 다루고 있으므로 여기에서는 소극적인 보안활동을 말한다.

나. 중요성

오늘날 통신과 컴퓨터의 발달로 전기통신과 컴퓨터보안이 필요해지는 등 보안의 중요성은 날로 증가하고 있으며, 비록 소극적 보안활동이지만 비밀보호나 비밀에 대한 침투를 예방하기 위한 적극적인 대책이 요구된다.

경찰활동의 대부분은 국가안보 및 개인의 비밀과 밀접하게 관련되어 있어서 밖으로 유출되는 경우에는 국가안보에 해를 가하거나, 개인의 비밀이 침해되는 위험을 가져올 수 있다. 보안되어야 할 대상이 보안되지 않을 경우에 국가안전보장이나 국가이익이 크게 침해되므로 보안의 중요성은 강조되지 않을 수 없다.

다. 법적 근거

(1) 국가정보원법
이 법은 국가정보원의 조직 및 직무범위와 국가안전보장업무의 효율적인 수행을 위하여 필요한 사항을 규정하고 있다.

(2) 정보 및 보안업무 기획·조정규정(대통령령 제21214호, '08.12.31.)

「국가정보원법」 제3조 제2항의 규정에 의하여 정보 및 보안업무의 기획·조정에 관하여 필요한 사항을 규정하고 있다.

(3) 보안업무규정(대통령령 제21214호, '08.12.31.)

「국가정보원법」 제3조 제2항의 규정에 의하여 보안업무 수행에 필요한 사항을 규정하고 있으며, 국가안전보장에 관련되는 인원·문서·자재·시설 및 지역을 관리하는 자와 관계기관의 장은 이에 대한 보안책임을 명시하고 있다.

(4) 보안업무규정 시행규칙(대통령훈령 제276호, '10.10.20.)

「보안업무규정」의 시행에 관하여 필요한 사항을 규정하고 있다.

(5) 보안업무규정 시행 세부규칙(경찰청훈령 제612호, '10.12.22.)

「보안업무규정」 및 「보안업무규정 시행규칙」의 시행에 관하여 필요한 사항을 규정하고 있다.

라. 보안책임

「보안업무규정」 제3조 "국가안전보장에 관련되는 인원, 문서, 자재, 시설 및 지역을 관리하는 자와 관계기관의 장은 이에 대한 보안책임을 진다"라고 규정되어 있다.

(1) 행정책임

보안업무를 담당하는 공무원과 관계기관의 장이 고의와 관계없이 보안누설이나 보안사고 등에 대해 또는 보안업무처리상 하자(瑕疵)로 인해 부담하는 징계책임을 말한다.

(2) 형사책임

형사책임은 공무상 비밀누설죄로 처벌받게 되는 것을 말한다. 공무원이 자기가 취급하는 비밀이나 업무상 전해 들은 비밀을 누설하여 실제로 국가정책에 차질을 초래할 수도 있으므로 특히 주의하여야 한다.

마. 보안업무의 원칙

(1) 알 사람만 알아야 하는 원칙

보안의 대상이 되는 사실을 전파할 때 전파가 필요한가 또는 피전파자가 반드시 전달받아야 하는지와 함께 필요성을 검토해야 한다는 원칙으로서 차단의 원칙, 필요성의 원칙, 한정의 원칙이라고도 한다.

(2) 부분화의 원칙

알 사람만 알게 하고 한 번에 다량의 비밀이나 정보가 유출되지 않도록 하는 원칙을 말한다. 조직에 있어서는 종적 분화와 횡적 분화의 방법이 있고, 문서에 있어서는 내용과 가치의 정도에 따라서 다른 비밀과 관련되지 않게 독립시키거나 부분적으로 있게 하는 원칙을 말한다.

(3) 보안과 효율의 원칙

보안과 능률이 균형을 유지하여야 한다는 원칙이다. 통상 보안과 능률은 반비례 관계에 있지만 양자의 적절한 조화를 유지하는 방법을 강구해야 할 것이다.

2. 비밀의 보호

가. 비밀의 구분

비밀을 작성하거나 생산하는 자가 비밀내용의 중요성과 가치의 정도에 따라 Ⅰ, Ⅱ, Ⅲ급 비밀로 구분한다.

(1) Ⅰ급 비밀

Ⅰ급 비밀이란 누설되는 경우 대한민국과 외교관계가 단절되고 전쟁을 유발하며, 국가의 방위계획 및 국가방위상 필요불가결한 과학과 기술의 개발을 위태롭게 하는 등 우려가 있는 비밀을 말한다.

(2) Ⅱ급 비밀

Ⅱ급 비밀이란 누설되는 경우 국가안전보장에 막대한 지장을 초래할 우려가 있는 비밀을 말한다.

(3) Ⅲ급 비밀

Ⅲ급 비밀이란 누설되는 경우 국가안전보장에 손해를 끼칠 우려가 있는 비밀을 말한다.

(4) 대외비

「보안업무규정」 제4조에서 규정한 외에 특별히 보호를 요하는 사항은 이를 대외비로 하며 비밀에 준하여 취급한다.

Ⅰ급 비밀	Ⅱ급 비밀	Ⅲ급 비밀
1. 국가방위 및 외교에 결정적인 영향을 주는 사항 2. 국가 또는 우방국에게 무력침공이나 전쟁을 유발하게 하는 사항 가. 전쟁수행에 관한 전략계획 나. 국내외의 전반적인 특수정보활동계획 다. 비밀조약 또는 협정이나 비밀합의 내용 라. 비밀무기의 설치 및 사용계획, 전시소요계획 및 비밀무기의 저장량 또는 중요한 과학기술 등의 발전계획 마. 하기사항과 같은 전쟁계획 (1) 핵무기 사용에 관한 전시계획 요소 (2) 기상 및 계획제원 (3) 적 능력의 정보판단 (4) 병력구성 및 운용	1. 국가방위에 중요한 손해를 초래할 우려 있는 사항 가. 국제관계에 중대한 영향이 있는 비밀활동, 즉 조약, 회의 등의 부분적인 사항 2. 국가방위계획 및 그의 효과를 중대하게 위태롭게 하는 사항 가. 1급 비밀에 속하지 아니하는 전쟁계획 및 전략계획 나. 적대행위를 하고 있는 아군의 병력구성 및 배치사항 다. 장비의 성능·수량 등을 내포하는 국방상 중요한 사항 3. 국가의 중요한 정보활동 계획 및 특수치안활동에 관한 부분적인 사항 가. 국가가 보유하고 있는 사실을 은폐하여 두어야 가치가 있는 정보 및 자재	1. 국가외교상황 중 공개됨으로써 적 또는 가상 적국에게 유리하게 악용될 우려가 있는 사항 가. 발표되기 전의 부분적인 비밀외교 사항 나. Ⅱ급 비밀에 속하지 아니하는 일시적인 보호를 요하는 외사 관계 사항 2. 각 군의 중요한 활동장비 및 그의 연구발전 등에 관한 사항 가. 적에게 가치 있는 작전 및 전투보고와 정보보고 나. Ⅰ급 및 Ⅱ급 비밀에 속하지 아니하는 군부대의 임무·특별활동 및 특수장비의 수량 다. 가치 있는 정보를 내포하고 있는 문서 교범 및 보고를 요하는 연구발표계획

3. 국가정보작전 및 특수적인 국내정보활동에 관한사항 가. 국가 정보기관의 능력과 획득된 성과를 판단할 수 있을 정도로 완성된 정보계획 나. 국가의 중요한 정보수집활동사항 다. 전반적이고 종합된 특수적 치안활동(특수정보) 4. 국방에 매우 중대한 과학 및 기술발전에 관한 사항 가. 국방에 치명적인 극히 새로운 과학 및 기술발전에 관한 사항 나. 원자 및 핵무기의 저장량의 제원 5. 국가정책의 전환이 외국 또는 국민전체에 직접적인 영향이 있는 사항 가. 계획단계에 있는 종합적인 중대한 경제정책의 급격한 전환 나. 국가관계의 극히 비밀을 요하는 군사원조 정책	나. 국가 안전보장을 위하여 필요한 부분적인 특수치안활동에 관한 사항 다. 국가안전보장상 중요한 첩보를 내포하는 통신수단 및 암호자재 4. 국방에 중대한 과학 및 기술발전에 관한 사항 가. 국방상 중대한 부분에 직접 이용할 수 있는 새로운 군사적 또는 기술적 발전을 가져오는 자재 또는 그 개조에 관한 세부사항 5. 국가정책의 전환이 외국 또는 국민에게 직접적인 영향이 있는 부분적인 사항 가. 1급 비밀에 속하는 계획을 폭로하지 않는 부분적인 경제정책의 급격한 변화의 일환을 이루고 있는 계획 나. 국방관계의 비밀을 요하는 전반적 군사 원조계획의 세부적 부분	라. 부분적 동원계획 마. 작전상 특히 보호를 요하는 사항 바. 보안상 자주 변경을 요하는 주파수 및 호출부호 3. 국가안전보장상 필요로 하는 특수정보 활동계획의 일부분으로서 실시되는 국부적인 관계사항 가. 정보보고 나. 필요한 존안 다. 조직 및 배치 4. 계획단계에서 공개 또는 누설됨으로써 실적 또는 시책 면에 차질을 가져올 우려가 있는 계획 및 방침 가. 국가시책의 부분적인 변동에 관한 사항 나. 해외공관의 설치계획

나. 인원보안

(1) 인원보안업무의 취급

인원보안에 관한 사무는 각급 경찰기관의 인사업무 취급부서에서 관장한다. 의무경찰 및 전투경찰순경에 대한 인원보안업무는 그 인사업무를 취급하는 부서에서 담당한다.

(2) 인원보안의 대상

공무원, 정부 또는 공기업의 임직원 해외출입자(여행자, 선원, 항공종사원), 국가보안목표시설 등 중요 시설 및 장비관리자, 기타 국가보안에 관련된 사람 등이다.

(3) 인원보안의 수단

(가) 신원조사

신원조사란 출생에서부터 현재까지의 어떤 개인에 대한 사항 그리고 인적 배경 등의 행적을 조사하는 것으로써 개인에 대한 참고자료에 지나지 않으며 보증서는 아니다.

(나) 보안교육

보안교육은 신규임용자, 비밀취급인가예정자, 공무해외여행자 등을 대상으로 시행한다.

(다) 보안서약

신규임용자, 비밀 또는 중요 업무종사자, 비밀사항 청취자, 퇴직자 등에게 보안의 중요성을 강조하고 보안사고의 위험성을 인식시키며 만일 보안사고가 있으면 처벌을 감수해야 한다는 서약을 받는 절차를 말한다.

(4) 비밀취급인가권자(보안업무규정 제7조)

Ⅰ급 비밀 및 암호자재 취급인가권자 (동 규정 제1항)	1. 대통령, 2. 국무총리, 3. 감사원장, 3의 2. 국가인권위원회위원장 4. 각 부처의 장, 5. 국정원장, 6. 삭제(2008.12.31.) 7. 국무총리실장・방송통신위원회위원장・공정거래위원회위원장・금융위원회위원장 및 국민권익위원회위원장 8. 대통령실장, 9. 대통령경호처장, 10. 검찰총장 11. 합동참모의장, 각 군 참모총장 및 육군의 1, 2, 3군 사령관 12. 국방부장관이 지정하는 각 군 부대장
Ⅱ급 비밀 및 암호자재 취급인가권자 (동 규정 제2항)	1. Ⅰ급 비밀취급 인가권자 2. 중앙행정기관인 청의 장 3. 특별시장・광역시장・도지사 및 특별자치도지사 4. 특별시・광역시・도 및 특별자치도의 교육감 5. 제1호부터 제4호까지의 사람이 지정한 기관의 장

(5) 특별인가(보안업무규정 시행 세부규칙 제15조)

(가) 모든 경찰공무원(전투경찰순경을 포함한다)은 임용과 동시 Ⅲ급 비밀 취급권을 가진다.

(나) 경찰공무원 중 다음 각 호의 부서에 근무하는 자(전투경찰을 포함한다)는 그 보직발령과 동시에 Ⅱ급 비밀취급권을 인가받은 것으로 한다.

① 경비, 경호, 작전, 항공, 정보통신 담당부서(기동대, 전경대의 경우는 행정부서에 한한다.)

② 정보, 보안, 외사부서

③ 감찰, 감사담당부서

④ 치안상황실, 발간실, 문서수발실

⑤ 경찰청 각 과의 서무담당자 및 비밀을 관리하는 보안업무 담당자

⑥ 부속기관, 지방경찰청, 경찰서 각 과의 서무담당자 및 비밀을 관리하는 보안업무 담당자

다. 문서보안

(1) 의 의

보안의 대상이 되는 문서는 일반문서와 비밀문서 모두를 포함하는바, Ⅰ, Ⅱ, Ⅲ급 등의 비밀표시가 되지 않은 문서라도 국가기밀에 해당하는 문서는 보안의 대상이 된다. 따라서 문서보안은 국가기밀을 담고 있는 문서를 각종 위험으로부터 보호하는 것을 의미한다.

(2) 비밀분류의 원칙(보안업무규정 제10조)

(가) 과도 또는 과소분류 금지의 원칙

비밀은 적절히 보호할 수 있는 최저등급으로 분류하여야 하며 과도 또는 과소하게 분류하여서는 안 된다.

(나) 독립분류의 원칙

비밀은 그 자체의 내용과 가치의 정도에 따라 하여야 하며 다른 비밀과 관련하여서는 안 된다는 원칙이다.

(다) 외국비밀존중의 원칙

외국 또는 국제기구로부터 접수한 비밀은 그 발행 기관이 필요로 하는 정도 또는 그 이상으로 보호할 수도 있도록 분류하여야 한다.

(3) 비밀의 표지(보안업무규정 제14조)

문서가 단일문서일 때에는 문서의 상 · 하단 중앙에 비밀등급에 따라 다음과 같이 표시

하고 문서가 책자일 때에는 전면표지와 후면표지에 그리고 내용의 각 면마다 상·하단 중앙에 표시한다.

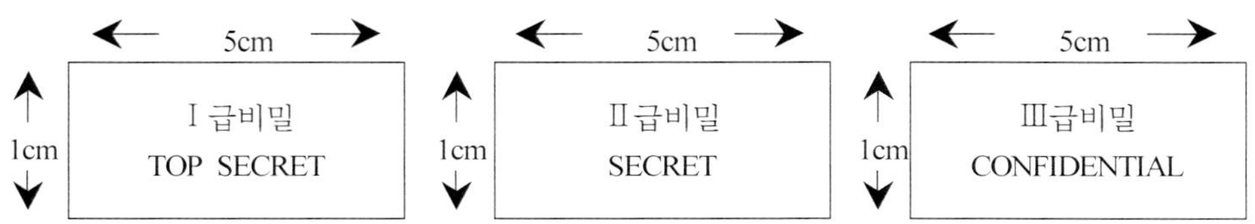

대외문서는 다음과 같은 표시를 그 문서의 표면 중앙상단에만 표지한다.

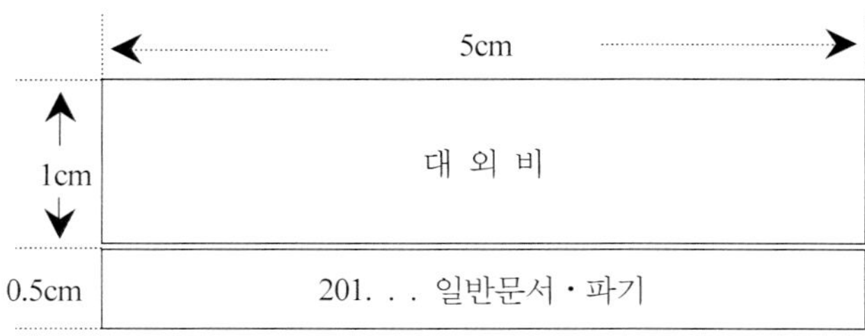

(4) 예고문(보안업무규정 제12조)

예고문은 비밀로 보호해야 할 기간 및 비밀의 최종적 방법에 비밀을 접수·관리 하는 자에게 알리는 고지문으로, 비밀을 효과적으로 보호하기 위해 비밀을 생산할 때 반드시 기재하여야 한다.

(5) 비밀의 복제·복사(보안업무규정 제22조)

(가) 의 의

비밀의 복제·복사는 비밀의 일부 또는 전부를 인쇄, 모필, 조각, 녹음, 촬영, 인화, 확대 등 방법으로 비밀의 원형을 재현하는 것을 말한다.

(나) 한 계

다음의 경우에 한하여 복제·복사를 할 수 있다. 다만, 암호 및 음어자재는 어떠한 경우를 막론하고 복제 또는 복사하지 못한다.

① Ⅰ급 비밀은 발행자의 허가를 얻은 때

② Ⅱ, Ⅲ급 비밀, 대외비는 당해 발행자의 특별한 제한이 없는 것으로서 해당 등급의 비밀취급 인가를 받은 자가 공용으로 사용할 때

(다) 표식방법

① 원본과 동일한 비밀등급과 예고문을 명시하고 전 사본부수 및 개개의 일련번호를 비밀번호 우측상단에 부여. 단, 예고문은 재분류구분이 파기로 있는 때에는 원본의 파기시보다 그 시기를 줄일 수 있다.

② Ⅱ급, Ⅲ급 비밀에 대한 복제 복사를 제한하고자 할 때는 그 비밀의 표지 이면 또는 예고문 상단에 적색으로 표시를 기입한다.

③ 복제·복사한 비밀의 원본 말미에는 배포선을 작성 첨부해야 한다.

(6) 비밀의 수발(보안업무규정 시행규칙 제24조)

(가) 비밀의 수발방법

Ⅰ급 및 암호자재	① 암호화하여 전신으로 수발한다. ② 취급자의 직접 접촉에 의하여 수발한다.
Ⅱ급 및 Ⅲ급 비밀	① Ⅰ급 비밀의 수발방법에 의한다. ② 각급기관의 문서 수발 계통에 의하여 수발한다. ③ 등기우편에 의하여 수발한다.

※ 어떠한 경우를 막론하고 비밀은 전화에 의하여 평문으로 수발하여서는 안 된다.
※ Ⅰ급 및 Ⅱ급 비밀을 수발할 때와 Ⅲ급 비밀을 우편으로 발송할 때에는 규정된 이중 봉투를 사용하여야 한다.

(나) 비밀의 발송통제

① 각 기관의 보안담당관이 비밀통제관이 된다. 단 분임 보안담당관도 비밀 통제관이 될 수 있다.

② 비밀문서 발송통제사항

㉠ 비밀분류의 적정 여부

㉡ 예고문의 누락 또는 적정 여부

㉢ 배포선의 적정 여부

㉣ 비밀 형식(비밀열람 기록전의 첨부 등)의 적정 여부

(7) 비밀의 보관기준(보안업무규정 시행규칙 제26조, 제27조)

Ⅰ급 비밀	① 반드시 금고에 보관해야 하며 타 비밀과 혼합 보관하여서는 안 된다.
Ⅱ급 비밀 및 Ⅲ급 비밀	① Ⅱ급 및 Ⅲ급 비밀은 금고 또는 철재 상자나 안전한 용기에 보관하여야 하며 분리 보관하는 것이 원칙이다. ② 단, 보관책임자가 Ⅱ급 비밀 취급인가를 받은 때에는 동일 용기에 혼합 보관할 수 있다.
보안자재	① Ⅲ급 비밀의 보관방법에 준하여 보관한다. ② 음어자재 보관함을 따로 비치하여야 하며, 보관함에는 음어자재 이외의 다른 물건을 보관하지 못한다. ③ 과거용, 현재용, 미래용으로 구분 보관하되 현재용을 제외하고는 밀봉하여 보관한다.

※ 비밀은 일반문서나 자재와 혼합 보관할 수 없다.
※ 비밀의 보관용기 외부에는 비밀의 보관을 알리거나 나타내는 어떠한 표시를 하여서는 안 된다.
※ 보관 용기에 넣을 수 없는 비밀은 제한구역 또는 통제구역 내에서 보관하거나 내용이 노출되지 않도록 특별한 보관방법을 강구하여야 한다.

(8) 비밀의 재분류(보안업무규정 제13조)

비밀의 재분류라 함은 비밀의 효력과 가치를 재평가 또는 변경하는 행위로서 비밀의 등급변경 또는 파기 등을 말하며, 다음의 경우에 재분류한다.

① 비밀의 예고문에 의하여
② 발행자의 직권으로 재분류시기를 다시 결정할 때
③ 긴급 부득이한 사정으로 비밀을 계속 보관하거나 안전한 지출을 할 필요가 없을 때
④ 국가정보원장의 요청이 있을 때
⑤ 보안유지를 위하여 파기 시까지 계속 보관할 필요가 없을 때

(9) 비밀의 관리

(가) 비밀관리 기록부(보안업무규정 제21조)

비밀의 관리에 대한 일체의 사항을 기록 유지하기 위하여 비밀관리 기록부를 작성・비치하여야 한다.

(나) 비밀열람 기록전

비밀에 대한 열람

자의 범위를 파악하기 위하여 각개의 비밀문서 말미에 비밀열람 기록전을 첨부한다.

라. 시설보안

(1) 보호구역(보안업무규정 제30조)

각급 기관의 장과 국가 중요 시설 장비 및 자재를 관리하는 자는 국가 비밀의 보호와 국가 중요 시설 장비 및 자재의 보호를 위하여 필요한 장소에 일정한 범위를 정하여 보호구역을 설정할 수 있으며, 보호구역 설정자는 보안상 불필요한 인원의 접근 또는 출입을 제한하거나 금지시킬 수 있다.

(2) 보호구역의 구분(동 규정 시행규칙 제42조)

보호구역은 그 중요도에 따라 제한지역, 제한구역, 통제구역으로 나눈다(보안업무규정 제30조 제2항).

제한지역	▶ 제한지역이라 함은 비밀 또는 정부재산의 보호를 위하여 울타리 또는 경호원에 의하여 일반인의 출입의 감시가 요구되는 지역을 말한다.
제한구역	▶ 제한구역이라 함은 비밀 또는 주요 시설 및 자재에 대한 비인가자의 접근을 방지하기 위하여 출입에 안내가 요구되는 구역을 말하며 설정기준은 다음과 같다. ① 전자교환기(통합장비)실 및 교환실, ② 발간실(경찰기관) ③ 송신 및 중계소, ④ 경찰청 항공대 및 지방경찰청 항공대 ⑤ 작전, 경호 및 정보업무, 보안업무 담당부서 전역, ⑥ 감식과
통제구역	▶ 통제구역이라 함은 비인가자의 출입이 금지된 보안상 극히 중요한 구역으로서 설립기준은 아래와 같다. ① 암호취급소, ② 정보보안기록실 ③ 무기창(무기고) 및 탄약고, ④ 종합(치안) 상황실 ⑤ 암호장비 및 정보보호장비 관리실, ⑥ 정보상황실 ⑦ 비밀발간실, ⑧ 컴퓨터실

(3) 보호구역운영방침(보안업무규정 세부시행규칙 제49조)

(가) 보호구역에 대해서는 필요한 보안대책을 강구하여야 한다.

(나) 보호구역 중 통제구역에는 출입인가자 명단을 그 구역 내부에 게시하되 가림막을 쳐야 한다.

(다) 보호구역 중 제한구역 및 통제구역에는 출입명부를 비치하고 고정출입자 이외의 자 출입상황을 기록 유지하여야 한다.

(라) 보안담당관(분임보안담당관 포함)은 보호구역에 대한 자체점검을 수시 실시하여야 한다.

(4) 보호구역의 설정 기준

제한구역 및 통제구역의 설정 기준은 최소한의 범위로 제한되어야 하며 다음과 같은 경고표찰을 게시하여야 한다.

(가) 제한구역

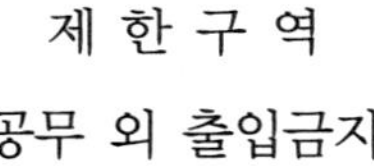

백색 바탕에 청색 글씨
청색 테

(나) 통제구역

백색 바탕에 청색 글씨
적색 테 및 대각선

마. 자재보안(보안업무규정 시행규칙 제2장)

자재는 암호자재, 음어자재, 약호자재로 구분한다.

(1) 분류기준과 수발

(가) 음어자재는 Ⅲ급 비밀로 분류하며 약호자재는 대외비 이상으로 분류한다.

(나) 음어자재를 배부하는 기관은 직접 접촉에 의하여 수발할 수 있으며 인감 등록대장을 비치하고 수령책임관의 인감을 등록 받아 등록된 자에 한하여 배부 또는 반납도록 한다.

(2) 음어자재 보안

(가) 음어자재는 Ⅲ급 비밀의 보관방법에 준하여 보관하여 비밀보관 용기에 보관하되 음어자재 보관함을 따로 비치하여야 하며 그 함에는 음어자재 이외에 다른 물건을 보관하지 못한다.

(나) 음어자재는 과거용, 현재용, 미래용으로 구분 보관하되 현재용을 제외하고 밀봉하여 보관한다.

(다) 음어자재를 보유하고 있는 기관은 음어자재 점검기록부를 비치하고 주 1회 이상 점검하여야 하고 보안담당관은 월 1회 점검사항을 확인한다.

(3) 음어자재 운용

(가) Ⅱ급 비밀 이상은 음어화하여 수발하지 못하며, 다만 연습의 경우는 예외로 한다.

(나) Ⅲ급 비밀 및 대외비의 내용은 음어화하여 수발하며 비밀이 아니라도 누설될 경우 국가이익을 해할 우려가 있는 내용은 음어화하여야 한다.

(4) 음어자재의 인계인수

음어자재보관자가 교체될 때에는 음어자재기록부에 그 내용을 기록하여야 하며 보안담당관의 확인을 받는다.

3. 보안감사(보안업무규정 제39조, 동 규정 시행규칙 제64조)

가. 의 의

보안감사(保安監査)란 보안의 대상인 인원, 문서, 자재, 시설, 지역 및 장비 등 보안관리 상태에 대한 그 적정 여부를 조사하기 위하여 실시하는 감사를 말한다.

나. 보안감사의 종류

(1) 정기감사(定期監査)

정기감사는 연 1회 실시하며 감사 시에는 피감사기관에 감사계획을 통보하여 실시한다. 기존 국가정보원의 일반보안감사는 폐지되고 정보 및 보안업무 기획조정 규정에 의하여 연 1회 이상 정보사업 및 그에 따른 예산과 보안 업무감사를 실시한다.

(2) 수시감사(隨時監査)

상급경찰기관은 하급경찰기관에 대하여 보안감사를 실시할 수 있다. 수시감사는 사전에 계획의 통보 없이 수시 실시할 수 있으며 보안감사 중인 피감사기관에는 실시할 수 없다.

참고▶ 보안심사위원회설치 · 운영(보안업무규정 시행 세부규칙 제5조)

1. 보안심사위원회의 구성

① 경찰청
차장을 위원장으로 하고, 5명 이상 7명 이하의 각 국 · 관을 위원으로 구성하며, 간사는 경무과장으로 한다.

② 경찰대학, 경찰교육원, 중앙경찰학교, 경찰수사연수원
㉠ 경찰대학은 교수부장을 위원장으로 하고, 3명 이상의 과장급을 위원으로 구성하며 간사는 운영지원계장으로 한다.
㉡ 경찰교육원, 중앙경찰학교 및 경찰수사연수원은 운영지원과장을 위원장으로 하고, 위원장이 지정하는 각 과의 계장(급) 5명 이상 7명 이하의 계장급으로 위원을 구성하며 간사는 운영지원계장으로 한다.

③ 각 시 · 도 지방경찰청
차장을 위원장으로 하고, 5명 이상 7명 이하의 부장 또는 과장급을 위원으로 하며, 간사는 경무계장으로 한다.

④ 경찰병원
운영지원과장을 위원장으로 하고, 5명 이상 7명 이하의 계장급을 위원으로 하며, 간사는 운영지원계장으로 한다.

⑤ 기타 경찰서 · 대 등
해당 기관장을 위원장으로 하고, 과장급을 위원으로 하며, 간사는 경무(서무)계장으로 한다.

2. 보안심사위원회의 운영

① 위원장은 위원회를 총괄하고 위원장 유고 시에는 직제상 선임위원이 그 직무를 대행한다.
② 보안심사위원회는 재적위원 과반수의 출석과 출석위원의 과반수로 결정한다. 다만, 가부동수일 경우에는 위원장이 결정권을 갖는다.

07

경찰 홍보

제1절 | 서 설

1. 의 의

경찰 홍보(public relations)란 경찰이 하는 일을 국민과 쌍방향 커뮤니케이션을 통해 널리 알림으로써 경찰에 대한 신뢰와 지지를 확보하고, 경찰 고유문화의 확산 및 사기진작을 위한 제반 활동을 말한다. 광고는 광고주(기업이나 단체 등)가 특정 매체(미디어)에 비용을 지불하고, 기업의 목표(마케팅 혹은 광고의 효과)를 달성하려는 목적을 가지고 광고주가 대중들에게 전하는 메세지를 포함한 일련의 마케팅 행위이다. 이에 비하여 홍보는 매제(미디어)에 비용을 지불하지 않고, 홍보활동은 언론기관에 보도 자료를 제공한다든지, 기자회견을 한다든지, 방송에 출연하여 치안활동을 설명하거나 잡지에 기고하는 등의 보도활동(press relations)과 자체 기관지를 발행하거나, 인터넷홈페이지나 여타 사이트에 자료를 게시하거나 치안정책에 관한 책자를 발간한다거나 또는 각종 집회에 참석하여 경찰입장을 설명하는 등 국민에게 널리 알리는 모든 활동을 말한다.

2. 홍보의 목적

홍보의 목적은 경찰목적을 달성하기 위해 보다 적극적으로 언론 매체를 이용하거나, 지방자치체와 관련 유관기관들의 협조를 받아 여론(public opinion)을 경찰이 추구하는 방향으로 유도하는 적극적인 홍보와 경찰활동이 여러 현안과 부딪혀서 일어나는 일들이 국민에게 부정적으로 비추어지지 않도록 하는 소극적인 홍보를 포함한다. 즉, 홍보의 목적은 경찰활동이 국민에게 정당하게 인정받을 수 있도록 널리 알리는 모든 활동들을 말한다.

경찰홍보가 목적을 달성하기 위해서는 담당 공무원이 홍보의 중요성을 인식하고, 시책에 대한 입안과정부터 관심을 갖고 잘 이해해야만이 홍보의 효과를 가져 올 수가 있다. 그 결과 국민이 경찰활동을 이해함으로써, 국민의 지지와 신뢰를 얻을 수 있다.

3. 대언론 관계의 중요성

홍보의 목적은 일반적으로 여론(Publicity)을 얻거나 관리하는데 있다. 보통 홍보(Public Relations)는 기업이나 개인 혹은 단체 등이 자신에게 이익을 가져오기 위해 마케팅 혹은 기업관리 등의 목적을 가지고 행하는 직 · 간접적 행동으로, 기업 등은 홍보자료를 방송사나 신문사 등에 보내고 기사화해주길 요구한다. 이때 비용이 따르는 것은 물론이다. 방송이나 신문관계자들이 기업 등이 제공한 내용이 대중이 흥미를 가질 수 있는 부분이라고 판단된다면, 기업이 제공한 자료를 보도하거나 인용할 수 있다. 물론 그 기사를 보고 판단하는 것은 시청자나 독자가 자발적으로 하게 되지만, 기업 등이 관련 자료 등을 보내는 행위는 예측되는 결과를 계산하고 행해지는 기업의 홍보활동이다. 이와 같이 의도된 결과를 얻기 위한 홍보활동은 매우 중요하다.

경찰홍보는 기업 등과 달리 비용을 지출하지 않고 앞서 시민들이 알고 싶은 것, 또는 알아야 할 것 등을 가려서 언론사에 제공함으로써 경찰활동을 알릴 수 있다. 이렇게 언론매체를 이용하는 것은 경찰행정기관이 비용을 지출하고 내보내는 광고와 달리, 시민들은 언론기사내용이 객관적이고 공정하다고 판단하고 그 신뢰를 높게 하는 경향이 있다. 이런 이유로 언론매체를 이용할 수 있다면 경찰활동이 시민들에게 빠르게 이해력을 높일 수 있어 다른 홍보수단보다도 중요도가 매우 높다.

제2절 | 경찰 홍보의 수단과 기능

1. 홍보의 주체

경찰 홍보활동의 주체는 경찰이며, 넓게는 언론사 자체 경찰 홍보 프로그램이나 경찰을 다룬 영화 또는 경찰에 대한 좋은 이미지를 표시해 주는 시민 등도 경찰 홍보의 주체라고 볼 수 있다.

홍보활동은 주로 홍보담당 부서에서 하게 되지만, 경찰관 개개인은 스스로 '경찰을 대표하는 홍보맨'이라는 주체의식을 지니고 있어야 한다. 즉 경찰관은 경찰 서비스를 국민에게 제공하는 제공자이면서 국민의 호응을 얻어 내는 경찰 홍보맨의 역할을 동시에 수행하여야 하는 것이다.

2. 홍보의 새로운 이해

홍보는 경찰행정기관의 활동이 제대로 전달될 수 있도록 널리 알리는 모든 활동이다. 홍보를 정확히 이해하기 위해서는 홍브가 하는 일을 정확히 아는 것도 중요하다. 따라서 앞의 절에서 말한 홍보의 목적에 추가하여 다음 세 가지가 있다.

먼저, 지식제공이다. 경찰기관이 수행하는 정책이나 캠페인 등이 시민생활에서 직접적인 영향을 주는 일이 많다. 경찰기관이 수행하고 있는 각종 시책들에 대한 정확한 내용을 시민들에게 알리는 것은 경찰기관의 책임이자 의무이다.

두 번째는, 관심유도이다. 경찰기관이 새로운 제도를 도입하거나 시민 생활에 변화를 주는 시책을 추진할 때 가장 큰 문제는 시민의 저항 못지않게 시민들의 무관심이다. 이러한 무관심을 극복하는 것이 홍보의 중요한 임무이자 목적이다.

세 번째는 편견극복이다. 경찰시책으로 인해 피해를 본다는 인식이 시민들에게 팽배할 때 경찰활동은 표류하게 된다. 이러한 편견해소가 홍보의 또하나의 중요한 목적이다.

3. 새로운 홍보수단의 개발

기존의 홍보수단으로는 빠르게 변화하는 소통 문화에 접근하기조차 어렵다. 종래 홍보수단에만 머물다가는 시민들과 멀리 떨어져 있을 것 같아 시민들의 소통수단의 변화에 대해 알아보기로 한다. 언제 다시 바뀔지 모르지만, 새로운 통신개념이 확산되고 있다. 예로써, 미디어 뉴트럴(Media Neutral)이 있다. 미디어 뉴트럴이란 특정 매체(TV, 신문, 라디오 등)에 특화되거나 선호하는 감정을 배제한다는 의미로 사용된다. 최근에 인터넷을 이용한 다양한 미디어 환경의 등장과 함께 나타난 BTL(Below the Line) 의사소통이 증가하고, 통합 마케팅 코뮤니케이션(IMC: Integrated Marketing Communication)에 기반한 다양한 마케팅 기법들은 각종 컨텐츠(Contents)의 개발과 활용이 확산되고 있다.

홍보활동은 ATL과 BTL, 크게 두 가지 유형으로 구분할 수 있다. 4대 매체인 TV, 신문, 라디오, 잡지와 뉴미디어인 인터넷, 케이블TV 등을 통한 직접 홍보활동을 'ATL(Above the Line)'이라 부르는데, 전통적인 광고 활동은 그간 ATL을 중심으로 이루어져 왔으며, 강력한 광고 효과를 입증해 왔다. 하지만 경쟁이 심한 직접적인 광고에서 탈피하고자 새로운 광고 영역을 개척하기 위한 노력이 활발해지면서, 그 대안으로 BTL이 등장하고 있다.

BTL은 이벤트, 전시, 스폰서십, PPL, CRM, DM, PRM 등의 활동을 하면서 미디어를 매개로 하지 않은 대면 커뮤니케이션 활동을 말한다. BTL이 관심을 모으고 있는 이유는 다양하다. 우선 고객들이 점차 세분화되고 있다. 막대한 영향력을 가진 주요 매체를 중심으로 다양한 고객층을 공략하는 ATL과는 달리, 타깃 고객층을 세분화해서 잡고 이들에게 어필할 수 있는 커뮤니케이션 방식으로 접근하는 것이 BTL의 가장 큰 특징이다. 이와 더불어 고객들이 능동적으로 참여와 경험을 즐기게 되면서, 고객에게 참여의 기회를 적극 제공하는 BTL이 고객들에게 크게 어필하고 있다. 이러한 변화가 새로운 경찰홍보수단을 요구하고 있다.

4. 홍보의 기능

가. 사회적 관심사건에 대한 국민의 알권리 충족

경찰은 중요 사건에 대한 정보를 신속하게 국민들에게 제공하여 국민의 알권리를 충족시켜 주어야 한다.

나. 국민 편의를 위한 정보 제공

국가의 기능이 복지행정을 지향함에 따라 정부 각 부처에서는 국민의 편의를 위해 많은 시책을 발굴, 시행하고 있다. 경찰은 이러한 흐름에 발맞춰 각종 국민 편의 시책을 제안・시행하고 있으며, 이에 대한 가장 효과적인 정보제공 통로가 바로 언론이다.

다. 범죄예방

급속한 사회 변화 추세에 맞춰 범죄의 주체, 방법, 동기 등 범죄와 관련된 많은 정보가 하루가 다르게 바뀌고 있다. 이러한 정보를 신속하게 전파하는 것은 시민들이 사전에 범죄로 인한 피해를 예방할 수 있도록 도와주는 기능을 한다. 반면 지나친 범죄수법 묘사는 모방 범죄를 낳을 우려가 있기 때문에 어느 정도까지 공개할 것인가를 결정하는 것도 중요하다.

라. 경찰권발동의 정당성 확보

경찰 업무는 일반 시민들에게 편익을 제공해 주기보다는 규제하고 제한하는 측면이 강하기 때문에 경찰업무의 정당성과 불가피성을 언론을 통해 설명하고 협조를 구할 수 있다.

08

경찰에 대한 통제

제1절 | 서 설

1. 의 의

경찰통제란 경찰의 조직과 활동을 점검함으로써 경찰조직과 경찰활동의 적정을 도모하기 위한 제도적 장치 또는 활동을 총칭하는 말이다.

과거 권위주의 시대에는 경찰의 권력남용 또는 부작위로 인한 국민의 권리침해에 대해 감시하고 제재를 가하기 위해 필요했지만, 오늘날에는 경찰이 비록 주민밀착형이 아닌 중앙집권형 제도에서의 일률적 지시에 의한 서비스로 만족스럽지는 않지만, 현행 제도 하에서나마 실적위주의 경쟁행위로 비추어질 만큼 경찰기관들이 앞다투어 고객만족을 위해 각종 서비스를 제공하고 있는 것은 바람직하다고 하겠다. 따라서 외향적으로 바라보는 경찰에 대한 통제라는 시각보다, 높아진 시민의식과 복지국가를 지향하는 국가이념에 맞추어 적극적 서비스를 유도하는 기준을 제시한다는 의미로서의 의의가 더 크다고 하겠다.

2. 경찰통제의 필요성

경찰은 조직법인 「경찰법」 제정과 더불어 형식적이나마 경찰위원회제도를 도입함으로써 경찰에 대한 민주적 통제의 장치를 마련했다는데 의미가 있다. 이러한 시도는 경찰의 정치적 중립성을 보장하고 경찰의 조직과 활동에 대한 국민의 신뢰성과 정당성을 확보하고자 하는 노력의 일환으로 볼 수 있다. 또한 지방경찰청별로 신망 있는 주민들로 선정된 인권위원회가 설치되어 경찰의 구속장소 확인과 비인권적 시설개선 요구 등을 시행하고 있으며, 특히 경찰청 감사관 직위를 개방형으로 하여 외부 인사를 영입하는 등 국민에 대한 인권보호와 조직의 안정과 발전을 위한 많은 노력을 기울이고 있다. 이러한 경찰의 자발적인 노력들이 과거의 경찰통제와는 다른 모습으로 변화하는 양상을 보이고 있으나, 국가경찰제도가 갖는 내재적 한계를 벗어나지는 못하고 있다. 지방분권화가 이루어진 선진국에서는 시민들이 경찰권의 행사에 직접적으로 관여하기 때문에 외부적 경찰통제의 필요성을 크게 느끼지 못하지만, 우리 경찰제도는 상명하복관계가 뚜렷한 중앙집권형 독임제 경찰제도이므로, 경찰권의 행사로부터 시민의 권리보호를 위해 경찰통제의 필요성을 요구하게 된다.

제2절 | 경찰통제의 기본요소

1. 권한의 배분

권한이 중앙이나 일부에 집중되어 있을 때 남용되기 쉽고 특히 정치적 유혹 또는 이용의 대상이 되기 쉬우므로 경찰의 권한을 통제하는 중요한 요소 중의 하나는 권한의 배분이 반드시 이루어져야 한다.

권한의 배분은 분권화를 상징하는 자치경찰제의 시행이 바람직하나, 현실적으로 바로 시행되기 어려워 현행제도상 실현할 수 있는 방법으로는 경찰의 중앙조직과 지방조직 간의 권한의 배분, 상위 계급자와 하위 계급자 간의 권한의 위임 등이 있다.

2. 자료의 공개

오늘날 국민의 알권리를 보장하고 국정에 대한 국민의 참여와 국정운영의 투명성을 확보함을 목적으로 행정기관의 정보공개가 강력히 요청되고 있다. 현재 우리나라에서는 「공공기관의 정보공개에 관한 법률」이 제정되어 1998.1.1.부터 시행되고 있으며 이 법률은 기관의 정보공개를 원칙으로 하고 있다. 정보공개는 행정통제의 근본 또는 전제요소이다.

주요 비공개대상 정보(동법률 제9조 제1항, 임의적 사항)로는 다음과 같은 것이 있다.

가. 다른 법률 또는 법률이 위임한 명령(국회규칙 · 대법원규칙 · 헌법재판소규칙 · 중앙선거관리위원회규칙 · 대통령령 및 조례에 한한다)에 의하여 비밀 또는 비공개 사항으로 규정된 정보

나. 국가안전보장 · 국방 · 통일 · 외교관계 등에 관한 사항으로서 공개될 경우 국가의 중대한 이익을 현저히 해할 우려가 있다고 인정되는 정보

다. 공개될 경우 국민의 생명・신체 및 재산의 보호에 현저한 지장을 초래할 우려가 있다고 인정되는 정보

라. 진행 중인 재판에 관련된 정보와 범죄의 예방, 수사, 공소의 제기 및 유지, 형의 집행, 교정, 보안처분에 관한 사항으로서 공개될 경우 그 직무수행을 현저히 곤란하게 하거나 형사피고인의 공정한 재판을 받을 권리를 침해한다고 인정할 만한 상당한 이유가 있는 정보

마. 감사・감독・검사・시험・규제・입찰계약・기술개발・인사관리・의사결정과정 또는 내부검토과정에 있는 사항 등으로서 공개될 경우 업무의 공정한 수행이나 연구・개발에 현저한 지장을 초래한다고 인정할 만한 상당한 이유가 있는 정보

바. 당해 정보에 포함되어 있는 이름・주민등록번호 등 개인에 관한 사항으로서 공개될 경우 개인의 사생활의 비밀 또는 자유를 침해할 우려가 있다고 인정되는 정보. 다만, 다음에 열거한 개인에 관한 정보는 제외한다.

(1) 법령이 정하는 바에 따라 열람할 수 있는 정보

(2) 공공기관이 공표를 목적으로 작성하거나 취득한 정보로서 개인 사생활의 비밀과 자유를 부당하게 침해하지 않는 정보

(3) 공공기관이 작성하거나 취득한 정보로서 공개하는 것이 공익 또는 개인의 권리구제를 위하여 필요하다고 인정되는 정보

(4) 직무를 수행한 공무원의 성명・직위

(5) 공개하는 것이 공익을 위하여 필요한 경우로써 법령에 의하여 국가 또는 지방자치단체가 업무의 일부를 위탁 또는 위촉한 개인의 성명・직업

사. 법인·단체 또는 개인(이하 '법인 등'이라 한다)의 경영·영업상 비밀에 관한 사항으로서 공개될 경우 법인 등의 정당한 이익을 현저히 해할 우려가 있다고 인정되는 정보. 다만, 다음에 열거한 정보를 제외한다.

(1) 사업활동에 의하여 발생하는 위해로부터 사람의 생명·신체 또는 건강을 보호하기 위하여 공개할 필요가 있는 정보

(2) 위법·부당한 사업활동으로부터 국민의 재산 또는 생활을 보호하기 위하여 공개할 필요가 있는 정보

아. 공개될 경우 부동산 투기·매점매석 등으로 특정인에게 이익 또는 불이익을 줄 우려가 있다고 인정되는 정보

3. 절차적 참여의 보장

오늘날 국민에게는 국민의 행정참여를 도모함으로써 행정의 공정성, 투명성 및 신뢰성을 확보하고 국민의 권익을 보호할 목적으로 「행정절차법」이나 개별법에 의한 절차적 권리가 보편적으로 인정되고 있다.

민주적 통제장치의 일환으로서 국민의 경찰행정에 대한 참여를 도모하기 위한 목적으로 경찰위원회가 구성되어 있는 등 제한적이나마 간접적 참여의 장치도 마련되어 있다.

자치경찰제도가 시행되면 경찰행정에 대한 주민참여의 폭은 더 넓어지게 된다고 하겠다.

4. 경찰의 책임강화

경찰에 대한 통제의 과정에서 잘못으로 드러난 경찰공무원의 개별적 사안에 대한 문제점의 시정과 앞으로의 제도 개선을 위해서 분명한 책임 규명이 뒤따라야 한다. 경찰에 대한 책임을 묻는 수단에는 여러 가지가 있지만, 직접적으로 해당 경찰활동에 대한 효과적인 책임의 종류에는 형사책임, 민사책임, 징계책임 등이 있다.

그러나 이러한 관행적인 책임으로만 돌려서는 안되며, 경찰행정에 대해서 조직관리자로서 지는 책임이 뒤따라야 한다. 시민생활과 밀접한 관계에 있는 각급 경찰기관은 시민에게 경찰활동에 대해 이해를 구하고 협력을 얻어야 하며, 시민의 의사와 거리가 있는 각종 시책에 대해서는 조직관리자에 대해서 그 책임이 요구되고 있다. 다시 말해서 중앙집권적 독임제 경찰관청을 유지하고 있는 우리나라의 경우 경찰공무원의 임용권자이며 운영권자인 경찰청장이 실질적이며 최종적인 책임을 진다.

경찰조직의 과오에 대해서 그동안 실무차원의 경찰공무원 개인에 대해 책임을 돌리거나 하급기관으로 책임을 떠넘기는 인상을 지울 수 없다. 따라서 모든 권한이 독임제 경찰청장에게 집중되어 있는 우리나라 현실에 비추어 경찰의 조직관리나 각종 시책에 대한 책임을 하급기관이나 개인에게 돌릴 것이 아니라, 재임 중은 물론 임기 후에도 반드시 재임기간중의 업무에 대한 평가를 받도록 제도화가 필요하다.

현행 국회의 정기감사나 국정조사 및 감사원 등에 의한 감사가 이루어지고 있으나, 중앙집권형 경찰제도하에서는 퇴임 후 사후 감사제도로서 재임 중 정치성 또는 전시행정으로 인한 권한의 오남용과 인력 및 예산의 낭비가 있었는지 여부를 평가하는 법적 장치가 경찰의 책임을 묻는 가장 효과적인 장치라고 볼 수 있다.

5. 환류를 통한 개선

참다운 경찰통제는 경찰행정 목표와 관련하여 그 수행과정의 적정 여부를 확인하여 그 확인결과에 따라 책임만 추궁하는 것이 아니라 환류를 통해 시정과 개선함으로써 발전적으로 이어지는 것을 의미한다. 이러한 개선노력은 모든 권한이 집중되어 있는 현행 경찰제도에서는 기대하기 어려우며, 주민과 호흡하고 주민의 목소리가 반영되는 자치경찰제의 시행과 경찰기관 내부에서의 적절한 권한의 위임이나 배분이 성공할 수 있다고 본다.

제3절 | 경찰통제의 유형

1. 민주적 통제

경찰조직의 민주성 확보를 통한 통제로서 우리나라의 경우에는 경찰위원회제도와 국민감사청구제도가 도입되어 있는 외에 선거제도 등은 시행되고 있지 않다.

가. 경찰위원회

경찰위원회는 경찰의 주요 정책 등에 관하여 심의·의결하는 권한은 가지고 있으나, 행정안전부장관의 재의요구권(再議要求權)이 있어 실질적으로는 심의회 수준에 머물고 있는 등 명실상부한 민주적 통제장치로 보기는 어렵다(경찰법 제9조).

나. 국민감사청구

19세 이상의 국민은 공공기관의 사무처리가 법령위반 또는 부패행위로 인하여 공익을 현저히 해하는 경우 일정한 수(300명) 이상의 연서로 감사원에 감사를 청구할 수 있도록 하고 있다(부패방지 및 국민권익위원회의 설치와 운영에 관한 법률 제72조 제1항).

2. 사법적 통제

경찰기관의 행위에 대하여 법원이 사법심사를 통하여 행정기관의 행위를 통제하는 방식으로서 「행정소송법」과 「국가배상법」을 통하여 행정의 위법한 처분 등의 행위에 대하여 통제를 가하고 있다.

3. 사전적 통제

행정에 대한 사전적 통제를 규정하고 있는 기본법은 「행정절차법」이라고 할 수 있다. 여기에서는 청문, 행정상 입법예고나 행정예고 등의 절차를 규정하여 국민의 권리침해를 사전에 통제하고 있다.

또한, 사전적 통제의 수단으로서 입법기관인 국회가 입법권, 예산심의권 등을 통하여 경찰관계법령의 제정이나 경찰예산의 편성과정에서 통제를 가할 수 있다.

4. 사후적 통제

사법부에 의한 사후적 통제로서는 사법심사에 의한 통제로 소송 등에 의하여 구제받을 수 있으며, 입법부의 국회 예산결산권이나 국정감사・조사권 등의 행정감독 기능을 통한 통제도 가능하다. 특히 행정부 내부의 징계책임이나 상급기관의 하급기관에 대한 감사권, 행정심판을 통한 통제도 사후적 통제에 해당된다.

5. 내부통제

경찰기관 내부통제의 수단으로는 각급 경찰관서의 (청문)감사관제도와 하급기관에 대한 훈령권 그리고 하급공무원에 대한 직무명령권과 이의신청에 대한 재결 등이 있다.

가. (청문)감사관제도

경찰청의 감사관, 지방경찰청의 청문감사담당관, 경찰서의 청문감사관을 두어 경찰 내부의 감찰, 인권보호, 민원업무감독 등 업무를 수행하고 있다.

나. 훈령권

상급기관이 하급기관에 대하여 지시권, 감독권 행사를 통해 하급기관의 위법이나 재량권 행사의 오류를 바로잡고 있다.

다. 직무명령권

상급경찰공무원이 하급경찰공무원에 대하여 직무명령을 통해 행위를 통제하고 있다.

라. 이의 신청 재결권(행정심판)

집회 및 시위의 금지 통고에 대한 이의 신청을 받은 바로 위의 상급경찰관서 장은 이의 신청을 접수한 때부터 24시간 이내에 재결을 하도록 하고 있다(집회 및 시위에 관한 법률 제9조).

6. 외부통제

경찰에 대한 외부통제는 국회에 의한 통제, 경찰위원회에 의한 통제, 사법부에 의한 통제와 행정부에 의한 통제 등이 있다.

가. 경찰위원회에 의한 통제

국가경찰의 주요 정책 등에 대한 심의・의결권을 통해 통제하고 있다.

나. 국회에 의한 통제

입법권, 예산심의・결산권, 국정감사・조사권 등의 권한을 행사함으로써 경찰의 입법과정, 예산 책정과 결산과정 및 경찰행정에 대하여 감사・조사함으로써 통제 중에서 가장 강력한 경찰통제기관이라고 볼 수 있다.

다. 사법부에 의한 통제

위법한 처분 등을 취소 등을 통해 시정하게 할 뿐만 아니라, 경찰공무원 개인에게도 민사상·형사상의 책임을 물을 수 있다는 측면에서 위법한 경찰행정작용을 억지하는 통제효과를 가진다. 또한 판례법의 형성을 통하여 행정으로 하여금 판결의 내용에 반하는 행위를 억제함으로써 국민의 권리구제에 기여하고 있다.

라. 행정부에 의한 통제

(1) 행정수반인 대통령에 의한 통제

경찰청장의 임명권, 경찰위원회 위원의 임명권 등을 통해 통제하며, 행정수반으로서 주요 정책결정을 통하여 경찰을 통제할 수 있다.

(2) 행정안전부장관에 의한 통제

경찰청장과 경찰위원회 위원의 임명제청권을 통해 통제할 수 있다.

(3) 국민권익위원회에 의한 통제

국무총리 소속하에 부패방지와 국민의 권리보호 및 구제를 위하여 과거 국민고충처리위원회와 국가청렴위원회 및 국무총리행정심판위원회 등 기능을 통합하여 설치된 기구로서 잘못된 경찰작용에 대한 통제를 할 수 있다.

(4) 중앙행정심판위원회(국무총리 산하 국민권익위원회 소속)에 의한 통제

경찰관청의 처분 또는 부작위에 대하여 행정심판을 청구할 경우 중앙행정심판위원회는 심리 및 재결로써 통제하고 있다.

(5) 소청심사위원회에 의한 통제

공무원이 징계처분이나 강임, 휴직, 면직처분, 기타 그의 의사에 반하는 불리한 처분을 받았을 때에는 그 시정을 요청할 수 있다. 경찰공무원은 행정안전부에 설치되어 있는 소청심사위원회에 소청심사를 청구할 수 있다.

(6) 감사원에 의한 통제

경찰기관의 세입・세출의 결산뿐만 아니라, 경찰기관 및 경찰공무원의 직무에 대한 감찰을 통하여 통제할 수 있다.

(7) 국가인권위원회에 의한 통제

인권침해행위에 대한 조사와 구제 등 업무를 수행하는데, 특히 경찰서 유치장이나 사법경찰관리가 그 직무수행을 위하여 사람을 조사・유치 또는 수용하는 데 사용하는 시설에 대한 방문조사권을 가지고 있다.

(8) 민중통제

여론, 이익집단, 언론기관, 정당, NGO, 일반 국민 등을 통한 직간접적인 통제를 할 수 있다.

(9) 기 타

경찰은 정보・보안업무와 관련 국가정보원의 조정과 통제를 받고 있으며, 대간첩작전은 국방부의 통제를, 수사업무는 검찰에 의한 지휘(검사의 수사지휘권, 경찰서 등의 체포・구속장소 감찰권, 교체임용 요구권 등)를 받고 있다.

참고▶ 대륙법계와 영미법계의 경찰통제 비교

대륙법계	–국가에서 경찰행정에 대한 행정소송이나 국가배상제도에 의한 사법심사를 시행함 –행정소송 등을 열기주의(列記主義)에서 개괄주의(槪括主義)로 확대함으로써 행정에 대한 법원의 통제가 확대되었으며, 이는 국민의 사법적 구제의 길을 넓히는 효과를 가져옴
영미법계	–초기부터 경찰조직의 민주성을 확보하였으며, 시민이 직접 또는 그 대표기관을 통해 참여와 감시를 가능케 하였음 –경찰위원회, 경찰책임자의 선거, 자치경찰제도의 시행 등

09

우리나라 경찰의 개혁과 발전방향

제1절 | 행정개혁

1. 의 의

행정개혁(Administrative reform)이란 행정을 보다 나은 상태·방향으로 개선·발전시키기 위해 행정부가 의도적으로 추구하는 계획된 변화를 말한다. 행정조직의 구조변동과 새로운 정책, 행정기술, 방법의 채택·적용뿐만 아니라, 공무원의 가치관, 신념, 태도를 변화시켜 개인발전과 조직발전을 통합시키려고 하는 행정체제 모든 측면의 변화가 모두 포함된다고 하겠다. 이 절에서 행정개혁에 대한 공통된 내용을 간단히 살피고 다음 절에서 경찰제도개혁에 대해 설명한다. .

2. 특 징

행정개혁은 행정부가 의도적으로 정책적 목표를 가지고 변화를 추구하는 것이기에 정치성을 띠게 되고, 기술적 성격과 계속된 과정을 통하여 목표 지향적으로 계획적 변화를 유도하는 특징을 지니게 된다. 여기에는 성공 여부에 대한 불확실성과 위험이 따르게 되며 특히 공무원조직의 저항이 예상되는 것이 특징이다.

3. 필요성

행정개혁을 필요로 하는 것은 국민들에게 새로운 서비스를 창출하기 위한 노력이다. 행정개혁 과정은 일반적으로 ① 개혁의 필요성을 인식하고, ② 개혁안을 마련하여, ③ 개혁을 집행한 후, ④ 평가하는 네 가지 단계가 있다. 개혁의 필요성에 대한 인식에는 권력의 변동으로부터 발생하는 행정수단에 대한 변혁의 요청, 새로운 행정수요의 발생, 행정제도에 내재하는 관행을 바로 잡겠다는 인식들이 행정개혁으로 나아가게 된다.

4. 추진전략

가. 개혁의 폭과 속도에 따른 전략

(1) 급진적이고 전면적인 전략으로서 근본적인 변화를 일시에 달성하려는 광범위하고 빠른 속도의 추진방법으로 개발도상국에 적용되고 있다.

(2) 점진적이고 부분적인 전략으로서 개혁의 영향파급을 적게 하고 수용할 수 있는 시차를 두며 동원할 수 있는 자원능력을 감안하여 완만하게 추진하는 전략으로 소극적 개혁에 속한다.

나. 개혁의 추진방향에 따른 전략

(1) 명령적・하향적 전략으로서 외부나 내부의 참여 없이 상층부에서 일방적으로 추진하는 Top－down 형식의 변화 선택으로, 신속화에 따른 극심한 저항이 따르며 지속화하기는 난관이 많다.

(2) 참여적・상향적 전략으로 구성원의 적극적인 참여를 유도하여 아이디어를 수집하고 그들의 의견을 반영하여 추진하는 Bottom－up 형식의 변화선택으로 속도는 더디지만 개혁을 지속적으로 추진할 수 있고 저항도 최소화할 수 있다.

5. 행정개혁의 저항과 극복방안

가. 행정개혁에 저항이 따르는 이유

행정개혁에 대한 이해부족에 따른 개혁내용의 불명확성, 수용태세의 결여, 기득권 침해에 대한 두려움, 의사소통의 왜곡과 개혁과정의 폐쇄성으로 친한 참여부족, 행정개혁능력의 부족과 제도화된 부패 등으로 저항이 따르게 된다.

나. 저항극복방안

저항원인에 대하여 살펴보았듯이 그 원인에 대한 해결방안을 모색해 보면 다음과 같다. 먼저 조직구성원에 대한 개혁참여의 확대를 도모하고, 상호 간의 의사소통을 촉진하며, 개혁안에 대한 명확성과 공공성을 강조하여 이탈세력을 방지하고 개혁과정에서의 방법과 기술의 수정을 통하여 거부감을 해소하며 개혁의 점진적 추진을 통해 저항을 극복해 나갈 수 있을 것이다.

(1) 개혁의 폭과 속도에 의한 저항 해소 방안

(가) 급진적 · 전면적 추진 계획

급진적 · 전면적 추진 계획은 조직의 상태가 불안정하고 조직의 존립이나 정체성이 위험할 지경에 이르렀을 때 강력하게 개혁 추진을 하여 조직의 신속한 안정을 도모하기 위하여 하는 계획이다.

(나) 점진적 · 부분적 추진 계획

점진적 · 부분적 추진 계획은 행정체제가 확립되어 안정적인 상태에 있는 조직에 적용될 수 있는 계획으로 개혁의 속도를 완만하게 추진함으로써 조직원의 안정감을 가져오고 또한 조직원의 동의를 얻음으로써 일정 범위의 개혁의 효과를 얻고자 하는 계획을 말한다.

(2) 개혁의 추진방향에 따른 저항 해소 방안

(가) 명령적 · 하향적 추진 계획

명령적 · 하향적 추진 계획은 조직원의 참여나 동의 없이 상층부에서 일방적으로 추진하는 계획으로써 빠른 개혁을 얻기 위해 개발도상국이나 독재국가에서 활용하기 쉬운 계획이다. 여기에는 개혁에 대한 저항이 크기 때문에 우리나라에서는 적절치 않다.

(나) 참여적 · 상향적 추진 계획

참여적 · 상향적 추진 계획은 개혁 방향을 설정하는 과정에서 조직원의 이해와 참여를 얻어 점차적으로 개혁의 속도와 폭을 넓히는 계획으로, 조직원의 저항은 최소화할 수 있으나 개혁의 신속하고 획기적인 효과를 기대하기는 어렵다. 오늘날의 우리나라를 비롯한 선진국에서 조직원의 협조를 얻어 성과를 내고자 하는 목적에서 많이 활용되고 있다.

다. 행정절차법에서 본 행정개혁 방향

행정개혁을 하는 데에는 많은 저항과 난관이 따르기 마련이다. 오늘날 민주주의의 이념에 따라 행정청이 행정행위를 함에 있어서 준거로 삼는 「행정절차법」에서도 행정처분에 의한 국민의 권익침해를 사전에 방지하고자 여러 가지 절차적 규정을 두고 있는데, 비록 행정개혁의 대상이 국민이 아닌 행정기관 내의 공무원을 상대로 하더라도 동법을 원용하는 데 도움이 될 것으로 생각한다.

(1) 제21조(처분의 사전통지) 제1항에서 행정청은 당사자에게 의무를 과하거나 권익을 제한하는 처분을 하는 경우에는 미리 처분하고자 하는 원인이 되는 사실과 처분의 내용 및 법적 근거를 당사자 등에게 통지하여야 한다고 하면서 의견을 제출할 수 있다는 뜻과 의견을 제출하지 아니하는 경우의 처리방법에 대하여 규정하고 있어 행정개혁을 추진함에 있어서도 조직구성원에게 충분한 사전 설명과 의견개진이 필요함은 당연하다.

(2) 제22조(의견청취)는 행정청이 처분을 함에 있어서 청문을 실시하도록 하고, 처분을 함에 있어서 필요가 있는 경우에 공청회를 개최한다고 하였다. 이는 당해 처분의 영향이 광범위하여 널리 의견을 수렴할 필요가 있다고 행정청이 인정하는 경우라고 하였으나, 동법에서 거론하는 행정행위보다도 좁은 조직 내의 행정개혁을 추진하는 경우에도 조직구성원의 의견청취는 전제요건이 된다고 본다.

(3) 제23조(처분의 이유제시)에서 행정청은 처분을 하는 때에는 당사자에게 그 근거와 이유를 제시하여야 하고, 행정청은 처분 후 당사자가 요청하는 경우에는 그 근거와 이유를 제시하여야 한다고 하여 가급적 동의(consensus)에 의한 행정절차를 강조하였다. 따라서 이러한 규정이 없더라도 조직 내부의 이해와 협력이 바탕이 되어야 할 행정개혁에 있어서 조직구성원과의 공감대 형성은 꼭 필요하다고 하겠다.

제2절 | 경찰제도 개혁의 접근방법

1. 경찰제도개혁의 당위성

세계 선진일류경찰을 지향하는 한국경찰은 행정의 분권화・지방화・정보화 시대를 넘어 세계화된 치안환경에 맞추어 국민들로부터 신뢰와 사랑을 받는 경찰이 되기 위하여 부단한 노력을 경주해야 한다. 따라서 국민의 눈높이에 맞는 새로운 경찰조직과 활동의 변화가 필요하며, 변화는 기존의 질서에서 탈피한 완전히 새로워진 의식・제도・이념과 목표를 갖추고 고객만족의 질 높은 치안서비스 제공이 요구되고 있다.

2. 경찰제도개혁의 목표

경찰은 궁극적으로 국민에게 치안서비스를 제공하는 조직으로서 국민으로부터 신뢰와 사랑을 받는 경찰상을 정립하는 데 경찰제도 개혁의 목표를 두고 있다. 따라서 경찰 내 불합리한 의식, 제도, 관행을 철폐하고 개선하는 데 그치지 않고 자율적이고 능동적이며 창의적인 복무 자세를 이끌어 내어 적극적으로 고객만족이 실현되는 역동적인 경찰조직을 만드는 데 그 목표가 있다.

3. 경찰제도 개혁의 접근방법

가. 전략적 접근방법(Strategic approach)

고객만족을 지향하는 제도개혁을 위하여 행정기관 중심의, 상급기관 주도의 개혁방식에서 벗어나 국민의 참여와 경찰관의 자발적 의지를 이끌어 내어 혁신의 참된 동력으로 만들어야 한다. 이를 위해서는 Top-down 형식이 아닌 Bottom-up 형식의 변화를 이끌어

가야 하며, 일시적·전시적인 행정변화가 아닌 단계적으로 최적의 방안을 마련하여 꾸준히 내실 있게 추진함으로써 추구하는 목표에 접근시켜야 한다.

나. 방법론적 접근방법(Methodological approach)

논리적으로 또는 과학적 방법으로 통일된 원칙을 제시하여 연구대상을 분석·종합하는 방법으로, 우리나라 경찰은 경찰조직의 효율화를 위한 조직진단과 치안지수를 이용한 치안생산성 연구와 목표관리를 통한 조직의 효율성을 평가하는 등 여러 가지 방법으로 제도개혁을 도모하고 있다.

(1) 경찰조직의 효율화를 위한 조직진단

현행 전국의 일률적인 계층구조와 조직규모는 과연 최적의 구조인지 분석하여, 지휘계층의 비대화와 중복은 없는지, 치안수요에 따른 조직 개편과 기관의 설치 및 기능의 분화와 통합 또는 새로운 탄력성 있는 구조로의 전환은 필요하지 않은지 등을 분석·평가하고 이를 바탕으로 조직 내부의 개혁이 이루어져야 한다.

(2) 치안지수를 이용한 치안생산성 연구(치안의 비용-개념과 경제적 가치 분석, 경찰청, 2008)

치안지수란 국민들이 느끼고 평가한 각종 범죄 및 교통위험에 대한 불안수준, 범죄 간의 상대적 위험도 등을 기초로 산출한 지표로서 다음과 같이 활용되고 있다.

(가) 어떤 범죄가 국민을 불안하게 만드는지를 파악하여 치안정책 목표의 우선순위를 결정할 수 있다.

(나) 지역별로 치안지수를 산출하여 특성에 맞는 치안정책을 수립할 수 있다.

(다) 정기적으로 조사하여 국민들의 치안만족도의 변화를 파악할 수 있다.

그러나 단순히 수치로서 범죄발생의 위험도와 빈도에 따른 국민 불안을 수량화하는 데 그치지 않고 치안을 사회적 자본(Social Capital)으로서 비용분석에 따른 정책효과를 객관적으로 검증하여 치안에 대한 적극적인 투자를 유도함으로써 범죄예방 대책의 객관성과 타당성의 한 논거로 삼는 것도 중요하다고 하겠다.

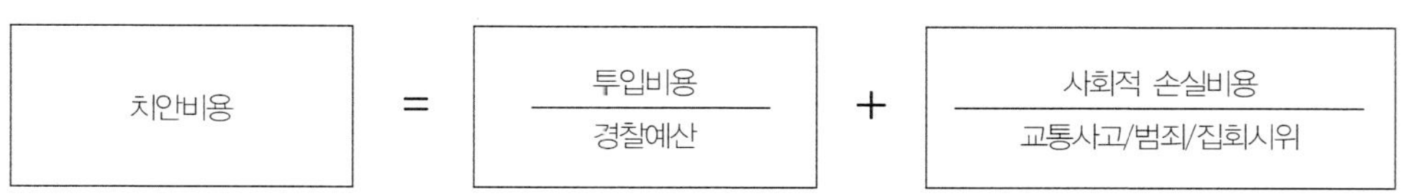

※ 경찰기능에서 청문감사, 경무, 정보, 보안기능의 손실비용 산출은 어려움

투입비용에 비해 사회적 손실비용이 지속적으로 감소되어 궁극적으로 고객만족・국민만족의 치안서비스 제공으로 이루어지게 된다.

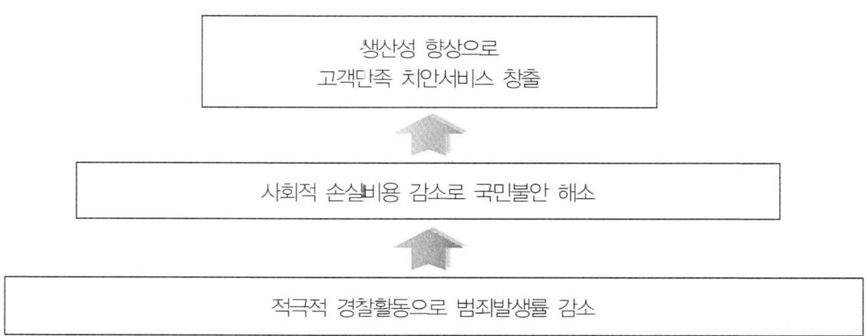

(3) 목표에 의한 관리(MBO: Management by objective)

목표에 의한 관리(MBO: Management by objective)는 피터 드러커(Peter F. Drucker)의 『경영의 실제』(*The Practice of Management*, 1954)에서 처음 등장한 이후 기업경영관리에 많이 활용되었다. 기업경영관리 기법의 하나인 목표에 의한 관리란 조직구성원의 참여과정을 통하여 조직의 공통된 목표를 명확히 하고 체계적으로 조직구성원 각자의 목표와 책임범위를 정하여, 그 달성과정을 평가하고 환류시켜 궁극적으로 조직의 효율성을 향상시키기 위한 관리기법을 말한다.

이를 공공부문에 도입할 경우의 장단점을 살펴보면 다음과 같다.

장점	단점
- 조직목표에 조직활동을 집중시킴으로 인한 효과성 제고 - 조직목표와 개인목표의 통합 - 참여적 방법에 의한 조직상의 사기 제고 - 갈등의 극소화 - 조직의 동태화 등	- 급격한 변화나 복잡한 환경에서는 목표설정이 어려움 - 단기적·양적 목표에 치중하게 됨 - 구성원 간의 합의도출이 어려움 - 목표성과의 측정이 어려움

참고▶ Peter F. Drucker(1909~2005)

Peter F. Drucker는 법률가이자 고위공무원인 아버지를 두고 오스트리아 비엔나에서 태어나 독일과 영국을 거쳐 1943년 미국의 시민권자가 되었다. 그는 1950년부터 1971년까지 New York University에서 교수를 역임하였으며, 1954년 *The Practice of Management*에서 "Management By Objectives"를 소개한 후 MBO는 그의 keynote가 되었다.

제3절 | 경찰의 발전방향

1. 자치경찰제의 시행 필요

국가경찰과 자치경찰체제 중 어느 것을 취하는가는 그 나라의 역사나 통치구조에 따라 다르나, 일반적으로 국가경찰은 경찰조직의 능률성에, 자치체경찰은 경찰조직의 민주성에 중점을 둔다. 그러나 우리나라는 「경찰법」에서 밝혔듯이 제주특별자치도를 제외하고는 국가경찰체제를 갖추고 있다. 2011년을 달구었던 검찰과 경찰의 수사권 조정문제가 계속하여 첨예하게 대립하고 있으나 경찰의 수사권 독립은 그리 머지않은 시기에 이루어질 것으로 보여 이 시점에서 경찰의 수사권 독립과 더불어 자치경찰제에 대해 짚고 넘어가야 할 필요가 있다고 하겠다. 지금의 검찰제도가 만들어진 것은 식민지 시대와 해방 후를 거치면서 경찰이 정치권력의 시녀 역할을 하면서 권력남용을 일삼자 이를 견제하려는 시도에서 출발하였으나 오늘날에는 오히려 검찰이 수사권의 남용 내지 검사의 잦은 비리가 국민여론의 질타를 가져오면서 검찰권 행사에 지장을 초래하는 지경에까지 이르게 된 것을 매우 안타깝게 생각하고 있다. 검찰이 내세우는 대륙법계 국가들도 수사에 관한 1차적 행사는 경찰이 하고 검사는 경찰의 부당한 수사권을 견제하는 데 목적을 두고 수사지휘권을 행사하고 있는 데 반해 우리 검찰은 경찰이 하여 오던 일반수사 분야까지 수사영역을 확대하면서 그 부작용을 초래해 국민의 지지가 오히려 질타로 돌아서게 되었음은 지난 2011년 국회에서 여야가 압도적으로 「형사소송법」을 개정하여 경찰도 수사 주체의 한 축으로 인정한 것이 민의를 대변해 주고 있다. 그러나 언젠가 경찰이 진정한 수사의 주체로서 검사의 지휘를 받지 않고 독자적으로 수사하여 검사에게 송치하는 제도가 도래할 경우에 예상되는 경찰의 막대한 권력은 어떻게 견제해야 하는지가 지상과제로 떠오른다. 따라서 어느 한쪽에 쏠리는 권력의 편중을 막고 진정으로 국민을 위한 수사기관으로서 자리매김하기 위해서는 자치경찰제는 필연적으로 실시하여야 한다. 현행 제도를 살펴보면, 지방자치제를 실시하면서 지역주민으로부터 신임을 얻어 지역치안의 책임을 지는 지방자치단체장들이 자치경찰권을 행사하지 못하는 지금의 제도는 국민의식의 성숙과 국가 발전과 더불어 머지않아 제도개혁이 이루어질 것으로 예상되기에 여기서 자치경찰제 도입에 앞서 몇 가지를 검토할 필요가 있다고 본다.

국가경찰체제를 자치경찰제로 전환할 경우 다음과 같은 사항을 고려해야 한다.

가. 남북의 긴장사태나 기타 정치 · 경제 · 사회 불안으로 야기된 정부의 위기극복 노력과 비상사태를 진정시키기 위한 일환으로 국가경찰의 자치경찰에 대한 지휘권 확보 문제가 마련되어야 한다.

나. 자치경찰에 대한 지방자치정부의 재정불균형에 따른 중앙정부의 지원 문제가 해결되어야 할 것이다.

다. 우리나라 특유의 지역적 정치 분할 구도하의 지방경찰의 붕당화 · 예속화 방지책 마련이 절실하다.

라. 중앙 통제적 · 독점적 지위의 검찰 수사권에 대해 자치경찰제 시행과 함께 권력의 균형 장치 마련 등이 요구된다.

2. 수사권 독립의 당위성

2010.2.18. 국회에서 사법개혁 특별위원회가 구성되어 1년 4개월에 걸쳐 여야 논의와 총리실의 조정을 거쳐 2011.6.20. 청와대에서 마련한 중재안에 따라 우리나라 경찰의 숙원인 수사의 개시 · 진행권을 「형사소송법」 제196조 제2항에 명문화하기로 경찰과 검찰은 합의하여 동년 6.30. 국회 본회의에서 경찰의 수사개시권을 명문화하고 수사지휘에 관한 사항은 대통령령으로 하는 수정안이 통과되었다. 그러나 개정 법률에 의해서도 수사지휘권은 검사가 하도록 되어 있으며, 다만 지휘범위에 관하여 검찰과 경찰이 협의하여 정하도록 하였다.

일본은 1948년 「형사소송법」 개정으로 사법경찰직원(우리의 사법경찰관리)은 동법 제189조 제1항에 의하여 독립적인 수사권을 갖게 되었다.

일본의 검찰관과 사법경찰직원의 관계는 「검찰청법」 제6조 제2항에서 "검찰관과 다른 법령에 의하여 수사의 직권을 행사하는 자의 관계는 형사소송법이 정하는 바에 의한다"라고 규정하고 있고, 「경찰법」 제76조도 "경찰관과 검찰관의 관계는 형사소송법이 정하는 바에 의한다"라고 규정하고 있다.

특별사법경찰직원도 일반적으로 「형사소송법」의 규정에 의하여 사법경찰직원으로서의 직무를 행하는 것으로 되어 있으므로 검찰관과의 관계도 「형사소송법」이 정하는 바에 따르게 된다.

일본 「형사소송법」 제192조는 검찰관과 사법경찰직원은 수사에 관하여 상호 협력하지 않으면 안 된다고 규정하고 있다. 사법경찰직원은 인적·물적 자원이 충실하여 수사자원 면에서 우수하고, 전국 곳곳에서 범죄정보 수집에도 신속하다. 반면에 검찰관은 일반적으로 법률적 소양의 면에서 우수하여 적법절차의 준수라는 측면에서 상대적으로 우월한 위치에 있다고 보며, 고도의 법률지식이 수반되는 복잡한 사건의 수사를 담당하는 데 적합하다고 보겠다. 따라서 일본은 양자 간의 조화로운 수사관계를 유지하여 상호 협력하에 이상적으로 수사활동에 임하고 있다.

일본의 「형사소송법」과 「경찰법」을 모방하여 도입된 우리나라의 형사소송제도와 경찰제도를 비교하여 살펴보면 우리나라도 경찰에게 독자적인 수사권을 부여하여도 되지 않느냐는 공감대가 넓게 퍼지고 있는 것은 부인할 수 없다고 본다. 다만, 수사구조를 대륙형 특히 독일 형사소송법적 구도(검사가 수사지휘권을 가지고 있다)로서 사법경찰관리를 검사의 지휘·감독관계하에 두고 두 권력기관 내부에서 검사는 소추권과 소추를 위한 보완수사를, 경찰은 1차적 수사권을 부여하는 수사구조와 다른 하나는 미국 및 일본 「형사소송법」의 구도로서 검찰과 경찰을 완전히 분리하여 서로 권한을 분산시키고 국민의 감시하에 두자는 것이다.

그러나 경찰과 검찰을 분리시켜 수사권을 부여했을 때 먼저 검토해야 할 것은 경찰 권력의 집중화 정도와 그에 대한 견제방안이 마련되어야 한다는 것이다. 우리나라 경찰은 미국이나 일본의 경우와는 달리 경찰의 지방분권화가 이루어져 있지 않다. 따라서 전국에 걸쳐 일원화된 방대한 경찰조직이 상명하복관계에 따라 수사를 할 경우 법률 외적인 영향을 어떻게 차단할 수 있는지 방지책 선행이 요구된다고 보겠다. 이것은 앞서 논의했듯이 자치경찰제 도입과 관련한 문제로서, 비단 경찰만이 아닌 검찰권의 배분에서도 마찬가지로 논의되어야 한다고 본다.

3. 직위분류제에 따른 충원방식 개선

현행 공무원제도는 관료제의 전통이 강한 유럽국가의 영향을 받았으며, 농업사회적 전통이 강한 영국·독일·프랑스·일본 등이 채택한 계급제를 표방하고 있다. 앞서 언급했듯이 계급제는 공무원 개개인의 능력·자격·신분 등을 중심으로 공직을 분류하는 데 비해 직위분류제는 1923년 미국에서 직위분류제법(Classification Act) 통과 후 시행해 온 것으로 직무분석을 통해 직무의 종류, 난이도, 중요도를 평가하여 보수, 등급을 결정하게 된다. 우리나라에서는 1963년부터 1973년까지 직위분류제가 실시된 적이 있고 현재는 계급제의 바탕 위에 부분적으로 직위분류제를 도입하고 있다.

직위분류제가 도입되면 직무의 성격과 가치 그리고 성과에 따라 보수와 등급이 책정되기 때문에 동일 계급의 공무원이 서로 다른 수준의 봉급을 받을 수 있어 도입에 거부감을 갖게 된다.

그렇지만 우리나라 「국가공무원법」 제3장에서 직위분류제를 도입하였고 우리나라 경찰이 검찰이나 국가정보원보다 전문지식이 뒤떨어진다는 일부의 견해가 있는 만큼 수사·정보·보안 등 일부 전문부서에 한해 별도의 직군으로 분류하여 채용단계부터 직군별로 모집하고 직군의 성격에 맞는 지휘체계를 갖추어 지금보다 더 나은 전문가 체제를 갖추는 것을 검토할 필요가 있다고 본다.

덧붙여 말하자면, 전문가 집단은 별도로 인사 관리하여 그 특성을 유지하도록 하고, 일반지휘관의 자격조건에 필요한 경력에 대해서는 경무·생활안전·경비·교통·청문감사 등을 거친 일정 자격을 갖춘 적격자이면 족하다고 본다.

이렇게 함으로써 얻어지는 장점은 다음 다섯 가지로 집약할 수 있다. ① 종래 정치권의 영향을 받아 비전문가 집단이 전문가 집단에 대한 인사권 행사로 국가경찰의 핵심인 수사·정보·보안 기능이 약화된 경험의 재발을 방지할 수 있으며, ② 집권화된 현행 경찰체제의 인사독점에 대해 외부의 영향이나 잘못된 인사정보에 의한 인사권의 오·남용에 대한 일반 국민의 우려를 조금이나마 씻어 낼 수 있고, ③ 앞으로 논의되는 수사권 독립의 전제가 될 경찰권의 분권화와 정치적 중립성 확보에 기초가 될 수 있으며, ④ 직군을 달리한 전문성을 갖춘 경찰이기에 임무수행상 보안유지가 가능하고 전국적으로 기능별로 체계적이고 조직적인 공조체제를 유지할 수 있으며, ⑤ 앞의 전문성으로 인하여 타 기능의 부패에 대해 온정을 베풀지 않고 척결할 수 있기 때문이다.

4. 통일 등 급변사태에 대비한 경찰의 대응

현대 사회의 변동성과 범죄의 지능화·광역화에 대비한 신속한 수사와 앞으로 예상되는 남북상황의 급변과 이에 따른 북한수복지역에서의 위험하고도 광활한 지역에서의 수사활동을 신속하게 하기 위해서는 수사절차의 간소화와 효율성이 요구되는데 현행같이 소수의 검사가 영장청구권을 독점하고 있는 제도는 평화 시에만 상정한 것으로 우려하지 않을 수 없다.

일부에서는 비상시에 계엄법에 의한 군사법원을 염두에 두고 있지만, 전쟁상태가 아닌 비상시국에서－설령, 전시래도 상시 수사가 원활하도록 제도개선이 된다면－군이 민간분야에 간섭하는 것은 바람직하지 않고, 사법정의 실현을 위한 수사활동의 원활을 위해서도 일정한 범위 내에서 경찰에게도 영장청구권을 주는 것이 필요하다고 본다. 여기에는 헌법개정이 있을 수 있고, 일본의 검찰관제도를 참고하여 경찰관 중에서 일정한 자격을 갖춘 자에게 영장청구권을 주도록 관련 법규의 개정이 있을 수 있다.

일본「검찰청법」제3조에 검찰관의 종류로는 검사총장, 차장검사, 검사장, 검사, 부검사가 있다. 여기서 부검사는 경찰직 근무자 등에서 '부검사선고심사회(副檢事選考審查會)'의 선발과정을 거쳐 임명하며 동법 제12조의 사무인수이전권(事務引受移轉權)에 의하여 사실상의 지방검찰청 검사의 사무를 취급하고 있다.

비상시에 대비하여 우리나라 경찰도 일정 계급 또는 일정 보직 이상의 사법경찰관에게 검사의 직무를 수행할 수 있는 제도적 장치의 도입에 대한 연구가 필요하다고 본다.

참고문헌

Ⅰ. 국내문헌

<연구논문>

김창윤, 한국과 일본의 미군정기 치안정책 비교, 경남대학교, 2009

경찰청, 치안의 비용개념과 경제적 가치 분석, 2008

남승길, 독일통일경찰법모범초안, 치안논총 제9집, 경찰대학 치안연구소, 1992.

박경래, 주요국의 자치경찰제도와 한국의 자치경찰법안 연구, 한국형사정책연구원, 2005.

유동열, 북한의 대남전략－주제가 있는 통일문제 강좌 23, 통일교육원, 2010.

전봉덕, 신라의 율령고(서울대논문집 인문사회과학4, 1956), 한국법제사연구, 1968, PP.261-262

최진혁, 지방분권화에 부응하는 지방자치법의 발전적 개정방향, 한국지방정부학회, 2005.

한상암, 제주특별자치도 자치경찰의 효율적 운영방안에 관한 연구, 한국지방자치연구 제9권제3호, 2007.11.

허동현, 近代韓日關係史硏究: 朝士視察團의 日本觀과 國家思想, 國學資料院, 2000.

KOTRA, 북, 중국과의 경제협력 향후전망은, 칭다오, 2011.6.29.

<단행본>

강용길・김석범・백창현・이종화, 경찰학개론Ⅰ, 경찰공제회, 2011.

강용길・윤성철・이종화・장윤식・정철우・황규진, 경찰학개론Ⅱ, 경찰공제회. 2011.

강욱・김석범, 경찰경무론, 경찰대학, 2011.

김남진・김연태, 행정법Ⅰ(13판, 2009), 행정법Ⅱ(12판, 2008), 법문사.

김도창, 일반행정법론(상), 청운사, 1993.

김상기, 한국독립운동의 역사 제9권 한말 전기 의병, 2009, pp.270~275.

김상민・김종욱・조성준, 경무, 중앙경찰학교, 2011 상반기.

김성수・이운주・박기남・박영대・강욱・김석범・성홍재・백창현, 한국경찰사, 경찰대학, 2010.

김신복, 발전기획론, 박영사, 2001

金正明, 日韓外交資料集成, 巖南堂書店, 6卷 上・中・下, 8卷, 國學資料院, 1999.

김종구, 형사사법개혁론, 법문사, 2002.

김형만・신현기・양문승・이영남・이종화・이진권・임준태・전돈수・표창원, 비교경찰제도론(2판), 법문사, 2007.

김환수・문성도・박노섭 공역, 독일형사소송법(Klaus Volk 원저), 박영사, 2009.

대한민국국회도서관 편, 韓末近代法令資料集, Ⅰ, Ⅳ, Ⅴ, Ⅵ, 서경문화사, 1991.
명승환, 행정학개론, 아카데미북, 2011.
박연호・이종호・임영제, 행정학개론, 박영사, 2010.
박균성, 행정법론, 박영사, 2011.
박노섭・이동희, 수사론, 경찰공제회, 2010.
박종문・유동열, 북한학, 경찰대학, 2011.
박준철, 경찰학개론, 박문각, 2011.
박현숙, 백제의 중앙과 지방, 주류성, 2005
배기찬, 신북한지리지, 다나, 1994.
배종대・이상돈・정승환, 신형사소송법, 홍문사, 2009.
백승기, 행정학원론, 도서출판 대명, 2010.
박창호・이동희・이영돈・임준태・표창원, 비교수사제도론, 영사, 2004.
서기영, 한국경찰행정사, 법문사, 1981.
서정범 역, 독일경찰법론(Schenke, Wolf－Rüdiger, Polizei－und Ordnungsrecht), 세창출판사, 2008.
서정범・김연태・이기춘, 경찰법연구, 세창출판사, 2009.
신동운, 신형사소송법, 법문사, 2008.
신두범・오무근, 최신 행정학개론, 박영사, 2010, p.409.
안병직・김세중・박효종・김용호・김주성・이주영・김형준・정진영, 한국민주주의 기원과 미래, 시대정신, 2011.
양문승, 지역사회 경찰활동론(Community Policing: A Policing Strategy for the 21st Century by Michael J. Palmiotto), 대영문화사, 2001.
영남대민족문화연구소, 고려시대 율령의 복원과 정리, 경인문화사, 2010
오석홍, 행정개혁론, 박영사, 2003
이관희, 한국민주헌법론 Ⅰ, Ⅱ, 박영사, 2004.
이기백, 이기동, 한국사강좌 Ⅰ 고대편, 일조각 2008
이기백, 김용선, 「고려사」병지 역주, 일조각, 2011
이남희, 클릭! 조선왕조 실록, 다할미디어, 2008
이상안, 알기쉬운 경찰행정학, 대명출판사, 2008.
이영조・김석태・문인수・김대원, 행정학원론, 도서출판fides, 2010.
이재상, 신형사소송법, 박영사, 2009.
이황우, 경찰행정학, 법문사, 2007.
전용찬・최원석, 경찰윤리론, 2010, p.133. 재인용: Andrew J. Goldsmith, *Complaints Against The Police: the trend to external review*, Clarendon Press. N.Y, 1991, p.260.
정만조 외, 한국역사상 관료제 운영시스템에 관한 연구, 국민대학교 출판부, 2010
정하중, 행정법개론, 법문사, 2011.
조철옥, 경찰학개론, 대영문화사, 2008.
차용석, 경찰수사권 독립에 관한 견해, 수사연구, 1992.3.

채웅석, 「고려사」형법지 역주, 신서원, 2009
천병태, 김명길, 행정법총론, 삼영사, 2011.
최선우, 지역사회 경찰활동(*Community Policing: Issues and Practices Around The World*), 집문당, 2001.
통일연구원, 2009북한개요, p.25.
한상기, 경찰학, UB, 2010.
한철호 등 12명, 한국근대사회와 문화 Ⅰ - 19세기말에서 20세기초를 중심으로, 서울대학교 출판부, 2006
허경미, 경찰학개론, 박영사, 2008.
허남오, 한국경찰제도사, 동도원, 1998.
황장엽, 변증법적 전략전술론, 시대정신, 2006.
황장엽, 회고록, 시대정신, 2006.

Ⅱ. 국외문헌

Barker, T. & Wells, R. O., Police administrators' attitudes toward the definition and control of police deviance, Paper presented at the Academy of Criminal Justice Sciences, Philadelphia, 1981.

Barker, Thomas & Roebuck, Julian B., An Empirical Typology of police Corruption: A Study in Organizational Deviance, 1973.

Barker, Thomas, Peer Group Support For Police Occupational Deviance, *Criminology* vol.15 Issue3, 1977.11, p.356.

Barnard, Chester I., *The Functions of the Executive,* Cambridge: Harvard University Press, 1938.

Bayley, David H., *Patterns of Policing: a comparative internaitonal analysis*, Rutgers univ. press, 1990.

Bayley, David H., *Police for the Future*, Oxford univ. press, N.Y., 1994.

Bopp, W. J. & Schultz, D. O., *A Short History of American Law Enforcement*, Springfield, IL. Charles C. Thomas Pub. Ltd., 1977.

Bowie, Norman E., Business Ethics, A Kantian Perspective, *Journal of Business Ethics* Vol.13 No.7, 1982.

Chapus, R., 1884.4.5. law, reasserts, L－131－13.

Cohen, Howard S. & Feldberg, Michael, *Power and Restraint, the moral dimension of police work*, 1991.

Delattre, Edwin J., *CHARACTER AND COPS, Ethics in Policing*, American Enterprise Institute for Public Policy Research Washington, D.C., 2002.

Delattre, Edwin J., *Character and Cops: Ethics in Policing. Contributors,* American Enterprise Institute for Public Policy Research. Number 5ed, Washington, D.C., 2006, pp.71~78.

Drucker, Peter F., *The Practice of Management*, Harper & Row, N.Y., 1954.

Ellistone, Frederick A., Anonymity and Whistleblowing, *Journal of business ethics* 1(3), 1982, pp.167~177.

Ellistone, Frederick A. & Feldberg, Michael, *Moral Issues in Police Work*, Rowman & Allanheld, N.J. 1985.

Etzioni, Amitai, *A comparative analysis of complex organizations on power, involvement, and their correlates,* Free Press, 1961.

Goldsmith, Andrew J., *Complaints Against the Police*, Clarendon Press, 1991, p.260.

Hall, John W., *Japanese history; a guide to Japanese reference and research materials, Ann Arbor*, Michigan: University of Michigan University Library, Scholarly Publishing Office, 2004.

Kleinig, John, *The Ethics of Policing: Cambridge Studies in Philosophy and Public*, Cambridge Univ, Press, 1996.

Luthan, Fred, *Successful vs. Effective Real Managers*, Academy of Management Executive, 1988.2, pp.127~132.

Moll, Monica M. Sergeant, Police Services Division, Kent State Univ. Improving American Police Ethics Training: Focusing on Social Contract Theory and Constitutional Principles, Forum on Public Policy, 2006.

Porter, Lyman W. & Lawler Ⅲ, Edward E., *Managerial Attitudes and Performance*, Richard D. Irwin, Inc., Homewood, Illinois, 1968, pp.12~13.

Schein, Edgar H., *Organizational psychology* 3rd ed., Englewood Cliffs, N.J.: Prentice－Hall, 1980.

Schein, Edgar, *The Practice of Management and the Idea of Leadership: An Overview of Theory and Praction*, Nancy Campbell, 2004.3.

Sherman, Lawrence W., SCANDAL AND REFORM: Controlling Police Corruption, Univ. of California Press, 1978

Skolnick, Jerome H. & Bayley, David H., *Community Policing: Issues and Practices Around The World*, Abt Associates, National Institute of Justice(US), Office of Communication and Research Utilization, 1988.

Smith, Ralph Lee, The Tarnished Badge, New York: Arno press, 1974, pp.191-212

Stanley, Julian C. & Campbell, Donald T., Experimental and quasi-experimental design for research, Houghton Mifflim Co., 1963, PP.13-19

Vroom, Victor H., *Work and motivation*(1964), Simon and Schuster, San Francisco, c1995(Expectancy theory. The Yale school of management, 1964).

Wilson, Orlando Winfield, *Police records, their installation and use*, Public Administration Service, Chicago, 1948.

≪인터넷 사이트≫

中华人民共和国人民警察法, http://baike.baidu.com/view/35308.htm

中国人民武装警察部队, http://baike.baidu.com/view/4142.htm

City of London Police, http://wikipedia.org/wiki/City_of_London_Police

Edward1 of England, http://en.wikipedia.org/wiki/Edward_I_of_England

Magistrate, http://en.wikipedia.org/wiki/Magistrate

Merton, www.newworldencyclopidea.org/entry/Robert_K_Merton

Metropolitan Police Service, http://en.wikipedia.org/wiki/Metropolitan_Police_Service

Strafprozeßordnung(StPO)§163,

http://de.search.yahoo.com/search;_ylt=AOoGkmUfMiZPLwYAFzgzXCQx?p=163StPO&fr2=뉴-top&fr=yfp-t

찾아보기

(ㅈ)

(ㅎ)

황규욱

충남 천안에서 출생
한양대학교 행정학과 및 행정대학원 졸업

<주요경력>
경찰간부 28기 경위 임용
경찰대학 경찰학과 교수, 선문대학교 경찰행정법학과 강사
서울 관악경찰서장 · 광진경찰서장, 경기 수원남부경찰서장 · 가평경찰서장, 충북 단양경찰서장
서울지방경찰청 보안1과장, 경기지방경찰청 제2청 생활안전과장, 경북지방경찰청 청문감사관,
충북지방경찰청 경비교통과장, 경찰대학 학생과장
현) 경찰대학 치안정책연구소 경찰연구관

<국내연수>
보안간부교육 1기('87 경기 화성경찰서 대공과장)
수사간부교육 11기('91 경기 안양경찰서 수사과장)
정보간부교육 5기('94 서울 성동경찰서 정보과장)

<해외연수>
미국 FBI, LAPD, NYPD
러시아 서북연방관구 상트페테르부르크 경찰청
중국 인민공안대학 · 저장성 고등전과학교 · 항저우 공안국

NEW+ 경찰학개론 I
POLICE SCIENCE INTRODUCTION

초 판 인 쇄 | 2012년 4월 13일
초 판 발 행 | 2012년 4월 13일

지 은 이 | 황규욱
펴 낸 이 | 채종준
펴 낸 곳 | 한국학술정보㈜
주 소 | 경기도 파주시 문발동 파주출판문화정보산업단지 513-5
전 화 | 031) 908-3181(대표)
팩 스 | 031) 908-3189
홈 페 이 지 | http://ebook.kstudy.com
E-mail | 출판사업부 publish@kstudy.com
등 록 | 제일산-115호(2000. 6. 19)

ISBN 978-89-268-3299-8 94350 (Paper Book)
978-89-268-3300-1 98350 (e-Book)
978-89-268-3317-9 94350 (Paper Book Set)
978-89-268-3318-6 98350 98350 (e-Book Set)

책에 대한 더 나은 생각, 끊임없는 고민, 독자를 생각하는 마음으로 보다 좋은 책을 만들어갑니다.